海军重点建设教材

U0728075

工程制图

第 3 版

主 编 丛文静 赵 敏 张立新

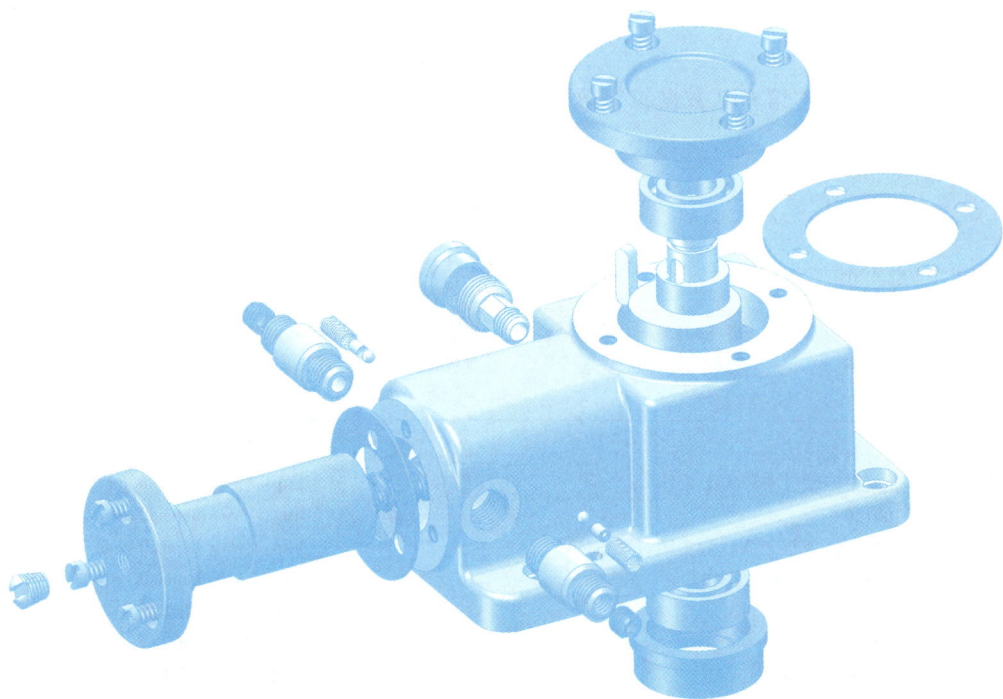

中国教育出版传媒集团

高等教育出版社·北京

内容提要

本书是在朱玺宝等主编《工程制图》（第 2 版）基础上，依据教育部高等学校工程图学课程教学指导分委员会 2019 年制订的《高等学校工程图学课程教学基本要求》及最新发布的与制图相关的国家标准，结合近年来信息技术发展成果，吸取兄弟院校制图课程改革经验修订而成的。

本书共 11 章，主要内容包括制图基本知识和基本技能，投影法和点、直线、平面的投影，基本立体，轴测投影图，组合体，机件常用的表达方法，常用标准件和齿轮，零件图，装配图，计算机绘图，军事工程与军事装备图识读等。

本书按照新形态教材模式修订，在典型例题旁边附有二维码，用手机扫码即可观看例题讲解视频或模型演示，从而辅助自主学习，便于读者理解和掌握。

与本书配套的丛文静等主编的《工程制图习题集》（第 3 版）由高等教育出版社同期出版。

本书可作为高等学校工科各专业制图课程的教材，也可供相关工程技术人员参考使用。

图书在版编目（CIP）数据

工程制图／丛文静，赵敏，张立新主编. -- 3 版.
北京：高等教育出版社，2025.5. -- ISBN 978 - 7 - 04
- 064311 - 4

Ⅰ. TB23

中国国家版本馆 CIP 数据核字第 2025X735R7 号

Gongcheng Zhitu

| 策划编辑 肖银玲 | 责任编辑 肖银玲 | 封面设计 马天驰 | 版式设计 杜微言 |
| 责任绘图 黄云燕 | 责任校对 胡美萍 | 责任印制 耿 轩 | |

出版发行	高等教育出版社		网　　址	http://www.hep.edu.cn
社　　址	北京市西城区德外大街 4 号			http://www.hep.com.cn
邮政编码	100120		网上订购	http://www.hepmall.com.cn
印　　刷	山东临沂新华印刷物流集团有限责任公司			http://www.hepmall.com
开　　本	787mm×1092mm　1/16			http://www.hepmall.cn
印　　张	21		版　　次	2006 年 6 月第 1 版
字　　数	530 千字			2025 年 5 月第 3 版
购书热线	010-58581118		印　　次	2025 年 5 月第 1 次印刷
咨询电话	400-810-0598		定　　价	49.80 元

本书如有缺页、倒页、脱页等质量问题，请到所购图书销售部门联系调换
版权所有　侵权必究
物 料 号　64311-00

工程制图
第3版

主编

丛文静 赵敏 张立新

1 计算机访问https://abooks.hep.com.cn/64311或手机微信扫描下方二维码进入新形态教材网。

2 注册并登录后，计算机端进入"个人中心"，点击"绑定防伪码"，输入图书封底防伪码（20位密码，刮开涂层可见），完成课程绑定；或手机端点击"扫码"按钮，使用"扫码绑图书"功能，完成课程绑定。

3 在"个人中心"→"我的学习"或"我的图书"中选择本书，开始学习。

工程制图 第3版

主编 丛文静 赵敏 张立新

开始学习　　收藏

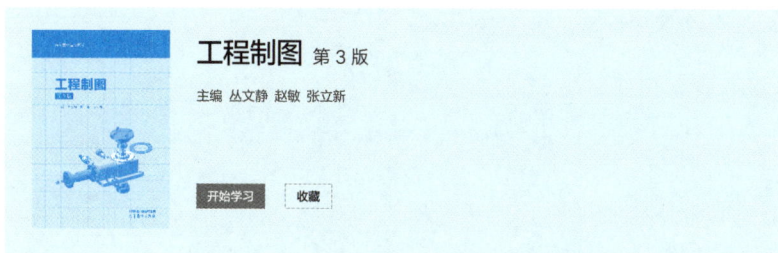

绑定成功后，课程使用有效期为一年。受硬件限制，部分内容可能无法在手机端显示，请按照提示通过计算机访问学习。

如有使用问题，请直接在页面点击答疑图标进行咨询。

第3版前言

本书是在朱玺宝等主编的《工程制图》(第2版)的基础上,依据教育部高等学校工程图学课程教学指导分委员会2019年制订的《高等学校工程图学课程教学基本要求》及最新发布的制图相关国家标准,结合近年来信息技术发展成果,吸取兄弟院校制图课程改革经验修订而成的。

本书自2006年第1版出版以来,已多次印刷,被多所高校选作教材,2009年获评军队院校优秀教材一等奖。第1、2版分别为全国教育科学"十五""十一五"规划课题研究成果。本次修订被列为海军重点教材建设项目,也是海军机械制图联合教学团队的重点工作内容。

本次修订在继承前两版特色和基本架构的基础上,主要做了以下调整:

1. 将第3章"立体的投影"改为"基本立体",对应第5章"组合体",使逻辑和表述更加合理准确,也理顺了与后续章节的关系。

2. 第10章"计算机绘图"部分,使用了新版软件,兼顾了二维绘图和实体造型两个层次,便于读者了解现代绘图和设计方法。

3. 采用新形态教材模式,在典型例题旁附有二维码,读者可以通过扫码观看例题讲解或模型演示,方便理解掌握。与本书配套的《工程制图CAI课件与解题指导》同时进行了修订,登录新形态教材网可下载。

4. 插图采用双色套印,更有利于自学和对重点和难点的理解,便于读图。

与本书配套的丛文静等主编的《工程制图习题集》(第3版)同期出版。

本书由海军航空大学的丛文静、赵敏、张立新担任主编,烟台大学应华、海军航空大学姜明坤和海军大连舰艇学院张潇文担任副主编。参加本书编写的还有海军航空大学唐伟峰,海军工程大学余良武、施冠羽,海军潜艇学院李伟刚、李飞、侯慕馨,海军士官学校司丽丽、么莉莉、卢亚萍等。

北京理工大学董国耀教授认真审阅了本书,并提出了很多宝贵的意见,在此表示衷心的感谢。

由于编者水平有限,书中的不足之处在所难免,恳请读者及同仁批评指正。作者邮箱:654242531@qq.com。

编　者
2024年10月

第2版前言

本书是在第1版的基础上,依据教育部高等学校工程图学教学指导委员会于2010年制订的《普通高等学校本科工程图学课程教学基本要求》以及最新的有关国家标准修订而成的。本书是全国教育科学"十一五"规划课题"我国高校应用型人才培养模式研究"机械类子课题的研究成果。

2006年出版的第1版是根据当时高等教育教学改革的深入发展,工程制图课程的教学体系、教学内容全面改革和教学手段的更新,制图课的教学学时大幅度缩减等形势下编写的。本书第1版基本上满足了教学的需要,并于2009年获得军队院校优秀教材一等奖。

本次修订除保留了原教材的基本特点外,根据需要增添了计算机三维建模等内容。与本书配套的《工程制图习题集》同时进行了修订。此外,配套的《工程制图CAI课件与解题指导》也做了较大的修改,使之更便于课堂教学和学生自学。

本书的特点如下:

1. 在教材体系上,处理好各部分内容间的互相衔接,突出重点,张弛有序和相对独立,教材内容适用,符合教育部高等学校工程图学教学指导委员会制订的《普通高等学校工程图学课程教学基本要求》,内容体系合理,有利于不同学时教学选用。

2. 机械制图是本书的重点,修订时进一步加强了对物体形状的空间构思和视图分析,强化学生的三维形状与相关位置的空间逻辑思维能力和形象思维能力的培养。

3. 采用国家发布的《技术制图》《机械制图》新国家标准。依据新的国家统一教材中的名词术语及其定义,对新国家标准中提出的图线的基本线型、图样画法中的视图、剖视图、断面图、简化表示法等新规定、新内容,在有关章节中加以贯彻或介绍;书中的通用插图,尽可能选用国家标准中的图例。

4. 机械图样的计算机绘制部分,贯彻教育部高等学校工程图学教学指导委员会提出的加强计算机绘图教学的基本要求,重点介绍AutoCAD绘图软件中基本绘图命令和编辑命令的使用方法,为深入学习该软件奠定基础,在内容安排上独立成章,便于在教学中取舍。

5. 与本书配套的《工程制图CAI课件与解题指导》符合认知规律,在内容安排上增加了机械加工的常用设备和实践环节,所选例题也较教材中的多,可供课堂教学使用或学员自学时使用。

    本书由海军航空工程学院朱玺宝、丛文静、吉伯林任主编,蚌埠汽车士官学校彭建华、海军大连舰艇学院谷德桥任副主编,参加本书修订工作的还有空军雷达学院李晓峰,海军航空工程学院姜伟、周艳华、赵敏。

    北京理工大学焦永和教授认真审阅了本书,提出了许多宝贵的意见,在此表示感谢。

    由于编者水平有限,书中的不足之处在所难免,恳请读者及同仁批评指正。

编　者

2012 年 5 月

目 录

绪论

一、本课程的性质和任务

工程制图是研究绘制和阅读工程图样基本原理和基本方法的技术基础课程。工程技术上，为了准确地表示武器装备、机器、仪器、设备及建筑物的形状、大小、规格和材料等内容，通常需要将物体按一定的投影方法和技术规定表达成图，这种图样称为工程图样。

工程图样和文字、数字一样，是人类创造出来的表述和交流思想以及进行设计、构思和分析的基本工具之一，在工程技术上应用十分广泛，素有"工程语言"之称。在现代工业生产、工程建设及科学研究中，都需要用图样来叙述人们的设计思想。

在社会生产中，图样已成为人们传递技术信息和思想的媒介与工具。因此，凡从事工程技术工作的人员，都必须具有绘制和阅读工程图样的能力。在军事工程领域，如军工生产部门和作战部队，工程制图知识同样得到了广泛应用。通过阅读机械图样可以了解武器装备的性能、结构和操作方法等，从而指导武器装备的管理、使用和维护。因此，当代军事技术人员都应具备阅读和绘制工程图样的能力。

本课程的主要任务是：

（1）学习正投影法的基本原理及其应用；

（2）培养绘制和阅读机械图样的基本能力；

（3）培养利用图解法解决简单空间几何问题的能力；

（4）培养对三维形状与相关位置的空间逻辑思维能力和形象思维能力；

（5）培养计算机绘图的初步能力。

此外，在教学过程中还必须有意识地培养自学能力、分析问题和解决问题的能力，以及认真负责的工作态度和严谨细致的工作作风。

二、本课程的学习方法

学习本课程应坚持理论联系实际。要认真学习投影原理，在理解基本概念的基础上，由浅入深地学习，并进行一系列的绘图和读图实践，不断地由物画图、由图想物，分析和想象空间形体与二维图形之间的对应关系，逐步提高对三维形状与相关位置的空间逻辑思维能力和形象思维能力，掌握正投影的基本作图方法及其应用。

做习题和作业时，应在掌握有关基本概念的基础上，按照正确的方法和步骤作图，养成正确使用绘图工具和仪器的习惯，并严格遵守国家标准的有关规定，学会查阅和使用有关手册和国家标准。制图作业应该做到：投影正确，视图选择与配置恰当，图线分明，尺寸齐全，字体工整，图面整洁。

由于图样在生产建设中起着很重要的作用，绘图和读图的差错都会带来损失，所以在做习题和作业时，应注意培养认真负责的工作态度和严谨细致的工作作风。

三、我国工程制图的发展概况

我国是世界上历史悠久的文明古国之一,在工程制图方面积累了丰富的经验。很多历史遗产说明了我国古代图学很早就已经不同程度地服务于各种科学技术领域,显示了我国古代劳动人民的辛勤劳动、刻苦钻研的成果和聪明才智,在历史上写下了光辉灿烂的一页。

从近四千年前殷商时代留下的陶器、骨板和铜器上的花纹就可看出,我们的祖先在当时就已有简单的绘图能力,掌握了画几何图形的技能。早在近三千年前的春秋时代,在技术著作《周礼·考工记》中已述及了使用规矩、绳墨、悬垂等绘图和施工的工具。在两千多年前的数学名著《周髀算经》中,就已讲述用边长为 3、4、5 定直角三角形的绘图方法,以及固定直角三角形的底边、移动直角顶点的轨迹便是圆的绘图原理。汉代刘歆在约公元前 30 年求出近似圆周率为 3.141 6。在我国历代遗留下来的许多著作中也有很多工程图样,如宋代李诫的《营造法式》(公元 1100 年成书,公元 1103 年刊行),共 36 卷,其中建造房屋的图样达 6 卷之多,对建筑制图的规格、营造技术、工料估算等阐述详尽,有很高的水平。具有各种器械图样的著作也很多,如宋代苏颂的《新仪象法要》、元代王祯的《农书》、明代宋应星的《天工开物》和徐光启的《农政全书》、清代程大位的《算法统宗》等。

虽然我国历代在工程制图技术领域里曾有过很多成就,但由于长期处于封建制度下,工农业生产发展迟缓,制图技术的发展也受到阻碍。中华人民共和国成立后,随着工农业生产的发展,使工程图学科学技术领域里的理论图学、应用图学、计算机图学、制图技术、制图标准、图学教育等各个方面都得到了相应的发展。尤其是在制图标准方面,中华人民共和国成立后,结束了以前遗留下来的混乱局面,于 1956 年由原第一机械工业部发布了第一个机械制图部颁标准,1959 年由国家科学技术委员会发布了第一个国家标准《机械制图》。随后,又发布了国家标准《建筑制图》,使全国主要的工程图标准得到了统一,标志着我国工程图学进入了崭新的阶段。此后,又在学习和研究国际标准和欧、美发达国家的图学理论的基础上,于 1970 年提出新的试行标准,在 1974 年转为第二个正式的国家标准《机械制图》,1984 年完成了第三套国家标准《机械制图》。进入 20 世纪 90 年代,除对已有的国家标准《机械制图》修订外,还发布了一系列新国家标准《技术制图》与《机械制图》。截止到 2013 年年底,1985 年实施的四类 17 项国家标准《机械制图》已全部修订完毕。此外,由于计算机绘图、计算机辅助设计(CAD)技术已深入应用于相关领域,传统的尺规绘图模式已基本退出历史舞台。

回顾工程制图领域中我国古代的光辉业绩,以及中华人民共和国成立以来的成就,面对现状,瞻望未来,一定能激励我们努力学习,掌握绘制、阅读工程图样的基本原理和方法,并掌握先进的绘图技能,为工程制图技术的发展贡献力量。

第 1 章
制图的基本知识和基本技能

1.1
制图的基本知识

　　工程图样是现代工业生产的重要技术资料,是组织和管理生产的重要技术文件,也是进行技术交流的工程语言。为了适应生产的需要和国际技术交流,统一工程语言,国家标准化管理委员会批准发布了国家标准(简称国标,代号 GB)《技术制图》与《机械制图》,对图样做了统一的技术规定。这些规定是绘制和阅读工程图样的依据。因此,工程技术人员要严格执行现行国标的统一规定。

　　下面以 GB/T 17450—1998 为例说明标准编号和名称的构成。

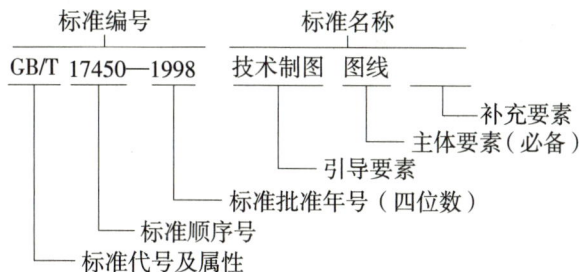

　　标准代号"GB"表示国家标准,"GB/T"意指推荐执行的国家标准。

1. 图纸幅面和格式(GB/T 14689—2008)

　　为了便于图纸的合理使用、装订、管理和交流,国标对图纸幅面的尺寸及格式做了规定。

　　(1)图纸幅面

　　绘制工程图样时,应优先采用表 1-1 所规定的基本幅面。

表 1-1　图纸基本幅面及图框格式尺寸　　　　　　　　　　mm

幅面代号		A0	A1	A2	A3	A4
尺寸 $B×L$		841×1 189	594×841	420×594	297×420	210×297
周边尺寸	e	20			10	
	c	10			5	
	a	25				

　　当基本幅面不能满足布图要求时,也允许按规定的尺寸加长幅面。这些幅面的尺寸是由基本幅面的短边成整数倍增加后得出的。例如:幅面代号 A1×3 的尺寸为 841×1 783,幅面代号 A4×5 的

尺寸为 297×1 051。

（2）图框格式

图纸上限定绘图区域的线框称为图框。在图纸上必须用粗实线画出图框,其格式分为不留装订边和留装订边两种,但同一种产品的图样只能采用一种格式。

留装订边的图纸,其图框格式如图 1-1 所示,尺寸按表 1-1 的规定。

不留装订边的图纸,其图框格式如图 1-2 所示,尺寸按表 1-1 的规定。

加长幅面的图框尺寸,按照比所选用的基本幅面大一号的图框尺寸确定。例如 A2×3 图框尺寸按 A1 的图框尺寸确定。

（3）标题栏

每张图上都必须画出标题栏。标题栏的格式和尺寸按 GB/T 10609.1—2008 的规定。标题栏的位置应位于图纸的右下角,如图 1-1、图 1-2 所示位置。标题栏中的文字方向为读图方向。

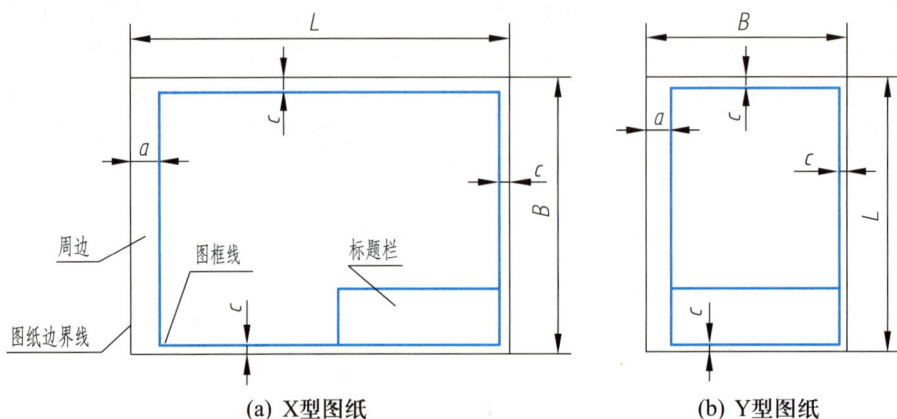

(a) X型图纸　　　　　　　　　(b) Y型图纸

图 1-1　留装订边的图框格式

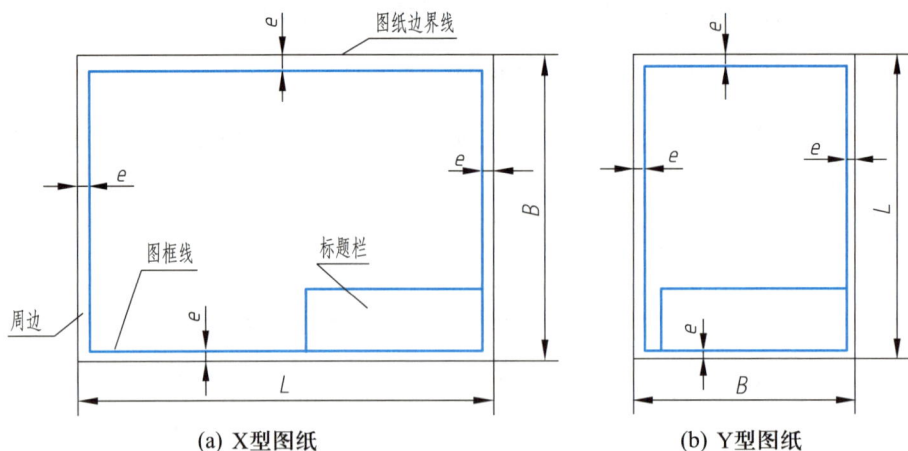

(a) X型图纸　　　　　　　　　(b) Y型图纸

图 1-2　不留装订边的图框格式

标题栏的长边置于水平方向并与图纸的长边平行时,则构成 X 型图纸,如图 1-1a、图 1-2a 所示。若标题栏的长边与图纸的长边垂直时,则构成 Y 型图纸,如图 1-1b、图 1-2b 所示。在此情况下,读图方向与读标题栏的方向一致。

对于预先印制了图框、标题栏和对中符号的图纸,若图纸竖放,则标题栏应位于图纸右上角,此时应按方向符号指示的方向读图,如图 1-3 所示。方向符号应位于图纸下边,具体画法如图 1-4 所示。

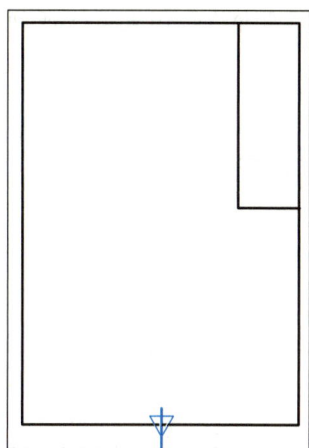

图 1-3 方向符号确定的看图方向　　　　图 1-4 方向符号的画法

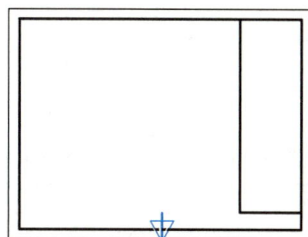

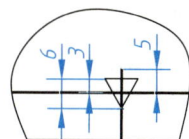

标题栏的格式如图 1-5 所示。在制图作业中标题栏的格式建议采用图 1-6 所示的形式。

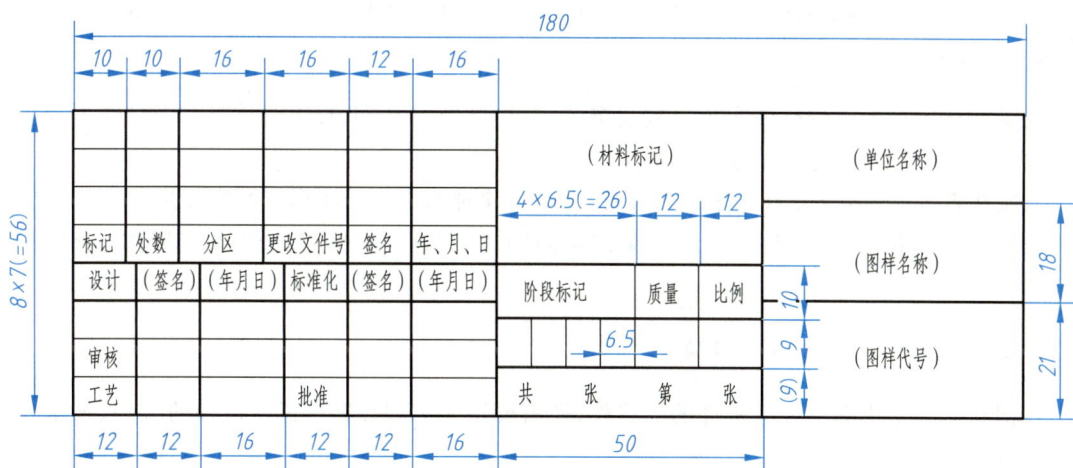

图 1-5 标题栏的格式

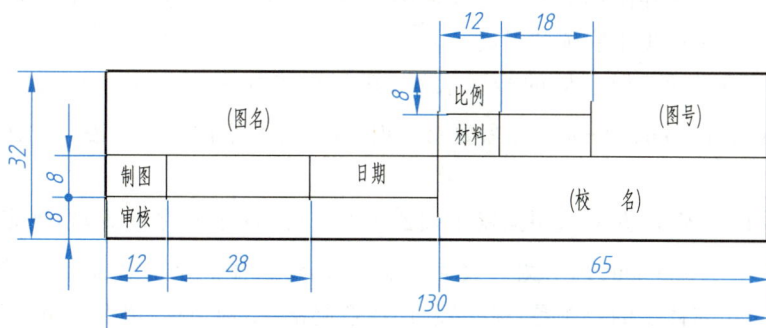

图 1-6 制图作业建议采用的标题栏

2. 比例（GB/T 14690—1993）

比例是指图样中图形与其实物相应要素的线性尺寸之比。

绘制图样时，应由表1-2规定的系数中选取适当的比例。必要时也允许选用表1-3所列的比例。

表1-2　绘图常用比例

种　　类	比　　例				
原值比例	1：1				
放大比例	2：1	5：1	5×10^n：1	2×10^n：1	1×10^n：1
缩小比例	1：2	1：5	1：10	1：2×10^n	1：5×10^n	1：1×10^n

注：n 为正整数。

表1-3　绘图其他可选比例

种　　类	比　　例			
放大比例	2.5：1	4：1	2.5×10^n：1	4×10^n：1
缩小比例	1：1.5　1：2.5　1：3　1：4　1：6　1：1.5×10^n　1：2.5×10^n　1：3×10^n　1：4×10^n　1：6×10^n			

注：n 为正整数。

为了能从图样上得到机件大小的真实概念，应尽量采用1：1的比例画图。当机件不宜采用1：1绘图时，可用缩小或放大的比例画出。

必须注意的是，不论采用何种比例画图，标注尺寸时都必须标注形体的实际尺寸。

绘制同一机件的各个视图时，一般采用相同的比例，并在标题栏的比例栏内填写所采用的比例。

3. 字体（GB/T 14691—1993）

在图样上除了用图形表达机件的形状外，还需要用文字和数字来说明机件的大小、技术要求和其他内容。

字体是指图样中汉字、字母和数字的书写形式。书写字体必须做到：字体工整、笔画清楚、排列整齐、间隔均匀。如果在图样上的文字和数字写得很潦草，不仅会影响图样的清晰和美观，而且还会造成差错，给生产带来麻烦和损失。

字体高度（用 h 表示）用字体的号数表示，其公称尺寸系列为 1.8 mm、2.5 mm、3.5 mm、5 mm、7 mm、10 mm、14 mm、20 mm。如需要书写更大的字，其字体高度应按 $\sqrt{2}$ 的比率递增。

（1）汉字

汉字应写成长仿宋体，并应采用国家正式公布推行的《汉字简化方案》中规定的简化字。汉字的高度 h 不应小于 3.5 mm，其字宽一般为 $h/\sqrt{2}$。长仿宋体的字形特征为：宋体结构、楷书笔画。因此，书写长仿宋体字的要领是：横平竖直、注意起落、结构匀称、填满方格。10 号字、5 号字书写如下：

10号字

字体工整 笔画清楚 排列整齐 间隔均匀

5号字

横平竖直　　注意起落　　结构均匀　　填满方格

（2）字母和数字

字母和数字分 A 型和 B 型。A 型字体的笔画宽度（d）为字高（h）的 1/14，B 型字体的笔画宽度（d）为字高（h）的 1/10。在同一图样上，只允许选用一种型式的字体。字母和数字可写成斜体或直体。斜体字字头向右倾斜，与水平基准线成 75°。书写字例如下：

$$0123456789$$

A型斜体阿拉伯数字

$$ABCDEFGHIJKLMN$$

$$OPQRSTUVWXYZ$$

A型斜体大写拉丁字母

$$abcdefghijklmn$$

$$opqrstuvwxyz$$

A型斜体小写拉丁字母

$$I \ II \ III \ IV \ V \ VI \ VII \ VIII \ IX \ X$$

A型斜体罗马数字

4. 图线（GB/T 17450—1998 和 GB/T 4457.4—2002）

GB/T 17450—1998 规定了适用于各种技术图样的图线的名称、形式、结构、标记及画法规则；GB/T 4457.4—2002 规定了机械制图中所用图线的一般规则，适用于机械工程图样。

（1）图线形式

按 GB/T 4457.4—2002 规定，在机械图样中采用粗、细两种线宽，它们之间的比例为 2∶1，设线宽代号为 d，d 的尺寸可在 0.13 mm、0.18 mm、0.25 mm、0.35 mm、0.5 mm、0.7 mm、1 mm、1.4 mm、2 mm 中根据图样的类型、尺寸、比例和缩微复制的要求确定，且优先采用 $d = 0.5$ mm 或 0.7 mm。表 1-4 摘录了机械工程图样中各种图线的名称、线型、线宽和主要用途。

表 1-4　图线名称、型式

图线名称	基本线型	图线宽度	一般应用
粗实线		d	可见棱边线，可见轮廓线，相贯线
细实线		$d/2$	尺寸线，尺寸界线，剖面线，指引线，重合断面的轮廓线
波浪线		$d/2$	机件断裂处的边界线，视图与局部剖视的分界线
双折线	 $30°$	$d/2$	断裂处的边界线
细虚线	 ≈ 4 ≈ 1	$d/2$	不可见棱边线，不可见轮廓线
粗虚线		d	允许表面处理的表示线
细点画线	 ≈ 15 ≈ 3	$d/2$	轴线、对称中心线
粗点画线		d	限定范围表示线
细双点画线	 ≈ 15 ≈ 5	$d/2$	可动零件的极限位置的轮廓线、相邻辅助零件的轮廓线、剖切面前的结构轮廓线、中断线

注：表中基本线型中的数字是经验参考数据，供参考。

不连续线的独立部分称为线素，如点、长度不同的画和间隔。手工绘图时，线素的长度宜符合 GB/T 17450—1998 的规定，但为了图样清晰和绘图方便起见，可按习惯用很短的短画代替点。

（2）图线画法

1）在一张图中，同类图线的宽度应一致，各线型的线素长度应各自大致相等。

2）两条平行线之间的距离应不小于粗实线的两倍宽度，其最小距离不得小于 0.7 mm。

3）绘制圆的对称中心线时，长画应超出圆外 2~5 mm，圆心应为长画的交点。细点画线和细双点画线首末两端应是长画而不是点，如图 1-7a 所示。

4）在较小的图形上绘制细点画线或细双点画线有困难时，可用细实线代替，如图 1-7b 所示。

5）细点画线、细虚线和其他图线相交时，都应在长画、短画处相交，不应在间隔或点处相交（如 B 处）。当细虚线处于粗实线的延长线上时，粗实线应画到分界点，其连接处应留间隔（如 A 处），如图 1-7c 所示。

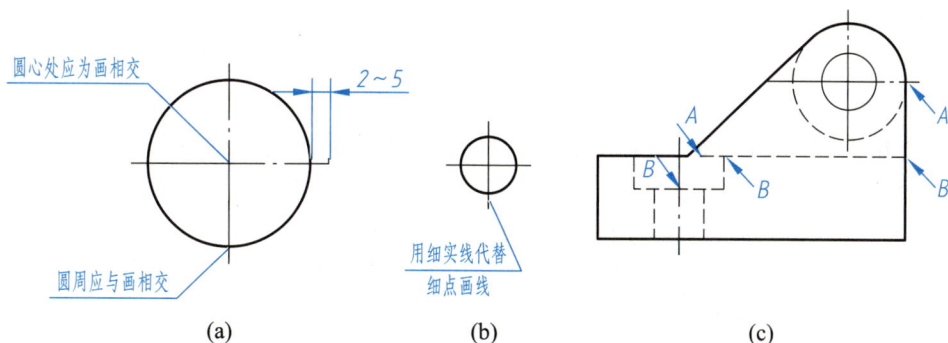

图1-7 图线的画法

（3）图线的应用

机械图样的图线应用规则见表1-4,示例如图1-8所示。

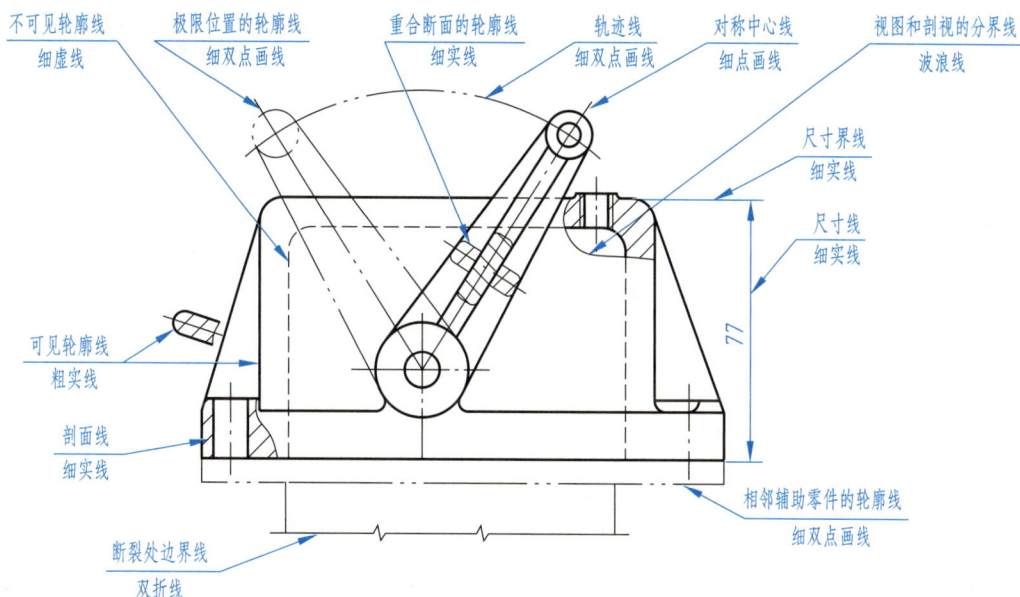

图1-8 图线的应用

5. 尺寸注法（GB/T 4458.4—2003）

图样中的图形仅能表达机件的结构形状,而机件的真实大小则由标注的尺寸确定。零件的制造、装配和检验都要根据尺寸来进行,因此标注尺寸必须认真仔细、一丝不苟。如有尺寸遗漏或错误,都会给生产带来困难和损失。

（1）基本规则

1）机件的真实大小应以图样上所注尺寸数值为依据,与图形大小及绘图的准确程度无关。

2）图样中（包括技术要求和其他说明）的尺寸,以毫米为单位时,不需标注单位符号（或名称）,如采用其他单位,则应注明相应的单位符号。

3）图样中所标注的尺寸,为该图样所示机件的最后完工尺寸,否则应另加说明。

4）机件的每一尺寸,一般只标注一次,并应标注在反映该结构最清晰的图形上。

（2）尺寸要素

图样上的每一尺寸,都是由尺寸界线、尺寸线和尺寸数字所组成,如图1-9所示。

1）尺寸界线 表示标注尺寸的起止范围,用细实线绘制,并应由图形的轮廓线、轴线或对称中心线处引出。也可利用轮廓线、轴线或对称中心线作为尺寸界线,如图1-9所示。

2）尺寸线 表示所标注尺寸的方向,用细实线绘制。尺寸线终端可以有两种形式：

① 箭头 箭头的形式如图1-10a所示,适用于各种类型的图样。图中 d 为粗实线宽度。

② 斜线 斜线用细实线绘制,其方向和画法如图1-10b所示。当尺寸线终端采用斜线形式时,尺寸线与尺寸界线应相互垂直。

当尺寸线与尺寸界线互相垂直时,同一张图样中只能采用一种尺寸线终端的形式。

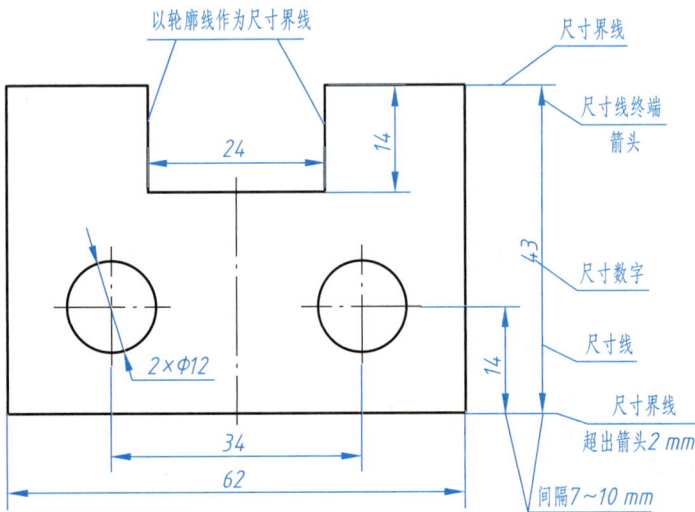

图1-9 尺寸的组成和示例

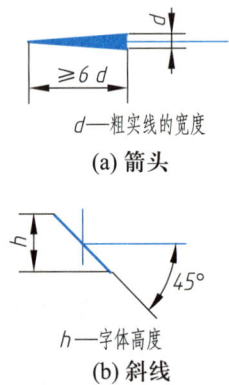

图1-10 尺寸线终端的两种形式

机械图样中一般采用箭头作为尺寸的终端。

（3）尺寸标注说明及常用尺寸标注

尺寸标注说明及常用尺寸标注见表1-5。

表1-5 尺寸标注说明及常用尺寸标注示例

标注内容	示例	说明
线性尺寸标注		尺寸线必须与所标注的线段平行,尺寸数字应按左图所示的方向注写,并尽可能避免在图示30°范围内标注尺寸,当无法避免时,可按右图的形式引出标注

续表

标注内容	示例	说明
角度标注	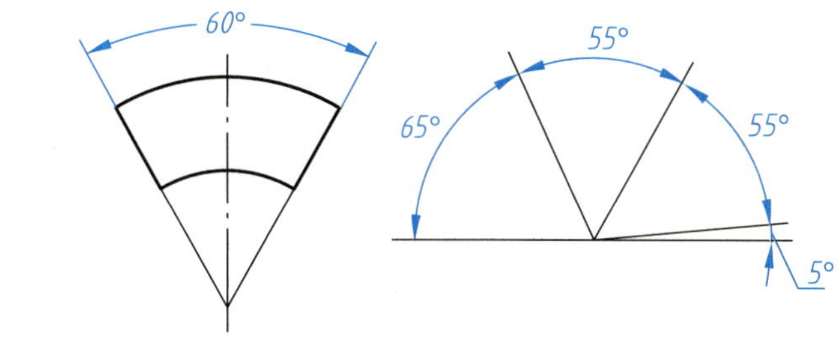	尺寸界线应沿径向引出,尺寸线画成圆弧,圆心是角的顶点。尺寸数字一律水平书写,一般应注在尺寸线的中断处,必要时也可按右图的形式标注
圆及圆弧标注	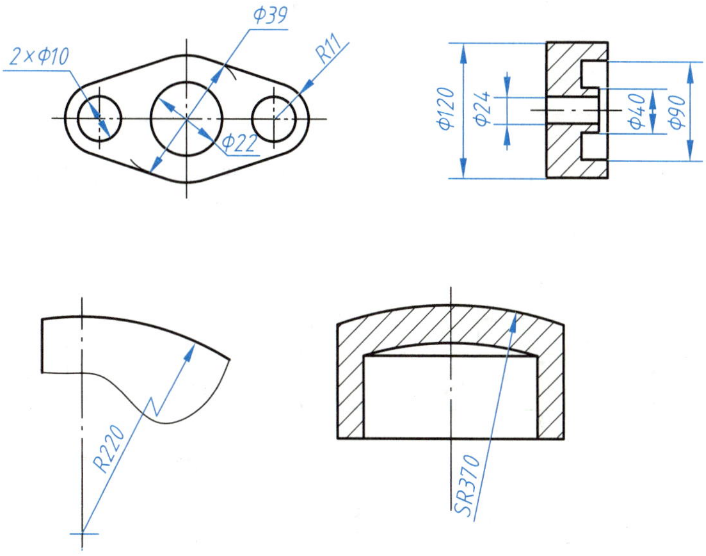	直径、半径的尺寸数字前应分别加符号"ϕ""R"。通常对小于或等于半圆的圆弧注半径,大于半圆的圆弧则注直径。尺寸线应按图例绘制。互相平行的尺寸,应使较小的尺寸靠近图形,较大的尺寸依次向外分布,以避免尺寸线与尺寸界线相交 大圆弧无法标出圆心位置时,可按图例中 $SR370$ 的标注,SR 表示球面半径
狭小尺寸标注	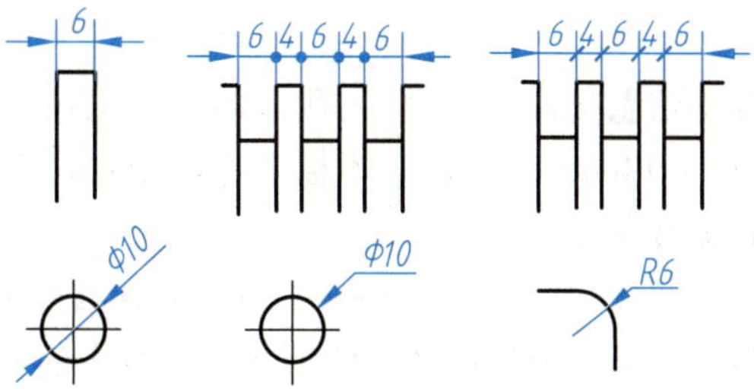	狭小图形中,箭头可外移,也可用点或斜线代替;尺寸数字可写在尺寸线外引出标注

（4）常见尺寸的标注符号及缩写

常见尺寸的标注及缩写词应符合机械制图国家标准 GB/T 4458.4—2003 的规定,详见表 1-6。表中符号的线宽为 $h/10$(h 为字体的高度),符号的比例画法参照 GB/T 18594—2001 中的有关规定,部分符号画法如图 1-11 所示。

表 1-6　常见尺寸的标注符号及缩写

含义	符号或缩写词	含义	符号或缩写词
直径	ϕ	正方形	□
半径	R	深度	↓
球直径	$S\phi$	沉孔或锪平	⊔
球半径	SR	埋头孔	∨
厚度	t	弧长	⌒
均布	EQS	斜度	∠
45°倒角	C	锥度	◁
展开	⟳	型材截面形状	（按 GB/T 4656—2008）

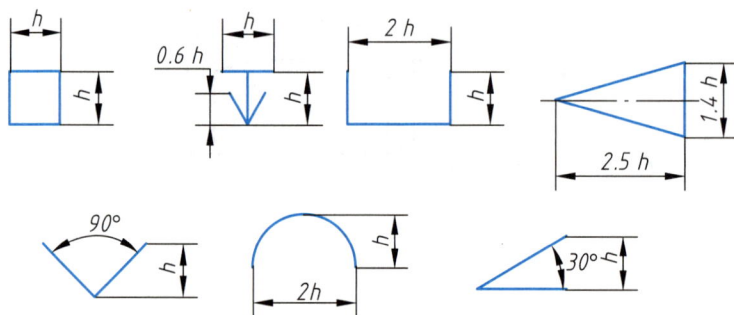

图 1-11　标注尺寸常用符号的比例画法

6. 机械工程 CAD 制图规则

为了便于工程制图与计算机信息交换时的需要,我国制定了机械工程中用计算机辅助设计(简称 CAD)制图规则标准(GB/T 14665—2012)。本标准适用于在计算机及其外围设备中进行显示、绘制、打印工程图样及有关技术文件。

为了便于机械工程的 CAD 制图需要,GB/T 14665—2012 对图线组别做出了规定,见表 1-7。一般优先采用第 4 组。国标中还规定了图样中各种线型在计算机中的分层标识和屏幕上显示线的颜色,见表 1-8。相同类型的图线应采用同一种颜色。

表 1-7　图 线 组 别

组别	1	2	3	4	5	一般用途
线宽 /mm	2.0	1.4	1.0	0.7	0.5	粗实线、粗点画线、粗虚线
	1.0	0.7	0.5	0.35	0.25	细实线、波浪线、双折线、细虚线、细点画线、细双点画线

表 1-8　线型的分层标识号及颜色

图线类型		屏幕上的颜色
粗实线		白色
细实线		绿色
波浪线		
双折线		
细虚线		黄色
粗虚线		白色
细点画线		红色
粗点画线		棕色
细双点画线		粉红色

1.2

平面图形的绘制

工程图样的图形是由直线、圆弧和其他曲线所组成的几何图形。因此,熟练掌握几何图形的作图方法是提高绘图速度、保证图面质量的基本技能之一。

1. 常用几何图形的绘制

（1）等分线段

如图 1-12 所示,5 等分线段 AB。

1）过点 A 作任意线段 AC,并在其上用分规以适当长度为单位长度截取 5 等份,得到各点 1_0、2_0、3_0、4_0、5_0。

2）连接 5_0B,并过点 1_0、2_0、3_0、4_0 分别作 5_0B 的平行线,分别交直线 AB 于 1、2、3、4,即将线段 AB 分为 $A1$、12、23、34、$4B$ 五等份。

用以上方法可将线段任意等分。

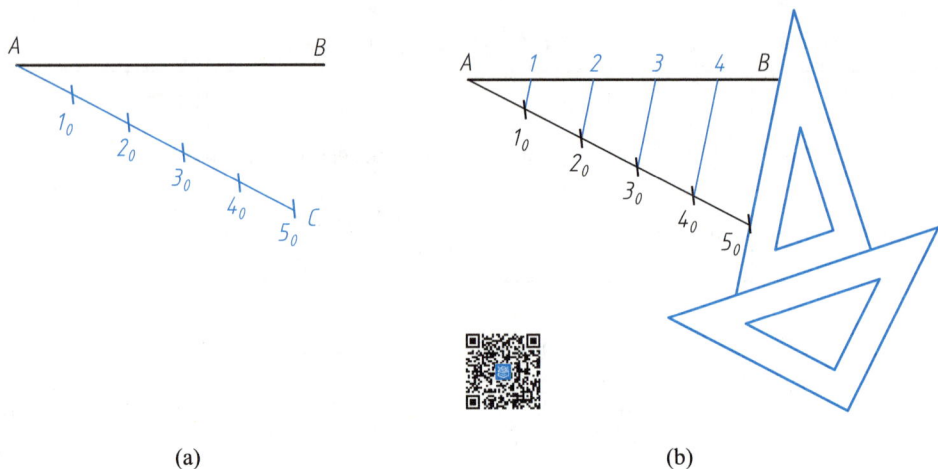

(a)　　　　　　　　　　　　　　　　(b)

图 1-12　等分线段

（2）等分圆周和作圆内接正多边形

1）4 等分、8 等分圆周及圆内接正四边形、八边形的画法

如图 1-13a 所示,圆周与圆的中心线相交得 4 个交点,即为圆的四个等分点。依次连接即是圆内接正四边形。

如将 45°三角板的斜边通过圆心,则斜边与圆周的交点 1、2、3、4 作为 4 个等分点。依次连接,得到如图 1-13b 所示的圆内接正四边形。

将图 1-13a、b 所示的 8 个等分点依次连接即为圆内接正八边形（图 1-13c）。

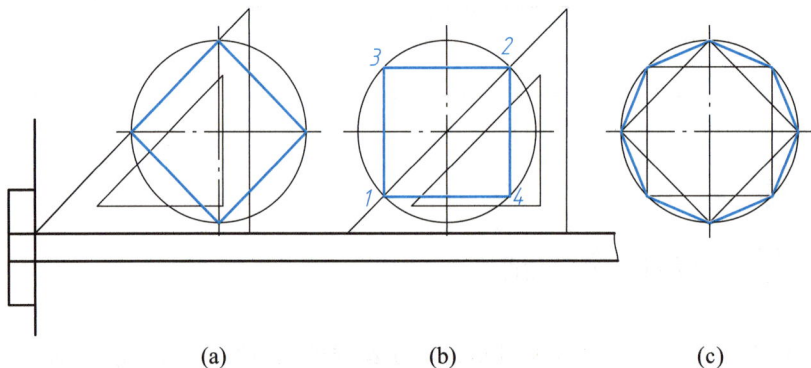

(a)　　　　　　　　　(b)　　　　　　　　　(c)

图 1-13　4、8 等分圆周

2）3 等分、6 等分、12 等分圆周及圆内接正三边形、正六边形、正十二边形的画法

用圆规作图:

如图 1-14a 所示,已知半径为 R 的圆,交中心线于点 A、B、C、D。

① 以交点 A 为圆心、R 为半径画弧交圆周于点 1、2,则点 1、2 和点 B 即为三等分点。

② 依次连接点 1、2 和点 B 即得到圆内接正三边形,也即是正三角形。

以 B 为圆心、R 为半径画弧交圆周于点 3、4,则点 3、4 和点 A 即为三等分点,结合点 1、2 和点 B 即为六等分点。依次连接各点即为圆内接正六边形（图 1-14b）。

若分别以点 A、B、C、D 为圆心,以 R 为半径画弧交圆周可得点 1、2、3、4、5、6、7、8,则圆周上共有 12 个点,即十二等分点。依次连接各点,即得圆内接正十二边形（图 1-14c）。

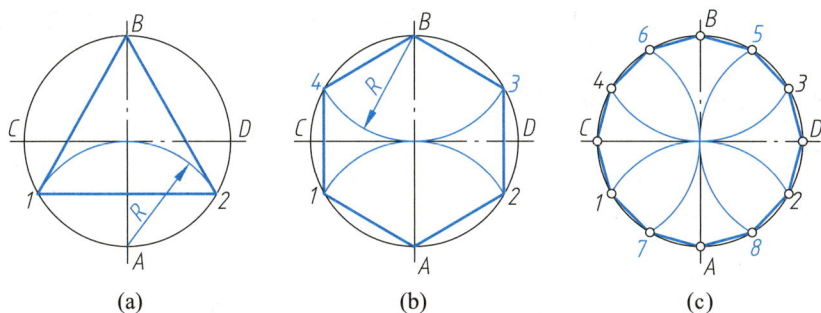

图 1-14 圆规 3、6、12 等分圆周

3）5 等分圆周及圆内接正五边形

如图 1-15a 所示，已知半径为 R 的圆，交中心线于点 A、B、C、D。

① 平分半径 OB 得中点 G（图 1-15a）。

② 以点 G 为圆心、线段 GC 为半径作圆弧交 AO 于点 H，线段 CH 即为圆内接正五边形边长（图 1-15b）。

③ 以线段 CH 为边长，依次截取圆周得 5 个等分点（图 1-15c）。

④ 连接相邻各点，即得圆内接正五边形（图 1-15d）。

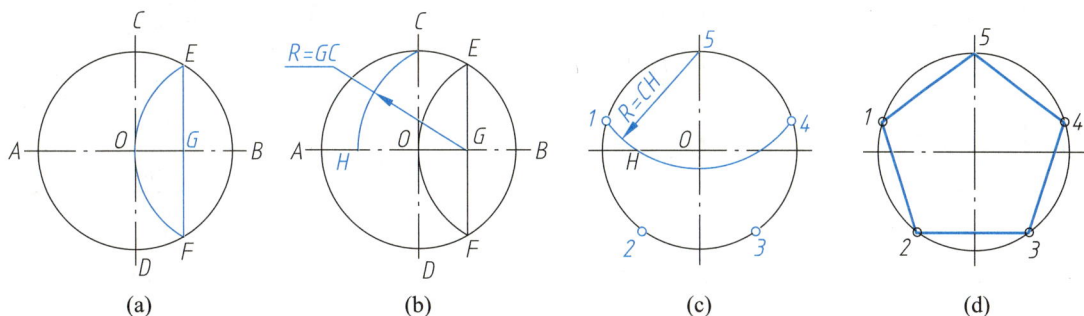

图 1-15 5 等分圆周及圆内接正五边形

4）n 等分圆周及圆内接正 n 边形（以 $n=7$ 为例说明作图过程）

如图 1-16a 所示，已知半径为 R 的圆，交中心线于点 A、B、C 和 D。

① 以点 B 或点 A 为圆心、线段 AB 为半径画圆弧，交直径 CD 延长线于点 k 和 k_1（图 1-16a）。

② 将直径 AB 分为七等份，获得点 $1\sim7$ 等分点（图 1-16b）。

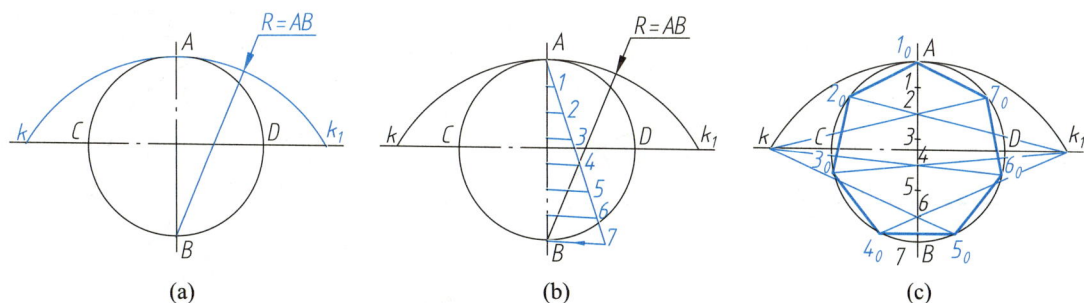

图 1-16 n 等分圆周及圆内接正 n 边形的画法

③ 将点 k 和点 k_1 与直径 AB 上的奇数点(或偶数点)连线并延长至圆周,得七个等分点 1_0、2_0、3_0、4_0、5_0、6_0、7_0。

④ 连接相邻点,即得圆内接正七边形(图 1-16c)。

(3) 斜度和锥度的画法

1) 斜度　表示一直线(或平面)对另一直线(或平面)的倾斜程度,在图样中以 $1:n$ 的形式标注,图 1-17 为斜度的作图方法。

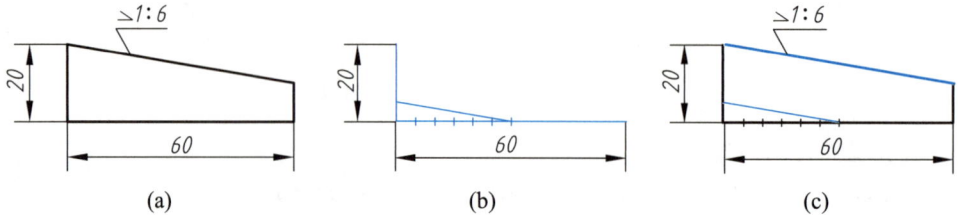

图 1-17　斜度的画法

2) 锥度　表示正圆锥的底圆直径与圆锥高度之比,在图样中以 $1:n$ 的形式标注,图 1-18 为锥度的作图方法。

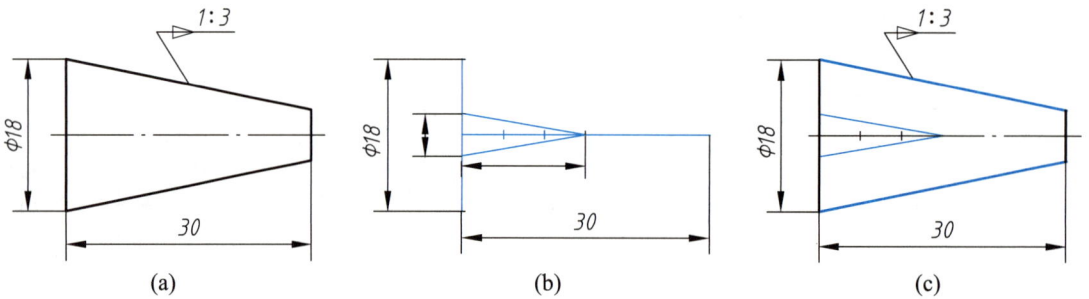

图 1-18　锥度的画法

(4) 圆弧连接的作图

圆弧连接在机械零件的外形轮廓中常常见到。这里所说的圆弧连接一般是指用已知半径的圆弧将两个几何元素(直线、圆、圆弧)光滑连接起来,即几何中图形间的相切问题,其中的连接点就是切点。将不同几何元素连接起来的圆弧称为连接圆弧。

圆弧连接作图的要点是根据已知条件,准确地定出连接圆弧的圆心与切点。

连接弧与已知直线或圆弧相切,其圆心轨迹如图 1-19 所示。

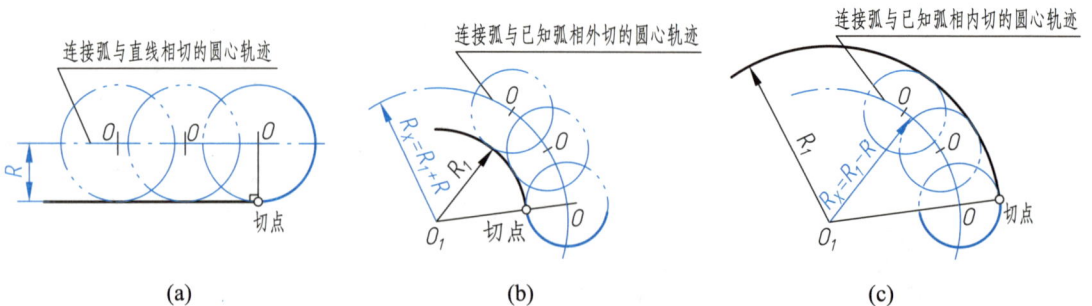

图 1-19　连接弧与已知直线或圆弧相切的圆心轨迹

1）直线间的圆弧连接 用半径为 R 的圆弧连接两条直线的作图方法如图 1-20 所示。其中连接圆弧的圆心 O 是分别平行于这两条直线并且距离为 R 的直线的交点，而连接圆弧与原直线的切点 M、N 是过圆心且垂直于这两直线的垂足。

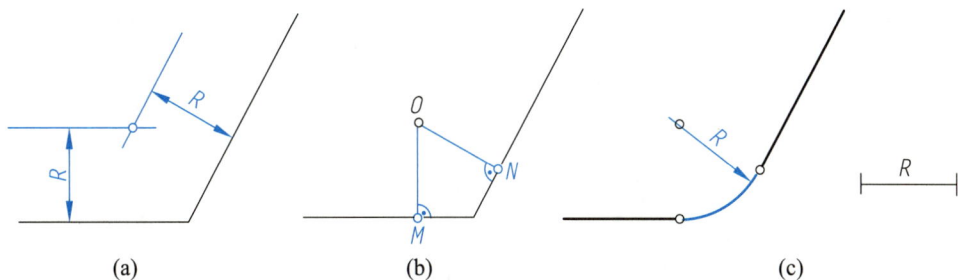

图 1-20 连接相交两直线

2）外连接圆弧 所谓外连接是指用连接圆弧通过外切的方式，将两个已知圆弧光滑地连接起来。图 1-21a 是用半径为 R 的圆弧外连接两个已知圆的作图过程。其中连接圆弧的圆心 O 是分别以 O_1、O_2 为圆心，以 $R+R_1$、$R+R_2$ 为半径作出的圆弧的交点；切点 T_1、T_2 分别是 O 与 O_1、O_2 的连线与两个圆的交点，如图 1-21b 所示。

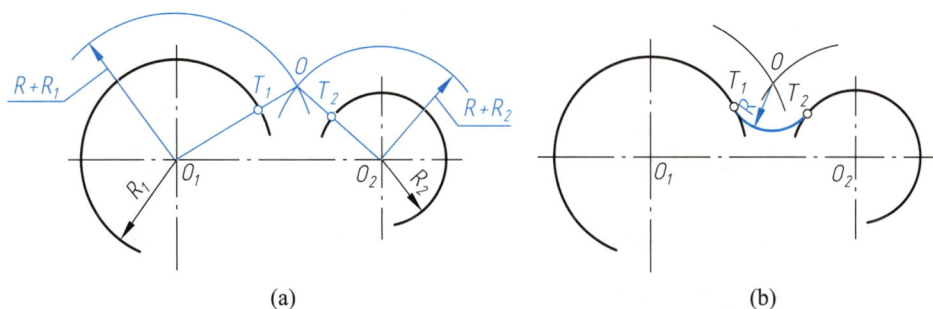

图 1-21 外连接圆弧的画法

3）内连接圆弧 内连接是指用连接圆弧通过内切的方式，将两个已知圆弧光滑地连接起来。图 1-22a 是用半径为 R 的圆弧内连接两个已知圆的作图过程。其中连接圆弧的圆心 O 是分别以 O_1、O_2 为圆心，以 $R-R_1$、$R-R_2$ 为半径作出的圆弧的交点；切点 T_1、T_2 分别是 O 与 O_1、O_2 的连线的延长线与两个圆的交点，如图 1-22b 所示。

（5）椭圆的近似画法

椭圆为常见的非圆曲线，在已知长、短轴的条件下，通常采用四心圆法和同心圆法作椭圆。

1）四心圆法 如图 1-23 所示，已知椭圆的长轴 AB 和短轴 CD，连接 AC，并在 AC 线上取 $CF=OA-OC$。作 AF 的中垂线，交长轴于 O_1，交短轴于 O_2，并找出 O_1 和 O_2 的对称点 O_3 和 O_4；分别以 O_1、O_2、O_3、O_4 为圆心，以 O_1A、O_2C、O_3B、O_4D 为半径画圆弧，拼成近似椭圆。

2）同心圆法 如图 1-24 所示，以 O 为圆心，长半轴 OA 和短半轴 OC 为半径画圆。由 O 作若干直线与两圆相交，自大圆交点作铅垂线，小圆交点作水平线，两线的交点即为椭圆上点，用此方法求得椭圆上一系列点，最后用曲线板连成椭圆。

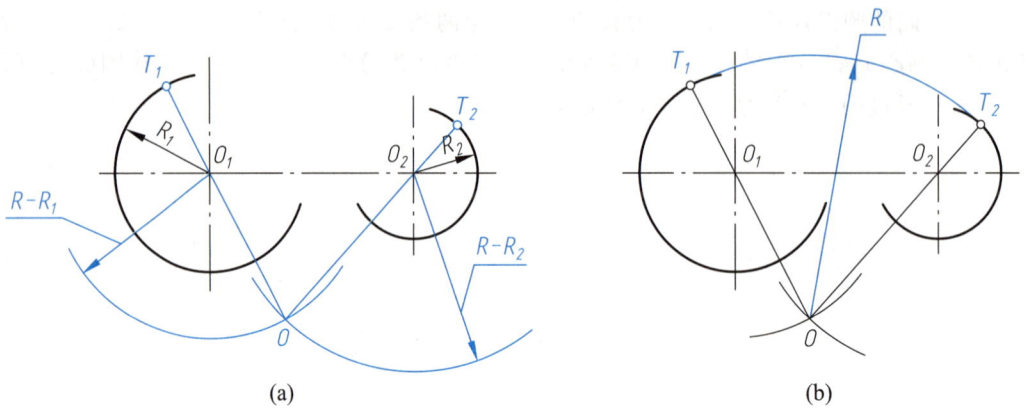

图 1-22　内连接圆弧的画法

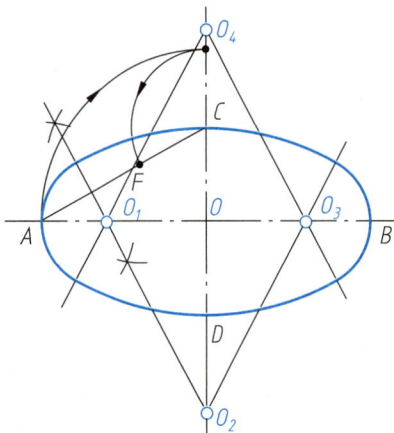

图 1-23　四心圆法作近似椭圆

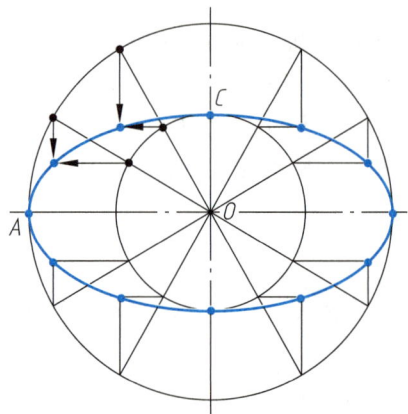

图 1-24　同心圆法作椭圆

2. 平面图形的分析与画图步骤

绘制平面图形需要掌握平面图形的组成规律,以便按照这种规律确定正确的绘图方法、步骤和标注尺寸。

（1）平面图形的尺寸分析

平面图形的尺寸,按其作用分为定形尺寸和定位尺寸。

1）定形尺寸　确定组成平面图形的各个部分形状大小的尺寸,称为定形尺寸。如线段的长度、圆的直径、圆弧的半径、角度大小等。图 1-25 中的 15、$\phi5$、$\phi20$、$R10$、$R20$、$R15$、$R50$ 都是定形尺寸。

2）定位尺寸　确定平面图形中各个组成部分之间相对位置的尺寸,称为定位尺寸。图 1-25 中水平方向 $\phi5$ 的定位尺寸为 8,$R10$ 的定位尺寸由(75-10)间接得到。

3）尺寸基准　确定尺寸位置的几何元素,称为尺寸基准。对于平面图形来说,需要水平及竖直两个方向尺寸基准,即 X 方向和 Y 方向的尺寸基准。平面图形中常用作基准线的一般有:对称图形的对称线、较大圆的中心线、较长的直线等。图 1-25 中距图形左端为 15 的直线和对称中心线,分别为 X 方向和 Y 方向的尺寸基准。由于 $\phi5$、$R10$、$R15$ 的圆心在 Y 方向的基准线上,因此 Y 方向的定位尺寸为零,故不标注。

（2）平面图形中的线段分类

平面图形各部分的线段中,有的能够独立地直接画出,有的线段却要等待相邻线段画出后才

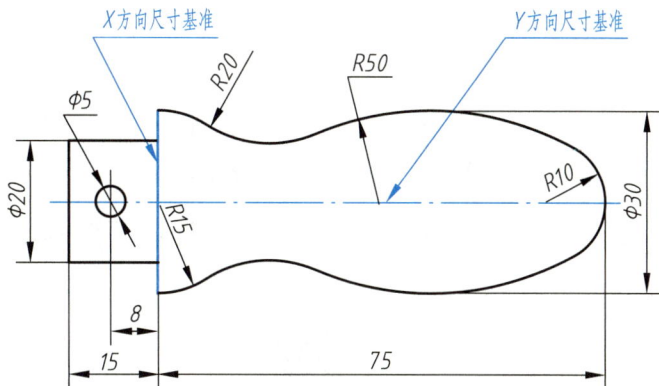

图 1-25 手柄

能够画出来。由此可见,画平面图形各线段,客观上存在着先后顺序。根据所给条件,平面图形上的线段分为如下三类:

1)已知线段 根据已知条件可以直接画出的线段称为已知线段。其特征为:定位尺寸、定形尺寸齐全。

2)中间线段 除已知条件外,还需要依靠相邻线段中的一个连接关系才可以画出来的线段称为中间线段。其特征为:有定形尺寸,但缺少一个方向的定位尺寸。

3)连接线段 已知条件中只有定形尺寸(或者无须标注也可以定形的),需要相邻线段的两个连接关系才能画出来的线段称为连接线段。其特征为:缺少两个方向的定位尺寸。

由此可见,平面图形的三类线段是由定位尺寸的个数决定的。举例分析如下:

如图 1-25 所示,$\phi5$、$\phi20$、15、圆弧 $R15$ 和 $R10$ 根据已知条件都可以直接画出,所以是已知线段;而圆弧 $R50$ 的圆心只有竖直方向定位尺寸,缺少水平方向定位尺寸,所以是中间线段;圆弧 $R20$ 只有定形尺寸 $R20$,圆心的两个定位尺寸都没有,它要完全依靠与两端相连线段的连接关系才能画出来,所以圆弧 $R20$ 是连接线段。

(3)平面图形的画图步骤

现仍以图 1-25 为例说明绘制平面图形的画图步骤。

1)线段分析。根据所给尺寸,分析哪些是已知线段,哪些是中间线段,哪些是连接线段,以确定绘制图线的先后顺序。

2)画出基准线。画出基准线 A 和对称中心线 B(图 1-26a)。

3)画已知线段(图 1-26b)。

4)画中间线段。找出 $R50$ 的圆心和切点,画两段 $R50$ 中间线段(图 1-26c)。

5)画连接线段。找出 $R12$ 的圆心和切点,画两段 $R12$ 连接线段(图 1-26d)。

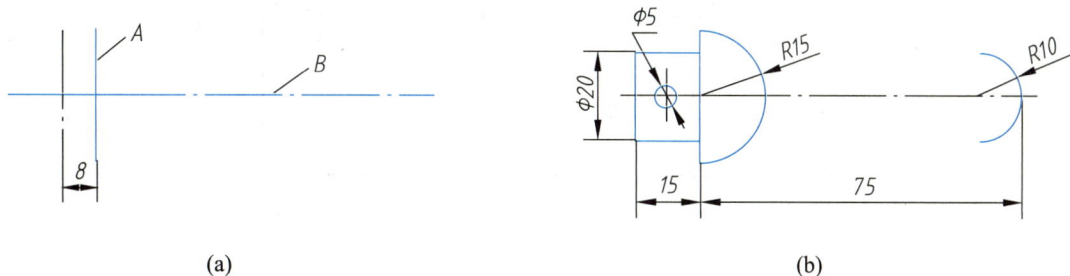

(a)

(b)

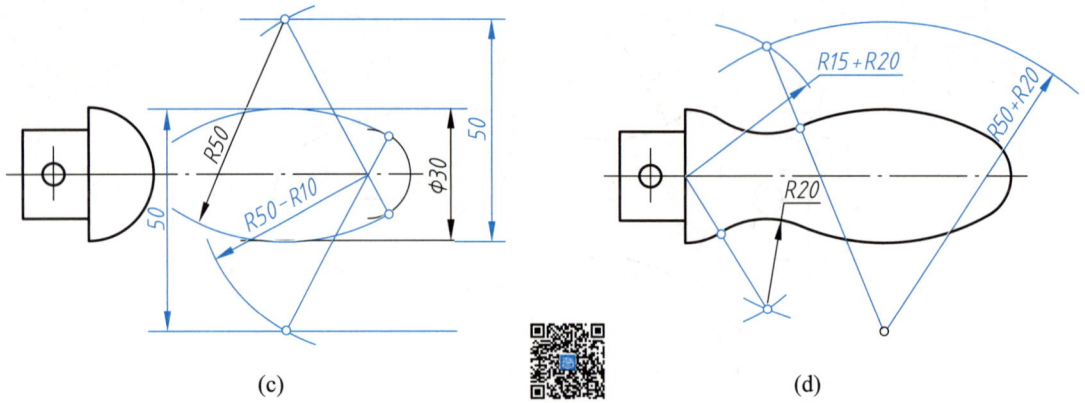

图 1-26　手柄图形的画法步骤

1.3
绘图技术简介

绘制图样按使用工具的不同,可分为尺规绘图、徒手绘图和计算机绘图。

1. 尺规绘图

尺规绘图是借助图板、丁字尺、三角板、绘图仪器进行手工绘图的一种绘图方法。为保证绘图质量,提高绘图速度,必须掌握绘图工具及仪器的正确使用方法。

（1）图板、丁字尺和三角板

图板是用来铺放图纸的矩形木板,它的表面必须平坦、光滑,左右两导边必须平直,如图 1-27 所示。

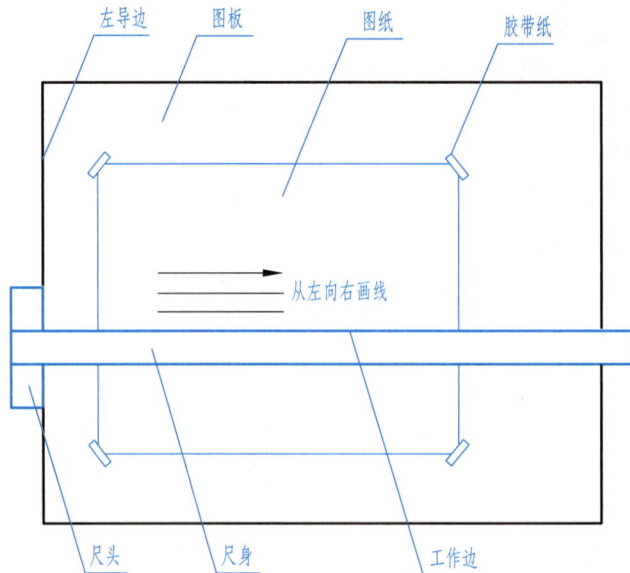

图 1-27　图板和丁字尺

丁字尺由尺头和尺身构成,尺头的内侧边和尺身工作边必须垂直。尺身上有刻度的一边是工作边,尺身工作边必须保持平直、光滑。丁字尺用于画水平线。画图时,应使尺头的内侧边紧靠图板左侧的导边,上下移动即可由尺身的工作边画出水平线。

三角板可直接用于画直线,也可与丁字尺配合画出与水平线成 90°、45°、30°、60°角的直线。若同时使用两块三角板,还可绘制与水平线成 15°、75°角的倾斜线,如图 1-28 所示。

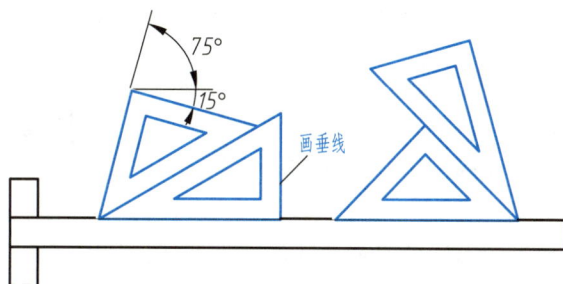

图 1-28　三角板和丁字尺的配合使用

（2）圆规和分规

圆规主要用于画圆和圆弧,一般有大圆规、弹簧圆规和点圆规等三种。使用时,应先调整针脚,使针尖略长于铅芯,且插针和铅芯脚都与纸面大致保持垂直。画大圆弧时,可加上延长杆,如图 1-29 所示。

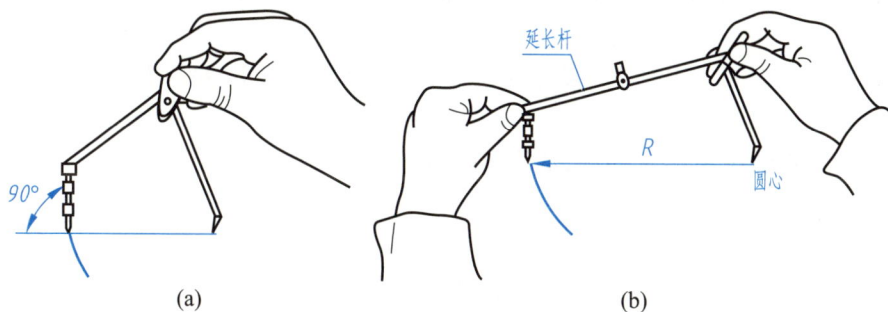

图 1-29　圆规的使用方法

分规的两腿均装有钢针,当分规两脚合拢时,两针尖应合成一点。分规主要用于线段分割(图 1-30a)和量取尺寸(图 1-30b)。

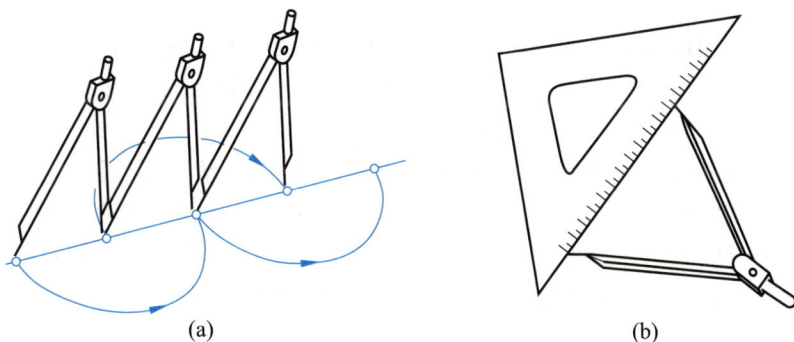

图 1-30　分规的使用方法

（3）铅笔

铅笔是绘图过程中用来画线的工具，铅笔根据铅芯软硬程度不同分为 H～6H、HB 和 B～6B 共 13 种规格。H 前数字越大，表示铅芯越硬，画出的线条越淡。B 前数字越大，表示铅芯越软，画出的线条越黑。HB 表示铅芯软硬适中。

画图时，建议用 H 或 2H 铅芯笔画细线，用 HB、B 或 2B 铅芯笔画粗实线，用 HB 或 H 铅芯笔写字。画圆的铅芯应比使用的相应铅芯软一号。

削铅笔时，应从没有标号的一端削起，以保留铅芯硬度的标号。铅笔常用的削制形状有圆锥形和矩形，圆锥形用于画细线和写字，矩形用于画粗实线，如图 1-31 所示。

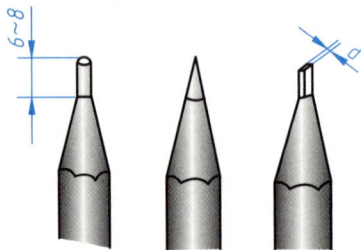

图 1-31　铅笔铅芯的削制形状

（4）尺规绘图的操作步骤

1）准备工作。将绘制不同图线的铅笔及圆规准备好，图板、丁字尺和三角板等擦拭干净。

2）根据所画图形大小选取适当比例，确定图纸幅面。

3）固定图纸。用丁字尺找正后再用胶带固定图纸，较小图纸应固定在绘图板的左下方。

4）按规定用细实线画出图框及标题栏。

5）根据布图方案轻细地画出底稿。

6）检查、修改和清理底稿作图线。

7）描深。按先曲线后直线、先实线后其他的顺序描深。尽量使同类线的粗细、浓淡一致。

8）标注尺寸。绘制尺寸界线、尺寸线及箭头，注写尺寸数字，书写其他文字、符号，填写标题栏。

9）复查。再仔细检查，改正错误，清洁图面，完成全图。

2. 徒手绘图

徒手绘图是不使用绘图工具和仪器，按目测机件的形状、大小徒手绘制图形的一种方法。用这种方法绘制出的图称徒手图或草图。

在设计、测绘、修理等工作中，一般都是先画出草图，然后再根据草图用仪器或计算机绘出正规图。有时也可将草图直接供生产用。

徒手绘图应做到速度快，目测比例准，图面质量好，即图线清晰、尺寸无误、字体工整、图面整洁。

徒手绘图一般用 HB 铅笔在方格纸上进行，没有条件也可用无格图纸代替。

任何图形都是由直线、圆、圆弧、曲线组成的，因此徒手绘图要掌握基本线条的画法。

（1）直线的画法

直线要画得直且均匀。执笔时，笔杆可垂直纸面，并略向运动方向倾斜。画线时，小手指可微触纸面，眼看终点以控制方向。画短线多用手腕动作，画长线多用手臂动作。画水平线时自左向右运笔，如图 1-32a 所示。画竖直线时自上而下运笔，如图 1-32b 所示。画长斜线时为了运笔方便，可以将图纸旋转一适当的角度，以利于运笔，如图 1-32c 所示。

（2）圆和圆角的画法

徒手画小圆时，先定圆心并画中心线，再根据半径大小用目测定出中心线上四个半径端点，

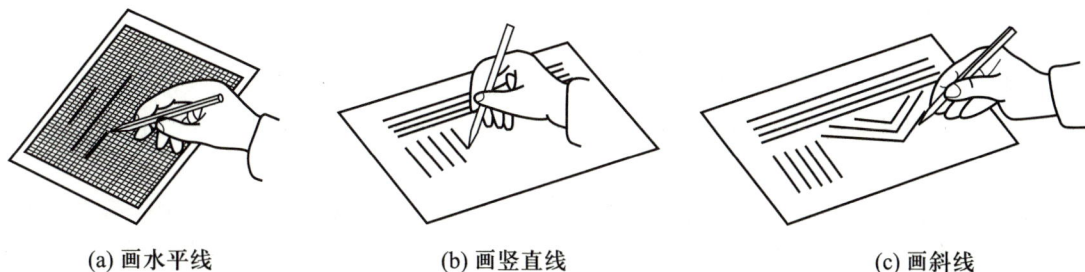

(a) 画水平线　　　　　　(b) 画竖直线　　　　　　(c) 画斜线

图 1-32　徒手画直线

然后过四个端点徒手画圆弧。当圆的直径较大时,可多定出几个方向半径端点,以缩短圆弧段,再按上述方法依次画出各段圆弧,如图 1-33 所示。

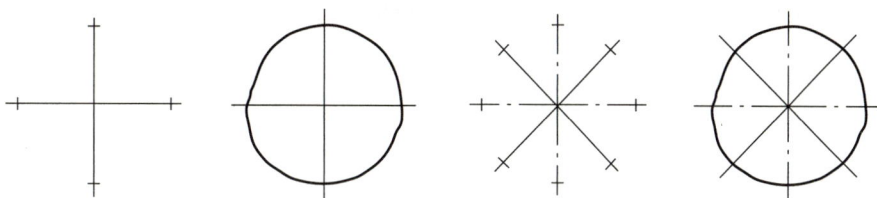

图 1-33　徒手画圆

画圆角时,先用目测在角平分线上选取圆心位置,使其与角的两边的距离等于圆的半径,过圆心向两边引垂线定出圆弧的起、止点,并在角平分线上也定出一圆周点,然后徒手作圆弧,把三点连接起来,如图 1-34 所示。

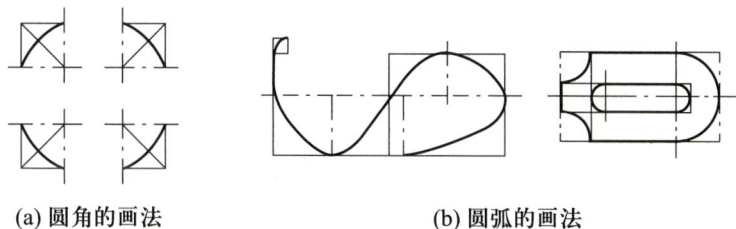

(a) 圆角的画法　　　　　　　　(b) 圆弧的画法

图 1-34　徒手画圆角、圆弧连接

3. 计算机绘图

计算机科学是最近几十年来发展最迅猛的科学分支。计算机硬件和软件的交替进步,已经使如今的微型计算机成为非常好的绘图工具。计算机绘图具有出图速度快、质量好、作图精度高等特点,而且便于修改,易于管理。计算机绘图技术已成为工程技术人员必须掌握的基本技术。

实现计算机绘图,必须依靠计算机绘图系统的正常运行。计算机绘图系统由硬件和软件两大部分组成。

硬件部分主要包括微型计算机、图形输入设备和图形输出设备。微型计算机是绘图系统的核心设备,它主要负责接收输入信息,进行数据处理,控制图形输出。图形输入设备有键盘、鼠标、数字化仪、扫描仪、数码相机等,它们的主要职责是将图形数据传输给计算机,实现人机交互。

图形输出设备除显示器外,还有打印机和绘图机。显示器显示图形,方便人机交互。打印机和绘图机则把图形输出到纸介质上,成为正式图样。

软件部分包括操作系统和绘图软件。操作系统是管理计算机硬件和其他软件资源的一种系统软件,目前使用最多的是 Windows 系统。绘图软件为用户提供图形处理与编辑的功能,并包含驱动图形输入与输出设备的程序。

绘图软件有很多,根据应用领域的不同,可分为图像处理类、网页绘图类、矢量图编辑和排版类、工业绘图类、3D 建模类、视频编辑类等。在机械工程领域,较为流行的软件有 AutoCAD、SOLIDWORKS、Creo、CATIA、NX 等。我国科研人员近年来在绘图软件的研究开发中也有不俗的表现,开目 CAD、CAXA CAD 电子图板等优秀软件均占有了不少的市场份额,这些软件的使用性能也越来越接近国际流行软件。各种绘图软件可能在使用方法和技巧上稍有差异,但它们的绘图原理归根结底都是相同的。

本书后续章节中会对 AutoCAD 软件和 SOLIDWORKS 软件做详细介绍。

第 2 章

投影法和点、直线、平面的投影

2.1 投影及投影法

1. 投影法（GB/T 14692—2008）

空间物体在光线的照射下,会在地面或墙壁上留下物体的影子。投影法就是根据这一自然现象,并经过科学抽象总结而得出的。如图 2-1 所示,投射线通过物体,向选定的平面投射,并在该面上得到图形的方法称为投影法,所得到的图形称为投影,得到投影的面称为投影面。

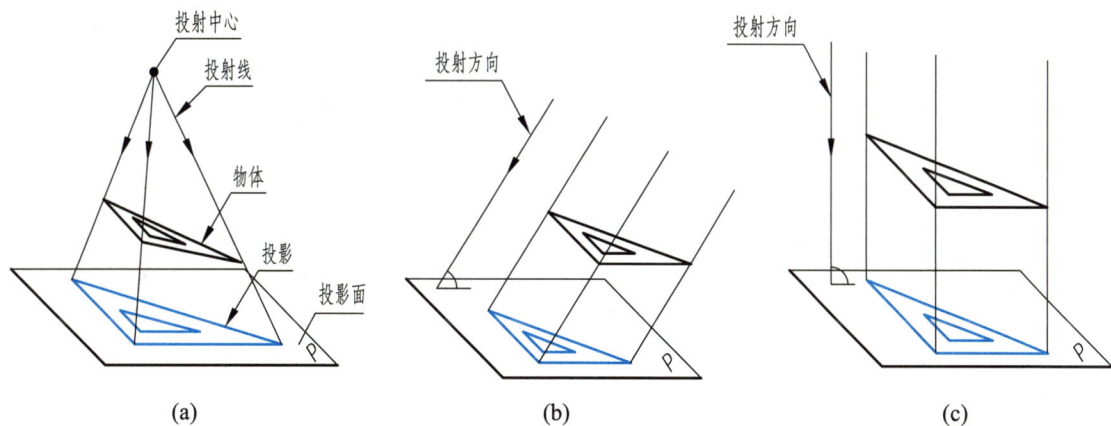

图 2-1 投影法及其分类

2. 投影法的分类

工程上常用的投影法分为两类:中心投影法和平行投影法。

（1）中心投影法

如图 2-1a 所示,投射线汇交于一点的投影方法称为中心投影法。用中心投影法得到的投影称为中心投影。

由中心投影法得到的物体投影的大小随着投影面、物体和投射中心三者之间的相对距离不同而变化,因此中心投影法不能准确地反映物体表面的真实形状和大小,但图形富有立体感,该方法在工程上多用于绘制建筑物的直观图,又称透视图,机械图样较少采用。

（2）平行投影法

投射线互相平行的投影法称为平行投影法。平行投影法分为两类：

斜投影法　投射线相互平行且与投影面倾斜的投影法称为斜投影法（图2-1b）；

正投影法　投射线相互平行且与投影面垂直的投影法称为正投影法（图2-1c）。

由于用正投影法能在投影面上正确地表达空间物体的结构形状和大小，且作图也比较简便，因此国家标准《技术制图　图样画法　视图》（GB/T 17451—1998）中明确规定，技术图样应采用正投影法绘制。

在本书的后续章节中，如无特别说明，其所叙述的投影都是指正投影。

3. 正投影的基本特征

正投影图度量性好、作图简便，这是由正投影的基本特性所决定的，正投影的基本特性见表2-1。表中大写字母表示空间几何元素，其投影用同名小写字母表示，不可见点的投影用括号表示。直线和平面的轮廓用粗实线表示，单独的点用小圆表示，投射线用细实线表示。

表2-1　正投影的基本特性

投影性质	平行性	从属性	定比性
图例	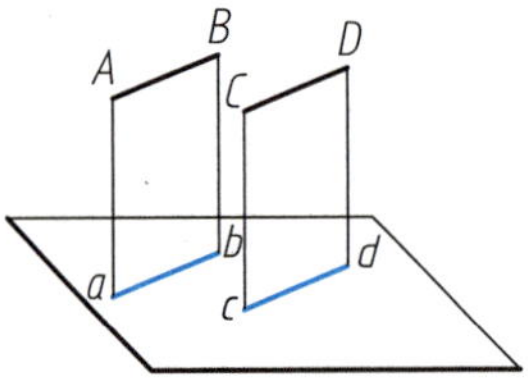	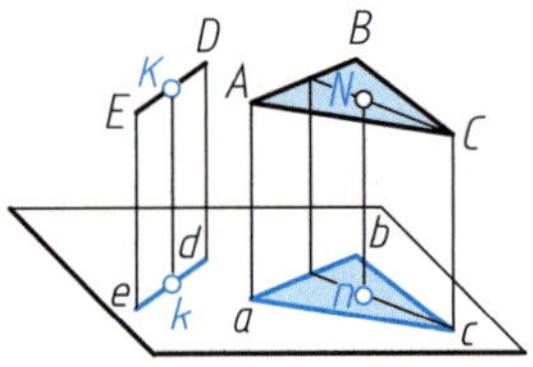	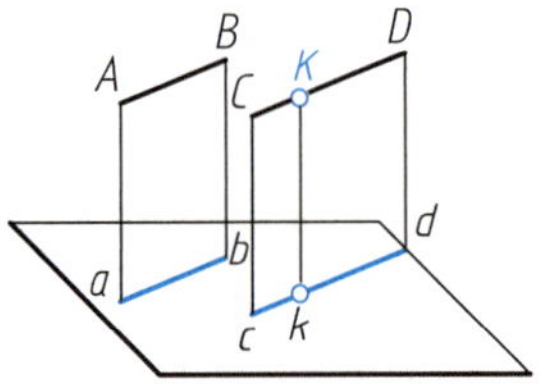
说明	空间平行的两直线，其在同一投影面上的投影一定相互平行	点在直线（或平面）上，则该点的投影一定在直线（或平面）的同面投影上	点分线段之比，投影后该比例保持不变；空间平行的两线段长度之比，投影后该比例不变
投影性质	实形性	积聚性	类似性
图例	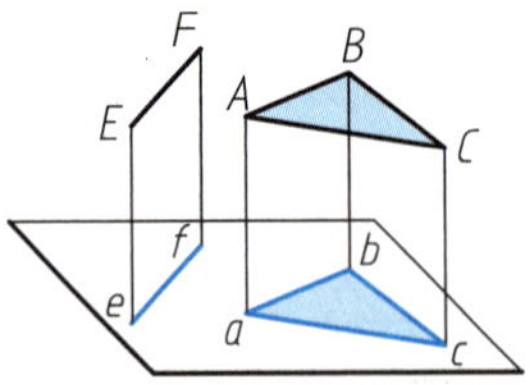	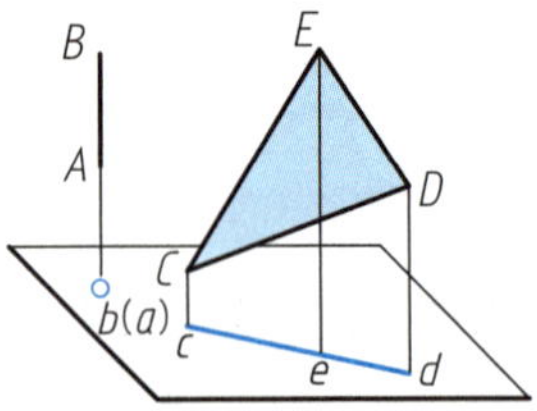	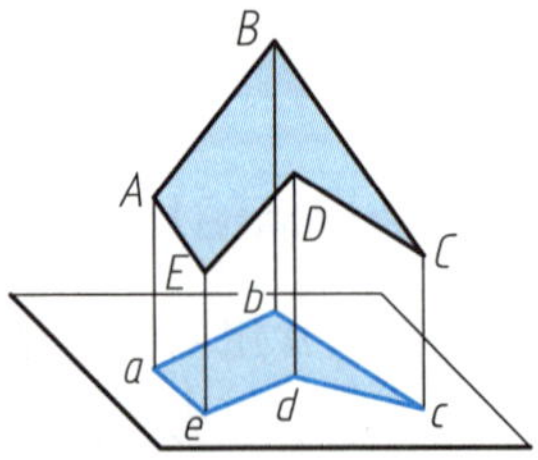
说明	直线、平面平行于投影面时，其在该投影面的投影反映直线的实长或平面的实形	直线、平面垂直于投影面时，直线在该投影面上的投影积聚成一点，而平面的投影积聚成一直线	平面倾斜于投影面时，在该投影面上的投影面积变小了，但投影的形状仍与原形状类似

4. 直角三投影面体系

直角三投影面体系由三个相互垂直的投影面所组成,如图 2-2a 所示。其中,正立投影面用 V 表示,水平投影面用 H 表示,侧立投影面用 W 表示。三个投影面的交线 OX、OY、OZ 称为投影轴,三根投影轴交于一点 O,称为原点。三个相互垂直的投影面将空间划分为八个部分,分别称为第一分角、第二分角、第三分角⋯⋯。国家标准《技术制图 图样画法 视图》(GB/T 17451—1998)规定,技术图样优先采用第一角画法。本书主要讨论物体在第一分角的投影。

为了把物体的三面投影画在同一平面内,规定 V 面保持不动,H 面绕 OX 轴向下旋转 90° 与 V 面重合,W 面绕 OZ 轴向右后旋转 90° 与 V 面重合,如图 2-2b 所示。这样,V、H、W 面就展开、摊平在一个平面上,可以得到物体的三面投影。其中,OY 轴随 H 面旋转时以 OY_H 表示,随 W 面旋转时以 OY_W 表示。

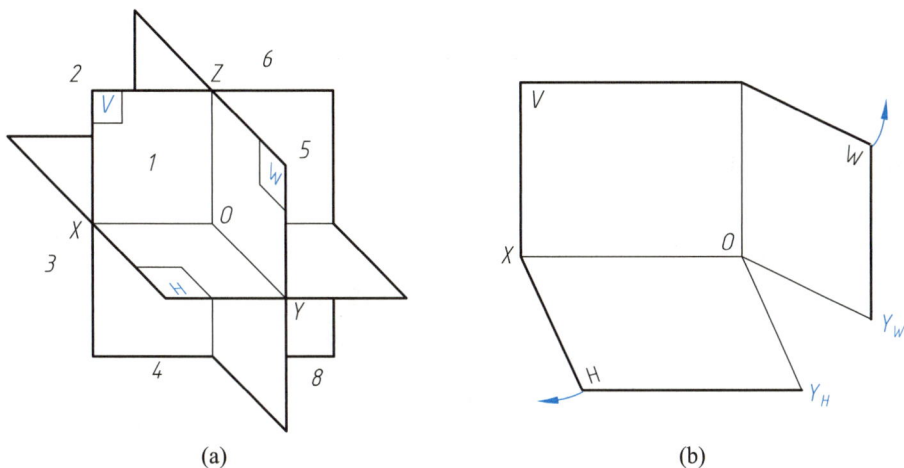

(a)   (b)

图 2-2 三投影面体系划分

2.2

物体上点的投影分析

1. 点的三面投影

如图 2-3a 所示,点 A 为三棱锥的顶点,如果按指定的投射方向 S,则通过空间点 A 的投射线与投影面 P 的交点 a 称为点 A 在投影面 P 上的投影。如果点的空间位置是确定的,则其在一个投影面上的投影是唯一确定的。反之,如果只知道点在投影面上的一个投影,则不能唯一确定空间点的位置(图 2-3b)。为此,必须采用多面正投影才能确定点的空间位置。

如图 2-4a 所示,将空间点 A 分别向三个投影面 H 面、V 面、W 面投射,得到点 A 的正面投影 a'、水平投影 a 和侧面投影 a''。之后按前述展开方法把三个投影面展开到一个平面上,如图 2-4b 所示。然后再去除投影边框,即得到 A 点的三面投影图,如图 2-4c 所示。

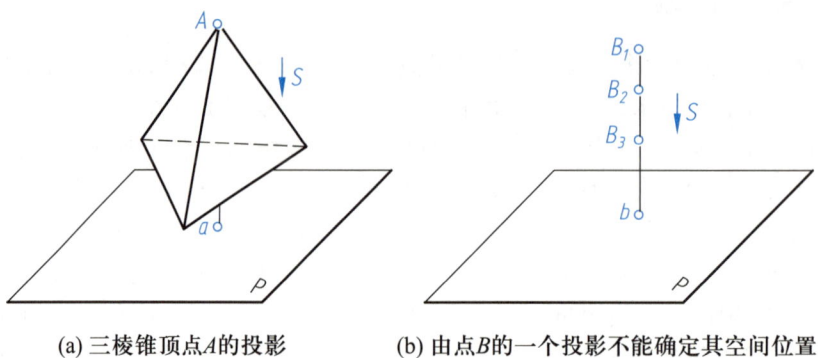

(a) 三棱锥顶点A的投影   (b) 由点B的一个投影不能确定其空间位置

图 2-3　点在一个投影面上的投影

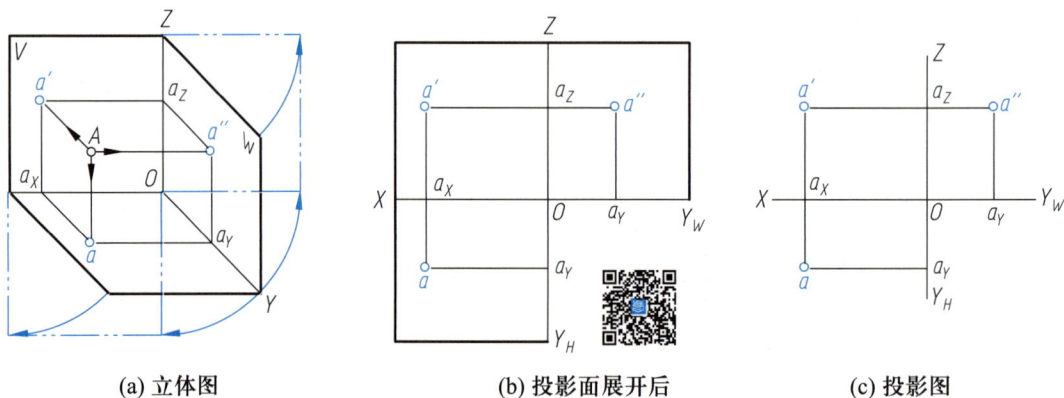

(a) 立体图   (b) 投影面展开后   (c) 投影图

图 2-4　点在三投影面体系中的投影

2. 点在三投影面体系中第一分角的投影特性

由图 2-4 可以得到点的三面投影特性：

1）点的投影连线垂直于投影轴。

点的正面投影与水平投影的连线垂直于 OX 轴，即 $a'a \perp OX$；

点的正面投影与侧面投影的连线垂直于 OZ 轴，即 $a'a'' \perp OZ$；

点的水平投影 a 到 OX 轴距离等于侧面投影 a'' 到 OZ 的距离，即 $aa_x = a''a_z$。

2）点的投影到投影轴的距离等于点的坐标，也即为该点与对应的相邻投影面的距离。

点的 OX 轴坐标为：$aa_y = a'a_z = $ 点 A 到 W 面的距离；

点的 OY 轴坐标为：$aa_x = a''a_z = $ 点 A 到 V 面的距离；

点的 OZ 轴坐标为：$a'a_x = a''a_y = $ 点 A 到 H 面的距离。

根据点的投影特性，只要知道点在两个投影面上的投影，即可求出第三面投影。

[**例 2-1**]　如图 2-5a 所示，已知点 A 的正面投影和水平投影，求其侧面投影。

解：① 过 a' 作直线垂直于 OZ 轴，交 OZ 轴于 a_z，在 $a'a_z$ 的延长线上量取 $a''a_z = aa_x$（图 2-5b）。

② 也可采取作 45° 斜线的方法（图 2-5c）。

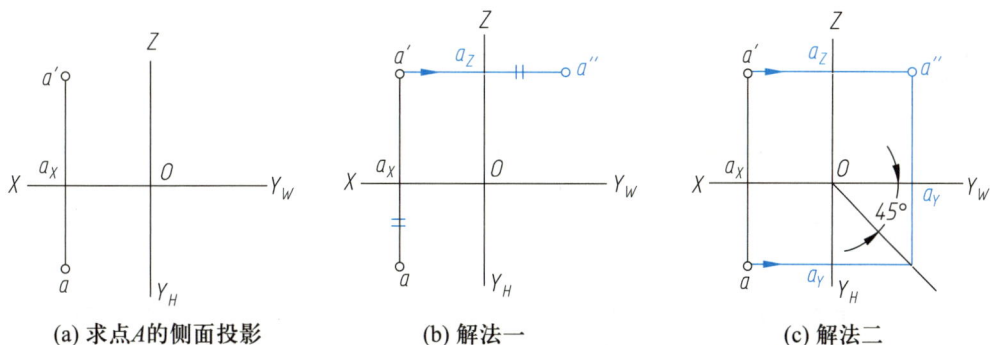

(a) 求点A的侧面投影　　(b) 解法一　　(c) 解法二

图 2-5　已知点的两个投影求第三面投影

3. 两点的相对位置与重影点

（1）两点的相对位置

两点的相对位置是指空间两点的上下、左右、前后的位置关系,而这种位置关系可以通过两点的同面投影的相对位置或者坐标大小来判断,即:

x 坐标值大的点在另一点左面;

y 坐标值大的点在另一点前面;

z 坐标值大的点在另一点上面。

如图 2-6 所示:由于 $x_A > x_B$、$y_A < y_B$、$z_A > z_B$,因而可以判断出点 A 在点 B 的左方、后方及上方,即点 A 在点 B 的左后上方。

（2）重影点

若空间两点在某个投影面上的投影相重合,则此两点称为对该投影面的重影点。例如在图 2-7a 中,点 C 在点 D 的正上方。若沿投射线方向进行观察,先看到的点 C 为可见点,而点 D 被遮挡为不可见点(C、D 两点称为对 H 面的重影点)。为了表示点的可见性,被遮挡住的点的投影加上括号,如图 2-7b 所示。

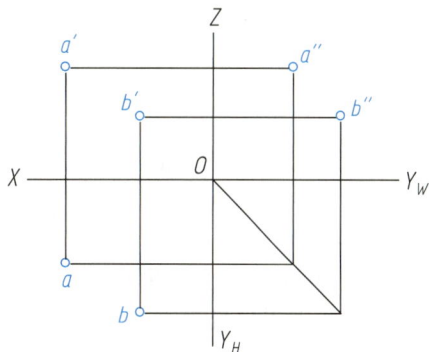

图 2-6　两点的相对位置

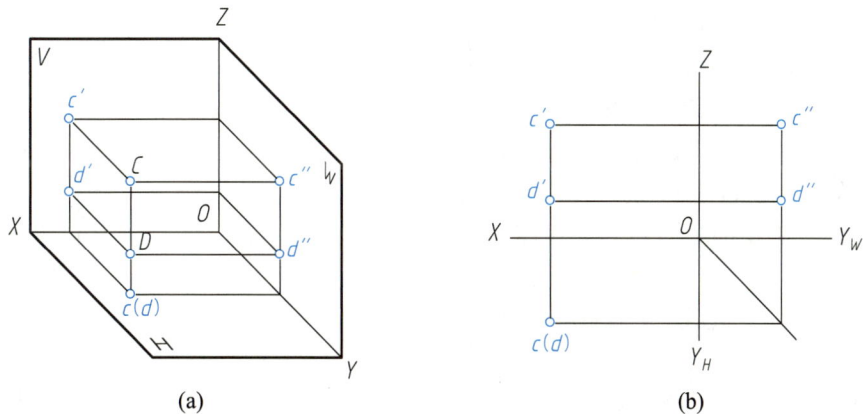

(a)　　　　　　(b)

图 2-7　重影点

2.3 物体上直线的投影分析

1. 直线及直线上点的投影

一般情况下,直线的投影仍为直线。由几何学知道,空间两点决定一直线。因此,要作直线的投影,只需作出直线段上两点的投影,然后将两点的同面投影用粗实线连接起来即可。如图 2-8a 所示,作直线 AB 的投影,只要作出 A、B 两点的投影 a'、b'、a、b、a''、b'',之后分别连线即可。

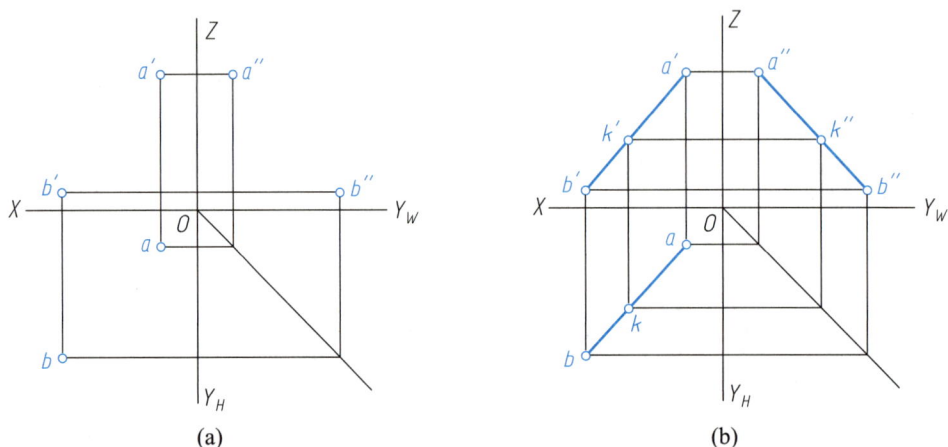

图 2-8 直线及直线上点的投影

由正投影的基本性质可知,点在直线上应有下列投影特性:

1) 直线上点的投影必在直线的同面投影上。如图 2-8b 所示,在直线 AB 上有一点 K,点 K 的三面投影 k'、k、k'' 分别在直线 AB 的同面投影 $a'b'$、ab、$a''b''$ 上。

2) 点分线段之比在投影上保持不变。如图 2-8b 所示,点 K 分线段 AB 成 AK 和 KB,有 $AK:KB=ak:kb=a'k':k'b'=a''k'':k''b''$。

[例 2-2] 如图 2-9a 所示,已知点 C 分 AB 为 $AC:CB=3:2$,求点 C 的投影。

解:根据直线上点的投影特性,可将 AB 的任一投影分成 $3:2$,求得点 C 的一个投影。再利用从属性求出点 C 的另一投影。作图步骤如下(图 2-9b):

① 由点 a 作任意直线,并截取 5 个单位长度;

② 过点 3 作 5b 的平行线,交 ab 于 c;

③ 过点 c 作投影连线交 $a'b'$ 于 c'。

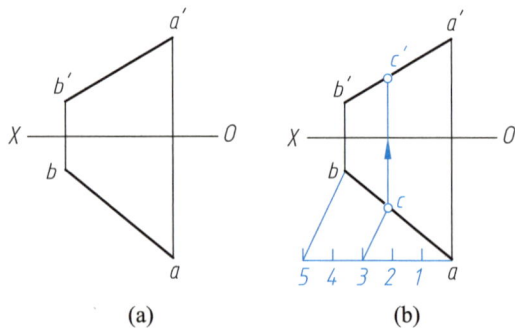

图 2-9 求直线上点的投影

2. 直线的投影特性

（1）直线对一个投影面的投影特性

直线与投影面的相对位置决定了对单一投影面的投影特性，如图 2-10 所示。

1）直线垂直于投影面（图 2-10a）。此时直线的投影为一个点，而且直线上所有点的投影均为此点，这种特性称为直线投影的积聚性。

2）直线平行于投影面（图 2-10b）。此时投影的长度等于空间线段的实际长度，即 $ab=AB$。这种特性称为线段投影的实长性。

3）线段倾斜于投影面（图 2-10c）。此时线段的投影仍为线段，但投影的长度小于空间线段的实长，即 $ab=AB\cos\alpha$。

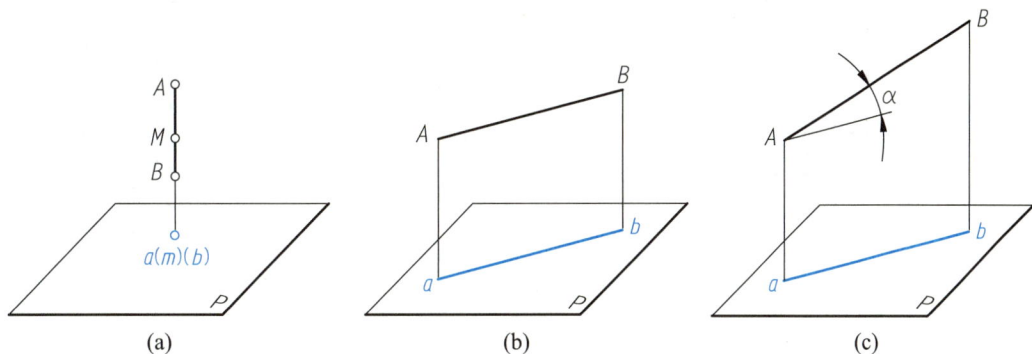

(a)　　　　　　(b)　　　　　　(c)

图 2-10　直线对一个投影面的投影特性

（2）直线在三投影面体系中的投影特性

此时的投影特性仍然取决于直线与三个投影面之间的相对位置。根据不同的相对位置可将直线分为三类：一般位置直线、投影面平行线、投影面垂直线。投影面平行线和投影面垂直线又称为特殊位置直线。

1）一般位置直线　与三个投影面均倾斜的直线称为一般位置直线（图 2-11），其投影特性为：

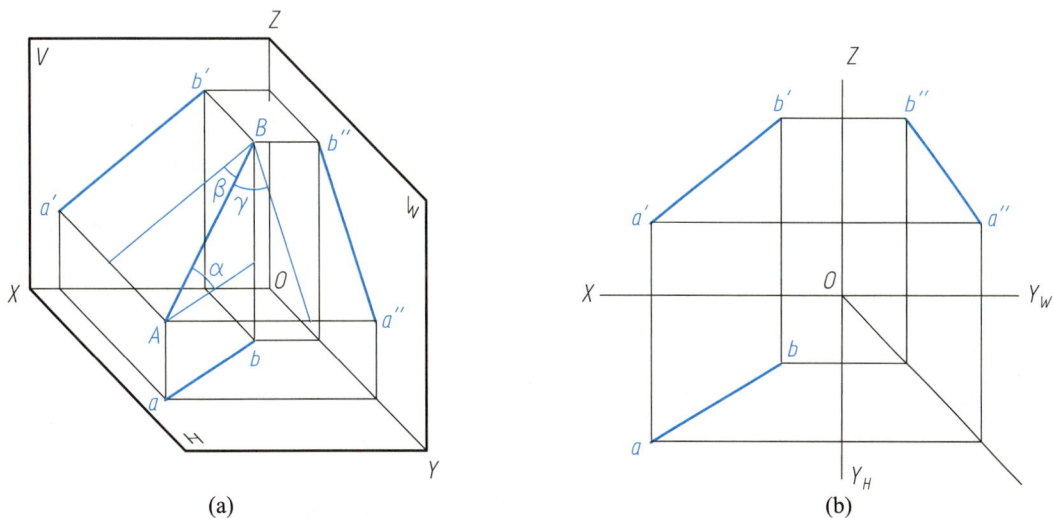

(a)　　　　　　　　　　　　(b)

图 2-11　一般位置直线投影

① 三个投影均倾斜于投影轴,投影与投影轴的夹角不反映空间线段与投影面之间的夹角;

② 三个投影的长度均比空间线段短,即投影不反映实长。

2）投影面平行线　只平行于一投影面而与其余两投影面均倾斜的直线称为投影面平行线。其中:平行于 H 面的直线称为水平线;平行于 V 面的直线称为正平线;平行于 W 面的直线称为侧平线。它们的投影特性见表 2-2。

表 2-2　投影面平行线的投影特性

名称	正平线	水平线	侧平线
立体图	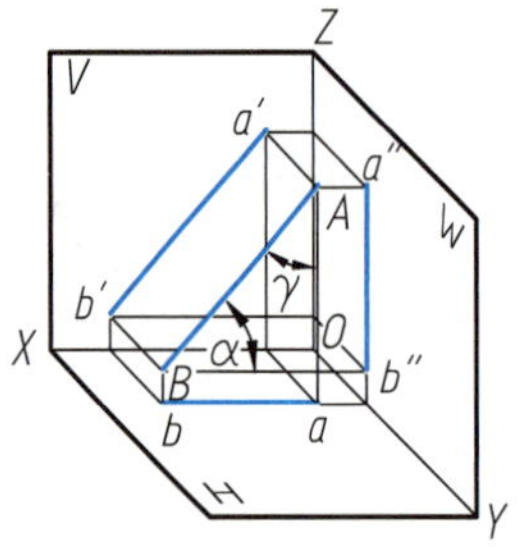	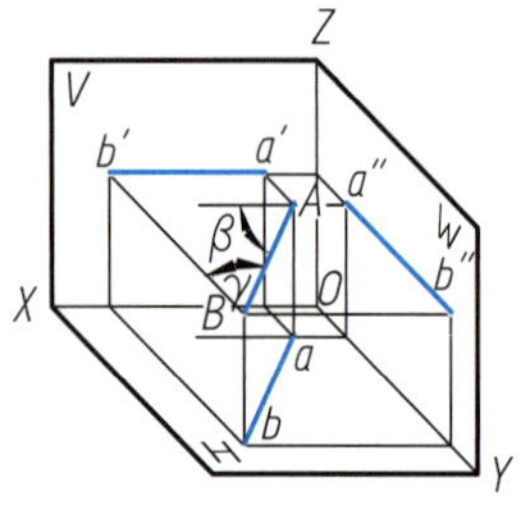	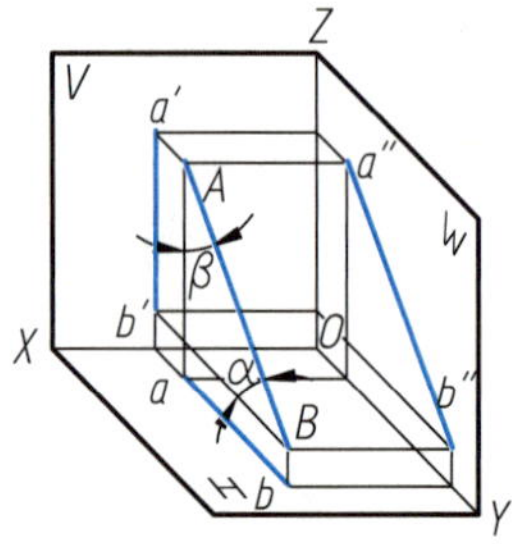
投影图	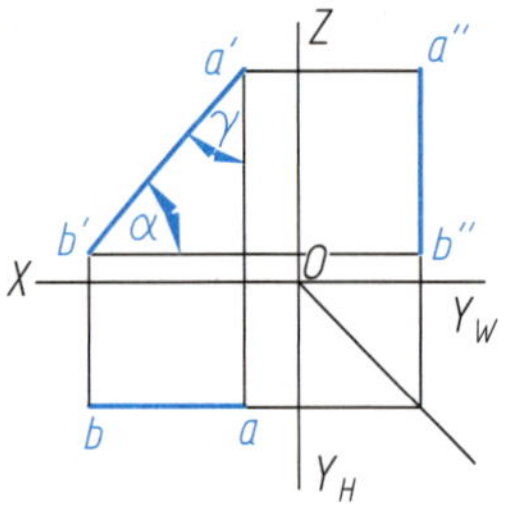	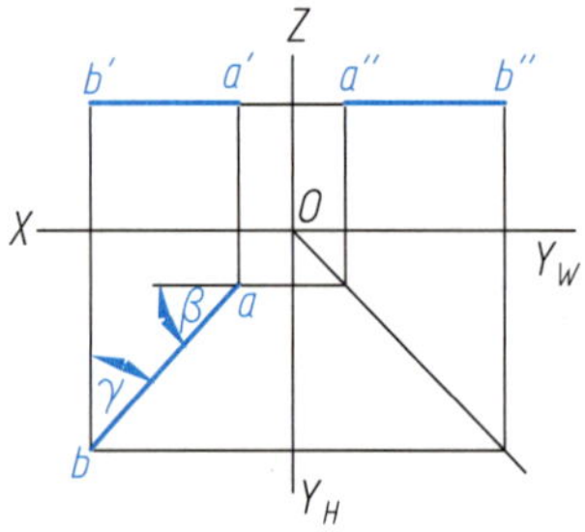	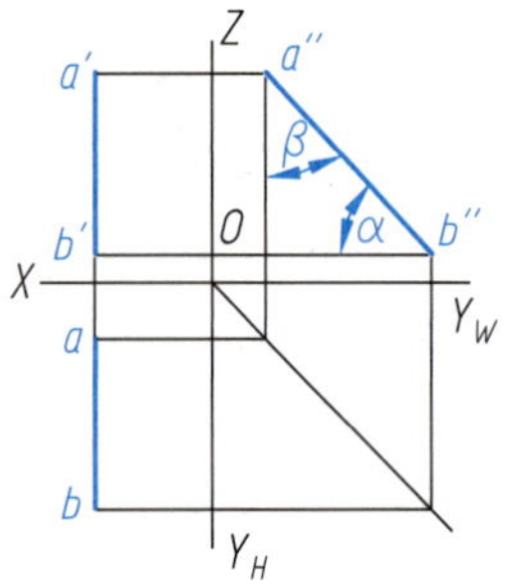
投影特性	① $a'b'=AB$; ② $a'b'$ 与 OX 轴的夹角反映 AB 对 H 面的倾角 α,与 OZ 轴的夹角反映对 W 面的倾角 γ; ③ $ab /\!/ OX$,$a''b'' /\!/ OZ$	① $ab=AB$; ② ab 与 OX 轴的夹角反映 AB 对 V 面的倾角 β,与 OY_H 轴的夹角反映对 W 面的倾角 γ; ③ $a'b' /\!/ OX$,$a''b'' /\!/ OY_W$	① $a''b''=AB$; ② $a''b''$ 与 OY_W 轴的夹角反映 AB 对 H 面的倾角 α,与 OZ 轴的夹角反映对 V 面的倾角 β; ③ $ab /\!/ OY_H$,$a'b' /\!/ OZ$

由表 2-2 可以归纳出投影面平行线的投影特性为:

① 在其平行的投影面上的投影反映实长,该投影与投影轴的夹角分别反映直线对另外两个投影面的实际倾角的大小;

② 在另外两个投影面上的投影分别平行于相应的投影轴,而且其长度小于空间线段的实长。

3）投影面垂直线垂直于某一投影面,而与另两个投影面相平行的直线称为投影面垂直线。

其中,垂直于 H 面的直线称为铅垂线;垂直于 V 面的直线称为正垂线;垂直于 W 面的直线称为侧垂线。它们的投影特性见表 2-3。

表 2-3 投影面垂直线的投影特性

名称	铅垂线	正垂线	侧垂线
立体图			
投影图			
投影特性	① ab 积聚为一点; ② $a'b' = a''b'' = AB$; ③ $a'b' \perp OX$, $a''b'' \perp OY$	① $a'b'$ 积聚为一点; ② $ab = a''b'' = AB$; ③ $ab \perp OX$, $a''b'' \perp OZ$	① $a''b''$ 积聚为一点; ② $ab = a'b' = AB$; ③ $ab \perp OY$, $a'b' \perp OZ$

由表 2-3 可以归纳出投影面垂直线的投影特性为:

① 在其垂直的投影面上的投影积聚为一点;

② 在另外两个投影面上的投影反映实长,且分别垂直于相应的投影轴。

3. 两直线的相对位置

空间两直线的相对位置有相交、平行和交叉三种。由于相交两直线或平行两直线在同一平面上,所以它们又称为共面直线。交叉两直线不在同一平面上,所以称为异面直线。

两直线的相对位置投影特性见表 2-4。根据投影图判断两直线的相对位置时,若两直线为一般位置直线,一般由两面投影即可判断;若直线处于特殊位置,则要利用三面投影或定比性等方法判断。

表 2-4　两直线的相对位置投影特性

名称	立体图	投影图	投影特性
平行两直线	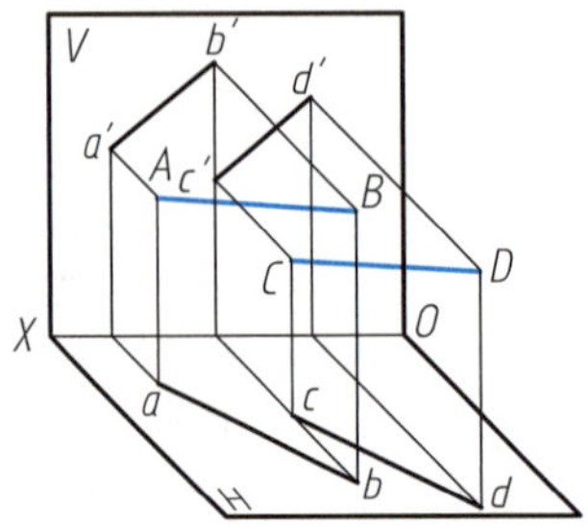	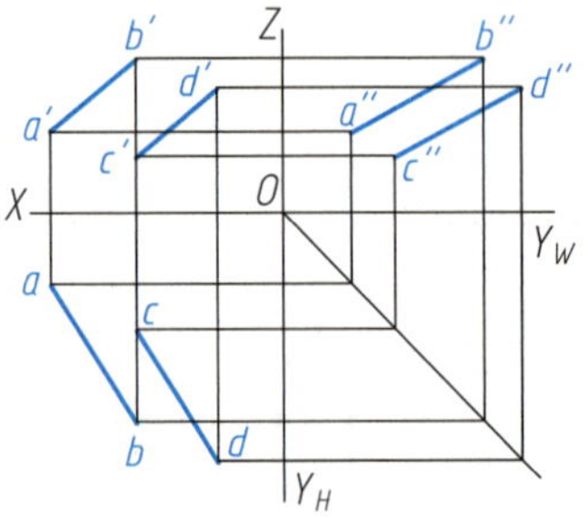	平行两直线的同面投影分别相互平行,且具有定比性
相交两直线	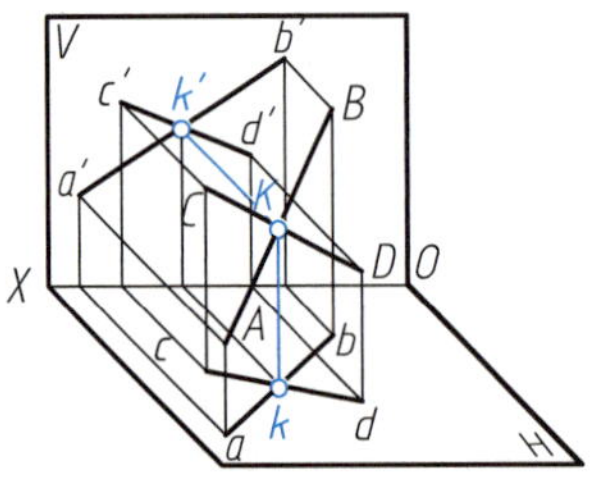	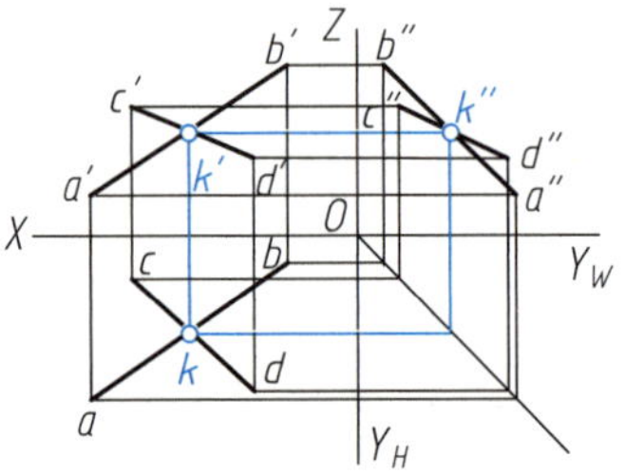	相交两直线的同面投影分别相交,且交点符合点的投影规律
交叉两直线	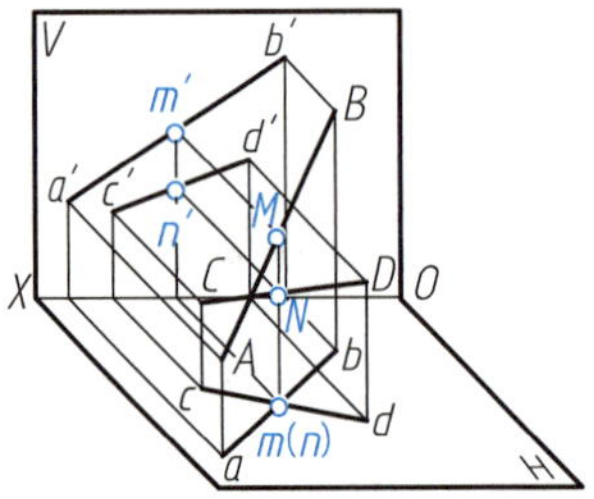	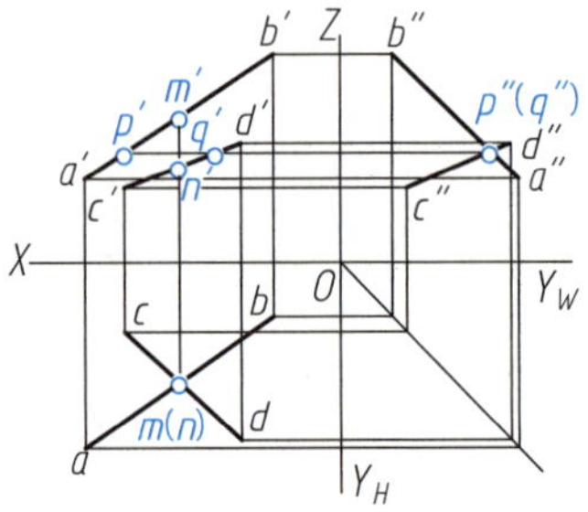	既不符合平行两直线的投影特性,又不符合相交两直线的投影特性

2.4

物体上平面的投影分析

1. 平面的表示法

空间一平面可以用确定该平面的点、直线或平面图形等几何元素的投影来表示,以下是表示平面的最常见的五种形式,如图 2-12 所示。

1）不在同一直线上的三点（图2-12a）；

2）一直线与该直线外的一点（图2-12b）；

3）平行两直线（图2-12c）；

4）相交两直线（图2-12d）；

5）平面几何图形，如三角形、四边形、圆等（图2-12e）。

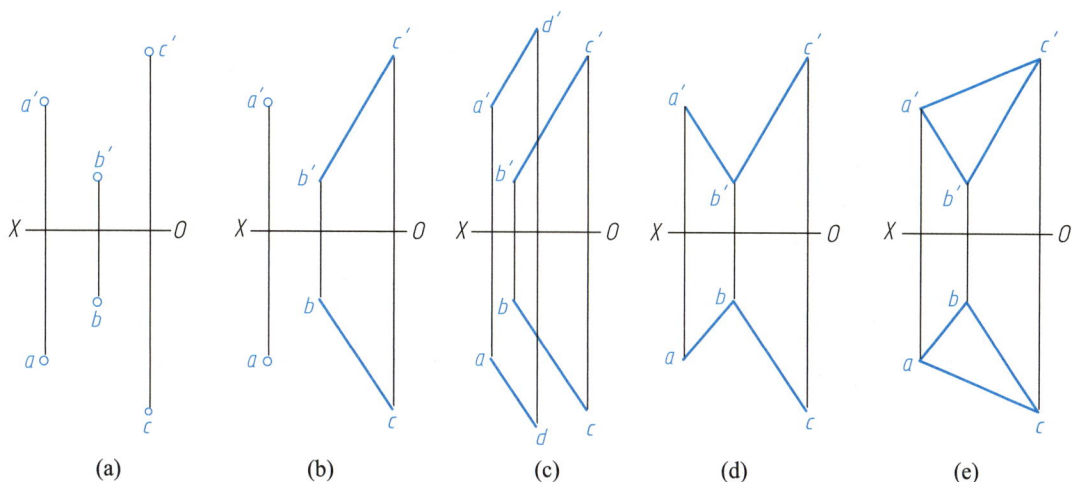

图2-12 平面的表示法

2. 平面的投影特性

平面的投影特性是由平面对投影面的相对位置决定的。

（1）平面对一个投影面的投影特性

平面对投影面的相对位置可分为三类：

1）投影面平行面 如图2-13a所示，平面 P 平行于投影面 H，在 H 面的投影 p 反映了平面 P 的实形。

2）投影面垂直面 如图2-13b所示，平面 P 垂直于投影面 H，在 H 面的投影 p 积聚成一条直线，并且平面 P 中所有的几何元素在 H 面上的投影都重合在这条直线上。

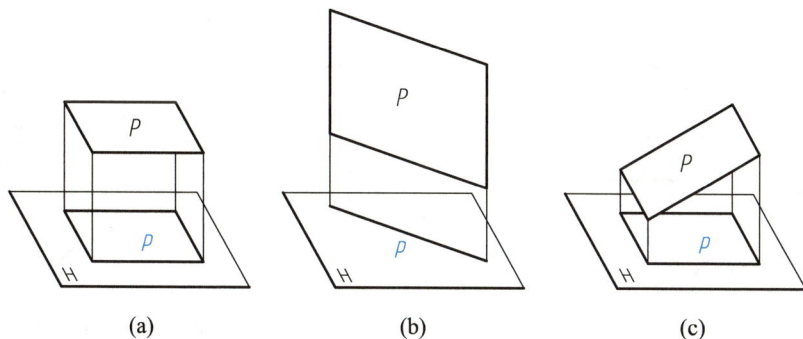

图2-13 平面对一个投影面的各种位置

3）投影面倾斜面　如图 2-13c 所示，平面 P 倾斜于投影面 H，在 H 面的投影 p 的形状与空间平面 P 相类似，但并不反映平面 P 的实形。

（2）平面在三投影面体系中的投影特性

根据平面在三投影面体系中与三个投影面相对位置的不同，平面可以分为一般位置平面和特殊位置平面，后者包括投影面平行面和投影面垂直面。

1）一般位置平面　一般位置平面是指与三个投影面均倾斜的平面。其投影特性为：三个投影均是原图形的类似形，面积缩小。

如图 2-14a 所示，△ABC 对三个投影面均倾斜，它的三个投影的形状也相互类似，但都不反映△ABC 的实形，如图 2-14b 所示。

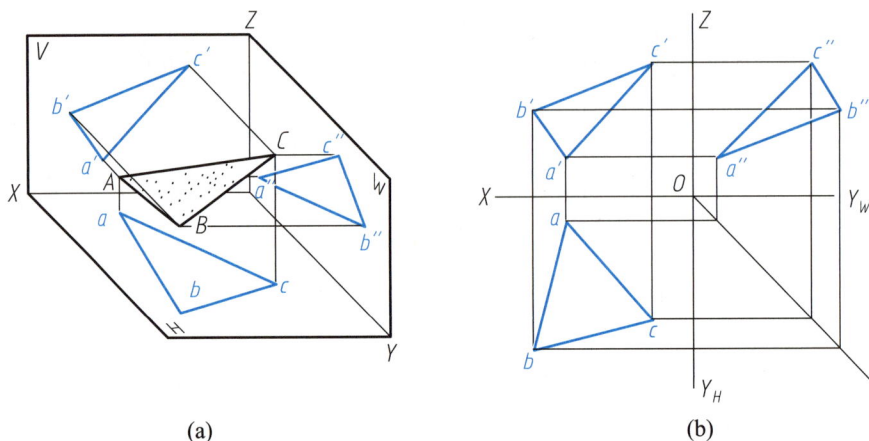

(a)   (b)

图 2-14　一般位置平面的投影

2）投影面平行面　平行于某一个投影面，垂直于另外两个投影面的平面称为投影面平行面。根据平面所平行的投影面的不同，投影面平行面分为水平面（平行于 H 面）、正平面（平行于 V 面）和侧平面（平行于 W 面）三种。它们的投影特性见表 2-5。

表 2-5　投影面平行面的投影特性

名称	水平面	正平面	侧平面
立体图			

续表

名称	水平面	正平面	侧平面
投影图	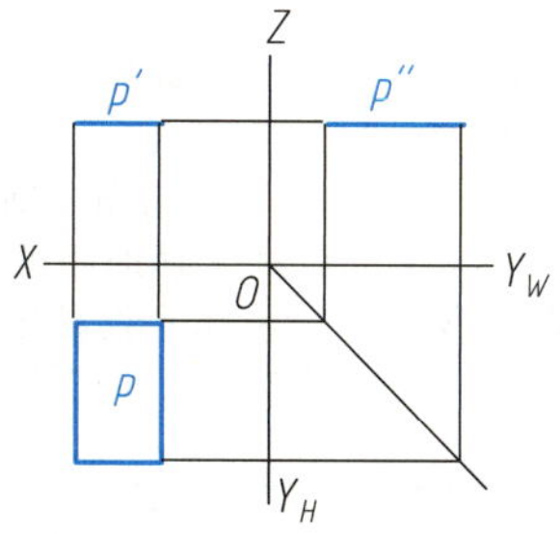	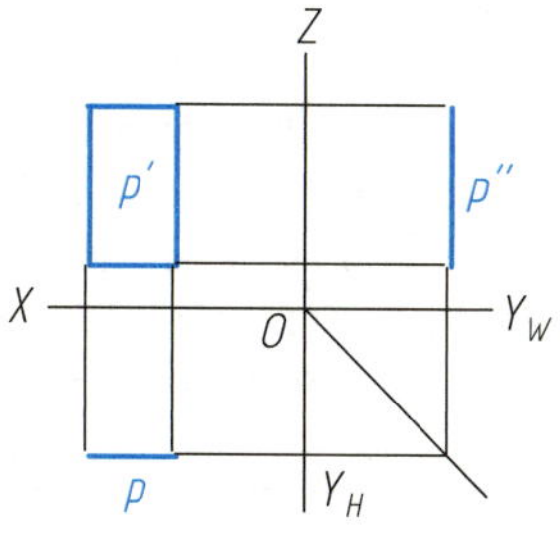	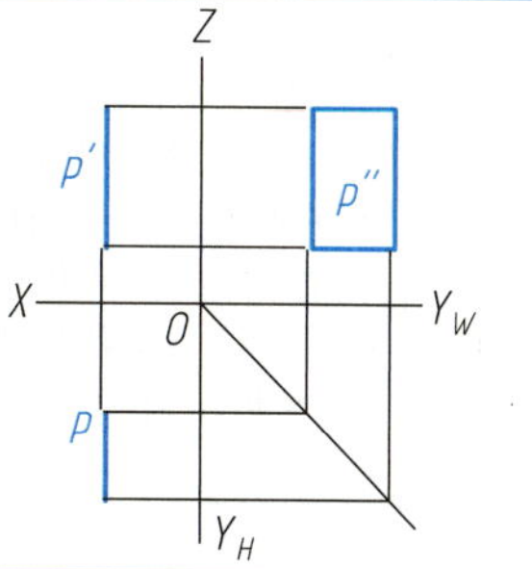
投影特性	① 水平投影反映实形； ② 正面投影和侧面投影积聚成直线，并分别平行于 OX 轴、OY_W 轴	① 正面投影反映实形； ② 水平投影和侧面投影积聚成直线，并分别平行于 OX 轴、OZ 轴	① 侧面投影反映实形； ② 水平投影和正面投影积聚成直线，并分别平行于 OY_H 轴、OZ 轴

归纳表 2-5 的内容，投影面平行面具有以下投影特性：

① 投影面平行面在所平行的投影面上的投影反映实形；

② 在另外两个投影面上的投影积聚成直线，分别平行于相应的投影轴。

3）投影面垂直面　只垂直于一个投影面，与另两个投影面都倾斜的平面称为投影面垂直面。对不同的投影面，投影面垂直面分为铅垂面（垂直于 H 面）、正垂面（垂直于 V 面）和侧垂面（垂直于 W 面）三种。它们的投影特性见表 2-6。

表 2-6　投影面垂直面的投影特性

名称	铅垂面	正垂面	侧垂面
立体图	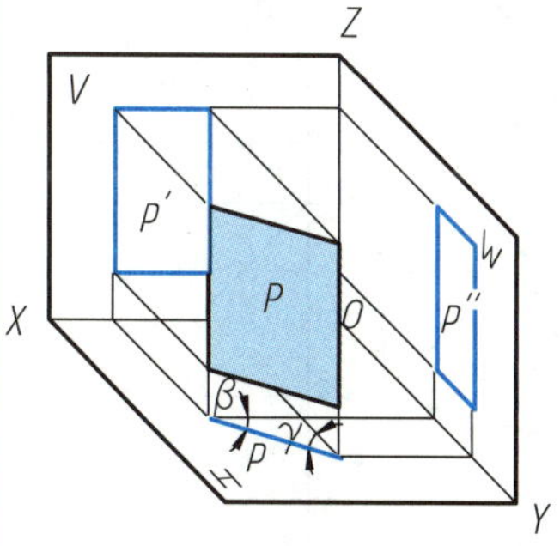	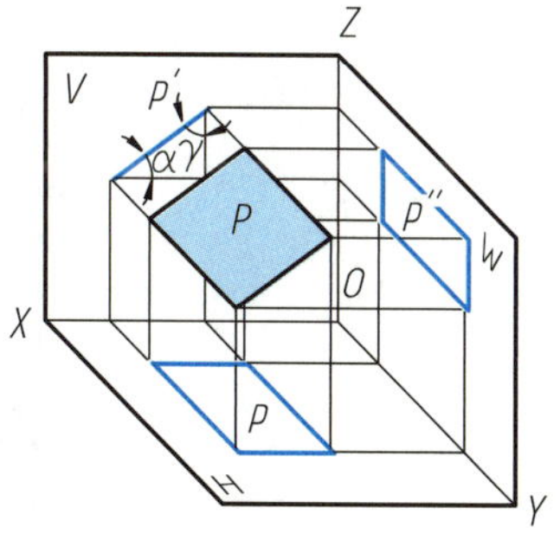	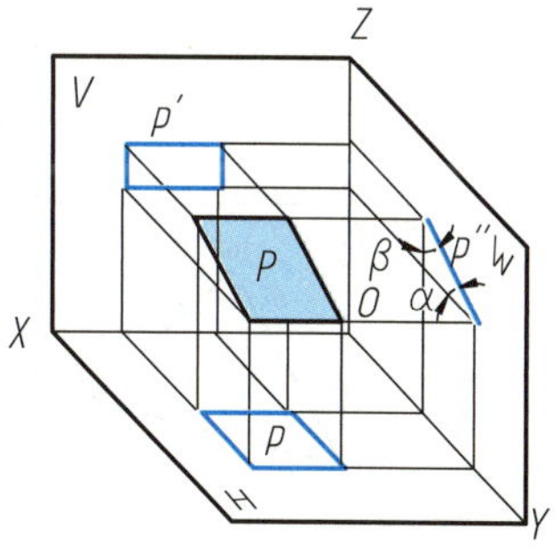
投影图	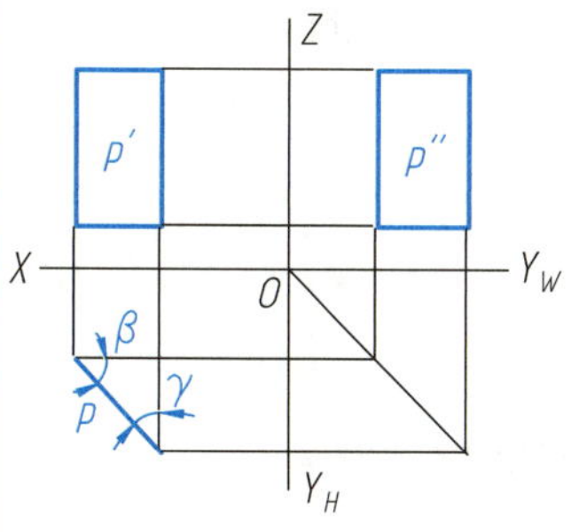	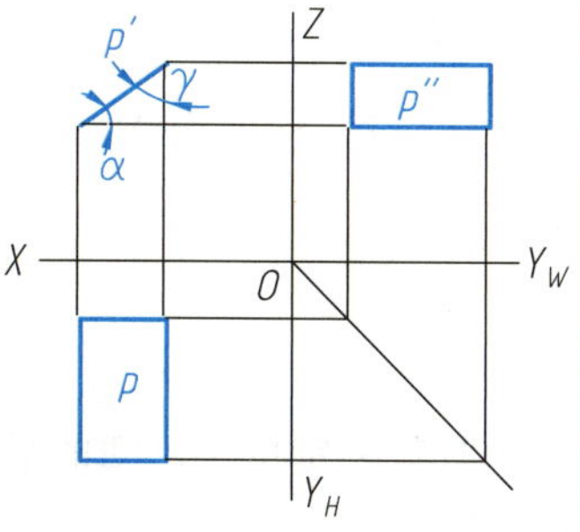	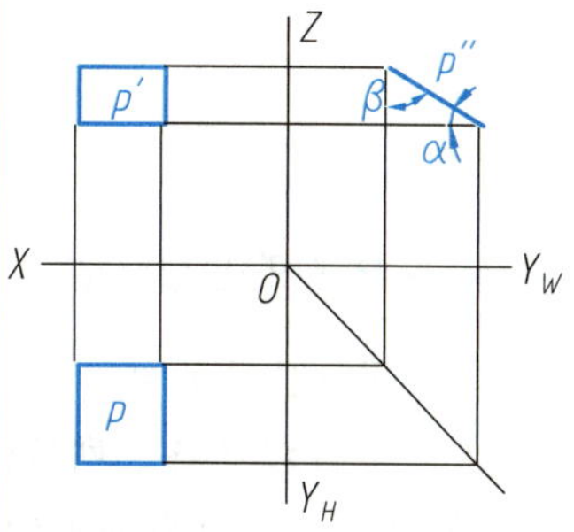

续表

名称	铅垂面	正垂面	侧垂面
投影特性	① 水平投影积聚为倾斜直线； ② 积聚倾斜直线与 OX 轴、OY 轴的夹角分别反映了平面对 V 面、W 面的倾角； ③ 正面投影与侧面投影的形状与该平面相类似，面积缩小	① 正面投影积聚为倾斜直线； ② 积聚倾斜直线与 OX 轴、OZ 轴的夹角分别反映了平面对 H 面、W 面的倾角； ③ 水平投影与侧面投影形状与该平面相类似，面积缩小	① 侧面投影积聚为倾斜直线； ② 积聚倾斜直线与 OY 轴、OZ 轴的夹角分别反映了平面对 H 面、V 面的倾角； ③ 水平投影与正面投影的形状与该平面相类似，面积缩小

归纳表 2-6 的内容，投影面垂直面具有以下投影特性：

① 投影面垂直面在所垂直的投影面上的投影积聚成一条倾斜直线，这条倾斜直线与该投影面的两个投影轴之间的夹角，分别反映了该平面在空间与另外两个投影面倾角的大小；

② 在另外两个投影面上的投影形状与该平面相类似，面积缩小（即两个图形具有同等数量的顶点、边和平面，且这些图形元素的排列顺序和连接方式也是相同的）。

[**例 2-3**] △ABC 为一正垂面，已知其水平投影及顶点 B 的正面投影（图 2-15a），且 △ABC 对 H 面的倾角 $\alpha = 45°$，求 △ABC 的正面投影及侧面投影。

分析：因 △ABC 为正垂面，则其正面投影应积聚成一条倾斜直线，且该倾斜直线与 OX 轴的夹角为 45°。又因顶点 B 的正面投影为已知，故可以确定 △ABC 的正面投影；求出正面投影后，根据水平投影及正面投影，即可确定侧面投影。

作图过程如图 2-15b 所示。

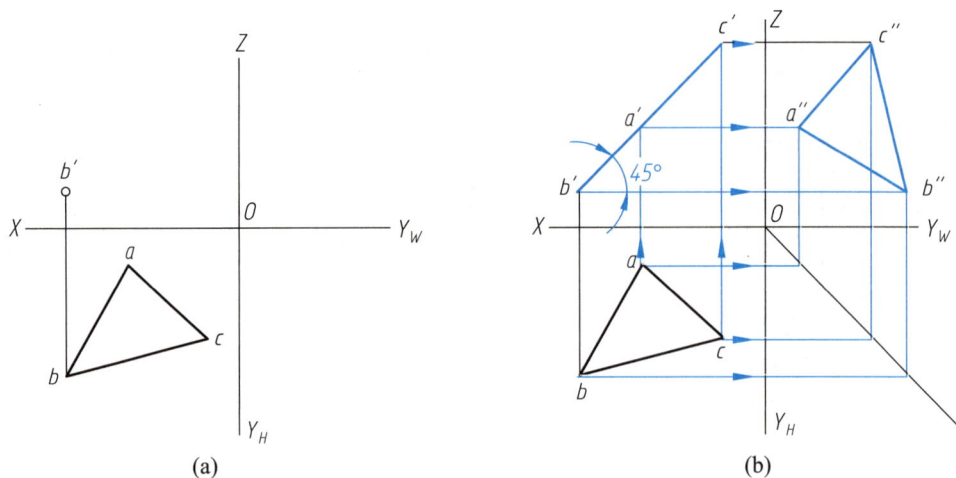

(a)   (b)

图 2-15 求作平面投影

3. 平面内的直线与点

（1）平面内取直线

当一条直线具备下列条件之一时就必定位于已知的平面之内：

1）该直线通过平面内的两个点；

2）该直线通过平面内的一个点且平行于该平面内的某条给定直线。

[**例 2-4**]　已知平面由两条相交直线 *AB*、*AC* 确定，试在该平面内作任意一条直线（图 2-16a）。

解：本题可以采用以下两种方法。

① 在该平面内任意找两个点连线即可（图 2-16b）：

在直线 *AB* 上任取一点 *M*(*m*,*m*′)，在直线 *AC* 上任取一点 *N*(*n*,*n*′)，然后用直线连接点 *M*、*N* 的同面投影即为所求直线 *MN*。

② 过平面内一点作面内已知直线的平行线（图 2-16c）：

过点 *C* 作直线 *CM*∥*AB*，则直线 *CM* 即为所求（也可过点 *B* 作直线平行于 *AC*）。

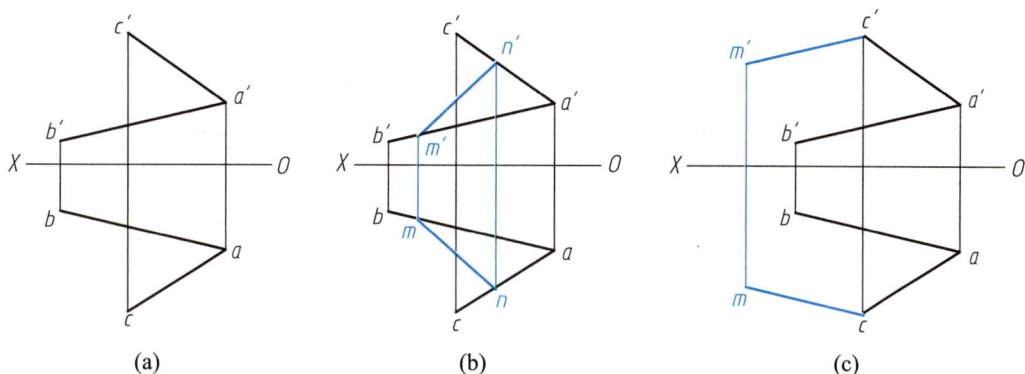

图 2-16　平面内取直线

[**例 2-5**]　已知平面 △*ABC*，试在该平面内作一条正平线，并使其到 *V* 面的距离为 10 mm（图 2-17a）。

解：所求的直线为正平线，所以所求直线的水平投影平行于 *OX* 轴，且到 *OX* 轴的距离为 10 mm。

① 在 *H* 面上作直线平行于 *OX* 轴，且距离 *OX* 轴为 10 mm，分别交 *ab*、*ac* 于 *m*、*n*；

② 由 *m*、*n* 作出正面投影 *m*′、*n*′；

③ 连接 *m*、*n* 与 *m*′、*n*′，直线 *MN* 即为所求，如图 2-17b 所示。

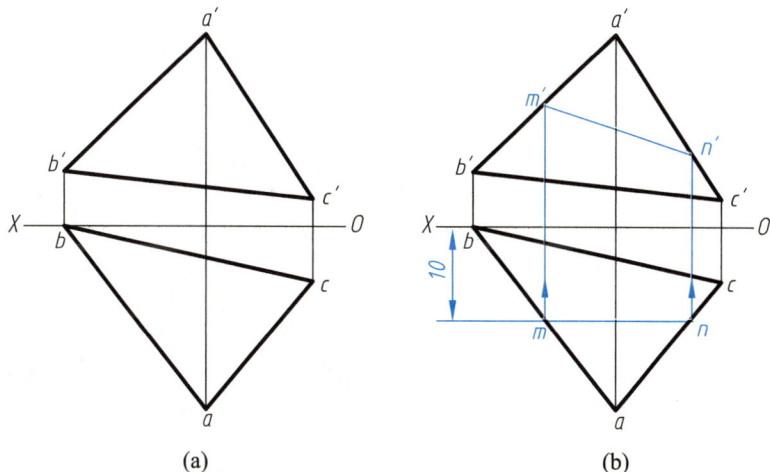

图 2-17　平面内取正平线

（2）平面内取点

在平面内取点所依据的原则是该点必定位于平面内的某条直线上（即点的投影在该直线的同面投影上）。因而要在平面内取点就必须首先在平面内取直线，然后在直线上求出符合要求的点。

[例2-6] 已知点 K 位于 $\triangle ABC$ 内，求点 K 的水平投影（图2-18a）。

解：要在平面内取点就首先要取直线，而点 K 的投影就在该直线的同面投影上。

① 连接 $b'k'$，并延长交 $a'c'$ 于 d'；

② 由 d' 作 D 的水平投影 d；

③ 连接 bd，由点 k' 求出 K 的水平投影 k（图2-18b）。

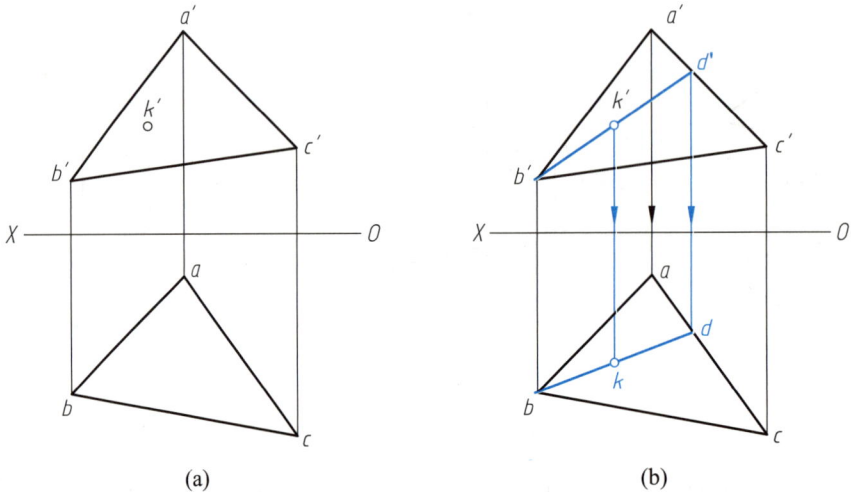

图2-18　平面内取点

[例2-7] 已知 $\triangle ABC$ 的两面投影，在 $\triangle ABC$ 内取一点 M，并使其到 H 面和 V 面的距离均为 10 mm（图2-19a）。

解：要在 $\triangle ABC$ 内取得点 M，要通过在 $\triangle ABC$ 内取得辅助直线。可先在 $\triangle ABC$ 内作一条距离 V 面为 10 mm 的正平线，然后在其上作出距 H 面为 10 mm 的点，即为所求点（图2-19b）。

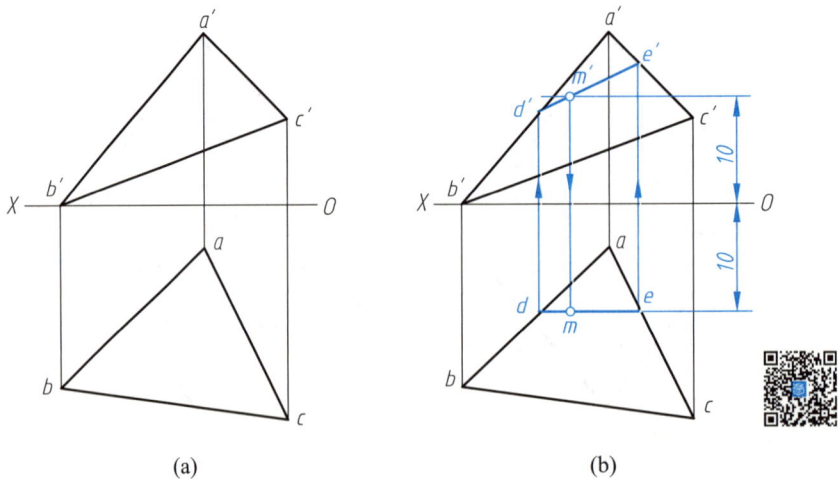

图2-19　平面内取点

① 在 *OX* 轴下方 10 mm 作直线交△*abc* 于 *de*，再由 *de* 作 *d'e'*；

② 在 *d'e'* 上取位于 *OX* 轴上方 10 mm 的 *m'*，即得点 *M* 的正面投影；

③ 由 *m'* 作出 *m*，即得点 *M* 的水平投影。

4. 直线与平面、平面与平面的相对位置

（1）直线与平面平行、平面与平面平行

1）直线与平面平行　由初等几何可知：若平面外的一条直线与平面内的某条直线平行，则直线与该平面平行。在图 2-20 中，直线 *EF* 的正面投影 *e'f'*∥ *a'd'*，水平投影 *ef*∥*ad*，因为直线 *AD* 位于△*ABC* 所确定的平面内，故 *EF*∥△*ABC*。

[例 2-8]　已知△*ABC* 所确定的平面及平面外一点 *M* 的投影（图 2-21a），试过点 *M* 作正平线 *MN* 与△*ABC* 平行。

解：先在△*ABC* 内求作任意一条正平线，然后过点 *M* 作该正平线的平行线即为所求。

作图步骤如图 2-21b 所示：通过△*ABC* 的顶点 *B* 作出该面内的正平线 *BD*（注意：正平线的水平投影平行于 *OX* 轴），然后通过点 *M* 作直线 *MN*∥*BD*，则直线 *MN* 即为所求。

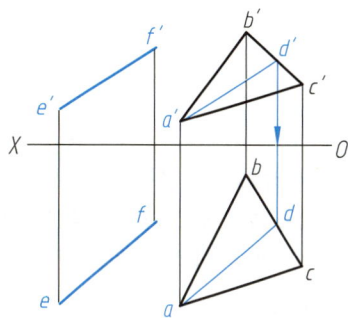

图 2-20　直线与平面平行

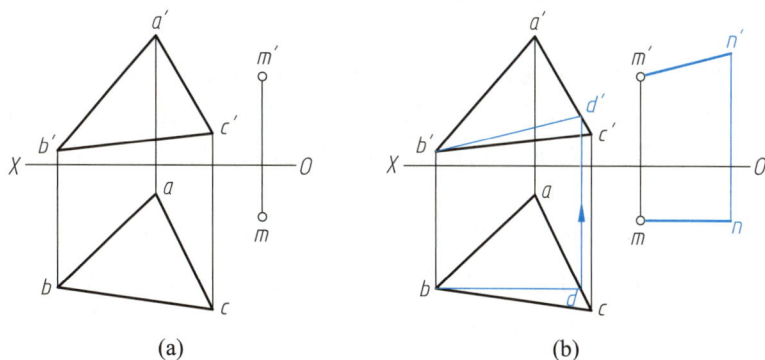

（a）　　　　　　　　（b）

图 2-21　作直线与平面平行

2）平面与平面平行　由初等几何可知：若一平面内的两条相交直线分别与另一平面内的两条相交直线相平行，则此两平面相互平行。

[例 2-9]　试过点 *K* 作平面与△*ABC* 平行（图 2-22a）。

解：求作平面事实上就是求作确定该平面的几何元素，对于本题可以用两条相交直线来表示该平面，该两直线的交点即为点 *K*，而且该两相交直线分别与△*ABC* 的任意两条相交的三角形边线对应平行，例如在图 2-22b 中，可以过点 *K* 作直线 *KM*∥*AC*、*KN*∥*BC*，平面 *MKN* 即为所求。

（2）直线与平面相交、平面与平面相交

直线与平面相交，交点是直线与平面的共有点，且是直线可见与不可见的分界点。平面与平面相交，其交线为两平面的共有线，且是平面可见与不可见的分界线。一般求两平面的交线可先求两个共有点，两点相连即为两平面的共有线。

41

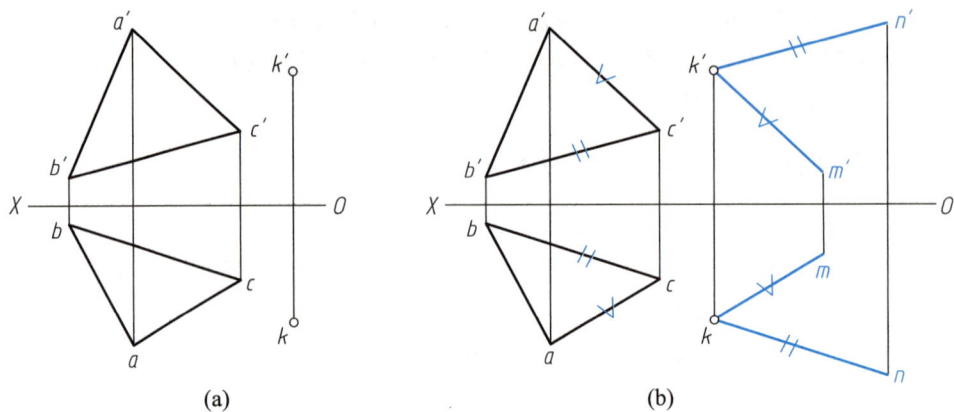

图 2-22　作两平行平面

1）特殊位置情况

当直线或平面垂直于投影面时，由于它在该投影面上的投影具有积聚性，所以交点或交线至少有一个投影可以在投影图上直接确定。其他投影可以运用平面上取点、线或在直线上取点的方法确定。

如图 2-23a 所示，直线与铅垂面 $\triangle ABC$ 交于点 K。由于 $\triangle ABC$ 的水平投影 abc 积聚成直线，故 MN 的水平投影 mn 与 abc 的交点 k 就是点 K 的水平投影，由 k 在 $m'n'$ 上作出 k'，如图 2-23b 所示。

$m'n'$ 的可见性可以利用重影点来判断。直线 MN 与 AC 在正面投影上有一重影点即 $m'n'$ 与 $a'c'$ 的交点 $1'$、$2'$。分别在 mn 和 ac 上求出 1 和 2，由于点 1 在点 2 之前，所以 $1'$ 所在的直线 $m'k'$ 为可见，画成粗实线。而交点为可见与不可见的分界点，故 $n'k'$ 与 $\triangle a'b'c'$ 重叠部分为不可见，画成细虚线，如图 2-23b 所示。

如图 2-24a 所示，平面 $\triangle ABC$ 和铅垂面 $DEFG$ 相交，其交线为 MN。显然 M、N 分别是 $\triangle ABC$ 的两边 AB、AC 与铅垂面 $DEFG$ 的交点。如图 2-24b 所示，利用求直线与投影面垂直面交点的作图方法，求出交点 m、n，对应得 m'、n'，连接 $m'n'$、mn，即为交线的两面投影。

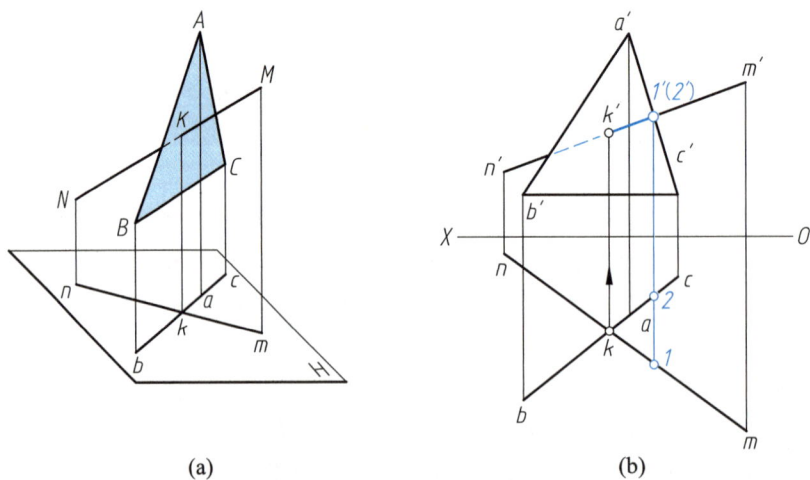

图 2-23　直线与平面相交

两平面重叠部分的可见性判别,可用重影点 *1′*、*2′* 来判别。由水平投影可知 *1* 在 *2* 之前,故 *1′* 可见,因此 *g′1′* 可见,*m′*(*2′*)应为不可见,根据平面与平面存在遮住与被遮住的关系,可判断其余各部分的可见性,如图 2-24b 所示。

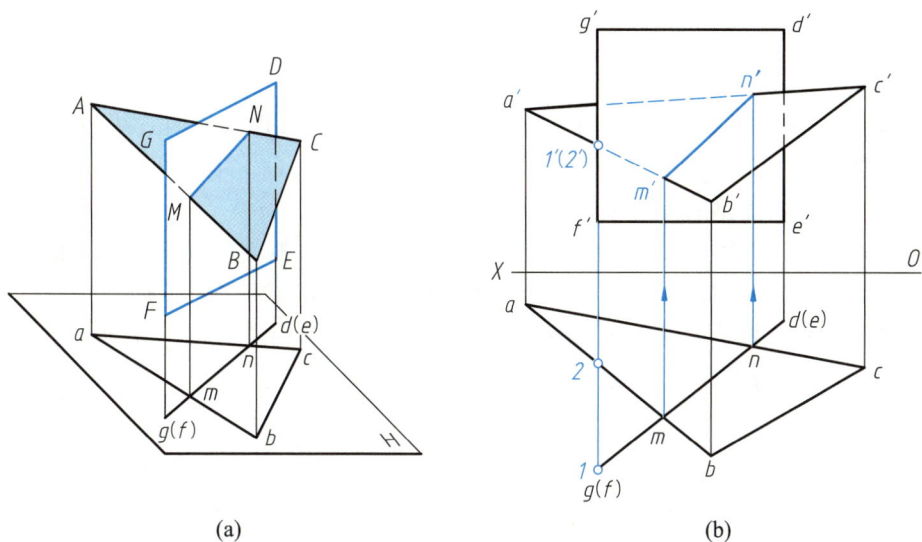

(a)   (b)

图 2-24 两平面相交

2) 一般位置情况

当直线和平面都处在一般位置时,不能利用积聚性来直接定出交点的投影,而必须通过作辅助平面的方法通过一定的作图过程才能求出交点。

如图 2-25a 所示,直线 *DE* 与平面 △*ABC* 相交。过直线 *DE* 作一辅助面 *P*,则该辅助面 *P* 与 △*ABC* 交于直线 *MN*,平面 *P* 上的直线 *MN* 与 *DE* 交于一点 *K*,点 *K* 在 *MN* 上,则点 *K* 必在 △*ABC* 上。因此,点 *K* 是直线 *DE* 与 △*ABC* 的共有点,即交点。

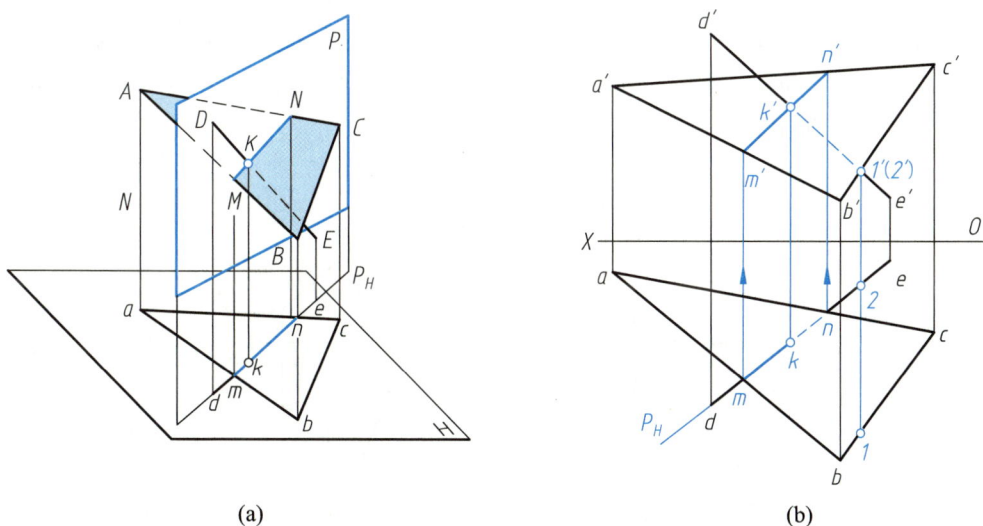

(a)   (b)

图 2-25 辅助平面法求直线与平面交点

根据以上分析,直线与平面求交点的步骤如下:

① 包含直线 DE 作辅助面 P,为使作图简便,所作辅助面应选投影面垂直面,如图 2-25b 所示,辅助面为铅垂面(用迹线 P_H 表示);

② 求辅助面 P 与已知平面 $\triangle ABC$ 的交线 MN,由 mn、$m'n'$ 表示;

③ 求交线 MN 与直线 DE 的交点 K,点 K 即是直线 DE 与平面 $\triangle ABC$ 的交点,如图 2-25b 所示;

④ 判别可见性,完成作图。

如要求两一般位置平面的交线,可在任一平面上取两直线,作出该两直线与另一平面的交点,交点连线即为两平面的交线。

3）直线与平面垂直、两平面互相垂直

由几何学可知,一直线如果垂直于平面上任意两相交直线,则直线垂直于该平面。

当平面为投影面垂直面时,如果直线和该面垂直,则直线必平行该平面所垂直的投影面。并且,直线在该投影面的投影必垂直平面的投影,如图 2-26a 所示。平面 $CDEF$ 为铅垂面,直线 $AB \perp CDEF$ 面,则 AB 为水平线,$ab \perp cdef$,如图 2-26b 所示。

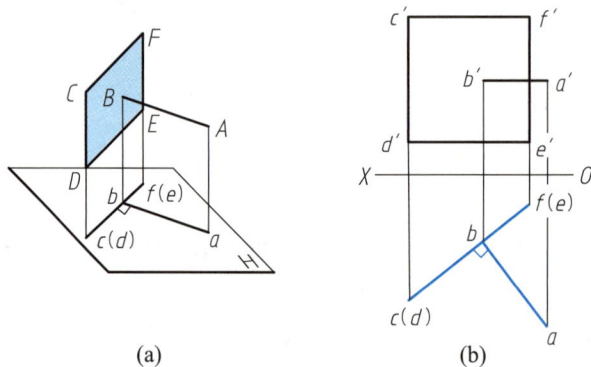

图 2-26　直线与铅垂面垂直

[例 2-10]　如图 2-27a 所示,求点 D 到正垂面 ABC 的距离。

解:求点到平面的距离,即从点向平面作垂线,点与垂足的距离即为点到平面的距离。

过 d' 作线 $d'e' \perp a'b'c'$,交点为 e'。过 d 作直线 $/\!/ OX$ 轴,求出 e,故 $d'e'$ 即为 D 到 $\triangle ABC$ 距离的实长,如图 2-27b 所示。

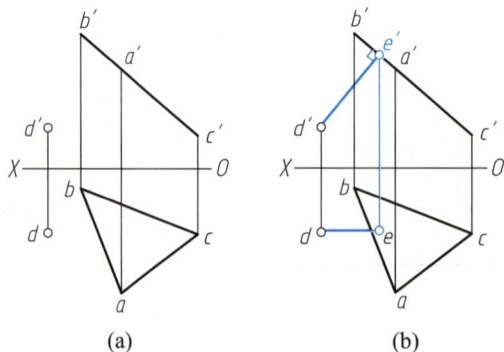

图 2-27　求点到平面的距离

　　如果一直线垂直于一平面,则包含此直线的所有平面都垂直于该平面。当相互垂直的平面垂直于同一投影面时,它们在这个投影面上的积聚性投影也互相垂直,如图 2-28a 所示。它们的交线是铅垂线,其水平投影是两平面积聚性投影的交点,正面投影与 OX 轴垂直,如图 2-28b 所示。

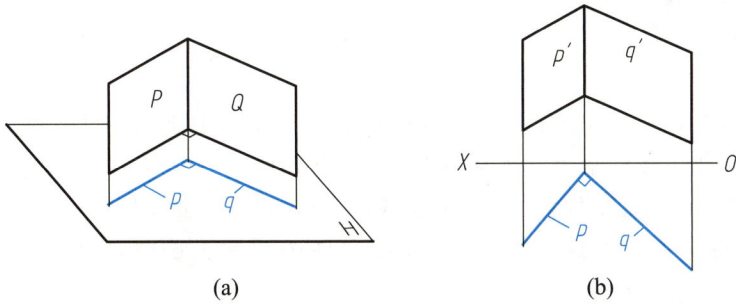

(a)　　　　　　　　(b)

图 2-28　两铅垂面相互垂直

第3章
基本立体

任何复杂的立体都可以看成是由形状简单的立体经叠加、切割等方式组合而成的,最基本的简单立体称之为基本立体。基本立体可分为平面立体和曲面立体两大类,表面都是平面的立体,称为平面立体;表面由曲面或曲面与平面所围成的立体,称为曲面立体。

平面立体中最常见的是棱锥和棱柱,曲面立体中最常见的是回转体,如圆柱、圆锥、球和圆环。

立体的投影,实质上是立体各表面的投影之和。绘制立体的投影图时,看得见的轮廓线用粗实线画,看不见的轮廓线用细虚线画。当粗实线与细虚线重合时用粗实线画,细虚线与细点画线重合时用细虚线画。粗实线的优先级最高,细虚线次之,细点画线最低。

本章主要介绍三视图的由来及投影规律,基本立体的投影特性,求基本立体表面的点和线的投影的作图方法,以及平面与基本立体相交、两回转体相交表面交线的作图方法。严格意义上讲,平面与基本立体相交或切割后形成的形体,以及两基本立体相交后形成的叠加或切割的形体,都属于第4章组合体的范畴,但为了内容的连贯性,此类简单的组合形体均放在本章一起讲解。

3.1
三视图的形成及投影规律

1. 视图的基本概念

国家标准规定,用正投影法所绘制出的物体的多面正投影称为视图(图3-1)。

在正投影图中,只用一个投影一般不能完整确切地表达物体的形状和大小。如图3-2所示,

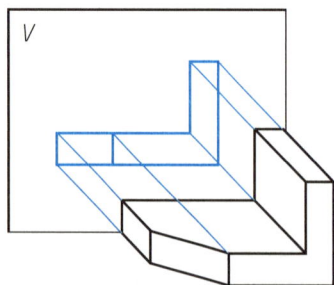

图3-1　物体在投影面上的投影

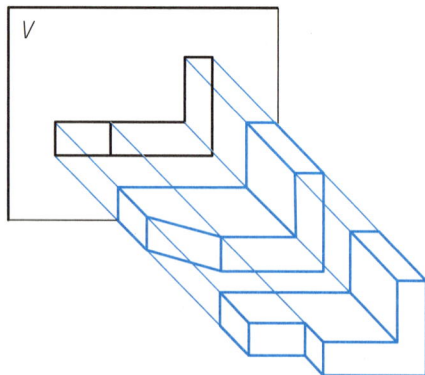

图3-2　两个不同形状的物体的投影

两个形状不同的物体,它们的某一方向投影相同。要唯一、确切地表达物体的结构形状,必须将物体放在三投影面体系中。

2. 三视图的形成

如图 3-3a 所示,在三投影面体系中,物体在 V、H 和 W 面上的投影,称为物体的三视图。其中,从前向后投射所得的正面投影称为主视图;从上向下投射所得的水平投影称为俯视图;从左向右投射所得的侧面投影称为左视图。投影面展开后三视图的配置关系为:俯视图在主视图的正下方;左视图在主视图的正右方,如图 3-3b 所示。这三个视图实际上是六个基本视图中的三个,详见 6.1。

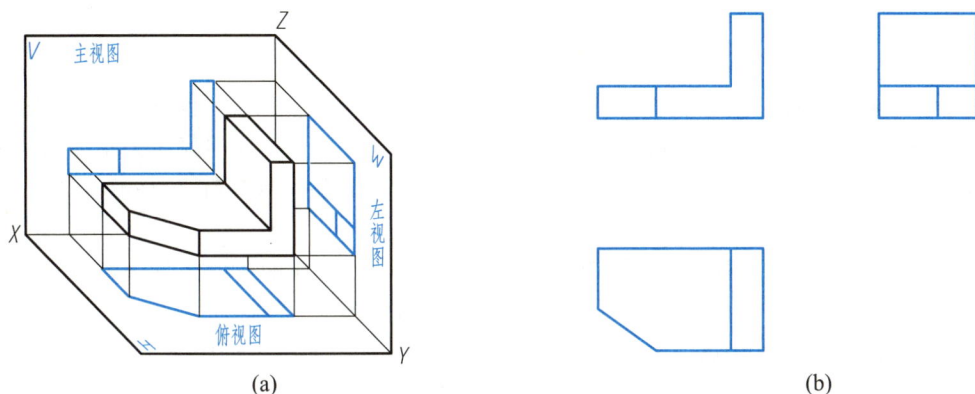

图 3-3　三视图的形成及其配置

3. 三视图的投影规律

由投影面展开后的三视图可以看出:主视图反映物体的长和高;俯视图反映物体的长和宽;左视图反映物体的高和宽,如图 3-4a 所示。由此可得出三视图的投影规律:主、俯视图长对正;主、左视图高平齐;俯、左视图宽相等。该投影规律,不仅适用于物体整体的投影,也适用于物体局部结构的投影。特别要注意,俯、左视图除了反映宽相等以外,还有前、后位置应符合对应关系:俯视图的下方和左视图的右方,均表示物体的前方;俯视图的上方和左视图的左方,均表示物体的后方,如图 3-4b 所示。

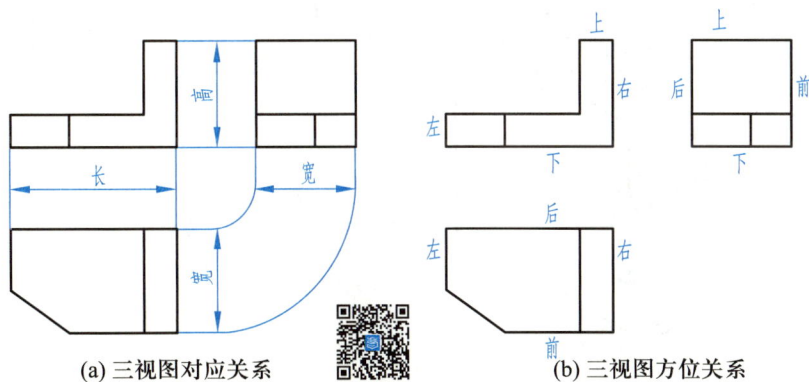

(a) 三视图对应关系　　　(b) 三视图方位关系

图 3-4　三视图的方位关系和投影规律

3.2 平面立体的投影

平面立体是各表面都是平面图形的实体,面与面的交线称为棱线,棱线与棱线的交点称为顶点。绘制平面立体的投影,只需绘制它的各个表面的投影,也可以认为是绘制其各表面的交线及各顶点的投影。为便于画图和读图,减少作图工作量,平面立体在三投影面体系中的位置,应使各表面尽可能多地成为特殊位置平面。

1. 棱柱

棱柱的表面有棱面、顶面和底面。通常用底面多边形的边数来区分不同的棱柱,如底面为四边形,称之为四棱柱;侧棱垂直于底面的棱柱,称之为直棱柱;当直棱柱的底面为正多边形时,称之为正棱柱;而侧棱倾斜于底面的棱柱,则称之为斜棱柱。本书主要讲授正棱柱的投影。

（1）棱柱的投影

图 3-5a 所示的正六棱柱,其顶面和底面为平行于水平投影面的正六边形,六个棱面均垂直于底面。

正六棱柱的三面投影特点如下:

1）水平投影　反映顶面和底面的实形,顶面和底面的投影重合,六个棱面的投影积聚成线段且与底面的对应边重合。

2）正面投影　顶面和底面的正面投影积聚为直线;前、后棱面平行于正投影面,其正面投影反映实形;其他四个侧棱面均与正投影面倾斜,其正面投影为类似形。

3）侧面投影　顶面、底面和前、后棱面的侧面投影均具有积聚性,其他四个棱面的侧面投影为类似形,且两两重合。

根据以上分析,画出的正六棱柱的三面投影图如图 3-5b 所示。

必须注意,当立体对称时,一般应用细点画线绘制出对称面的投影。

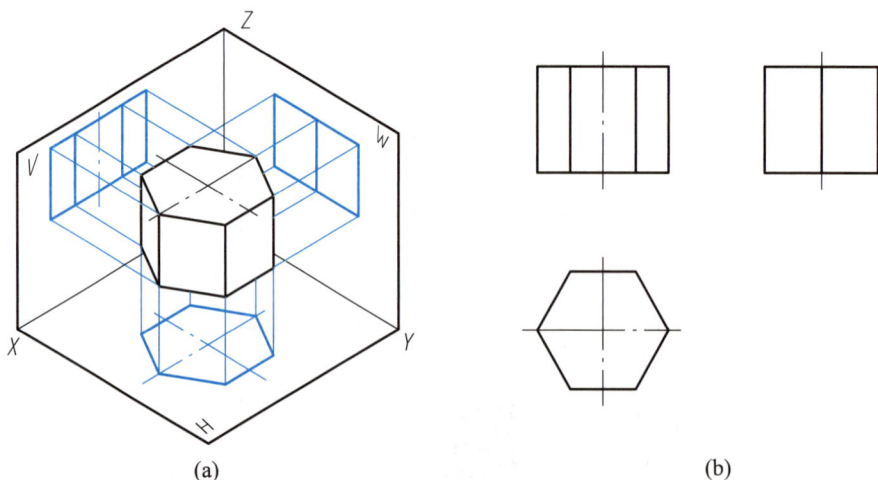

(a)　　　　　　　　　(b)

图 3-5　正六棱柱的投影

（2）棱柱表面上取点

在棱柱表面上取点，其作图原理和方法与前面介绍的在平面上取点相同。首先要根据点的投影位置和可见性，确定点在哪个面上，对于特殊位置平面上点的投影，可以利用平面的积聚性作出，对于一般位置平面上的点，则须用辅助线的方法作出。立体表面上点的投影的可见性，由点所在表面投影的可见性来决定，如果点所在的表面在某投影面上具有积聚性，则该点的同面投影一般默认为可见。

[例3-1]　如图3-6a所示，已知正六棱柱表面上点M的正面投影和点N的水平投影，求其另两面投影，并判别可见性。

解：由图3-6a可知，由于m'可见，则点M在正六棱柱的左前棱面上，该棱面为铅垂面，水平投影积聚为直线段，因此点M的水平投影m必在该积聚投影上，然后再根据m'和m即可求出m''。由于点N的水平投影n不可见，因此点N在正六棱柱的底面上，该面的正面投影和侧面投影都积聚为直线段，因此点N的正面投影n'和侧面投影n''在底面的积聚性投影上。

具体作图如图3-6b所示。

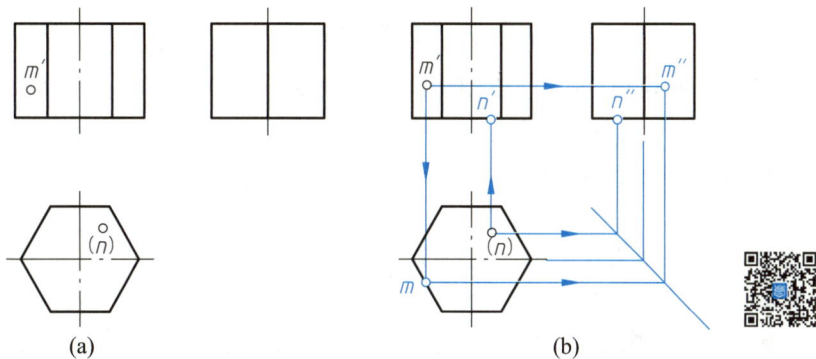

图3-6　正六棱柱表面取点

2. 棱锥

棱锥的表面有棱面和底面，所有的侧棱都交于一点（棱点）。用底面多边形的边数来区别不同的棱锥，如底面为四边形，称之为四棱锥。锥顶和底面多边形的重心相连的直线，称为棱锥的轴线。轴线垂直于底面的称为直棱锥，轴线不垂直于底面的称为斜棱锥，当直棱锥的底面为正多边形时，称为正棱锥。本书只讲授正棱锥的投影。

（1）棱锥的投影

图3-7a所示是一个正三棱锥，从图中可以看出，正三棱锥的底面ABC是水平面，棱面SAB、SBC为一般位置平面，棱面SAC是侧垂面。

正三棱锥的投影特点如下：

1）正面投影　棱面SAB、SBC、SAC与正投影面均倾斜，投影为类似形，底面ABC的正面投影积聚为一条直线，作出锥顶S和底面各顶点A、B、C的正面投影，分别连接即可得出正三棱锥的正面投影图。

2）水平投影　底面平行于水平投影面，其投影反映实形，三个棱面都与水平投影面倾斜，在该投影面上的投影均为类似形。

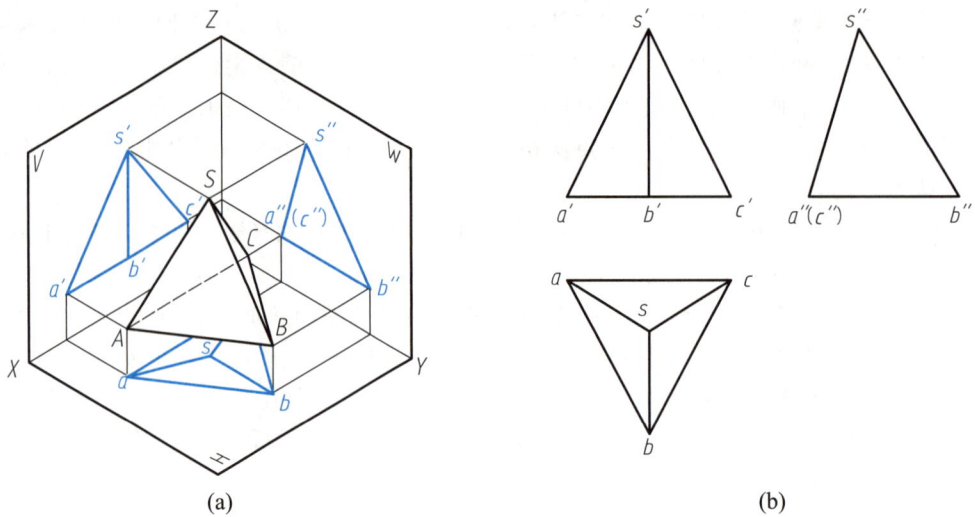

图 3-7 正三棱锥的投影

3）侧面投影 底面和棱面 SAC 垂直于侧投影面,其投影积聚为直线,棱面 SAB、SBC 倾斜于侧投影面,其投影为类似形,且完全重合。

根据以上分析,画出的正三棱锥的三面投影图如图 3-7b 所示。

（2）棱锥表面上取点

在棱锥表面上取点,作图方法与棱柱表面取点相似。在作棱面上的点时,要注意充分利用棱锥的形状及投影特点。

[例 3-2] 如图 3-8a 所示,已知三棱锥表面上 M、N 两点的正面投影,求其水平投影和侧面投影,并判别可见性。

解:由图 3-8a 可知,由于 m' 不可见,所以可以确定点 M 在棱面 SBC 上,棱面 SBC 是侧垂面,

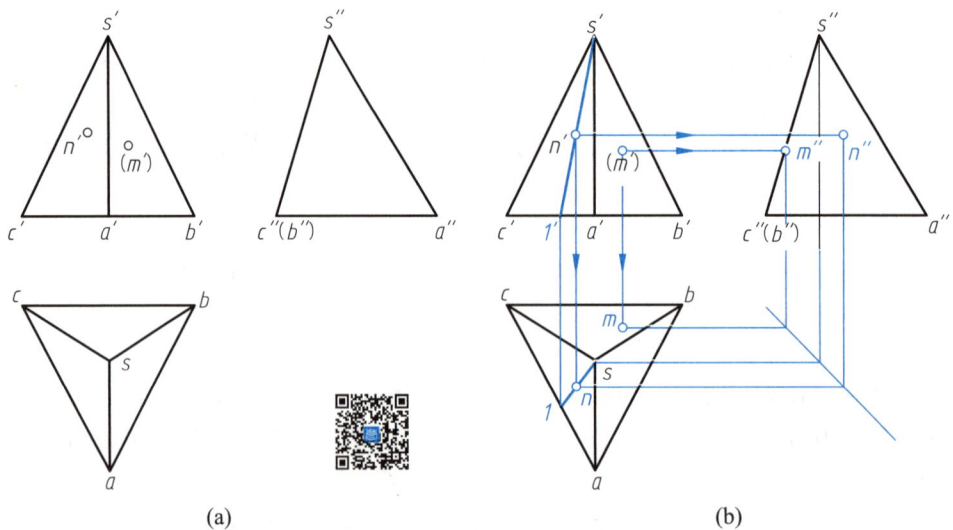

图 3-8 三棱锥表面取点

其侧面投影积聚为直线 $s''c''(b'')$。因此，可先求出点 M 的侧面投影 m''，再根据 m' 和 m'' 求出 m。点 N 处在一般位置的棱面 SAC 上，需要通过在平面上作辅助线的方法，求出点 N 的另两面投影。

具体作图如图 3-8b 所示。可见性判定：由于棱面 SBC 的水平投影可见，侧面投影有积聚性，所以 m 和 m'' 均可见。而棱面 SAC 的三面投影都可见，因此点 N 的三面投影也均可见。

通过上述例 3-1 和例 3-2 的分析求解可以看出，作平面立体表面上点的投影，关键的是要根据给定的点的投影位置和可见性，正确判断出该点属于哪个面。

3.3 曲面立体的投影

至少有一个表面是曲面的立体，称为曲面立体。曲面可以看作是一动线（直线、圆弧或其他曲线）在空间连续运动所形成的轨迹，形成曲面的动线称为母线，母线在曲面上的任一位置，称为素线。母线绕固定轴线作回转运动形成的曲面，称为回转面。表面为回转面的立体，称为回转体，如圆柱、圆锥、球、圆环等。回转体相对平行回转轴的投影面而言，最外沿的两条素线称为转向轮廓线。母线上任一点绕轴线的运动轨迹是一个圆，这个圆称为纬圆，纬圆所在平面必与轴线垂直。

绘制回转体的投影，就是绘制回转曲面和其他平面的投影，应画出曲面相对于 V 面、H 面和 W 面的转向轮廓线，同时必须用细点画线绘制出回转体的轴线、圆的中心线等。

1. 圆柱

一矩形平面以一边为回转轴旋转一周形成的回转体称为圆柱。轴线对边形成回转面，该边称为母线，其在任一位置称为素线。矩形的另两边形成了圆柱的两底面。

（1）圆柱的投影

图 3-9a 所示的圆柱，设其轴线为铅垂线，将该圆柱分别向 V 面、H 面和 W 面投射，即可得到其三面投影。

由图 3-9 可以看出，该圆柱的水平投影积聚为一圆，它既是整个圆柱面的积聚性投影，又是顶圆和底圆的实形投影。圆柱的正面和侧面投影为相同形状的矩形，矩形上、下两边是圆柱顶面和底面的积聚性投影，长度等于顶面和底面的直径。

圆柱的投影特点如下：

1）正面投影　正面投影（矩形）的上、下两边是两底面的积聚性投影，左、右两边是前半和后半圆柱面的左右分界线的投影，亦即前、后半圆柱面转向轮廓线的投影。以正面转向轮廓线为界，圆柱的前半部分可见，后半部分不可见。位于后半圆柱面上的点，在正面投影图上不可见。

2）水平投影　圆柱面的投影积聚为一个圆，该圆也是两底面的投影。

3）侧面投影　侧面投影（矩形）的前、后两边，是左半和右半圆柱面的左右分界线的投影，亦即左、右半圆柱面转向轮廓线的投影。以侧面转向轮廓线为界，圆柱的左半部分可见，右半部分不可见。位于圆柱面上右半部分的点,在侧面投影图上不可见。

根据以上分析,画出的圆柱的三面投影图如图 3-9b 所示。

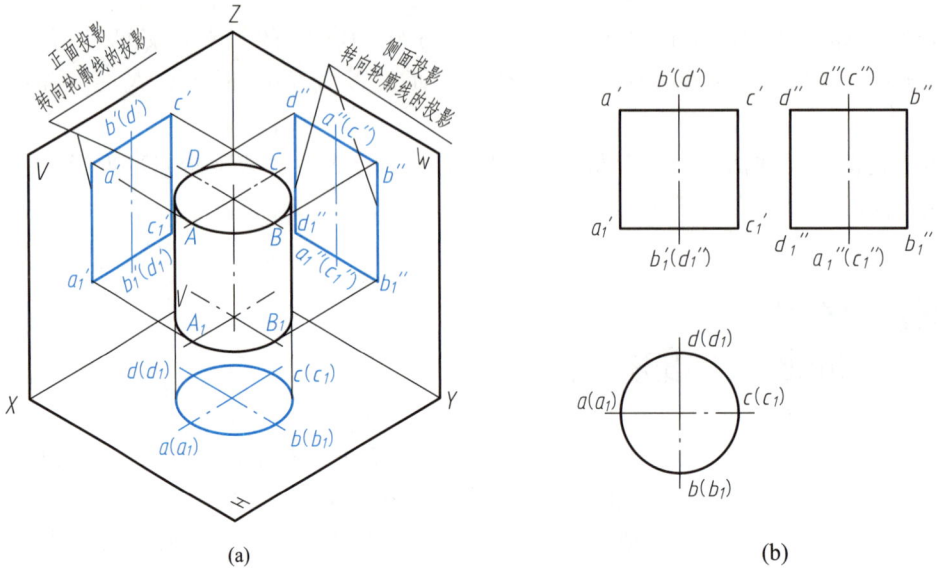

(a) (b)

图 3-9 圆柱的投影

（2）圆柱面上取点

在圆柱表面上取点,基本方法是利用圆柱面的积聚性来作图。如果给定圆柱表面上点的一面投影,可先在有积聚性的那个投影图上求出它的另一面投影,再根据点的投影规律求出其他投影。

[例 3-3] 如图 3-10a 所示,已知圆柱表面上 A、B、C、D 点的一面投影,求出点的另两面投影,并判别可见性。

解:由图 3-10a 可知,点 A 位于圆柱面上,过给定的 a' 作投影连线,该投影连线与圆柱面的水平投影(圆)交于两点 a、a_1,因 a' 不可见,知点 A 在圆柱的后半部分上,故可确定 a 是点 A 的水平

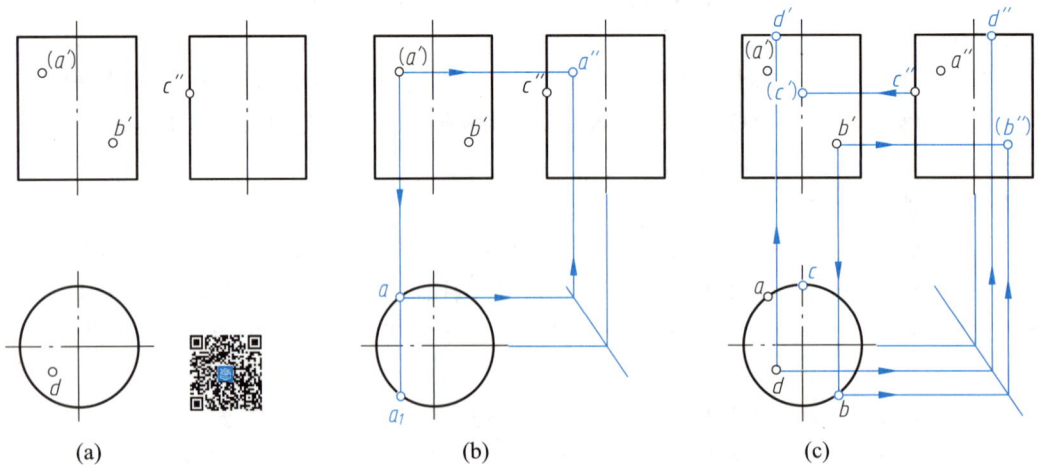

(a) (b) (c)

图 3-10 圆柱表面上取点

投影。作 45°辅助线,根据宽相等、高平齐的投影原理,可求出 a'',由 a' 知点 A 在圆柱面左半部分上,所以 a'' 可见。具体作图顺序如图 3-10b 所示。

根据给定的点 b' 的位置进行判断,点 B 位于圆柱面的右、前半部分上,故 b 在水平投影圆的右、前半部分圆周上,b'' 不可见。具体作图如图 3-10c 所示。

根据给定的点 c' 的位置进行判断,点 C 位于圆柱面的侧面投影转向轮廓线上,可直接根据点的投影规律求出 c、c',如图 3-10c 所示。

根据给定的 d 的位置进行判断,因 d 可见,可判断点 D 位于圆柱的顶面上,据此可求出 d'、d'',如图 3-10c 所示。

2. 圆锥

一等腰三角形平面以其对称中心线为轴旋转一周形成的回转体称为圆锥。等腰三角形的两腰称为母线,其任一位置称为素线。母线上任一点的运动轨迹都是垂直于轴线的圆,称为纬圆。三角形的底边形成圆锥的底面。

（1）圆锥的投影

如图 3-11a 所示的圆锥,其轴线为铅垂线,将该圆锥分别向 V、H、W 面投射,即可得到其三面投影。

由图 3-11a 可以看出,该圆锥的水平投影是一个圆,它既是圆锥面的投影,也是圆锥底面的实形投影。圆锥的正面及侧面投影为相等的等腰三角形,三角形的底边是圆锥底面的积聚投影,长度等于圆的直径。正面投影中三角形的两腰是圆锥最左、最右两条素线 SA、SC,即圆锥面正面转向轮廓线的投影。侧面投影中三角形的两腰是圆锥最前、最后两条素线 SB、SD,即圆锥面侧面转向轮廓线的投影。转向轮廓线的其他两个投影都与中心线或轴线重合,不必画出。圆锥面在三个投影面上的投影都没有积聚性。

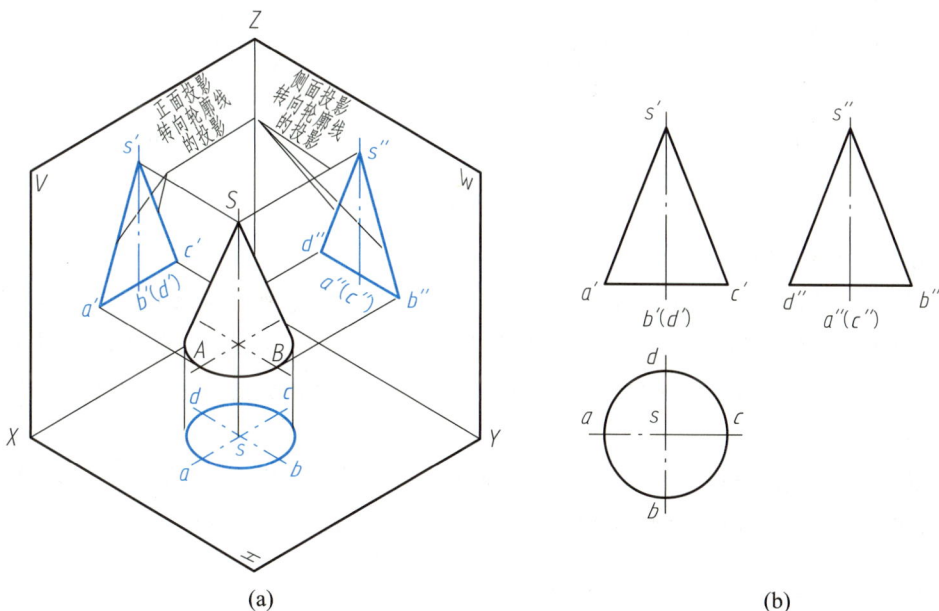

(a)　　　(b)

图 3-11　圆锥的投影

圆锥的投影特点如下：

1）正面投影 以转向轮廓线 SA、SC 为界，圆锥的前半部分可见，后半部分不可见。位于圆锥面上后半部分的点，在正面投影图上不可见。

2）水平投影 圆锥的水平投影为一个圆，圆的中心线的交点为圆锥顶点的投影。圆锥面上的所有素线交于顶点，其下端位于底面圆周上。

3）侧面投影 以转向轮廓线 SB、SD 为界，圆锥的左半部分可见，右半部分不可见。位于圆锥面上右半部分的点，在侧面投影图上不可见。

根据以上分析，画出的圆锥的三面投影图如图 3-11b 所示。

（2）圆锥面上取点

圆锥面上取点的作图原理与在平面上取点的作图原理基本相同。由于圆锥面的各个投影都不具有积聚性，因此取点时必须先在圆锥面上过点的一个已知投影作辅助线，而点的其余投影必在辅助线的同面投影上。在圆锥面上可以作两种简单易画的辅助线，一种是过锥顶的素线，另一种是垂直于轴线的纬圆。

[例 3-4] 如图 3-12a 所示，已知圆锥表面上点 A 的一个投影(a')，求出点 A 的另两面投影，并判别可见性。

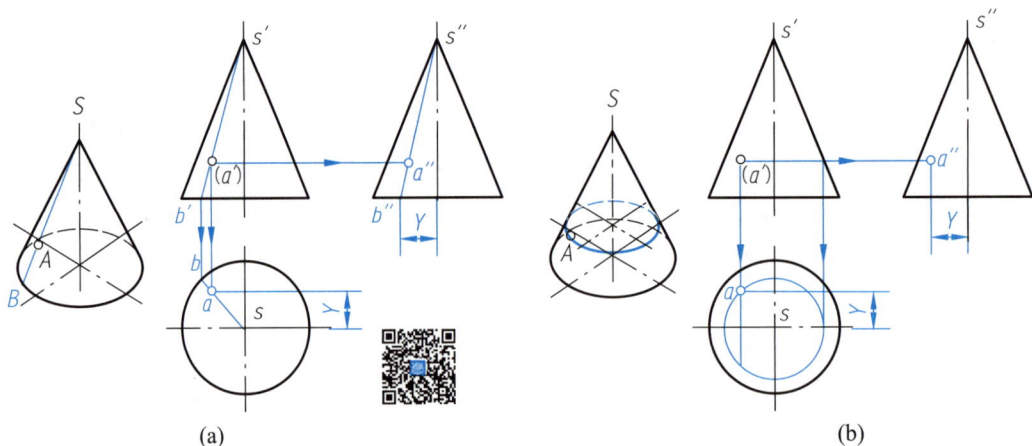

(a)　　　　　　　　　　　(b)

图 3-12 圆锥表面上取点

解：① 用素线法作图

由图 3-12a 可知，点 A 的正面投影(a')给定，因为 a' 不可见，所以点 A 应该在圆锥面上的左后方。过(a')在锥面上作素线 SB 的正面投影 $s'(b')$，再由 $s'(b')$ 作出水平投影 sb 和侧面投影 $s''b''$，最后根据直线上点的投影规律，作出 a、a''。因为点 A 在圆锥面的左后方，所以 a、a'' 均可见。

② 用纬圆法作图

作图方法是：过点 A 在圆锥面上作垂直于轴线的水平辅助纬圆，此圆的正面投影积聚成一条直线，水平投影为圆。利用这个辅助纬圆，由(a')求作出 a，再由(a')、a 作出 a''。

3. 球

一圆平面以其竖直对称线为轴旋转一周形成的回转体称为球。该圆称为球的母线。

（1）球的投影

将图 3-13a 所示的球,分别向 V、H、W 面作投射,即可得到其三面投影。

由图 3-13a 可以看出,球的三面投影都是直径与球直径相等的圆,它们分别是该球面三个转向轮廓线的投影。正面投影中转向轮廓线的投影是球面上平行于 V 面的大圆,它是前、后半球面的分界线;水平投影中转向轮廓线的投影是球面上平行于 H 面的大圆,它是上、下半球面的分界线;侧面投影中转向轮廓线的投影是球面上平行于 W 面的大圆,它是左、右半球面的分界线。

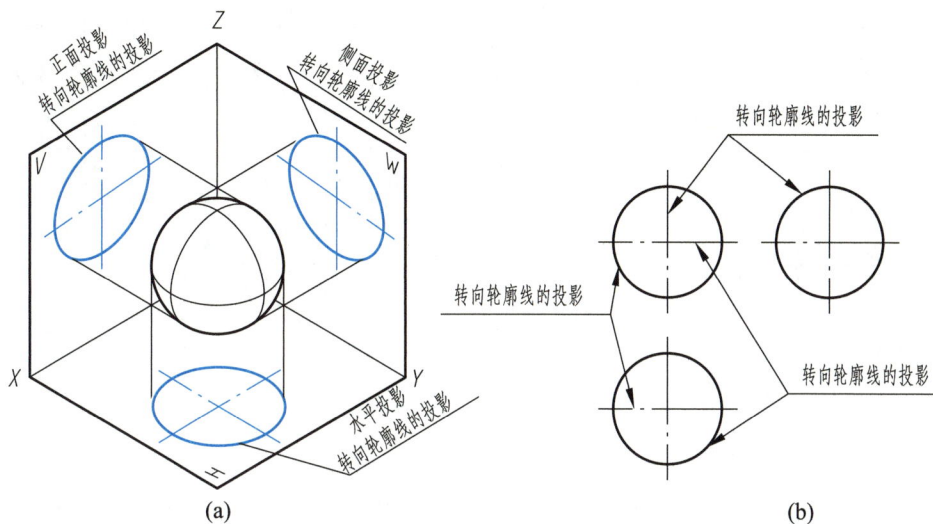

图 3-13　球的投影

圆球的投影特点如下:

1）正面投影　以正面转向轮廓线投影为界,球的前半部分可见,后半部分不可见。位于球的后半部分的点,在正面投影图上不可见。

2）水平投影　以水平转向轮廓线投影为界,球的上半部分可见,下半部分不可见。位于球的下半部分的点,在水平投影图上不可见。

3）侧面投影　以侧面转向轮廓线投影为界,球的左半部分可见,右半部分不可见。位于球的右半部分的点,在侧面投影图上不可见。

根据以上分析,画出球的三面投影图如图 3-13b 所示。

（2）球表面上取点

球面的三面投影都没有积聚性,球面上也不存在直线。因此,在球面上取点时,只能采用圆或圆弧作辅助线。其方法是:过点的已知投影作平行于任一投影面的辅助圆的各面投影,再利用线上取点的作图要求和点的投影规律,求作出该点的其他投影。

[例 3-5]　如图 3-14a 所示,已知球表面上五点 A、B、C、D、E 的一面投影,求出点的另两面投影,并判别可见性。

解:由题给条件可见,点 A 的正面投影 a′ 已知。过 a′ 作球面上水平圆的正面投影,与正面投影的转向轮廓线相交于两点,其长度等于水平圆的直径,作出这个水平圆的水平投影和侧面投影,其水平投影反映实形。然后根据点在这个水平圆上,由 a′ 引铅垂的投影连线,求出 a,在侧面

投影上度量宽 y_1 坐标,得出 a''。由于点 A 在左前上半球面上,所以 a、a'' 都可见,如图 3-14b 所示。

由图 3-14b 中可见,点 B 在右下半球面上,且点 B 在球面的正面转向轮廓线上,根据点的投影规律,由(b)可直接作出 b'、(b''),点 B 的侧面投影不可见。

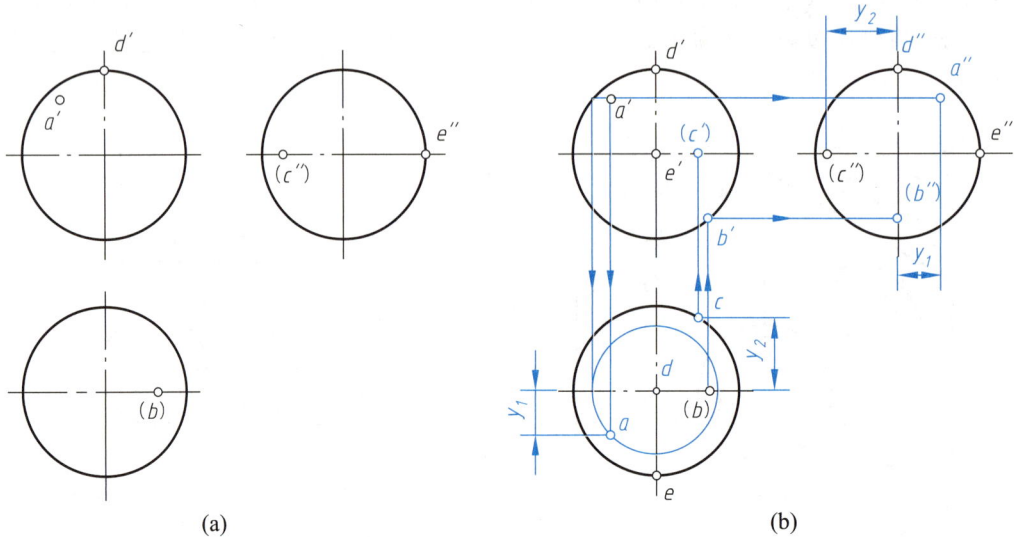

图 3-14　球表面上取点

从图 3-14b 中可知,点 C 在右后半球面上,且点 C 在球面水平转向轮廓线上,根据点的投影关系,由 c'' 通过宽 y_2 坐标,先求出 c,再过点 c 作投影连线,求出(c')。由于点 C 在后半球面上,所以点 C 的正面投影不可见。

从图 3-14b 中可知,点 D 为球面上的最高点,在球面正面转向轮廓线上,过 d' 作投影连线得 d、d'',水平投影 d 在细点画线的交点上。

从图 3-14b 上可知,点 E 为球面上最前点,在球面水平转向轮廓线上,可直接求出其正面投影 e' 和水平投影 e。

4. 圆环

同一平面内的圆绕着圆外一直线旋转一周形成的回转体称为圆环。该直线称为圆环的轴线,该圆称为圆环的母线。

（1）圆环的投影

如图 3-15a 所示,一轴线垂直于水平投影面的圆环,分别向 V、H、W 面作投射,即可得到其三面投影。

由图 3-15a 可以看出,圆环的正面投影中,左、右两个圆是圆环面最左、最右两个素线圆的投影;上、下两条公切线是最高和最低两个圆的投影;左、右两实线半圆和上、下公切线形成的线框,是外环面的投影;左、右两虚线半圆和上、下公切线形成的线框,是内环面的投影。圆环的侧面投影与正面投影的图形相同,图上各轮廓线的意义,读者不妨和正面投影对照分析。圆环的水平投影上,大圆和小圆分别是圆环面上垂直于轴线的最大圆和最小圆的投影,图中细点画线圆是母线圆心回转轨迹的投影,也是内、外环面水平投影的分界线。

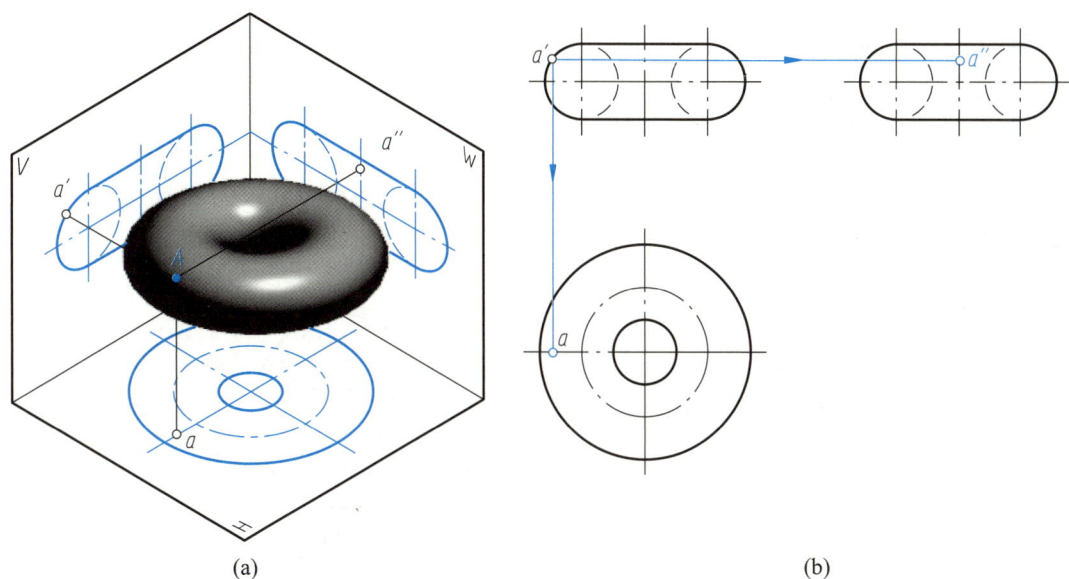

图 3-15 圆环的投影

根据以上分析,画出圆环的三面投影图如图 3-15b 所示。

(2)圆环表面上取点

在圆环表面上取点,通常要利用辅助纬圆法。先作出指定点所在纬圆的三面投影,再根据线上取点的方法,求出指定点的三面投影。

[例 3-6] 如图 3-16a 所示,已知圆环表面上点 A、B、C、D 的一面投影。求出各点的另一面投影,并判别可见性。

由图 3-16a 可知,点 A 在上半个外环面上,过 a′在圆环面上作一纬线,求出该纬线在水平投影面上的投影——纬圆,则点 A 的水平投影 a 在此纬圆上。因 a′是可见的,故点 A 在前上半个外环面上,所以 a 可见。具体作图如图 3-16b 所示。

其他各点均是特殊位置上的点,具体作图如图 3-16c 所示。

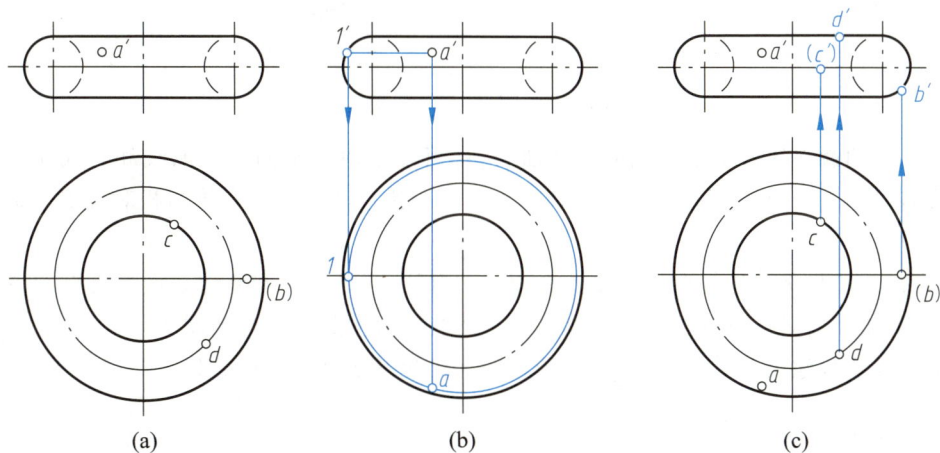

图 3-16 圆环表面上取点

3.4

平面与立体表面的交线

实际的机器零件有许多不是完整的基本形体,而是经过截切后的基本形体,如图 3-17 所示的触头和阀芯零件。

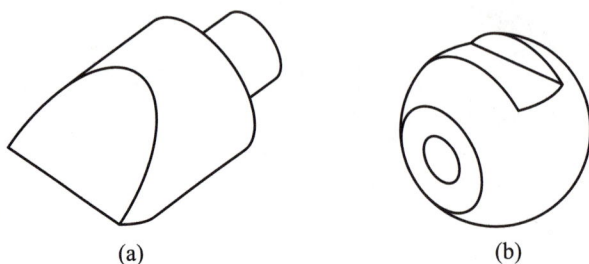

(a)　　　　　　　　　　(b)

图 3-17　带交线的零件实例

如图 3-18 所示,当一立体被平面 P 所截切,立体表面上所产生的交线称为截交线。该平面称为截平面,由截交线所围成的平面图形,称为截断面。

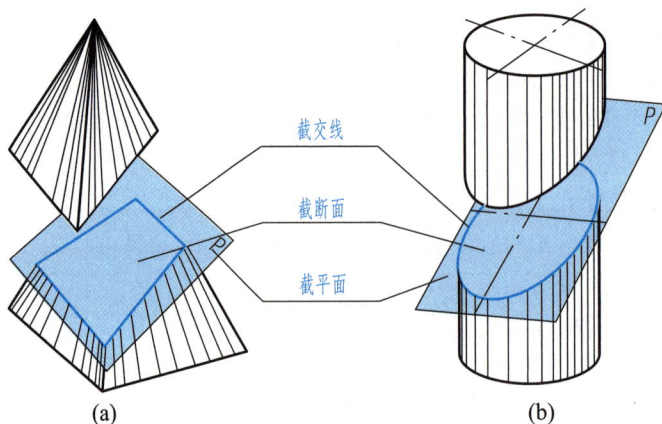

截交线

截断面

截平面

(a)　　　　　　　　　　(b)

图 3-18　平面与立体相交

曲面立体的截交线通常是封闭的平面曲线,也可能是由截平面上的曲线和直线所围成的平面图形或多边形。截交线的形状取决于立体的表面形状及截平面与立体的相对位置。截交线具有下列性质:

1)共有性　截交线是截平面和立体表面的共有线,是截平面和立体表面共有点的集合。

2)封闭性　截交线一般是由直线或直线与曲线围成的封闭的平面图形。

为了准确清楚地表达零件的形状,必须正确地画出其表面交线的投影。

1. 平面与平面立体相交

平面与平面立体相交,其截交线是一个封闭的平面多边形。多边形的每一条边也是截平面与平面立体一个表面的交线,多边形的顶点是截平面与平面立体的棱线的交点。因此,求平面立体的截交线,可归结为求截平面与立体各表面的交线,或截平面与立体上棱线的交点。作出每一段交线或每一交点的投影,并判别可见性,然后再依次连线,即可得截交线的投影。

[例 3-7] 如图 3-19a 所示,已知正六棱柱被正垂面截切后的两面投影,求其左视图。

分析:由于截平面与六棱柱的六个棱面相交,所以截交线是六边形,六边形的六个顶点即六棱柱的六条棱线与截平面的交点。截交线的正面投影积聚在 P_V 上,而水平投影与六棱柱的水平投影重合,侧面投影只需求出六边形的六个顶点后,顺次连接即可。

作图步骤(图 3-19b):

① 画出六棱柱的左视图;

② 求出截平面与棱线交点的正面投影 $1'$、$2'$、$3'$、$4'$、$5'$、$6'$,由 $1'$、$2'$、$3'$、$4'$、$5'$、$6'$ 及 1、2、3、4、5、6 求出 $1''$、$2''$、$3''$、$4''$、$5''$、$6''$;

③ 依次连接交点,即得截交线的侧面投影;

④ 补全其他轮廓线,完成左视图。

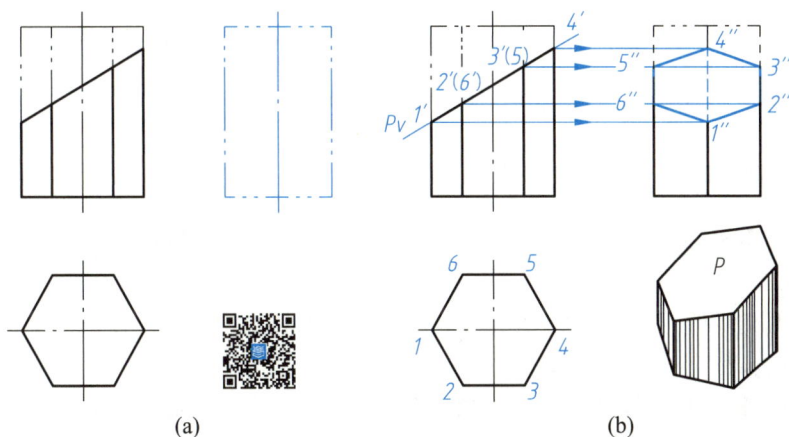

(a)   (b)

图 3-19 平面截切正六棱柱

[例 3-8] 如图 3-20a 所示,四棱锥被正垂面 P 截切,画出被截切四棱锥的三面投影图。

分析:由图 3-20a 可知,因截平面 P 与四棱锥的四个棱面都相交,所以截交线为四边形。四边形的四个顶点为四棱锥四条棱线与截平面 P 的交点。由于截平面 P 是正垂面,截交线的正面投影积聚为一斜线(用 P_V 表示),由正面投影可求出其水平投影和侧面投影。

作图步骤(图 3-20b):

① 画出四棱锥的三面投影图;

② 因 P 面为正垂面,四棱锥的四条棱线与 P 面交点的正面投影 $1'$、$2'$、$3'$、$4'$ 可直接求出;

③ 根据直线上点的投影性质,在四棱锥各棱线的侧面投影上,求出相应点的侧面投影 $1''$、$2''$、$3''$、$4''$;

④ 由投影 $1'$、$2'$、$3'$、$4'$ 和 $1''$、$2''$、$3''$、$4''$ 求出 1、2、3、4;

⑤ 将各点的同面投影依次连接起来,即得到截交线的投影。

去掉被截平面切去的部分,即可得出截切后的四棱锥的三面投影图。

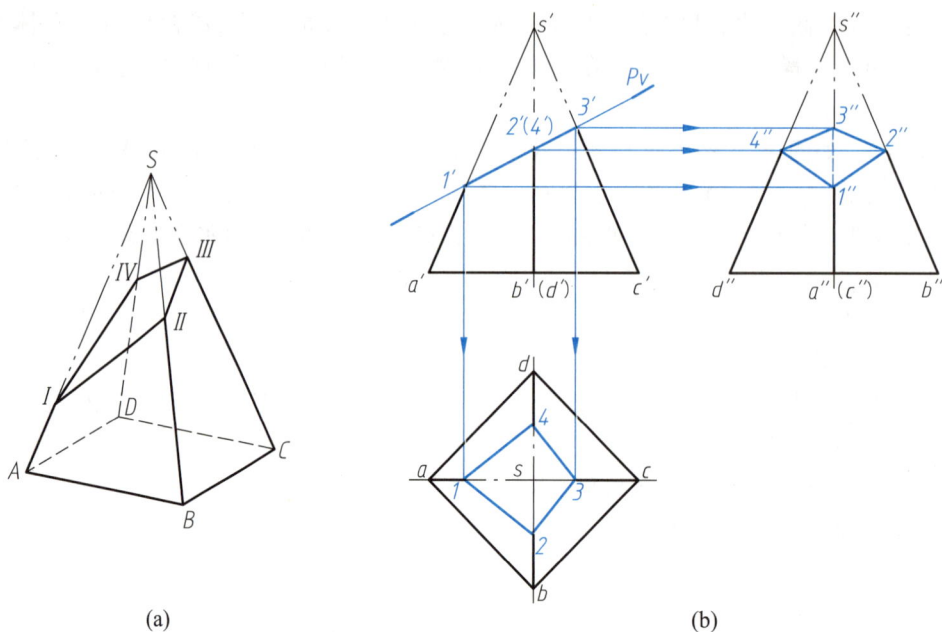

图 3-20 平面截切四棱锥

2. 平面与回转体相交

平面与回转体相交,截交线是一条封闭的平面曲线,或由平面曲线和直线或完全由直线所组成的平面图形。

求回转体截交线的一般步骤是:首先根据截平面与回转面的相对位置,分析交线的形状及其在投影面上的投影特点;然后求共有点,先求特殊位置点(确定截交线范围的最高、最低、最前、最后、最左、最右点、椭圆长短轴端点等),再求一般位置点;最后依次光滑连接各点的同面投影,判别可见性,并补全回转面轮廓线的投影。

下面介绍特殊位置平面与常见回转体表面相交所得截交线的画法。

(1)平面与圆柱相交

当截平面与圆柱的轴线平行、垂直、倾斜时,所产生的截交线分别是矩形、圆、椭圆,它们的投影如图 3-21a、b、c 所示。

[**例 3-9**] 如图 3-22 所示,求平面 P 与圆柱交线的投影。

分析:从图 3-22a 可看出,平面 P 是正垂面,倾斜于圆柱轴线,与圆柱面相交,交线是椭圆。正面投影积聚为线段,侧面投影与圆柱面的投影重合,所以截交线的两面投影已知,只需作出截交线的水平投影。

作图步骤(图 3-22b):

① 在正面投影上,平面 P 的正面投影位于圆柱投影矩形范围内的线段 $1'5'$ 就是截交线的正面投影。

② 在水平投影图上,求出椭圆长、短轴的四个端点,即特殊点。再取几个一般点,利用圆柱的侧面投影的积聚性和点的投影特性,作出其水平投影。

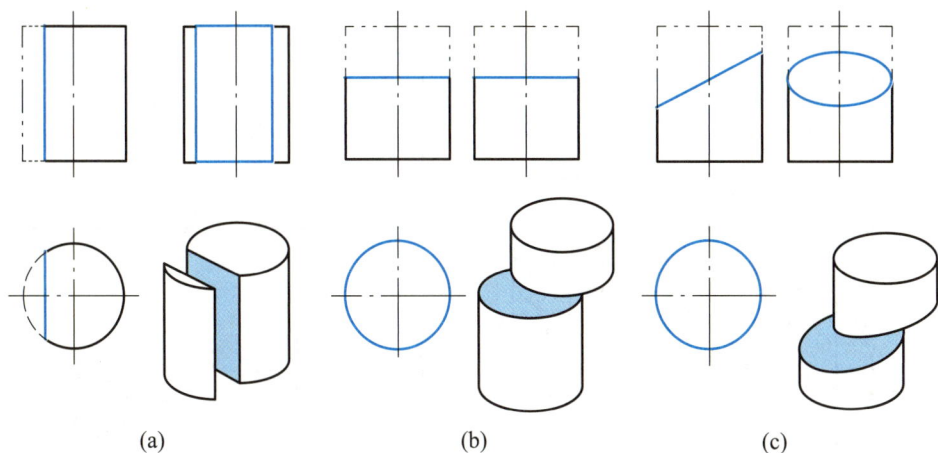

图 3-21 平面与圆柱相交的三种截交线

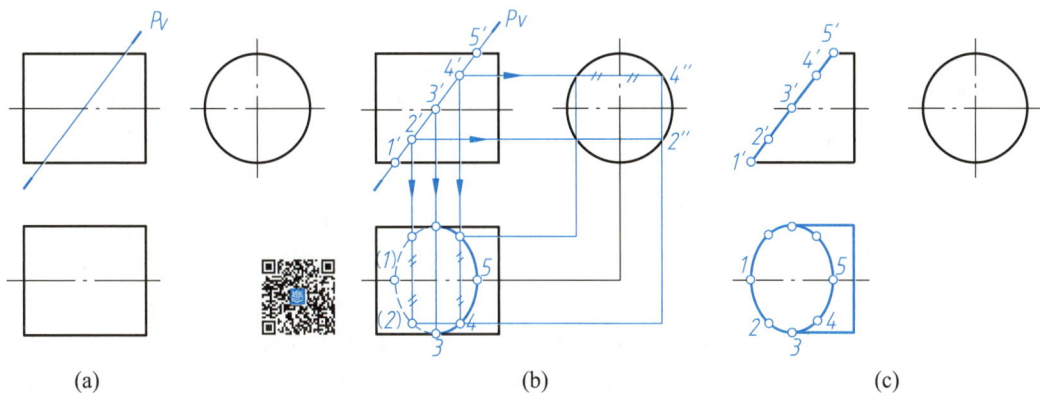

图 3-22 平面与圆柱斜交

③ 过各点的水平投影作光滑的曲线,即得截交线的水平投影。如图 3-22b 所示,以转向轮廓线上的点(长轴端点)为界,椭圆右上半部分可见,左下半部分不可见。如图 3-22c 所示是将圆柱左半部分截去,故保留的右半部分的截交线可见。

[例 3-10] 如图 3-23a 所示,根据给定的形体的两面投影,求侧面投影。

分析:被截切的基本形体为圆柱体,截平面 1 和截平面 2 在圆柱的中上部截出一个对称的切口。截平面 1 是侧平面,平行于圆柱的轴线,截交线为矩形 ABCD。截平面 2 是水平面,截交线为鼓形,截平面 1 与截平面 2 之间有一段直交线。

作图(图 3-23b):

截交线 ABCD 的水平投影 abcd 的位置如图示,按照俯、左视图宽相等的投影关系,画出侧面投影 a″b″c″d″。切口的左、右两侧面对称,侧面投影重叠。切口底面的侧面投影积聚成一条直线,其中位于 a″b″ 和 c″d″ 之间的部分被圆柱剩余的部分遮挡,不可见,画成细虚线。另由正面投影可知,圆柱侧面投影在切口处无转向轮廓线的投影,所以在侧面投影图上不应再画出。

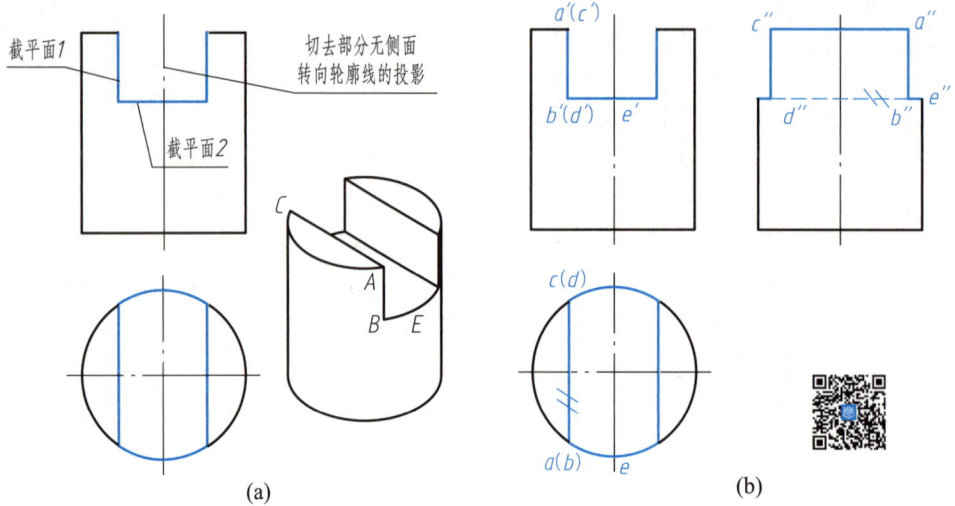

图 3-23　平面截切圆柱

（2）平面与圆锥相交

设圆锥的母线与圆锥轴线的夹角为 α（半锥角），截平面与圆锥轴线的夹角为 β。截平面与圆锥的相对位置有五种，如图 3-24 所示。

截平面过圆锥顶点，交线是等腰三角形，如图 3-24a 所示；

截平面垂直于圆锥轴线，$\beta=90°$，截交线是纬圆，如图 3-24b 所示；

截平面倾斜于圆锥轴线，且与圆锥的一条素线平行，$\alpha=\beta$，截交线是抛物线加直线段，如图 3-24c 所示；

截平面倾斜于圆锥轴线，$\alpha<\beta<90°$，截交线是椭圆，如图 3-24d 所示；

截平面倾斜于圆锥轴线，且 $\alpha>\beta$，或平行于轴线（$\beta=0°$），截交线是双曲线，如图 3-24e 所示。

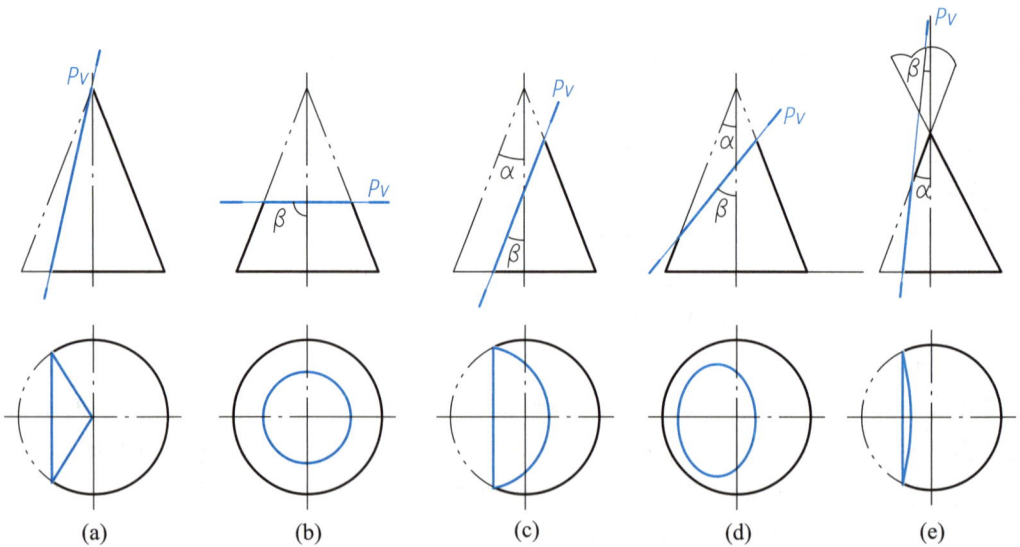

图 3-24　平面与圆锥相交

为作图简便,截平面一般都设置成投影面的平行面或垂直面。

[例 3-11] 如图 3-25a 所示,已知一圆锥被正垂面截切,试求作截交线的投影,并完成其水平投影和侧面投影。

分析:由图 3-25a 可以看出,此直立圆锥被正垂面截去了锥顶部分,截交线的空间形状为椭圆,该椭圆的正面投影是一直线段,而其水平和侧面投影均为椭圆。

作图步骤(图 3-25b):

① 在截交线的正面投影图上标出特殊点和一般点。如图 3-25b 所示,其中 E 为最高、最右点,A 为最低、最左点,作出 $a'e'$ 的中点 c',C 为最前点,c' 的对称点图中未标出,是最后点的投影。A、E、C 及 C 的对称点是椭圆长、短轴上的四个端点,B、D 为一般点。

② 用纬圆法先求出这些点的水平投影,再根据点的投影规律作出侧面投影。

③ 判别可见性。因为截平面截去了圆锥的头部,所以截交线的侧面投影和水平投影均可见。

④ 依次光滑连接各点,完成截交线的水平投影和侧面投影。

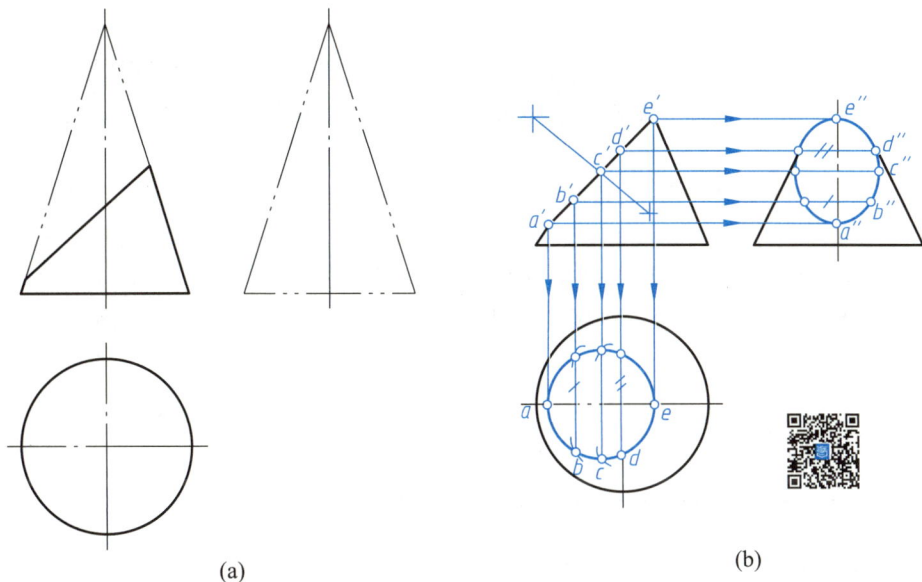

(a)　　　　　　　　　　　(b)

图 3-25　正垂面截切圆锥

[例 3-12] 如图 3-26a 所示,圆锥被正平面切割,试完成截交线的正面投影。

分析:由图 3-26a 给出的投影图可以想象,被截切的基本形体为圆锥,截平面为正平面,与圆锥的轴线平行,将圆锥正前方的一部分截去,所得截交线是双曲线加直线段。此双曲线的水平投影为线段,正面投影反映实形,需要作出。

作图步骤(图 3-26b、c):

① 在已知截交线的水平投影上标出特殊点,并取几个一般位置点。如图 3-26b 所示,A 为最左点、E 为最右点、C 为最高点,B、D 为一般点,$a'e'$ 可直接从投影图得到。

② 用纬圆法求出点 B、C 和 D 的正面投影。

③ 判别可见性。因截去的是圆锥的前面部分,在正面投影图上截交线全部可见。

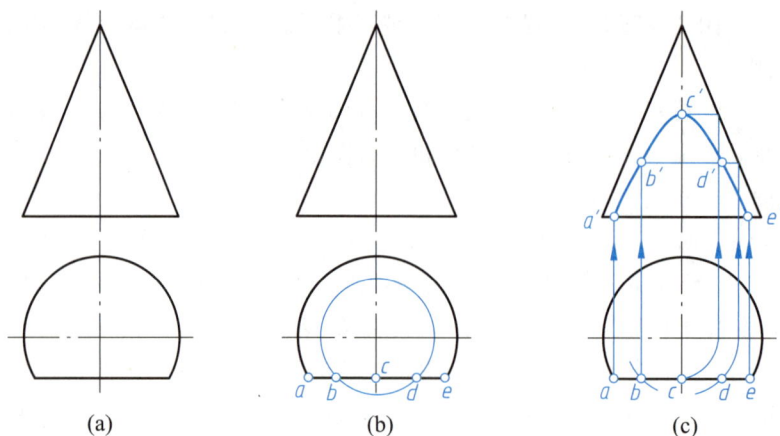

图 3-26　正平面截切圆锥

④ 在正面投影图上,依次将这些点连成光滑曲线。

（3）平面与球相交

平面与球相交的截交线只有一种形状——圆。当截平面为投影面平行面时,截交线在该投影面上的投影是圆;当截平面为投影面垂直面时,截交线在该投影面上的投影积聚成直线,其他两投影为椭圆。

[例 3-13]　如图 3-27a 所示,已知半球上通槽的正面投影,试完成其另两面投影。

分析:它被两侧平面和一水平面截去中间偏上部分,形成一个缺口（通槽）。截平面 1 为侧平面,它们与球的交线是纬圆,该圆的侧面投影是圆弧,因左右对称,两截交线侧面投影重合。截平面 2 为水平面,它与球的交线也是纬圆,该圆的水平投影是圆弧,反映截交线的实形。

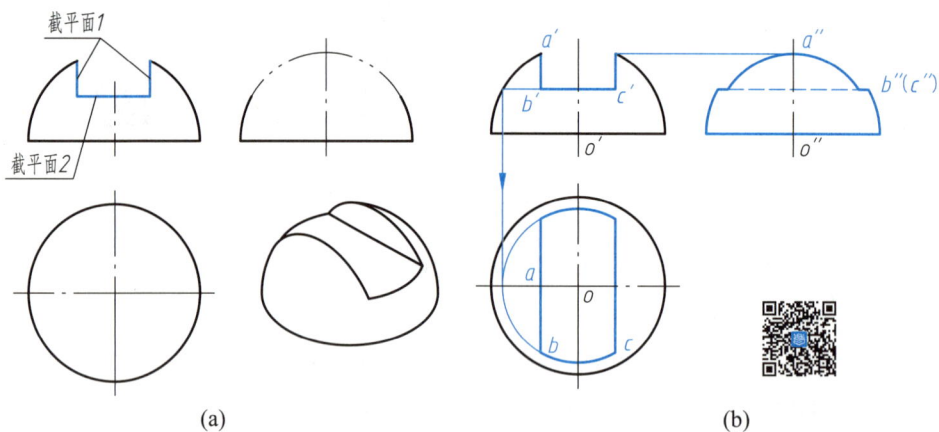

图 3-27　平面截切球

作图步骤（图 3-27b）:

① 求截平面 1 与球的交线。在侧面投影图上作过 a'' 点的纬圆,纬圆的半径等于 $o''a''$（O 为球心）,因截平面 1 是部分截切球,故交线是一段圆弧 $a''b''$（前半部分）。交线的水平投影为一段直线。

② 求截平面 2 与球的交线。在水平投影图上作过点 B 的纬圆,纬圆的半径如图 3-27b 所

示。因截平面 2 是部分截切球,故交线的水平投影是一段圆弧 bc(前面一段)。交线的侧面投影为一直线段。

③ 画出两截平面间的交线(侧面投影上的一段细虚线)。

3.5
两回转体表面的交线

相交的两个立体称为相贯体,其表面的交线称为相贯线,如图 3-28 所示,是机件上常见的两圆柱相贯。

本节主要介绍这类相贯线的画法。

两回转体相交时,相贯线有下列基本特性:

1)相贯线是两相交回转体表面的共有线,也是两相交回转体表面的分界线,相贯线上的点是两相交回转体表面的共有点。

2)两相交回转体表面的相贯线一般是由空间曲线或直线构成的封闭的空间多边形,特殊情况下可以是平面曲线或直线。

相贯线的形状取决于相交回转体的几何形状、尺寸大小和相对位置。

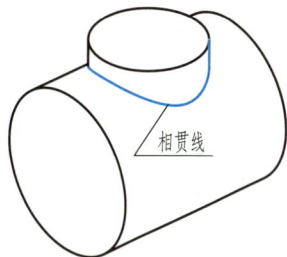

图 3-28 相贯线

求相贯线时,首先应进行空间和投影分析,分析两相交立体的几何形状、相对位置和尺寸大小,判定相贯线的形状特征和投影范围。当相贯线的投影是非圆曲线时,一般按如下步骤求相贯线:

① 求出能确定相贯线的投影范围的特殊位置点,这些点包括曲面转向轮廓线上的点和极限位置点,即最高、最低、最前、最后、最左及最右点等;

② 在特殊点中间,求作相贯线上若干个一般位置点;

③ 判别相贯线投影可见性后,用粗实线或细虚线依次光滑连接。

相贯线上点的可见性判别依据:当相贯线上的点同时处于两立体表面的可见部分时,这些点才可见。

1. 表面取点法求相贯线

依据已知曲面立体表面上点的投影求其他投影的方法,称为表面取点法。两回转体相交,如果其中有一个是轴线垂直于投影面的圆柱,那么该圆柱在这个投影面上的投影积聚成一个圆,则相贯线在该投影面上的投影与圆重合,可看作是已知的。这时,可以把相贯线看成是另一回转体表面上的曲线,利用在回转体表面上取点的方法,作出相贯线的其余投影。

[例 3-14] 如图 3-29a 所示,两圆柱相贯,完成正面投影。

分析:由图 3-29a 可知,上部圆柱的轴线为铅垂线,该圆柱面的水平投影积聚成一个圆,相贯线的水平投影与该圆重合。下部圆柱的轴线为侧垂线,该圆柱面的侧面投影积聚成一个圆,两圆柱的轴线垂直相交,上部圆柱侧面转向轮廓线范围内的那段圆弧,就是相贯线的侧面投影,求作的是正面投影。

作图步骤(图 3-29b):

① 在已知相贯线投影上标出特殊点和若干一般点。因相贯线是闭合的对称曲线,为使作图线简洁清晰,这里只标出必要的三个点。

② 根据点的投影特性,求出这些点的正面投影。

③ 在正面投影图上,依次将这些点连成光滑曲线。因相贯线前后对称,它的正面投影可见与不可见部分完全重合,作出的相贯线如图 3-29b 所示。

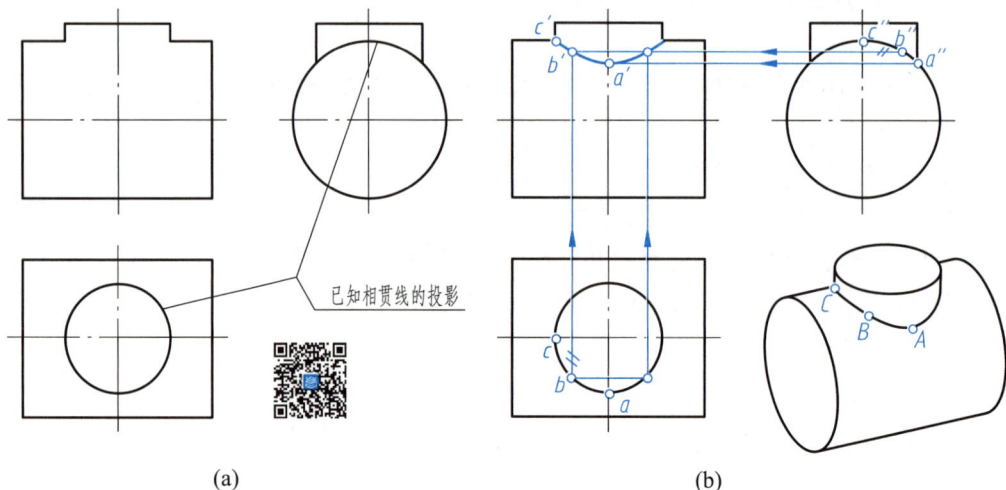

已知相贯线的投影

(a)   (b)

图 3-29　两圆柱相贯

图 3-30 是轴线垂直相交的内、外圆柱面相交的情况,其相贯线的形状和作图方法与例 3-14 相同,需要注意的是应画出内圆柱面的转向轮廓线。

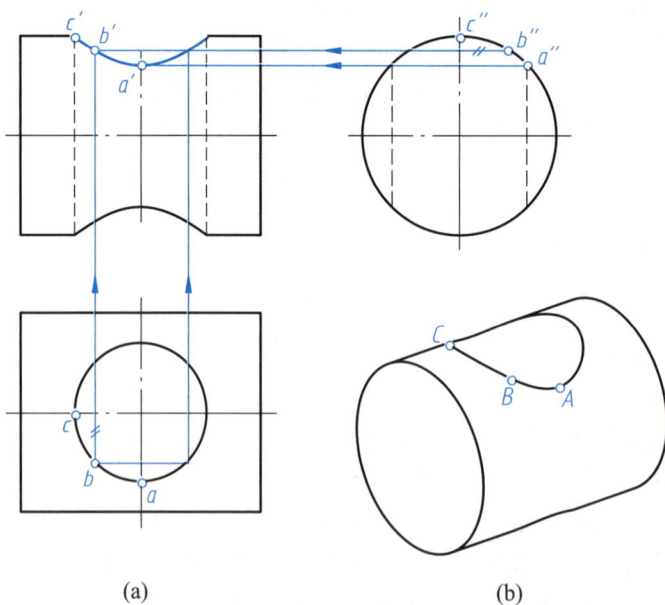

(a)   (b)

图 3-30　内、外圆柱面相交

2. 辅助平面法求相贯线

用辅助平面法求相贯线投影的基本原理是：假想作一辅助平面，使它与两回转体都相交，先求出辅助平面与两回转体的交线，再作出两回转体表面交线的交点，即为两回转体表面的共有点，亦即相贯线上的点。在相交部分作出若干个辅助平面，求出相贯线上一系列点的投影，依次光滑连接，即得相贯线的投影。

为便于作图，所选择的辅助平面与两相交立体表面所产生的交线的投影，应是简单易画的直线或圆。一般选择特殊位置平面作为辅助平面。

辅助平面法的作图原理如图 3-31 所示。

[例 3-15]　如图 3-32 所示，已知圆柱与圆锥相贯，完成相贯线的正面投影和水平投影。

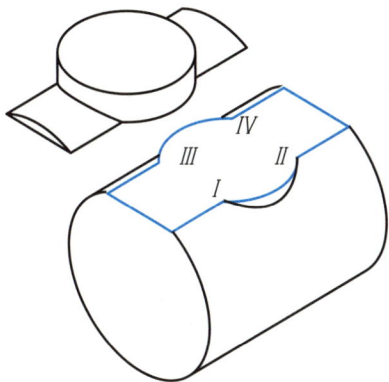

图 3-31　辅助平面法求相贯线

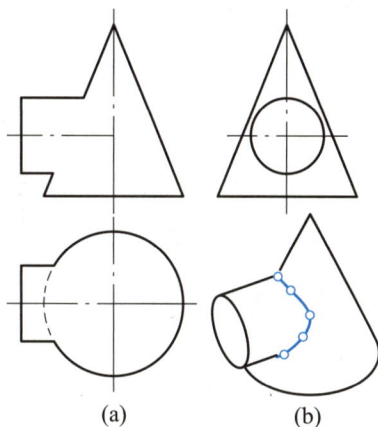

图 3-32　圆柱圆锥相贯

分析：从图 3-32 可知，圆柱的轴线为侧垂线，圆锥的轴线为铅垂线，圆柱与圆锥的轴线垂直相交。圆柱面的侧面投影积聚成一个圆，相贯线的侧面投影重合在该圆上，求作的是相贯线的正面投影和水平投影。

作图步骤（图 3-33a）：

① 在已知相贯线上标出特殊点和一般点，如图 3-33a 中侧面投影的 $a''\sim e''$ 等。

② 用辅助平面法求出上述特殊点和一般点及它们的对称点的水平投影和正面投影。

③ 判别可见性。此相贯体前后对称，正面投影前后部分重合，画出了圆柱面上的前半部分，即画出了整条相贯线。水平投影图上，位于上半圆柱面上的相贯线可见，位于下半圆柱面上的相贯线不可见。

④ 根据可见性判别结果，在正面投影和水平投影图上，依次将这些点连成光滑曲线，如图 3-33b 所示。

3. 两同轴回转体的相贯线

两同轴回转体相交，不论回转体的表面几何形状如何，它们的相贯线一定是与轴线垂直的

(a)   (b)

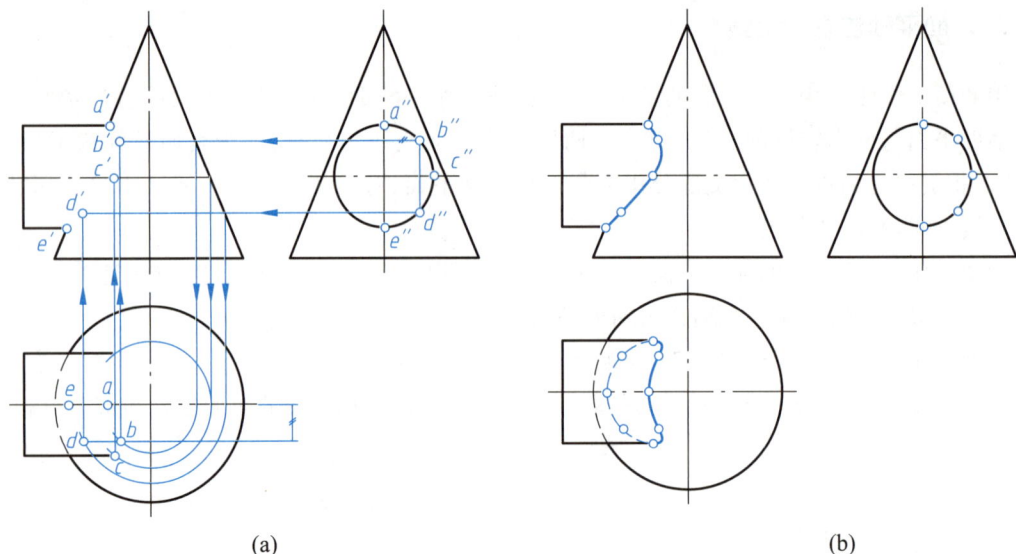

图 3-33   圆柱圆锥相贯线作图

圆。如图 3-34 所示球与圆柱、圆锥之间的相交,其相贯线都是圆。当回转体的轴线平行于某一投影面时,这些交线圆在该投影面上的投影为垂直于轴线的直线。

4. 直径相等且轴线垂直相交两圆柱的相贯线

当两直径相等的圆柱,轴线垂直相交时,其相贯线为两个大小相同的椭圆。若两圆柱的位置如图 3-35 所示,则相贯线的正面投影积聚为直线。

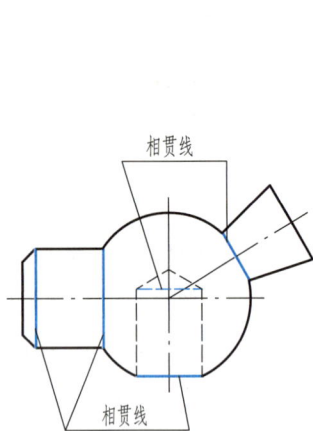

图 3-34   同轴回转体相贯线的投影

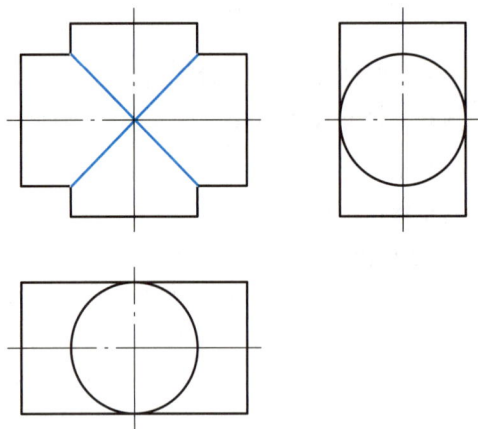

图 3-35   轴线垂直相交两等径圆柱

5. 相贯线的简化画法

当两不等直径圆柱垂直相交时,如果不要求精确画出相贯线,则相贯线的投影允许简化画出,可用圆弧或直线代替相贯线投影的非圆曲线。图 3-36a 表示用圆弧画出简化的相贯线,其圆

弧半径 R_2 为大圆柱面的半径$\left(R_2=\dfrac{D_1}{2}\right)$。图 3-36b 表示当垂直相交两圆柱的直径相差较大时，相贯线的投影可简化为直线。

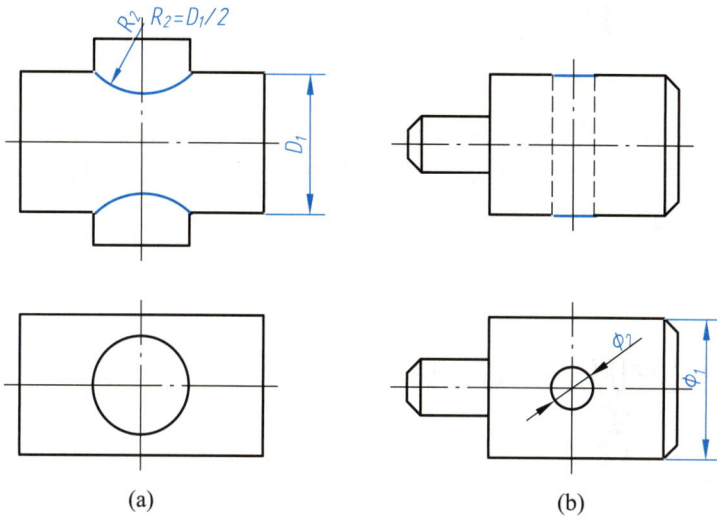

(a)　　　　　　　　　　　(b)

图 3-36　相贯线的简化画法

第 4 章
轴测投影图

工程上应用最广泛的图样是多面正投影图,正投影图的特点是:作图简便、度量性好;但它立体感不强,直观性较差。因此,工程上常采用直观性较强,富有立体感的轴测图作为辅助图样,用以补充表达物体的结构形状。

4.1
轴测图的基本知识

1. 轴测投影的形成

图 4-1 所示的长方体,其正面投影和水平投影都缺乏立体感,若在适当位置设置一投影面 P,并选取合适的投射方向,在 P 面上作出长方体及其直角坐标系的平行投影,就得到了一个能同时反映长方体长、宽、高三个尺度的富有立体感的轴测图,投影面 P 称为轴测投影面,空间直角坐标轴 O_0X_0、O_0Y_0、O_0Z_0 在轴测投影面上的投影 OX、OY、OZ 称为轴测投影轴,简称轴测轴;轴测轴之间的夹角 $\angle XOY$、$\angle XOZ$、$\angle YOZ$ 称为轴间角。

平行投影法包括正投影法和斜投影法两种,用正投影法获得的轴测图称为正轴测投影图;用斜投影法获得的轴测图称为斜轴测投影图。

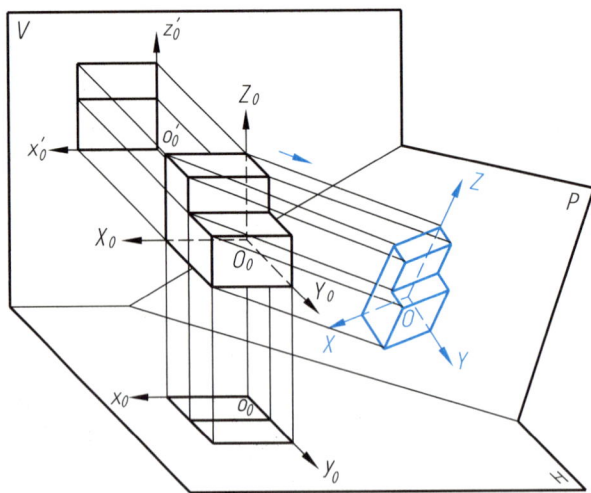

图 4-1 轴测图的形成

2. 轴向伸缩系数

轴测轴上的单位长度与相应坐标轴上的单位长度的比值称为轴向伸缩系数,分别用以下三式表示 OX、OY、OZ 轴的轴向伸缩系数

$$p = \frac{OX}{O_0X_0}, \quad q = \frac{OY}{O_0Y_0}, \quad r = \frac{OZ}{O_0Z_0}$$

3. 轴测图的投影特性

由于轴测图是用平行投影法得到的一种单面投影图,因此它具有平行投影的投影特性:

1)直线性　直线的轴测投影一般仍是直线,特殊情况积聚成点。

2)从属性　点在直线上,则点的轴测投影仍在直线的轴测投影上。

3)定比性　物体上平行于坐标轴的线段的轴测投影与原线段实长之比等于相应的轴向伸缩系数。

4)平行性　空间互相平行的线段,其轴测投影仍互相平行,且长度比不变。

4. 轴测图的分类

根据投射方向和轴测投影面的相对位置,轴测投影图分为正轴测投影图和斜轴测投影图两类。这两类轴测投影图,根据轴向伸缩系数的不同,又可分为三种:

1)正(或斜)等轴测图,简称正(或斜)等测,即 $p = q = r$;

2)正(或斜)二轴测图,简称正(或斜)二测,即 $p = q \neq r$ 或 $p = r \neq q$;

3)正(或斜)三轴测图,简称正(或斜)三测,即 $p \neq q \neq r$。

在实际作图中,正等测及斜二测用得较多,(正、斜)二测投影一般采用的轴向伸缩系数为 $p = r = 1$, $q = 1/2$。三测投影由于作图较繁,故很少采用。

5. 轴测图的基本作图规律

根据上述轴测图的投影特性,画轴测图时应按照下面的作图规律作图。

1)轴测图的种类取决于相应的轴间角与轴向伸缩系数。即作轴测图之前,首先应确定轴间角与轴向伸缩系数。

2)物体上任何一点在轴测图中的正确位置,只能根据各轴向伸缩系数在相应的轴测轴方向上确定。

3)物体上互相平行的线段,在轴测图中仍互相平行;与坐标轴平行的线段,在轴测图中必须平行于相应的轴测轴。

4)物体上不与坐标轴平行的线段,作其轴测投影的要点是在轴测轴方向上确定该线段两个端点的坐标位置,再连成直线。

5)在轴测图中不可见的投影一般不必画出,以使图形清晰。

4.2

正等轴测图的画法

1. 正等轴测图的形成

用正投影法,使确定物体空间位置的直角坐标系的三根坐标轴与投影面倾斜的角度相同时,得到的具有立体感的投影图就是正等轴测图,如图4-2所示。

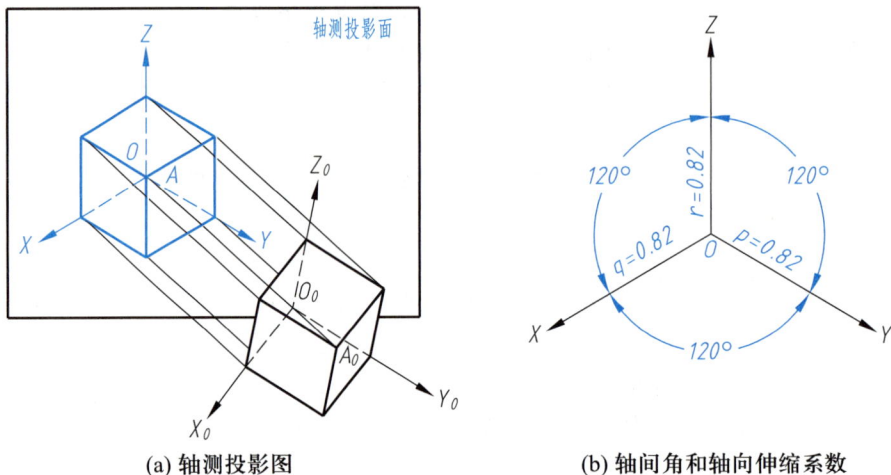

(a) 轴测投影图　　　　(b) 轴间角和轴向伸缩系数

图4-2　正等轴测图

2. 轴间角和轴向伸缩系数

由于三根坐标轴与轴测投影面倾斜角度相同,因此三个轴间角相等,均为120°。即 $\angle XOY = \angle XOZ = \angle YOZ = 120°$,如图4-2b所示。三根坐标轴的轴向伸缩系数也相等,根据计算,约为0.82。为了作图简便,常采用简化为1的轴向伸缩系数作图。这样,画出的正等轴测图只是沿各轴向的长度比理论的轴测投影放大了 $1/0.82 \approx 1.22$ 倍,但其形状仍保持不变,图形的立体感也不变。图4-3a所示为撞块的三视图,图4-3b是按轴向伸缩系数等于0.82画出的撞块正等轴测图,图4-3c是按简化伸缩系数等于1画出的正等轴测图。

3. 平面立体正等轴测图的画法

画轴测图常用的方法有坐标法和方箱切割法。而坐标法是最基本的方法,方箱切割法也是以坐标法为基础的。

（1）坐标法

根据立体表面上各顶点的坐标,分别画出它们的轴测投影,然后依次连接立体表面的轮廓线。该方法是绘制轴测图的基本方法,它不但适用于平面立体,也适用于曲面立体;不但适用于正等测,还适用于其他轴测图的绘制。

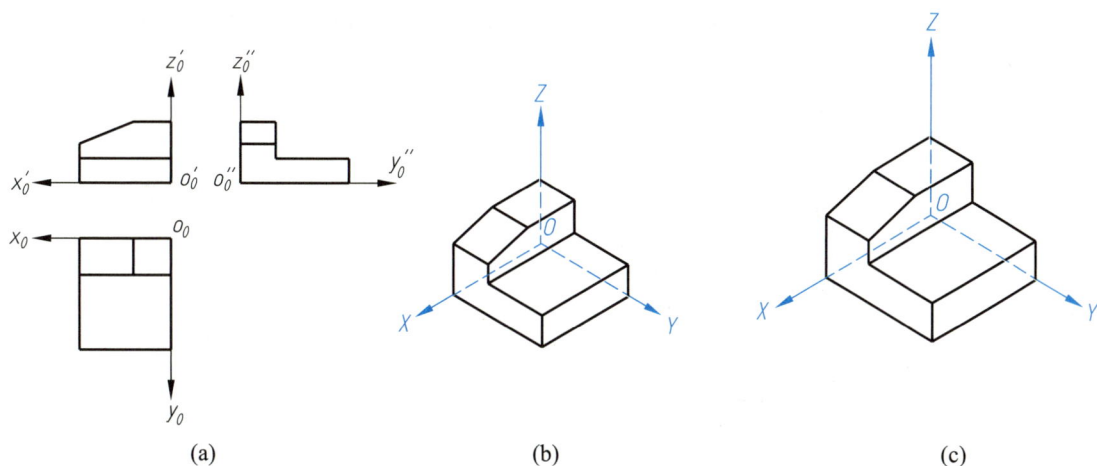

图 4-3 撞块的正等轴测图

（2）方箱切割法

方箱法适用以切割方式构成的平面立体,它以坐标法为基础,先用坐标法画出未被切割的平面立体的轴测图,然后用截切的方法逐一画出各个切割部分。

[例 4-1] 如图 4-4a 所示,根据投影图求作立体的正等轴测图。

解:从投影图可知,该立体为前后、左右对称的正四棱台。采用坐标法作图,其方法及步骤如下:

① 分析形体,选定坐标原点。因形体前后、左右对称,故选择底面的中心为坐标原点,如图 4-4a 所示。

② 画出轴测轴,作底面的轴测投影。如图 4-4b 所示,先根据各底边的中点 a、b、c、d 的坐标,画出它们的轴测投影 A、B、C、D,再通过这四点分别作相应轴测轴的平行线,从而得到底面的轴测投影。

③ 根据尺寸 h 确定顶面的中心,作顶面的轴测投影,如图 4-4c 所示。

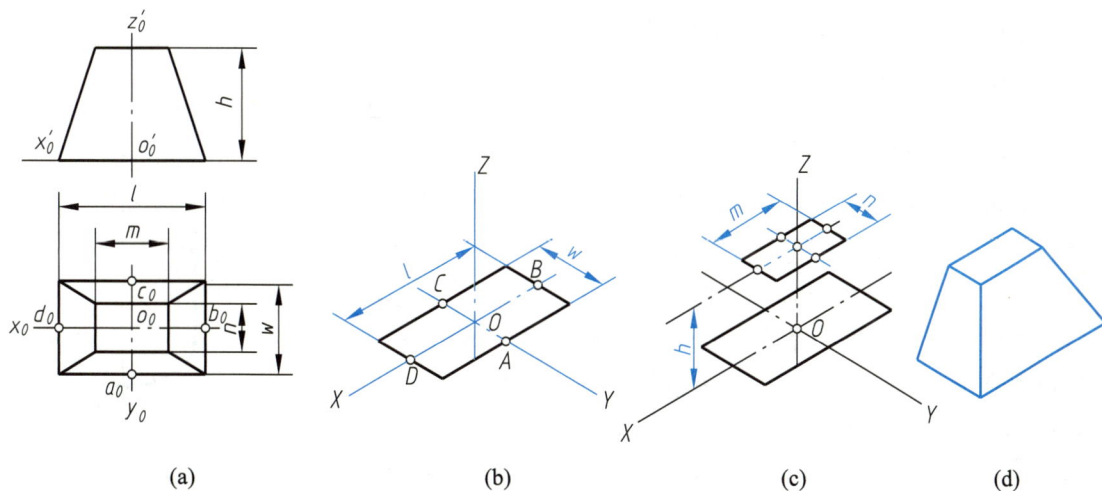

图 4-4 运用坐标法画正等轴测图举例

④ 连接底面、顶面的对应顶点,擦去作图过程线及不可见轮廓线,加粗可见轮廓线(通常轴测图中的不可见轮廓线不需要画出),完成四棱台的正等轴测图,如图4-4d所示。

[例4-2]　如图4-5a所示,根据投影图求作立体的正等轴测图。

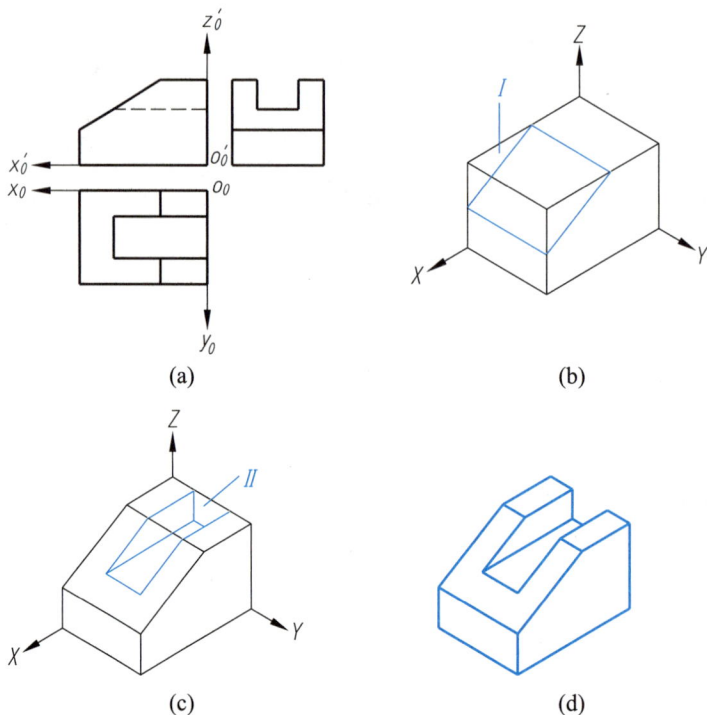

(a)　　　　　　　　　　　　　(b)

(c)　　　　　　　　　　　　　(d)

图4-5　带缺口平面立体的正等轴测图的画法

解:从投影图可知,该立体可以看作是从长方体上先后切去三棱柱(Ⅰ)和四棱柱(Ⅱ)两部分后形成的切割式组合体。采用方箱切割法作图,其方法及步骤如下:

① 分析形体,在三视图中选定坐标轴,如图4-5a所示;

② 画轴测轴,画出长方体及被切去的Ⅰ部分的正等轴测图,如图4-5b所示;

③ 画出被切去的Ⅱ部分的正等轴测图,如图4-5c所示;

④ 加深,完成全图,如图4-5d所示。

4. 曲面立体正等轴测图的画法

图4-6所示是一个圆柱的两面投影和正等轴测投影。因为圆柱的顶圆和底圆分别在坐标面$X_0O_0Y_0$及其平行面上,与轴测投影面都不平行,所以这些圆的正等轴测投影都是椭圆。为了简化作图,该椭圆常采用四段圆弧连接近似画出,称之为菱形四心法。作图时,可以把这个顶圆看作四边平行于坐标轴的正方形的内切圆,坐标面$X_0O_0Y_0$上的圆的正等测近似椭圆的作图过程如图4-7所示。

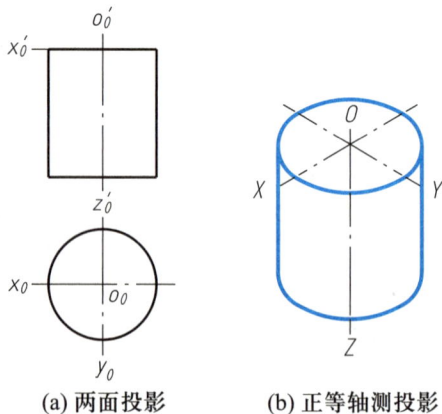

(a) 两面投影　　　　(b) 正等轴测投影

图4-6　圆柱

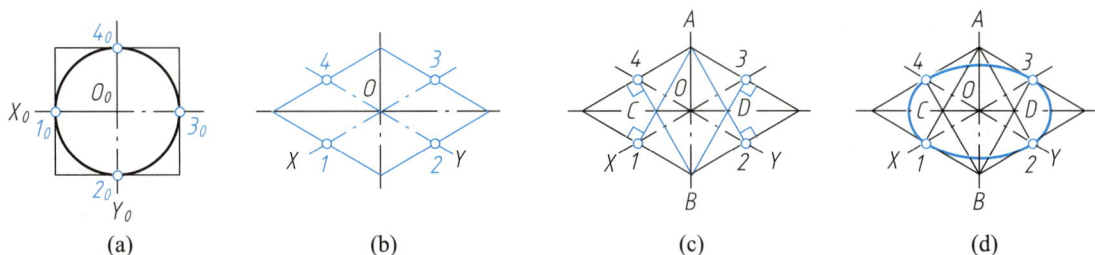

图 4-7　近似椭圆的画法

① 通过圆心 O_0 作坐标轴和圆的外切正方形,切点为 1_0、2_0、3_0、4_0,如图 4-7a 所示。

② 作轴测轴和切点的轴测投影 1、2、3、4,通过这些点作外切正方形的轴测菱形,并作对角线,如图 4-7b 所示。

③ 过 1、2、3、4 作各边的垂线,交得圆心 A、B、C、D。A、B 即短对角线的顶点,C、D 在长对角线上,如图 4-7c 所示。

④ 以 A、B 为圆心,$A1$ 为半径,作圆弧 12、34,以 C、D 为圆心,$C1$ 为半径作圆弧 14、32,连成近似椭圆,如图 4-7d 所示。

图 4-8 画出了立方体表面上三个内切圆的正等轴测椭圆,它们都可用图 4-7 的作法分别画出。

平行于坐标面的圆的正等测椭圆的长轴,垂直于与圆平面相垂直的坐标轴的轴测投影(轴测轴);短轴则平行于这条轴测轴。例如平行于坐标面 XOY 的圆的正等测椭圆的长轴垂直于 OZ 轴,而短轴则平行于 OZ 轴。用简化轴向伸缩系数画出的正等测椭圆,长轴约等于 $1.22d$(d 为圆的直径),短轴约等于 $0.7d$。

[例 4-3]　根据图 4-9 所示的视图,画出该立体的正等轴测图。

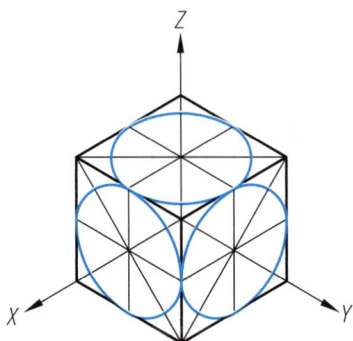

图 4-8　平行于坐标面的
圆的正等轴测图

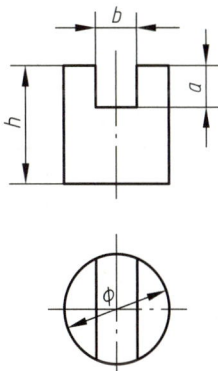

图 4-9　挖切圆柱体
的两视图

解:对题图进行形体分析可知,该立体是在圆柱体上挖槽而形成的。其正等轴测图的作图步骤如下:

① 作轴测轴,并用菱形四心法作上、下底面椭圆,其中心距等于 h,如图 4-10a 所示。

② 作两个椭圆的外公切线,如图 4-10b 所示。

③ 作出切槽的正等轴测图,切槽的宽度等于 b,高度等于 a,如图 4-10c 所示。

④ 整理全图,擦去多余线条,加粗可见轮廓线,即得立体的正等轴测图,如图 4-10d 所示。

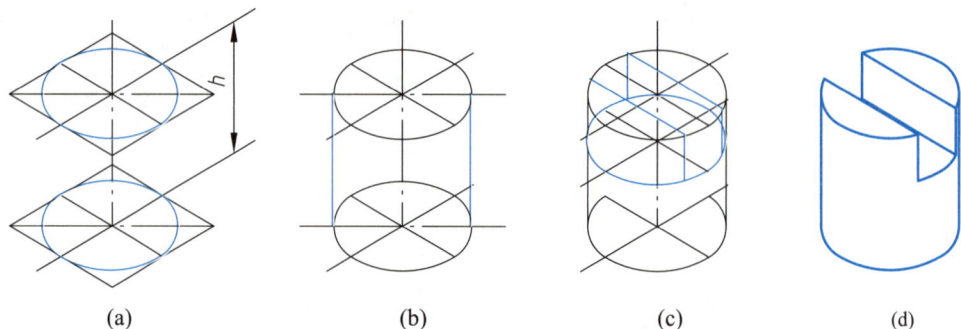

（a） （b） （c） （d）

图 4-10 挖切圆柱体的正等轴测图的画法

4.3
斜二轴测图的画法

1. 斜二轴测图的形成及特点

如图 4-11 所示,将坐标轴 O_0Z_0 放置成竖直位置,并使坐标面 $X_0O_0Z_0$ 平行于轴测投影面,当投射方向与三根坐标轴都不相平行时,形成正面斜轴测投影。在这种情况下,轴测轴 OX 和 OZ 仍分别为水平方向和竖直方向;OX、OZ 轴向伸缩系数 $p = r = 1$;而轴测轴 OY 的方向和 O_0Y_0 轴向伸缩系数 q,可随着投射方向的变化而变化,常取 $q = 1/2$。物体上平行于坐标面 $X_0O_0Z_0$ 的直线、曲线和平面图形,在正面斜轴测图中都反映实长和实形。

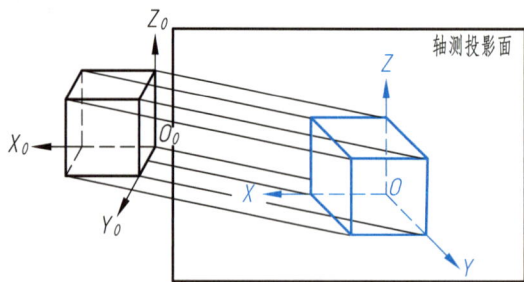

图 4-11 斜二轴测图的形成

本节只介绍常用的正面斜二测,如图 4-12a 所示。将坐标轴 O_0Z_0 和 O_0X_0 放在轴测投影面上,其中 O_0Z_0 轴仍放成竖直位置,轴测轴 OX 和 OZ 分别与坐标轴重合。通过 O（与 O_0 重合）在轴测投影面上作与 OZ 成 135° 夹角的直线,并在其上取 O_0Y_0 坐标轴的一半长度,以此作为轴测轴 OY,用 Y_0Y 作为投射方向,可得到常用的正面斜二测,通常将这种正面斜二测简称斜二测。

图 4-12b 表示了斜二测的轴间角和各轴向伸缩系数：$\angle XOZ = 90°$，$\angle XOY = \angle YOZ = 135°$；$p = r = 1$，$q = 1/2$。

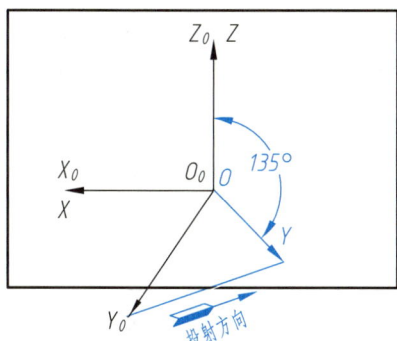

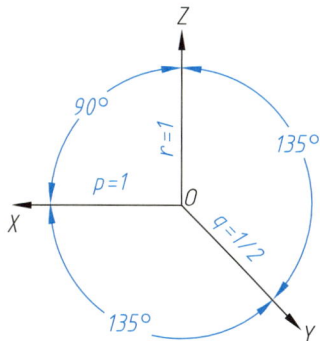

(a) 轴测轴的形成　　　　　　(b) 轴间角和各轴向伸缩系数

图 4-12　正面斜二测的轴测轴

2. 斜二轴测图的画法举例

[例 4-4]　求作图 4-13a 所示立体的轴测图。

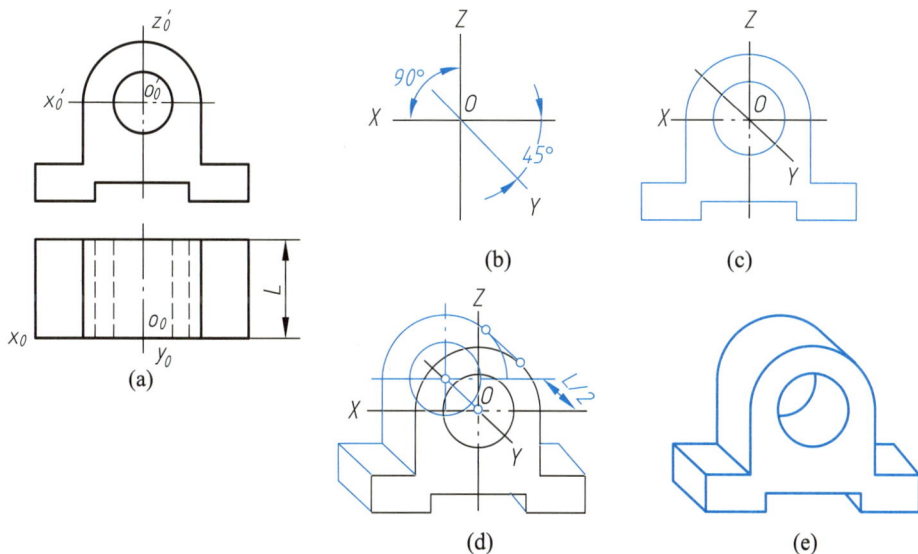

图 4-13　组合体的斜二轴测图的画法

解：从所给视图可见，该立体上部为带孔的半圆柱面，下部为带槽的平面立体，仅前后有圆，故采用斜二测作图。

其方法及步骤如下：

① 分析视图，选定坐标原点，如图 4-13a 所示；

② 作斜二轴测图，如图 4-13b 所示；

③ 以 O 为圆心、OZ 轴为对称轴,画出立体前表面的轴测图(即图 4-13a 的主视图),如图 4-13c 所示;

④ 在 OY 轴上距 O 点 $L/2$ 处取一点作为圆心,重复上一步的做法,画出立体后表面的轴测图,并画出立体上部两半圆右侧的公切线及 OY 方向的轮廓线,如图 4-13d 所示;

⑤ 整理全图,擦去多余线段并加粗可见轮廓线,完成立体的斜二轴测图,如图 4-13e 所示。

第 5 章
组合体

机械零件的形状因其作用不同而结构形状各异,但它们都可看作是由若干基本体经叠加或切割组合而成的形体。由两个或两个以上基本体组成的形体称为组合体。组合体大多是由零件或其局部结构忽略倒角、倒圆、螺纹等细微工艺结构后抽象而成的几何模型。本章着重介绍组合体的画图和读图的方法、步骤,组合体的构形设计方法及尺寸标注。

5.1
画组合体的视图

1. 组合体的组合形式

组合体的组合形式可分为叠加型、切割型和综合型三种。

1)叠加型　由基本体叠加在一起形成的组合体称为叠加型组合体。如图 5-1a 所示的六角头螺栓(毛坯),可看成是由六棱柱、圆柱两个基本体叠加而成。

2)切割型　基本体通过切割、钻孔等形成的组合体称为切割型组合体。图 5-1b 所示的接头,则是从圆柱上切割掉三个基本体而形成。

3)综合型　实际机器零件的形状较复杂,单一的叠加或切割型组合体较少见,常常是既有叠加又有切割的综合型组合体,如图 5-1c 所示的轴承座。

2. 叠加型组合体表面间的过渡关系

叠加是两相邻形体部分表面接触贴合,贴合面是平面或曲面。

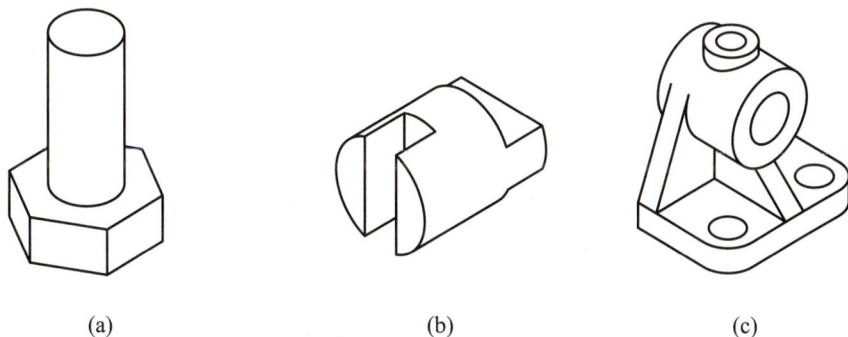

|(a)|(b)|(c)|

图 5-1　组合体的组合形式

组合体各形体相邻表面之间的过渡关系可分为三种:共面、相切和相交。弄清组合体的表面过渡关系,画图时才能避免多线或漏线。

1)当两形体贴合面的端边重合,端面共面(共平面或共曲面)时,二者之间没有分界线,在视图上不应有图线隔开,如图5-2所示。

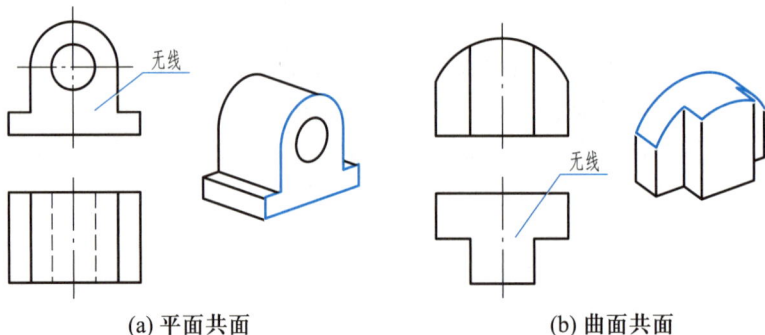

(a) 平面共面   (b) 曲面共面

图 5-2 共面

2)当两形体的表面相交时,在相交处应该画出交线的投影。图5-3a是平面与平面相交,图5-3b是平面与曲面相交,图5-3c是曲面与曲面相交(相贯线)。

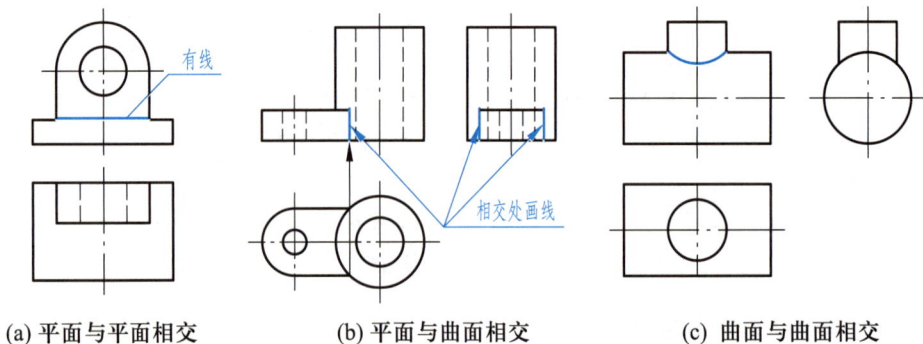

(a) 平面与平面相交   (b) 平面与曲面相交   (c) 曲面与曲面相交

图 5-3 相交

3)当两形体的表面相切时,交界处为光滑过渡,故不应画线。图5-4是平面与曲面相切,图5-5是曲面与曲面相切,相切处均不应画线。

3. 画组合体视图的方法与步骤

(1)形体分析与线面分析

将组合体分解为若干简单形体的叠加与切割,并分析这些基本体的相对位置,便能加深对整个机件形状的完整的理解,这种方法称为形体分析法。形体分析法是指导画图和读图的基本方法。对于比较复杂的组合体,通常在运用形体分析法的基础上,结合线面分析法进行绘图和读图。所谓线面分析法,就是将物体分解为若干个表面,运用线、面的投影特性(实形性、积聚性、类似性)分析物体各表面的形状、性质、相对位置及表面交线,来进行画图和读图的方法。

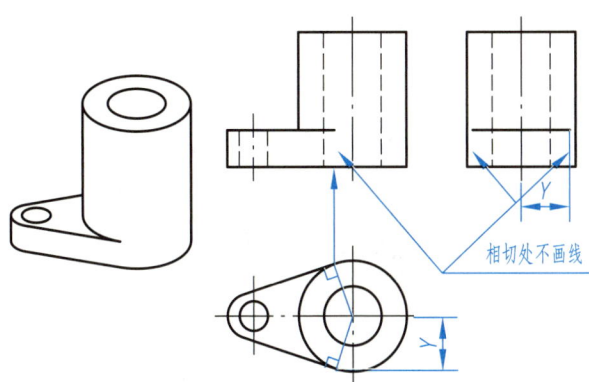

图 5-4 平面与曲面相切的情况

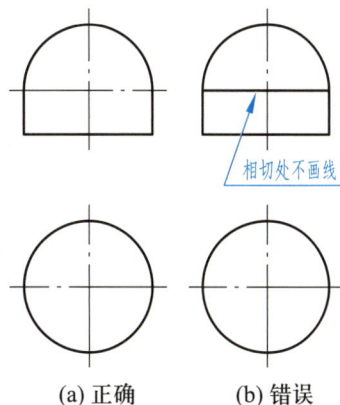

(a) 正确　　(b) 错误

图 5-5 曲面与曲面相切的情况

画图时,首先要对组合体进行形体分析。图 5-6 所示是一个轴承座,它是由凸台、轴承、支承板、肋板以及底板相互叠加所组成。轴承与凸台、支承板、肋板的贴合面是柱面,其余的相互贴合面都是平面。支承板两侧面与轴承外柱面相切,支承板与底板的后端面平齐,凸台与轴承的内孔柱面相接,五个形体其他表面间均相交。

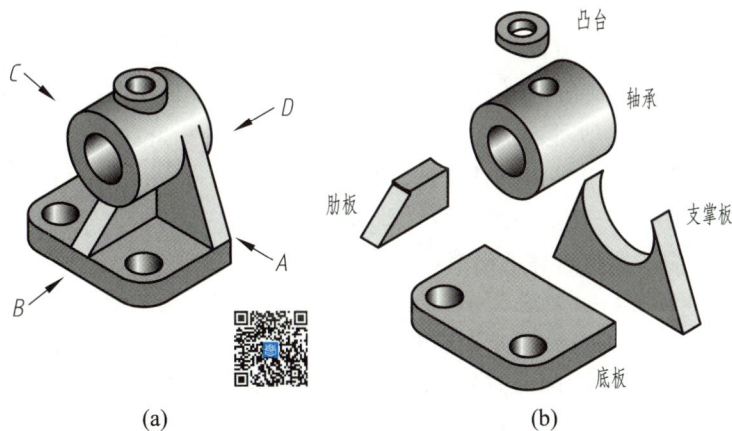

图 5-6 轴承座的形体分析与视图选择

（2）视图选择

组合体的视图选择应考虑以下几方面的要求:

1）物体应自然放置,使之形象稳定、方便画图。

2）主视图应尽量反映物体的主要结构形状特征。

3）视图中虚线应尽量少。

根据以上几点要求,将轴承座自然放置后,比较图 5-6a 中箭头所示的 A、B、C、D 四个方向,确定主视图。如图 5-7 所示,若以 D 向作为主视图,虚线较多,显然没有 B 向清楚;若以 C 向作为主视图,则左视图上会出现较多虚线;故 C 向与 D 向均不适合作主视图的投射方向。B 向与 A

向视图,都能较好地反映轴承座各部分的轮廓特征,所以都可以作为主视图的投射方向。为了方便布图,三视图的长度尺寸较大更为合理,所以在这里选取 B 向作为主视图的投射方向。

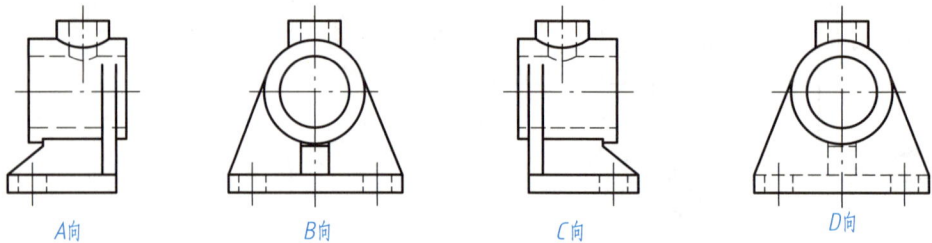

图 5-7　分析主视图的投射方向

（3）画三视图

1）选定图幅及比例。根据组合体大小选择图纸幅面,确定绘图比例。

2）布置视图。按图纸幅面布置视图,画出确定各视图在两个方向上的基线,如:轴线、对称中心线或其他定位线。

3）逐个画出各形体的三视图。根据各形体之间的相对位置,细、轻、准、快地逐个画出各形体的视图。画图时须注意:一般先画实体,后画挖切;先画大的形体,后画小的;先画主体,后画细节（如截交线、相贯线等）。在逐个画形体时,最好同时画出三个视图,这样既能保证各形体之间的相对位置和投影关系,又能提高绘图速度。在画形状较复杂的局部时,应注意配合线面分析的方法,以帮助想象和表达,减少疏误。

4）检查、加深。底稿完成后,应仔细检查,修正错误,擦去多余作图线,再按规定线型加深。

具体作图步骤如图 5-8 所示。

[例 5-1]　根据如图 5-9 所示的镶块的立体图,画出三视图。

解:如图所示的镶块是一切割型组合体。画切割型组合体视图时,一般先要对其进行形体分析,结合线面分析,然后按照组合体的形成（切割）过程画出三视图。

① 形体分析和线面分析。如图 5-10 所示,镶块可看作是一端切割为圆柱面的长方体经过几次切割而形成的。前、后方分别用水平面和正平面各切割掉前后对称的右端有部分圆柱面的板,左端中间切割掉一块右端有圆柱面的板,并贯穿一个圆柱形通孔。在左端的上、下方分别切割掉半径不等的两个半圆柱槽。画图时需注意分析,每当切割掉一块形体后,会在镶块表面上产生交线并注意其投影。

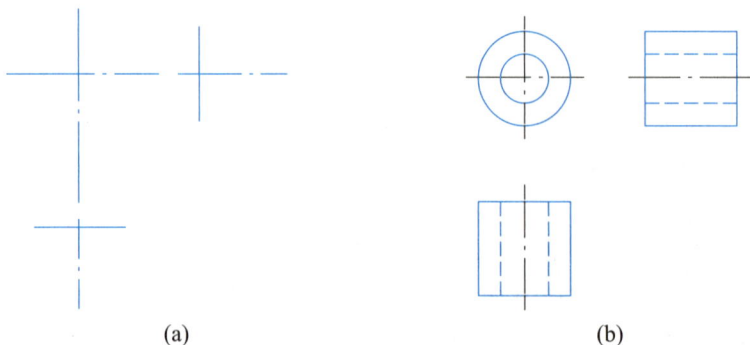

(a)　　　　　　　　　　　(b)

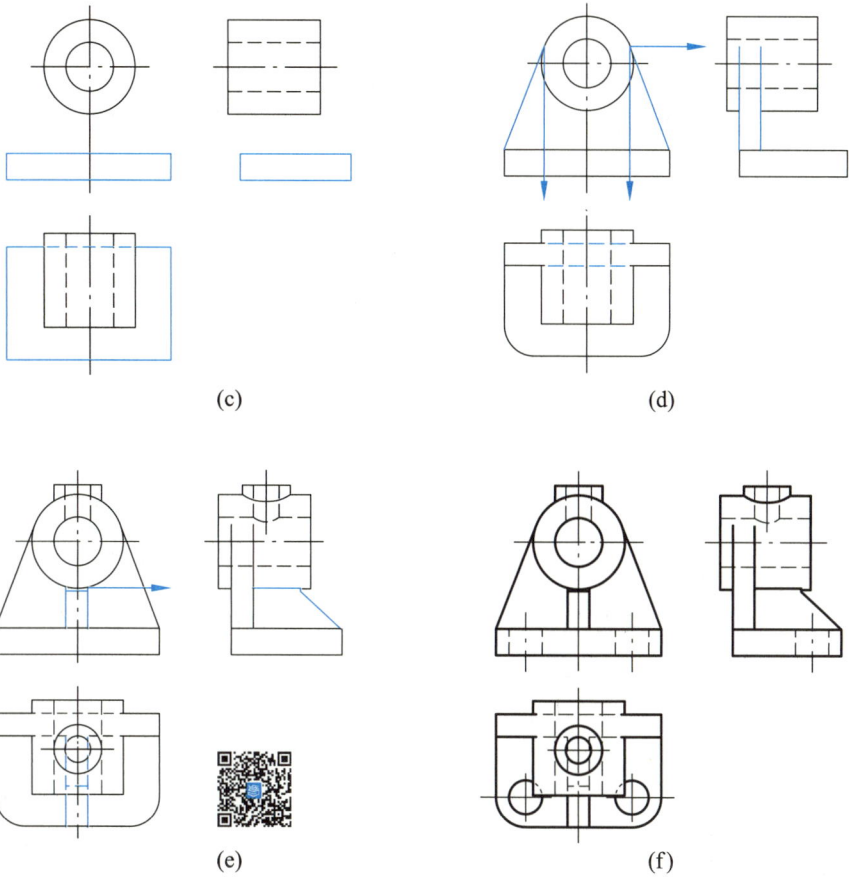

(c)

(d)

(e)

(f)

图 5-8 轴承座的作图过程

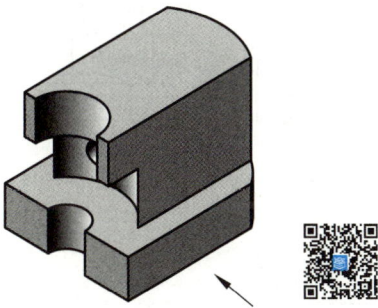

图 5-9 镶块的立体图

图 5-10 镶块的形体分析

② 选择主视图。按自然位置安放好镶块后,选定如图5-9箭头所示方向作为主视图的投射方向。

③ 画图步骤。如图5-11所示。

a. 如图5-11a所示,画右端切割为圆柱面的长方体三视图。

b. 如图5-11b所示,切割掉前、后对称的两块。可先画出切割后的左视图,再按三视图的投影规律作出俯视图,最后作主视图。

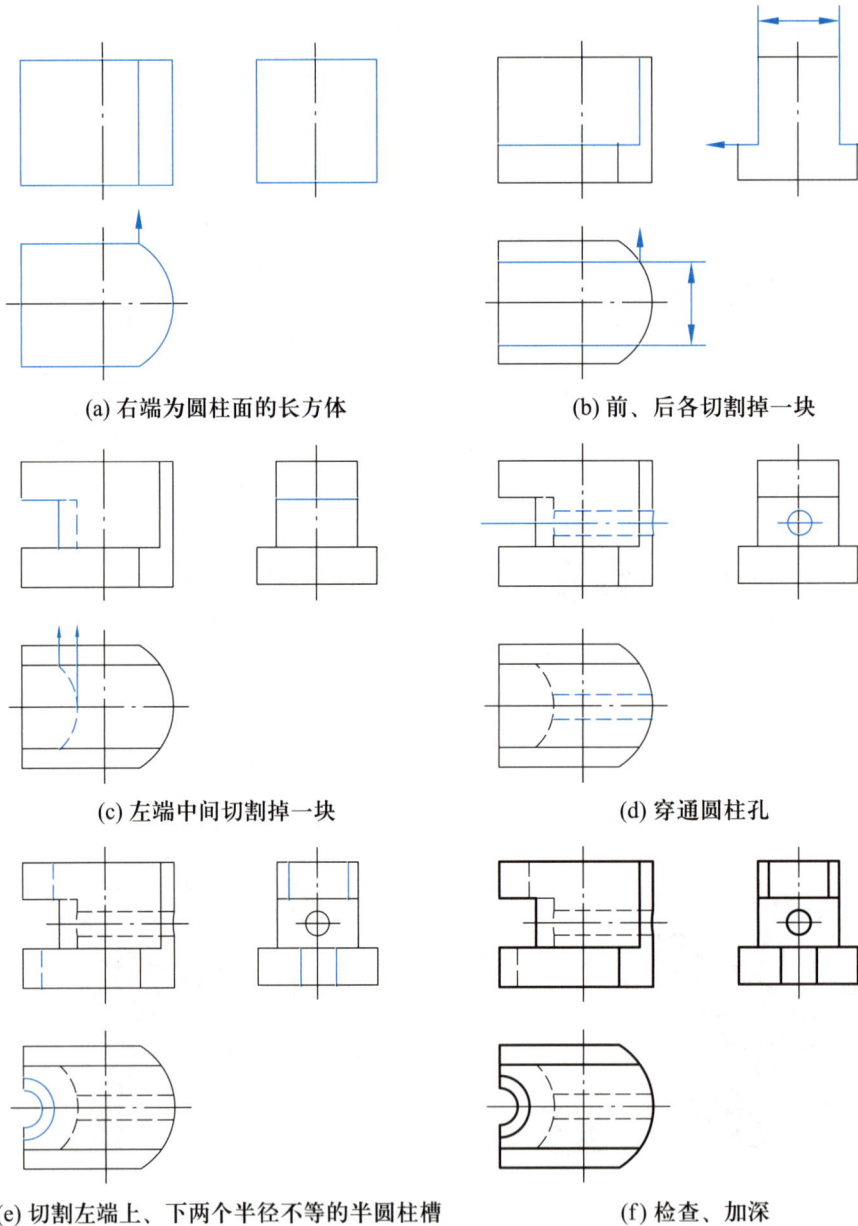

(a) 右端为圆柱面的长方体

(b) 前、后各切割掉一块

(c) 左端中间切割掉一块

(d) 穿通圆柱孔

(e) 切割左端上、下两个半径不等的半圆柱槽

(f) 检查、加深

图 5-11　镶块三视图的作图过程

c. 如图 5-11c 所示,切割掉左端中间的一块。应先画出俯视图上有积聚性的圆柱面投影(细虚线圆弧),再画出主视图、左视图。

d. 如图 5-11d 所示,画圆柱形通孔。应先画左视图,然后画主视图和俯视图。图中圆柱孔两端相贯线采用简化画法。

e. 如图 5-11e 所示,切割掉左端上、下两个半径不等的半圆柱槽。应先画俯视图,再画主、左视图。

f. 检查、加深,如图 5-11f 所示。

5.2
读组合体的视图

画图是将物体按正投影方法表达在平面的图纸上,读图则是根据已经画出的视图,通过形体分析和线面的投影分析想象出物体的形状。画图和读图是相辅相成的两个方面,它们具有空间—平面、平面—空间的辩证关系,是学习本课程的两个主要环节。为了正确、迅速地读懂视图,必须掌握读图的基本要领和基本方法,培养空间想象和构思能力。

1. 读图的基本条件和要领

(1)熟悉基本体视图及其投影特性

对于常见的基本体如各种棱柱、棱锥及圆柱、圆锥等,应该一看到它们的视图,就能确定其形状及安放位置。不仅对完整的基本体,而且对不完整的基本体(经过简单切割的基本体)也应如此。掌握基本体的投影特点是读图的基本条件。

(2)将各个视图联系起来识读

组合体的形状一般是通过几个视图来表达的,每个视图只能反映物体某个投射方向的形状,任何一个视图,有时甚至两个视图都不能唯一确定组合体的形状。

如图 5-12 所示,组合体的主视图相同,而俯视图不同,所表示的形状就不同。

又如图 5-13 所示,组合体的主、俯视图相同,但左视图不同,所表示的形状也不同。

所以,读图时应当将给出的各个视图联系起来识读、分析、构思,才能准确地想象出组合体的结构形状。

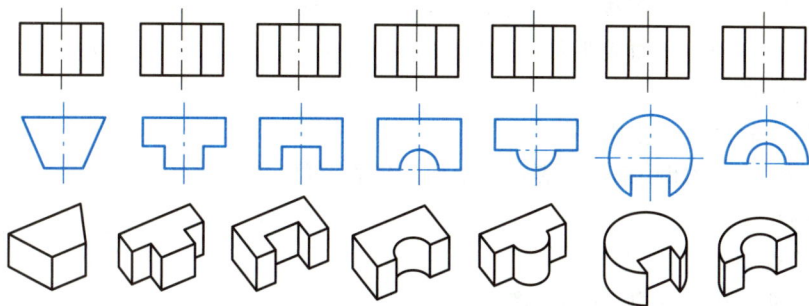

图 5-12 主视图相同的组合体

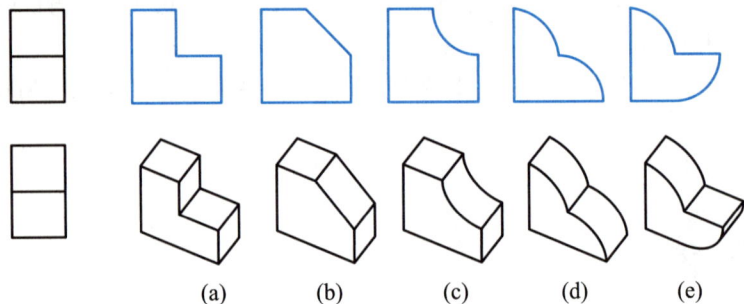

图 5-13　主、俯视图相同的组合体

（3）理解视图中图线和线框的含义

视图是由图线构成的,图线又构成了一个个封闭线框。读图时要注意分析视图上图线和线框的含义（图 5-14）。

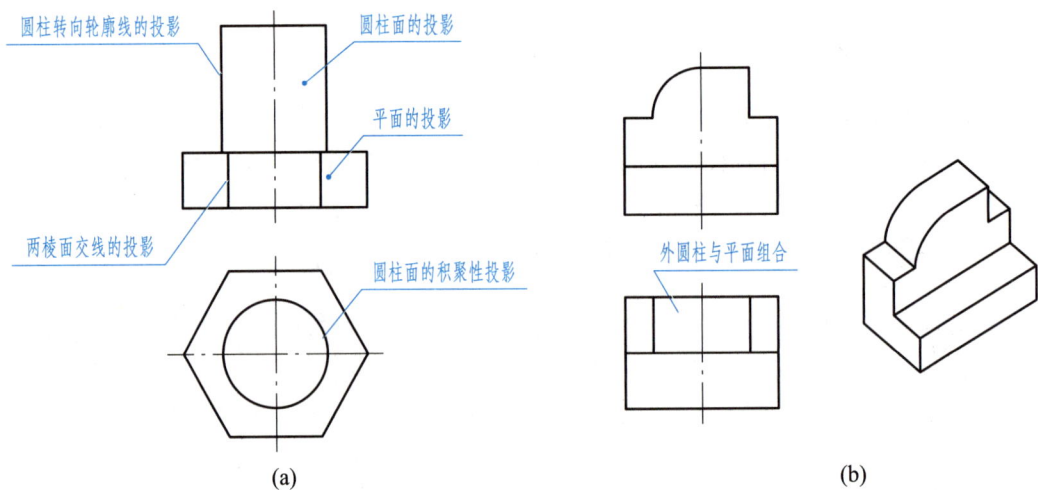

图 5-14　视图中线框和图线的含义

一般情况下,视图中的图线（主要指粗实线和虚线）有三种含义:

1）垂直于投影面的平面或曲面有积聚性的投影;

2）表面交线的投影;

3）曲面转向轮廓线的投影。

视图中的每一个封闭线框一般表示一个面的投影,可以是:

1）平面的投影;

2）曲面的投影;

3）平面与曲面相切的组合投影（图 5-14b）;

4）孔洞的投影。

（4）抓特征视图进行分析

一个物体通常要用几个视图来表达。因此,读图时,要抓特征视图进行分析,也就是要抓住形体的"形状特征"视图和"位置特征"视图。

"形状特征"视图是最能反映物体形状特征的视图。如图 5-15 所示为底板的三视图。从主、左视图除了能看出板厚外,其他形状反映不出来,而俯视图却能清楚地反映出板的形状,所以俯视图就是"形状特征"视图。

"位置特征"视图是最能反映形体相互位置关系的视图。如图 5-16a 为支板的主、俯视图。在该图中,$1'$、$2'$两个基本形体哪个是凸出的,哪个是凹进去的,是不能确定的,它可表示图 5-16b 所示的物体,也可表示图 5-16c 所示的物体。如果像图 5-16d 那样给出主、左两个视图,则形状和位置都表达得十分清楚,所以左视图就是"位置特征"视图。

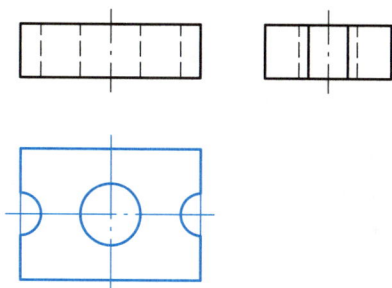

图 5-15 形状特征视图

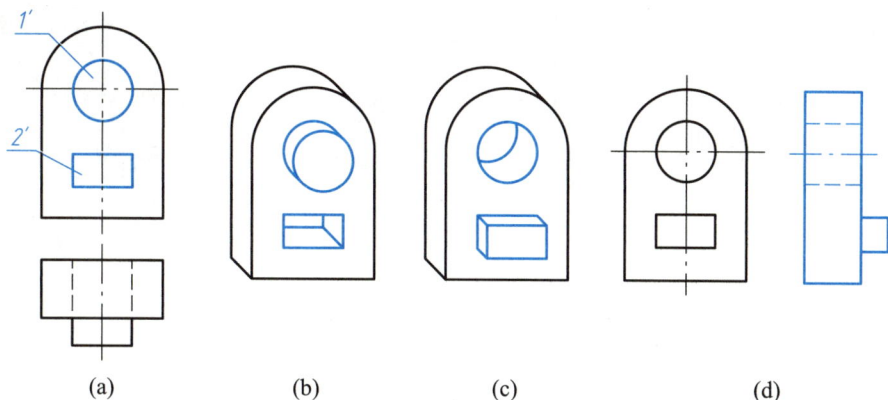

(a)   (b)   (c)   (d)

图 5-16 位置特征视图举例

2. 读图的方法和步骤

读图的基本方法仍然是形体分析法和线面分析法。

（1）形体分析法

采用形体分析法读图时,一般从反映形状特征比较明显的视图入手,按线框将组合体划分为几个部分。然后,通过投影关系找到各线框在其他视图中的投影,从而分析各部分的形状以及它们之间的相对位置,最后综合起来想象组合体的整体形状。故读组合体视图的一般步骤可归纳为:① 分线框,对投影,想部分;② 综合起来想整体。现以图 5-17 所示的组合体为例,说明运用形体分析法读组合体视图的方法与步骤。

[例 5-2]   如图 5-17 所示,已知支承体的主视图和左视图,补画其俯视图。

解:① 分线框,对投影,想部分。主视图较多地反映了支承体的结构形状,所以从主视图入手,将其划分为三个封闭线框。看组成支承体的三个部分的投影:"1"是下部倒凹字形线框;"2"是上部矩形线框;"3"是圆形线框（线框内还有小圆线框）。对照左视图,可以想象出 1 部分是一块倒凹字形底板,左、右两侧有带圆孔的下端为半圆形的耳板;2 部分由主视图中的直径 φ 可知:

它是轴线垂直于水平面的圆柱体,中间有穿通底板的圆柱孔;3 部分是一个中间有圆柱通孔、轴线垂直于正面的圆柱体。由主视图3 部分与2 部分的相切及左视图中的相贯线可知:3 部分圆柱体的直径与2 部分圆柱体直径相等,3 部分孔的直径比2 部分孔的直径小,2 部分和3 部分的轴线垂直相交,且都平行于侧面。

　　② 综合起来想整体。根据以上的分析,可以综合想象出:支承体是由两侧带耳板的底板1以及两个相交的圆柱2 和3 叠合而成,圆柱2 与底板的前、后端面相切,与圆柱3 的直径相同,立体图如图 5-18 所示。

　　③ 补画俯视图。根据前面的分析,逐个画出各个基本形体的俯视图,然后校核、加深,作图过程如图 5-19 所示。

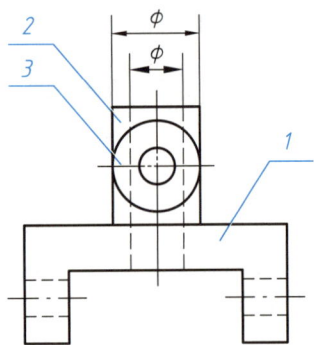

图 5-17　支承体的主、左视图　　　　　　　　图 5-18　支承体的立体图

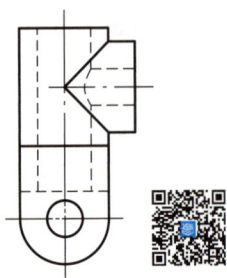

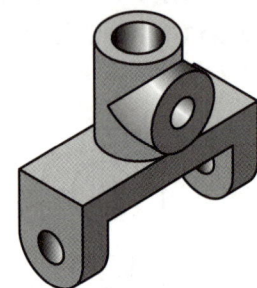

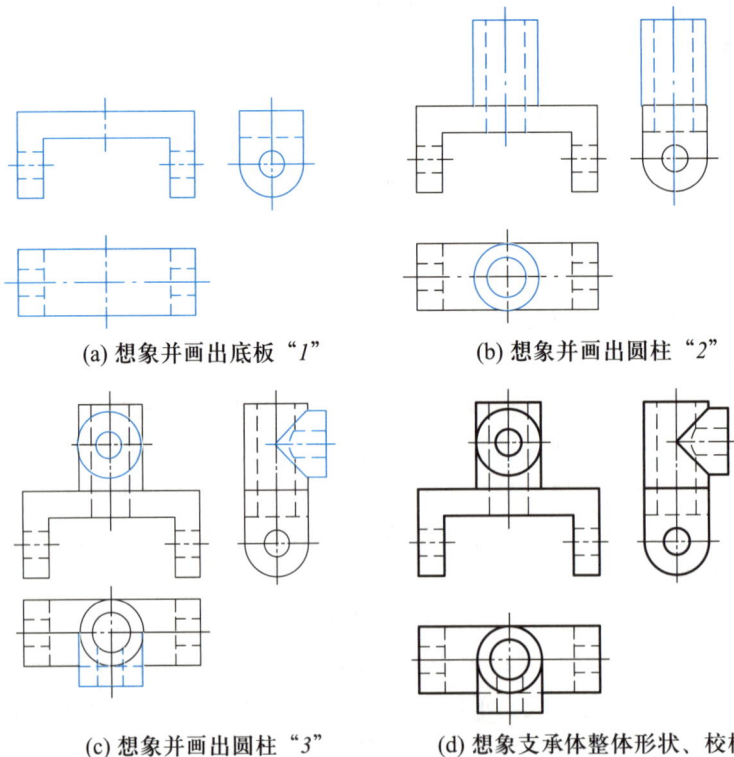

(a) 想象并画出底板"1"　　　　(b) 想象并画出圆柱"2"

(c) 想象并画出圆柱"3"　　　(d) 想象支承体整体形状、校核、加深

图 5-19　想象支承体的形状和补画俯视图

（2）线面分析法

组合体也可看作是由若干个表面所围成的封闭实体,而这些表面又是由一些线(直线或曲线)所组成。因此,读图时可把物体分解为若干个表面,利用线、面的投影规律分析确定各表面的形状及其相对位置,从而想象出物体的整体形状,这就是线面分析法。

线面分析法多用于以切割为主的组合体中。读形状比较复杂的组合体视图时,往往是形体分析法和线面分析法结合起来使用,即在形体分析法的基础上,对不易读懂的局部,再运用线面分析法来帮助想象和读懂这些局部形状。下面举例说明线面分析法在读图中的应用。

[例 5-3]　如图 5-20 所示,已知压板的主视图和俯视图,补画其左视图。

解:① 读图。初步阅读所给视图,可知该物体为一切割型组合体。读切割型组合体的一般步骤为:

a. 根据各视图轮廓的形状特点,确定挖切前基本几何体的形状。

由主、俯视图可知,该物体的基本形体是一长方体,中间有一阶梯圆柱孔。基本体被数个不同位置平面截切,因此要确切地想象出物体的形状,必须进行线面分析。

b. 对投影,想象出各面、线的形状和位置。

主视图上有三个可见的线框 p'、q' 和 r'(图 5-21a),其中 p'、q' 对应的水平投影是唯一的,说明 P 面是铅垂面,Q 面是压板最前面的正平面。而 r' 的对应投影有两种可能:积聚成虚线(r)或由三条实线和一条虚线组成的四边形(u)。到底是哪一个? 可采用"先假定,后验证,边分析,边想象"的方法来分析。假定 r' 对应的投影为(u),说明空间的 R 面应是一个前高后低的斜面。从正面投影看,r' 的左、右两边是平行侧面的,而从水平投影看,(u)左边的一条边是斜线,不平行于侧面,说明 r' 和(u)不是一个面的两个投影。因此,r' 对应的水平投影只能是(r),R 面是一个比 Q 面靠后的正平面。

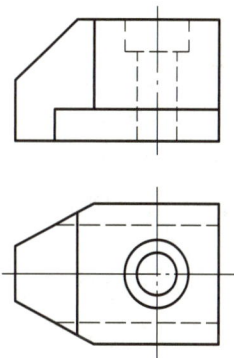

图 5-20　压板

俯视图上的可见线框 s 和 t,其对应的正面投影 s' 和 t' 是唯一的(图 5-21b),说明 S 面是压板左上方的正垂面,T 面是最上方的水平面。不可见线框(u)对应的正面投影为 u',说明 U 面也是一个水平面。

c. 综合各面的相对位置想象整个立体的形状。

经以上分析,可知压板的外形是由一个长方体被平面截切而成的,在其左上方被正垂面 S 切去一角;在其前、后面的下部,分别被正平面 R 和水平面 U 截去一角;压板的中间为一个圆柱形的阶梯孔。压板的立体图如图 5-21c 所示。

② 作压板的左视图。对切割类组合体,由两视图求作第三视图的步骤如下:

a. 作出未截切前基本体的三视图。

如前所述,未截切前的基本体为一个长方体,其左视图如图 5-22a 所示。图中同时画出了阶梯孔的投影。应注意:阶梯孔在两孔交界处为平面,必须有线,不要漏掉。

b. 作出立体上斜面的侧面投影。

分别作出正垂面 S 和铅垂面 P 的侧面投影 s'' 和 p''(图 5-22b),s'' 和 p'' 的形状应分别与 s 和 p' 的形状相类似。

c. 检查、修改后加深。

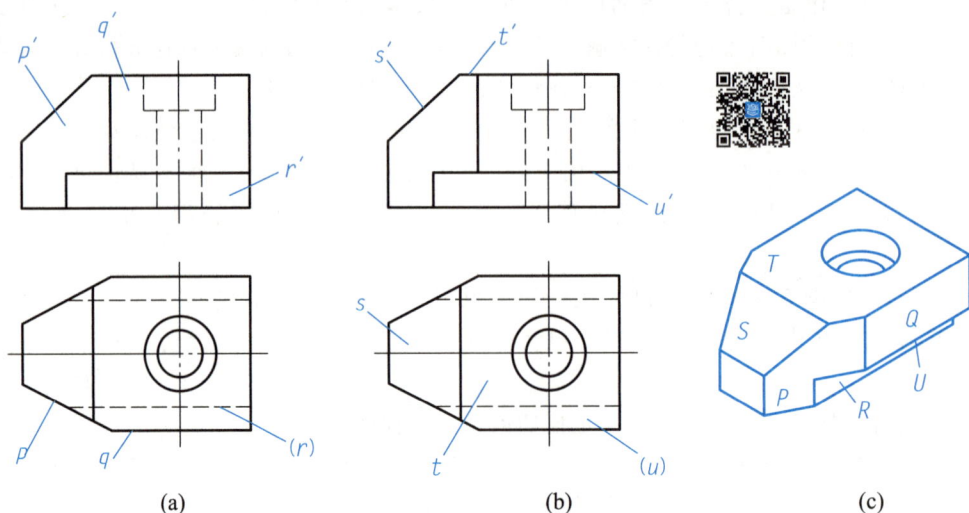

(a)　　　　　　　　　　(b)　　　　　　(c)

图 5-21　压板的读图分析

　　检查时可以先查几个投影面平行面是否已画出,例如正平面 Q 和 R 的侧面投影 q'' 和 r'',经检查图中已画出(图 5-22b)。不过 q'' 画长了,在下部切口处一段应去掉。阶梯圆柱孔交界处的线也已画上。检查的重点放在斜面投影的类似性上。s'' 线框中两段铅垂的直线是多余的。若左视图的下部两边没有画出切口,则在查 p'' 与 p' 的类似性时也可查出。完成的左视图如图 5-22c 所示。

　　解此类题目时,也可根据形体分析法,按照组合体的形成过程补画第三视图,如图 5-23 所示。基本形体可认为是长方体(图 5-23a)或六棱柱(图 5-23b);然后用正垂面切割左侧上部(图 5-23c);下部前后切槽(图 5-23d);中间挖通圆柱形阶梯孔,并检查、加深(图 5-23e)。

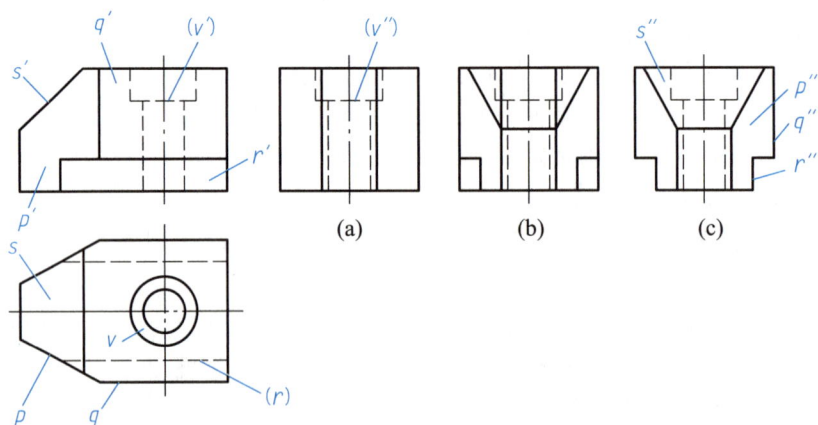

(a)　　　　(b)　　　　(c)

图 5-22　由压板的主、俯视图补画左视图

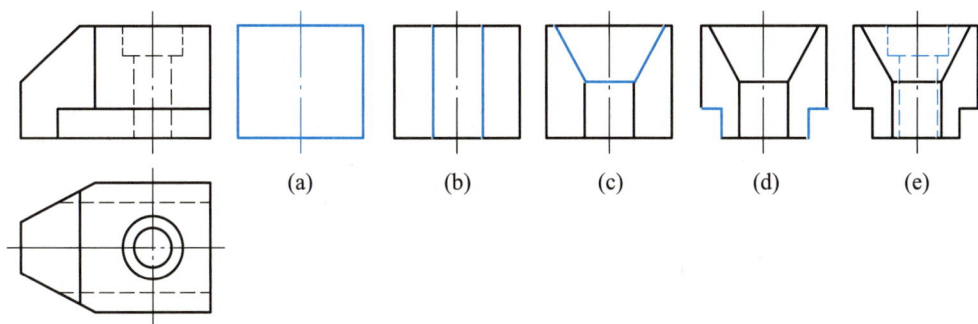

图 5-23 由压板的主、俯视图补画左视图

3. 读图举例

[例 5-4] 已知支座的主视图和俯视图,求作其左视图(图 5-24)。

解:① 读图。

a. 分线框,对投影,想部分。经初步分析,该支座可看作是既有叠加也有切割的综合型组合体。对应投影,支座大致可分为 Ⅰ、Ⅱ、Ⅲ 三个部分。

Ⅰ 的外形是由半圆柱和四棱柱叠加成的形体,其中部有一个前后贯通的圆柱孔;上部开了一个前为长方形、后为半圆形的槽。

形体 Ⅲ 是左端为圆柱面的底板;形体 Ⅱ 是叠加在底板上面的小板,左端是与底板同直径的圆柱面,顶面向下挖通了一长圆形孔。

b. 综合起来想整体。以主视图为基础,综合各形体的形状和相对位置,可想象出支座的整体形状,如图 5-25 所示。

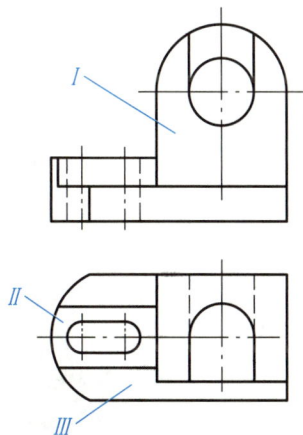

图 5-24 支座

图 5-25 支座的立体图

② 作支座的左视图(图 5-26)。

a. 逐个形体作出其左视图(图 5-26a);

b. 分析各形体表面的过渡关系,绘制交线并去掉多余的线(图 5-26b);

形体 I 上部的槽与外半圆柱面相交,其中,长方部分截外圆柱面的交线是一段直线,半圆柱部分与外圆柱面的交线为相贯线——一段空间曲线;槽的半圆柱面与前后贯通的圆柱孔相交,二者直径相同,轴线正交,为特殊情况的相贯线,在左视图中的投影积聚成直虚线 $a''b''$;槽的长方部分的侧面与圆柱孔相切,相切处光滑过渡,b'' 与 c'' 间不应有线;板 II 和 III 的左端面共面,因此 s'' 和 t'' 间不应有线。

c. 检查、加深。检查主要是查形体、查面形、查轮廓线的投影。

查形体:检查是否有漏画或位置画错的形体。

查面形:如面形 s'' 和 t'' 之间多画了线,则可通过检查它们对应的投影 s 和 t(位于同一个圆柱面上)而查出。

查轮廓线投影:从俯视图上看,形体 I 的外圆柱面和孔的侧面投影轮廓线分别被切去一段,因此在左视图上实线段 l'' 和细虚线段 m'' 是不存在的(图 5-26b)。若漏画了交线,也可在查轮廓线投影时得到启示,因为在轮廓线中断处的附近必然会有交线。

正确的左视图如图 5-26c 所示。

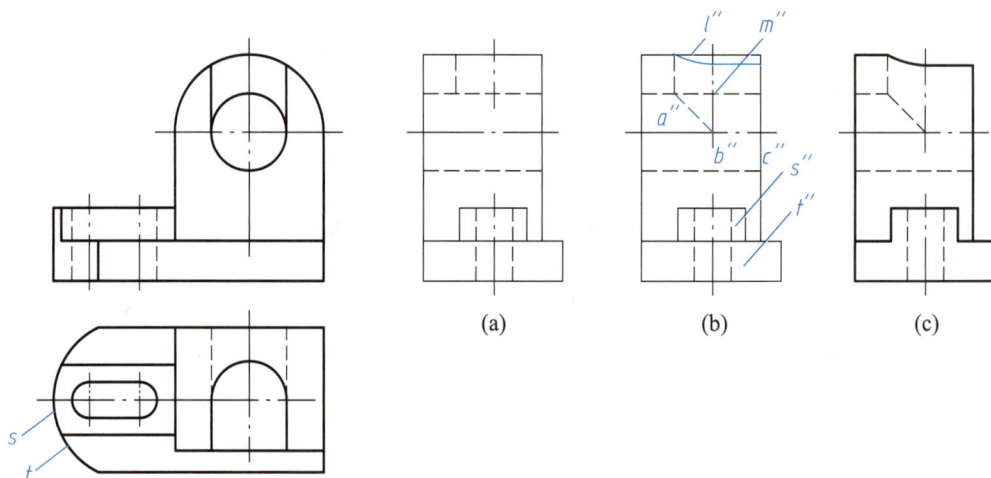

图 5-26　由支座的主、俯视图求作左视图

[例 5-5]　画出图 5-27a 所示组合体的俯视图。

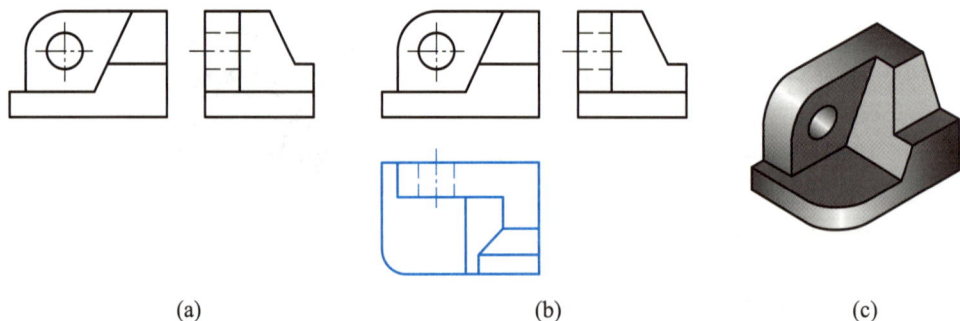

图 5-27　补画俯视图

解：① 分线框，对投影，想部分。经简单分析可知，该形体可看作是综合型组合体，大致由三部分叠加而成，即矩形底板、带圆角和圆孔的立板以及在前上部挖切去一角的梯形块。

② 综合起来想整体。立板背面及右端面与矩形底板平齐，梯形块前面及右侧面亦与底板平齐，顶面与立板平齐，如图 5-27c 所示。

③ 作出第三视图。可由矩形底板、立板、梯形块的顺序逐个叠加画出，然后完成切割小梯形块后的作图。补画的俯视图如图 5-27b 所示。

④ 检查所补视图的正确性。通常可分两步进行：第一步，根据投影特征，检查形体表面的各投影是否对应，如与主视图斜线相对应，在左视图上有一"L"形线框，在俯视图上也应有类似图形；第二步，按照读图方法，想象三个视图所表示形体的形状，应与原想象的形体一致。

5.3
组合体的构形设计

1. 组合体构形设计的概念、目的和意义

组合体的构形设计就是根据已知条件构思组合体的形状、大小并表达成图的过程。

组合体是产品中各零件的抽象和简化，是一种模型。它在结构上不考虑生产加工及材料等方面的要求，仅在构形上反映出某种功能特征。因此，组合体的构形设计实质上就是一个占有三维空间的立体的构成。构形设计的思路是根据功能要求，构思设计出满足某种技术功能的具有新颖而合理的结构形状的单一形体，然后将多个单一形体按一定的构成规律和方法，有机地组合在一起而构成组合体（产品）的整体形状，使其在整体造型上反映预先给定的功能特征。同时用一组视图正确完整地把所设计的组合体表达出来。如在本章 5.1 节图 5-6 所示的轴承座，设计要求该零件主要用于支承其他零件，并将其安装固定下来，即它的功能要求是支承、容纳、连接等项。轴承座一般由三个部分构成：

1）支承部分　主要用于支承、包容旋转轴或其他零件的结构，故将其设计成圆筒，即图中的轴承。因轴在轴承内旋转会产生摩擦阻力而需要加注润滑油，故在圆筒上设计一带孔的圆柱形凸台。圆筒的形式可以设计成整体式或分离式，其孔可设计成通孔或阶梯孔等。

2）安装部分　即用以固定整体部分的底板，通常设计成板或盘状结构，并在上面设计有供安装或定位用的若干通孔（或带有凸台、凹坑）。安装底板较大时，底板下部通常设计成通槽以减小加工面积和节约材料。

3）连接及加强部分　用支承板或肋板等结构，将上述两部分连接成一体，并用以加强整体的紧固性和稳定性，以增加其强度和刚度。该部分的形状大多为棱柱形，具体结构与尺寸由整体构形决定。

在搞清这三部分的功能要求及相应的结构之后，即可进行部分构形设计，然后将其各部分有机地组合起来完成轴承座的整体构形设计。在构形设计过程中，应画出草图、轴测图及完整的一组视图（包括尺寸），以表达轴承座的设计方案和设计结果。

对于那些功能原理、结构工艺等造型因素不可能有较大变化，而重点是应用产品造型形态变

化的手法改变产品外观形态的造型设计,也是组合体构形设计的一个重要方面,因为它的重点仍在于构"形"。

组合体的构形设计能把空间想象、构思形体和表达三者结合起来。本节通过给定视图,或给定条件来进行组合体的构形设计,培养和提高读者的创造性思维能力、空间想象能力及逻辑思维能力,提高综合素质。

2. 组合体构形设计的一般要求

构形设计重点在于构形,暂不考虑生产加工、材料等方面的要求。因此构形设计要求所设计的形体应满足给定的功能要求,形状唯一确定,款式新颖,表达完整。即一般应满足如下要求:

1)满足给定的功能条件,而且必须是唯一确定的组合体。

2)组合体的各单一形体的结构形状必须符合各自的构形要求,且结构形状新颖合理,并按一定的规律和方法有机地构成组合体。

3)组合体的整体造型具有稳定、协调、美观及款式新颖等特点。

4)组合体各组成部分应牢固连接,不能出现点接触(图5-28)或线接触(图5-29)的情况,因为这样不能构成一个牢固的整体。

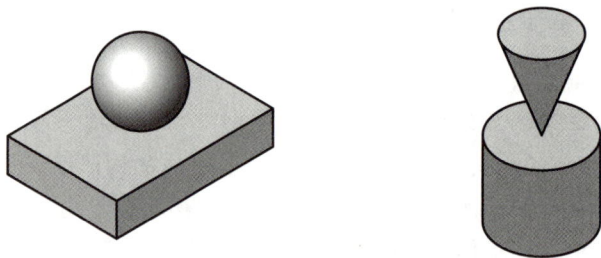

图5-28 两体以点连接

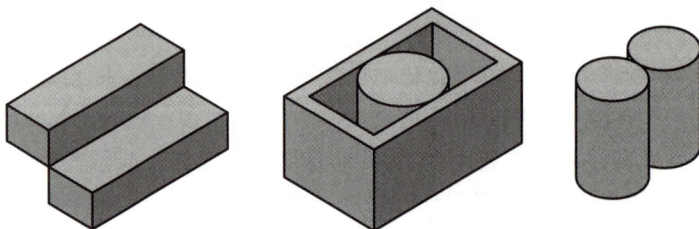

图5-29 两体以线连接

5)组合体视图选择与配置合理,投影正确,方便尺寸标注。

6)暂不考虑加工、材料及其他方面的机械设计要求。

3. 组合体构形设计的一般方法与步骤

组合体构形设计的基本方法是组合法和切割法。组合、切割的方式多种多样,如组合的方式有:渐变组合、连续组合等;也可利用形体的相似性(一系列具有相似功能和特定功能的产品)通过变换构成形体,如形状变换、数量变换、顺序变换、位置变换、尺寸变换等。在构形设计的过程中,读者应在两种基本构形方法的基础上,自觉运用联想和想象的方法,比如表面凹凸、正斜、平曲的联想。

构形设计的步骤一般如下:

1)总体构思。根据给定的已知条件,在收集素材、反复酝酿的基础上,逐步想象构思出组合体的总体形象,然后用草图、模型或轴测图等来表达各种构思方案。再经分析、比较、评定后选出一个最佳方案。

2)分部构形。按照选定的总体构思方案,详细设计出各个组成部分的具体形状和大小,确定其相对位置及表面连接关系等。

3)检查修改,使构形更加完美,画出草图。根据草图画出尺规图并标注尺寸。

4. 组合体构形设计举例

(1)根据给定的若干视图构形设计新物体

给定一个视图不能确定物体的形状,因为它只反映了物体在某个投射方向上的形状,而不能概括其全貌。

有时,给定两个视图也不能确定物体的形状,因为没有给出反映物体形状特征的视图或没有给出各组成部分相对位置特征的视图,因此物体的形状仍不能确定。

更有甚者,有时三个视图也不能唯一确定物体的形状,因为视图中的线框可以是平面、曲面、凸面、凹面或孔等。据此,我们可按给定的视图进行物体的构形设计。

由不充分的条件构思出多种组合体是思维发散的结果。评价发散性思维水平可以有三个指标:发散度(构思出对象的数量)、变通度(构思出对象的类别)和新异度(构思出的对象新颖、独特的程度)。若构思出的组合体全是简单的叠加体,即使数量很多,发散思维的水平也不高,只有在提高思维的变通度上下功夫,才有可能构思出新颖、独特的组合体来,提高发散思维能力。

[例5-6] 根据图5-30所给的主视图构思不同形状的组合体,并画出其俯视图及轴测图。

解:根据图5-30,假定该组合体的原形是一块长方板,板的前面有三个彼此不共面的可见表面。这三个表面的凹凸、正斜、平曲可构成多种不同形状的组合体。

图5-30 由一个视图构思组合体

先分析中间的面形,通过凸与凹的联想,可构思出图5-31a、b所示的组合体;通过正与斜的联想,可构思出图5-31c、d所示的组合体;通过平与曲的联想,可构思出图5-31e、f所示的组合体。

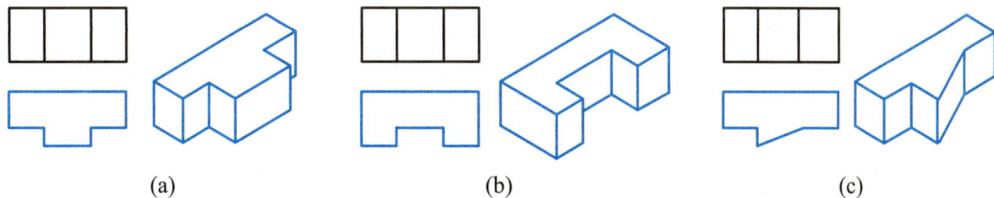

(a)　　　　　　　　(b)　　　　　　　　(c)

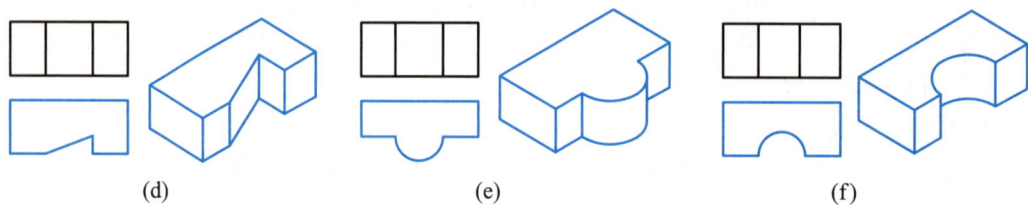

(d)　　　　　　　(e)　　　　　　　(f)

图 5-31　通过凹凸、正斜、平曲联想构思组合体

用同样的方法对其余的两面形进行分析、联想、对比，可以构思出更多不同形状的组合体。图 5-32 只给出了其中一部分组合体的轴测图。若对组合体的后面也进行正斜、平曲的联想，构思出的组合体会更多(读者可自行构想)。

若假定组合体的原形为圆柱或圆柱与长方体组合成的板,还可构思出多种不同的组合体。

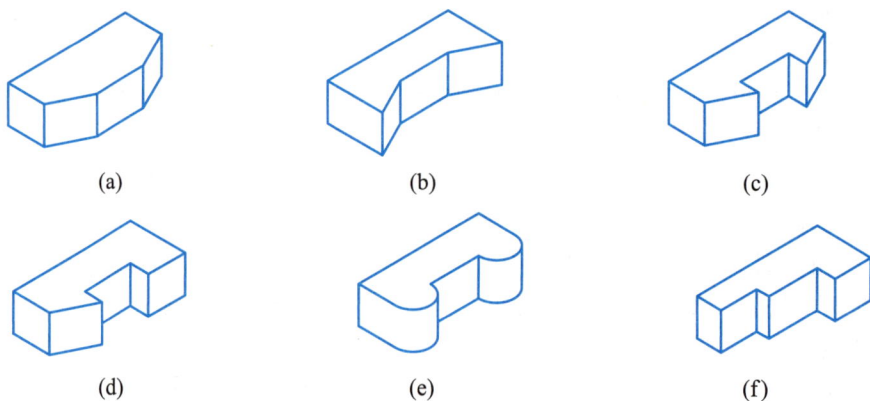

(a)　　　　　　　(b)　　　　　　　(c)

(d)　　　　　　　(e)　　　　　　　(f)

图 5-32　组合体构形

[例 5-7]　根据图 5-33 所给的主视图进行物体的构形设计,画出俯视图、左视图和轴测图。

解:如图 5-33 所示,根据主视图已构思出十种不同的物体。其中有三棱柱、三棱锥及由平面和曲面组成的物体。这里构思的曲面有锥面、锥状面和双曲抛物面。显然,这是以(1)三棱柱为基础,进行不同的切割来构思的。当然,还可以用其他方法构思出更多的物体。

(2)给定某些条件进行组合体的构形设计

[例 5-8]　试设计一个塞子,使其可分别堵住图 5-34a 所示长方形板上的三个孔而不漏光。其中三孔分别为圆孔、等腰三角形孔和正方形孔。设孔的直径、等腰三角形的高和底边及正方形的边长尺寸均相同。

解:题目要求所设计的塞子对三孔通用,即能分别堵住不同形状的三孔,且尺寸应完全与之相等。设计这种塞子的构思过程如下:

① 考虑满足圆孔的塞子形状。如图 5-34b 所示,要堵住圆孔的塞子可以是圆柱或球等。但球堵不住方孔,显然只能是圆柱。

② 考虑满足方孔的塞子形状。如图 5-34c 所示,要堵住方孔的塞子可以是立方体和圆柱等,但立方体不能堵住圆孔,于是也只能取圆柱。

主视图

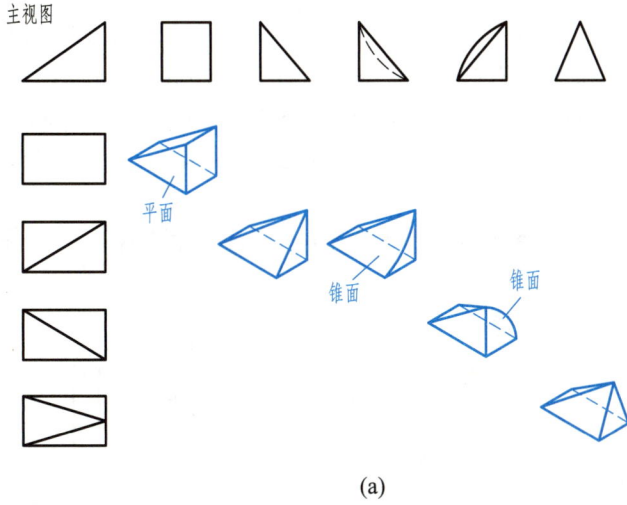

平面

锥面

锥面

(a)

主视图

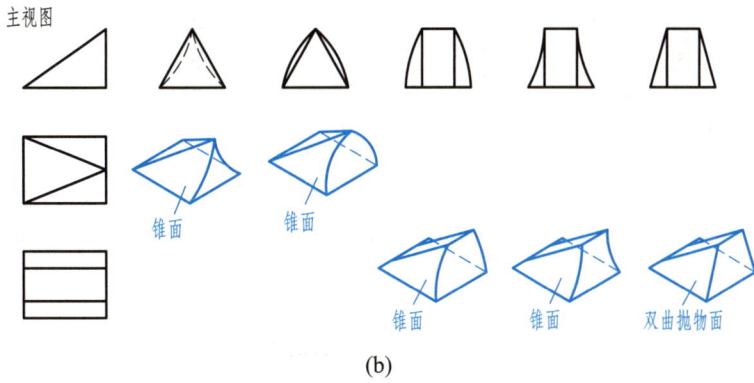

锥面

锥面

锥面

锥面

双曲抛物面

(b)

图 5-33 根据主视图进行组合体的构形设计

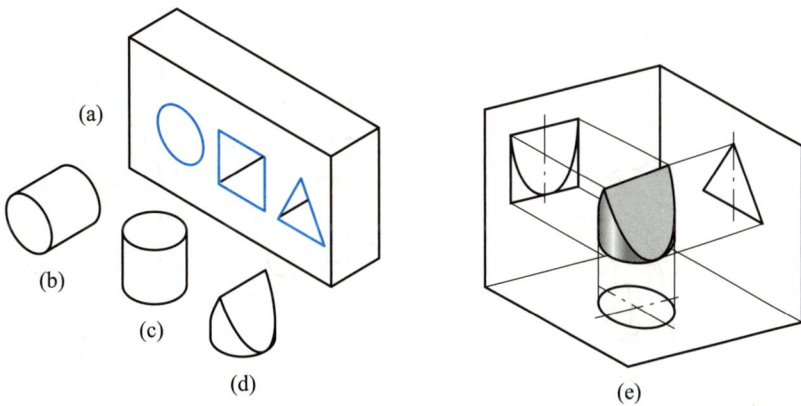

(a)

(b)

(c)

(d)

(e)

图 5-34 塞子的构形设计

③ 考虑满足三角形孔的塞子形状。由于圆柱已经满足了前述两种孔的要求,故要满足堵住三角形孔的塞子也只能在圆柱体上进行构思。由于三角形的底边及高的尺寸与圆孔的直径、正方形的边长均相等,可知圆柱的直径与高相等。要将此圆柱体堵住三角形孔,就必须将圆柱的底面放成与三角形孔的底面平行,然后用平行于两腰面的平面截去圆柱体的左、右两部分,即完成了对三孔都通用的塞子的构形设计,如图 5-34d 所示。图 5-34e 即为其三视图(放大)。

[例 5-9]　试根据图 5-35 给定的三个形体Ⅰ、Ⅱ、Ⅲ进行组合体的构形设计,画出三视图和轴测图。

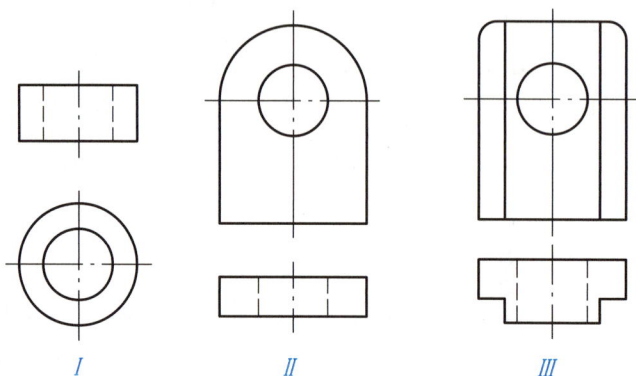

图 5-35　给定三个形体构形设计

本题给出了三种方案的设计,如图 5-36、图 5-37、图 5-38 所示,其构形过程读者见图自明。请读者再进行不同的构形设计。

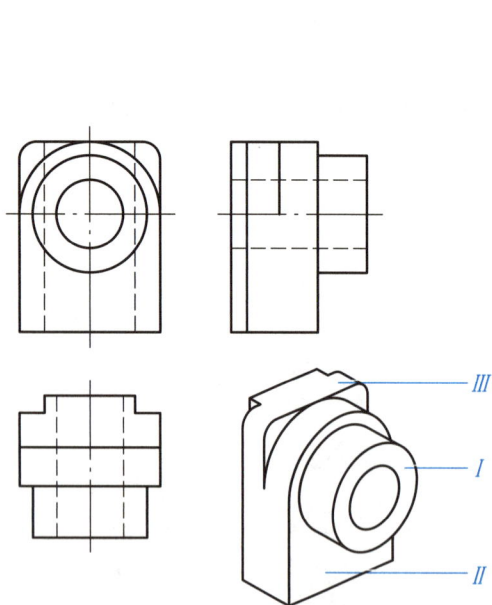

图 5-36　设计方案1

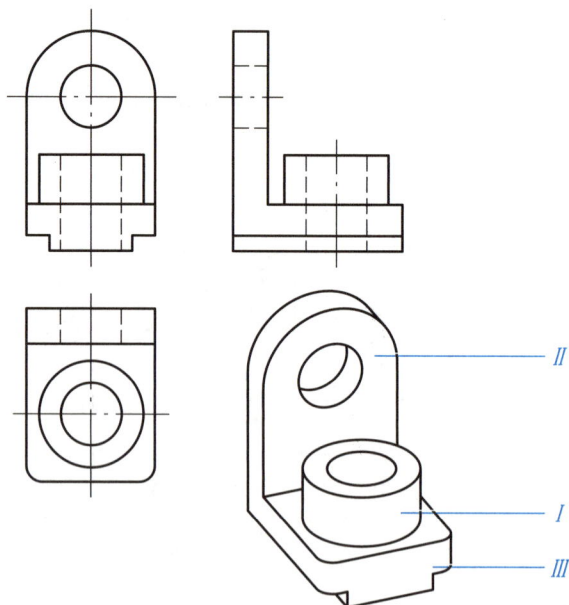

图 5-37　设计方案2

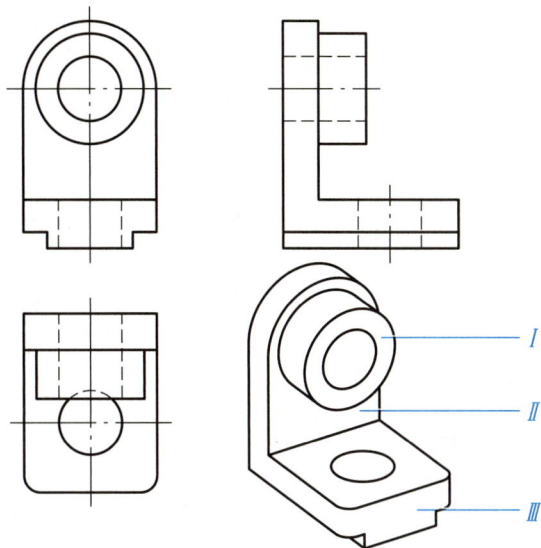

图 5-38　设计方案3

5.4
组合体的尺寸标注

三视图仅表达物体的结构形状,它的大小还需根据视图上标注的尺寸来确定。因此,标注尺寸是表达物体的重要手段。掌握好组合体标注尺寸的方法,可为今后在零件图上标注尺寸打下良好的基础。

1. 常用基本体的尺寸标注

常用的基本体(平面立体和常见回转体)一般要标注长、宽、高三个方向的尺寸,如图 5-39 所示。

平面立体须标注确定底面形状和高的尺寸,正六棱柱的底面只需标注对角距(或对边距)即可。但生产中为了下料的方便,也常将对边距尺寸加上括号标注出来供参考。

回转体尺寸一般应注出底圆或上、下底圆的直径及高度尺寸。圆的直径尺寸前加"ϕ",半径尺寸前加"R",球的直径尺寸前加"$S\phi$"。当在一个视图上注出尺寸后就能完全确定其形状大小时,则可减少视图数量,其余视图可省略不画。图 5-39 中的圆柱、圆锥等回转体,在其非圆视图上标注直径和高度尺寸后,其形状大小被完全确定,因此只需一个视图即可。

基本形体被切割或相贯时,除了标注基本体的尺寸外,还应标注截平面或相交的基本形体的位置尺寸(定位尺寸),定位尺寸一经确定,相贯线、截交线的形状和大小也随之确定了,故交线处不需要标注任何尺寸,如图 5-40 所示。

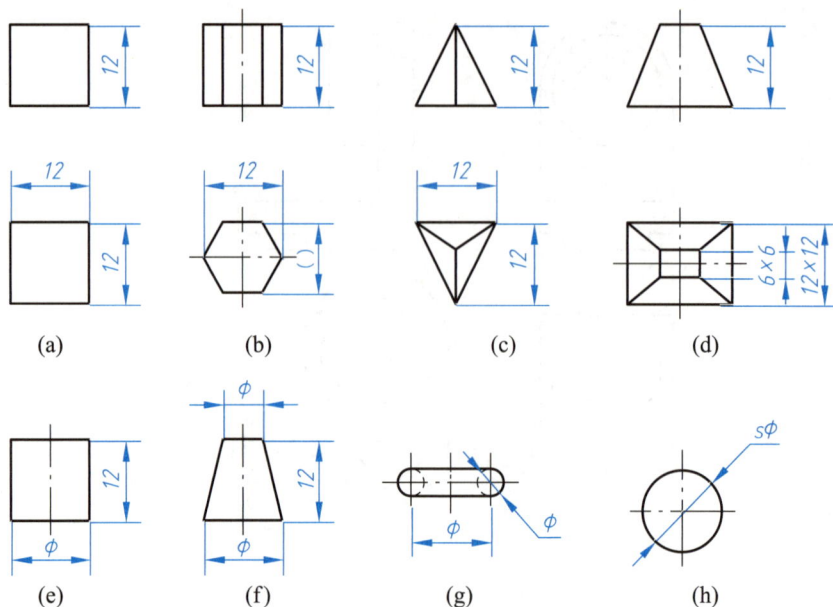

图 5-39　基本形体的尺寸标注

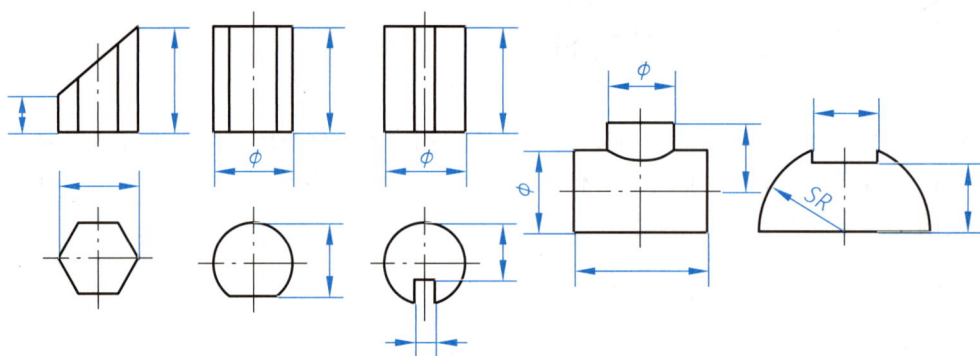

图 5-40　基本形体被切割或相贯的尺寸标注

2. 标注组合体尺寸的要求

组合体尺寸标注的要求是:正确、完整、清晰。

1) 正确　正确是指所标注的尺寸要符合国家标准有关尺寸注法的规定。

2) 完整　完整是指所标注的尺寸齐全,不多余、不遗漏、不重复。

3) 清晰　清晰是指所标注的尺寸布置清楚,排列整齐,便于看图。主要有以下几点:

① 尺寸尽量标注在形状特征明显的视图上。如同心圆柱的尺寸最好注在非圆视图上(图 5-41a);半径尺寸应标注在显示圆弧的视图上(图 5-41b、c);缺口的尺寸应标注在反映其真形的视图上(图 5-41d)。

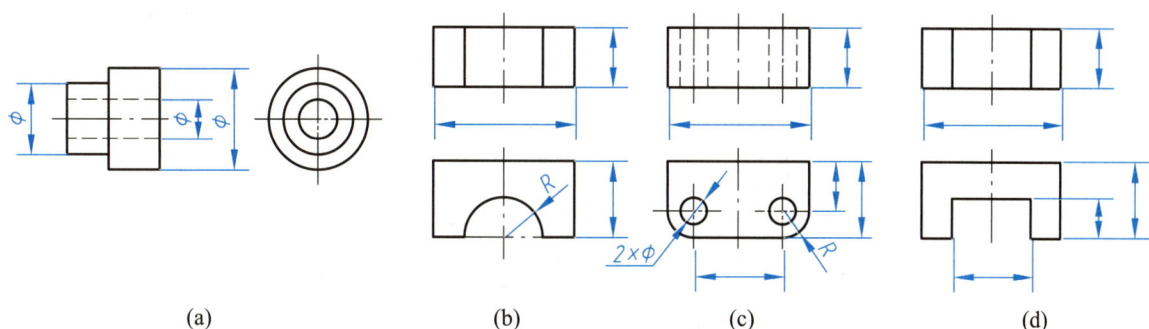

图 5-41 考虑形状特征标注尺寸示例

② 同一基本体的定形尺寸及有联系的定位尺寸尽量集中标注。如图 5-42 俯视图中底板的尺寸及底板上孔的定形、定位尺寸,主视图中圆柱孔的定形、定位尺寸。

③ 应将多数尺寸注在视图外面(图 5-42);与两视图有关的尺寸注在两视图之间,如图 5-42中的尺寸 64。

④ 尺寸标注要排列整齐。表示同一方向几个连续尺寸应尽量标注在同一条尺寸线上;相互平行的尺寸应小尺寸在内、大尺寸在外,如图 5-42 所示;应尽量避免尺寸线与尺寸线或尺寸界线相交。

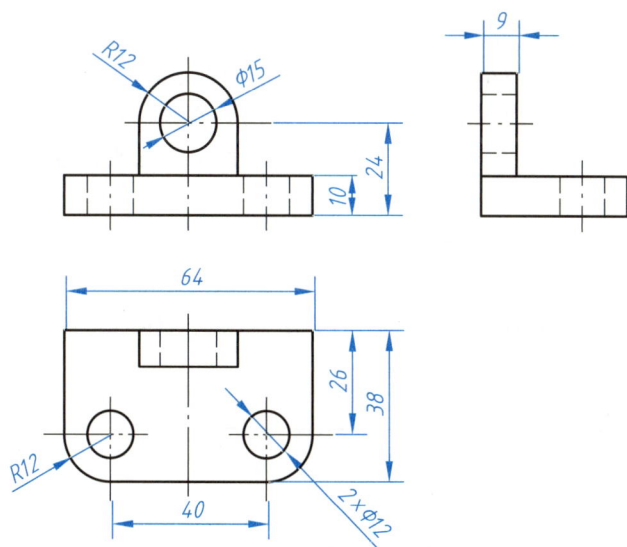

图 5-42 尺寸标注示例

标注尺寸时还应注意:

① 确定回转体的位置时,应确定其轴线,而不应确定其轮廓线,如图 5-42 中孔的中心距 40。

② 不应出现封闭尺寸链。如图 5-43b 所示,若三个尺寸同时注出,则形成了封闭尺寸链。一方面这是不必要的,因为三个尺寸中只要有两个确定后,第三个自然确定;另一方面

也是不合理的。应当在链中挑选一个最次要的尺寸空出不注,图5-43a所示为合理标注。若因某种原因三个尺寸都必须注出,则应将此尺寸数值用圆括号括起,称为"参考尺寸"。

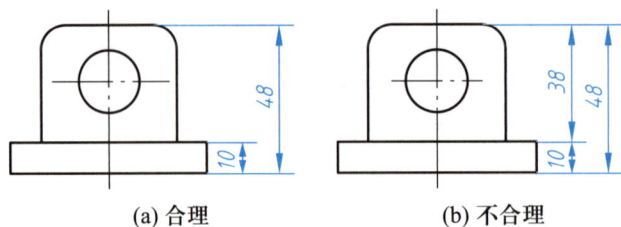

(a) 合理   (b) 不合理

图 5-43 封闭尺寸

3. 组合体的尺寸标注

(1)组合体尺寸的分类

根据尺寸所起的作用,组合体的尺寸可分为三类:定形尺寸、定位尺寸和总体尺寸。

1)定形尺寸 确定组合体上各基本形体形状大小的尺寸,如图5-42俯视图中底板的长度尺寸64、宽度尺寸38、高度尺寸10,圆柱孔的直径尺寸$2\times\phi12$ 等。

2)定位尺寸 确定组合体上各基本形体之间相对位置的尺寸,如图5-42俯视图中的尺寸40、26,主视图中的尺寸24 等。要标注定位尺寸,首先要确定尺寸基准。

3)总体尺寸 确定组合体总长、总宽和总高的尺寸,如图5-42中,组合体的总宽尺寸为38,总长尺寸为64,总高尺寸为(24+R12)。有时并不要求全部总体尺寸都直接注出,而是根据形体结构和工艺的要求,将总体尺寸间接注出。当组合体的一端为回转体时,一般由回转体中心的定位尺寸加上回转体的最大半径来定某一方向的总体尺寸,而不必直接注出。图5-44所示是一些不同形状板的尺寸标注示例。

(2)尺寸基准

标注定位尺寸时,首先要确定标注尺寸的起点——尺寸基准,以便确定相对位置。

一般选取某主要形体的底面、端(侧)面、对称平面以及回转体的轴线等作为尺寸基准。

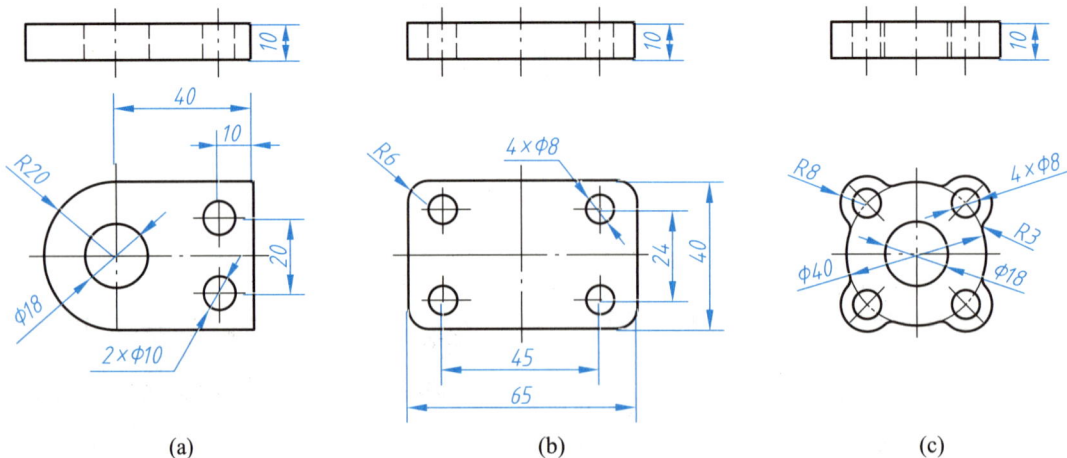

(a)   (b)   (c)

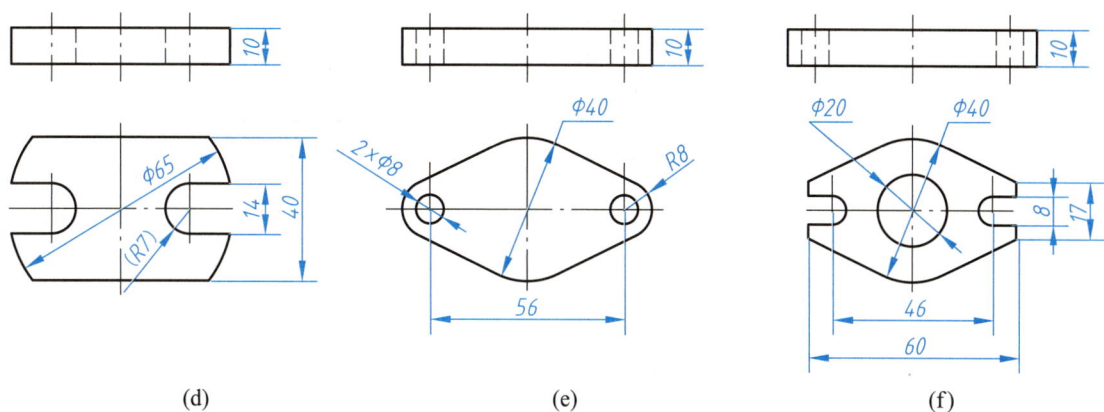

图 5-44　不同形状板的尺寸标注

　　确定三维空间基本形体的相对位置时,一般需要长、宽、高三个方向的定位尺寸,从而需在长、宽、高三个方向各选一个主要的尺寸基准。除主要基准之外,根据需要组合体的每个方向还可选一个或几个辅助基准。但主要基准与辅助基准之间必须有一个联系尺寸。

　　图 5-45 所示组合体,选取底板和立板的左右对称面 A 作为长度方向的尺寸基准,确定两板和圆孔的对中关系;以底板后侧面 B 作为宽度方向的尺寸基准,由此注出立板的定位尺寸 10;以底板的底面 C 作为高度方向的尺寸基准,确定 φ20 孔的高度位置。

　　图 5-46 所示的组合体,其高度方向的基准是底板底面 A,由 A 标注出 40 定侧板圆柱孔中心高度位置;宽度方向基准是底板前端面 B,由 B 标注出底板上两个圆柱孔的宽度方向定位尺寸 25;长度方向基准是底板的右侧面 C,由 C 标注出底板上圆柱孔长度方向定位尺寸 50。

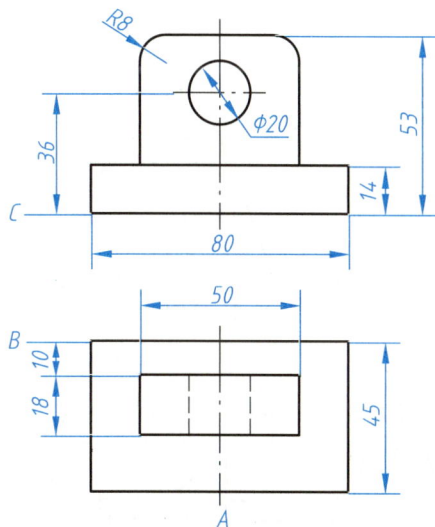

图 5-45　尺寸基准(一)

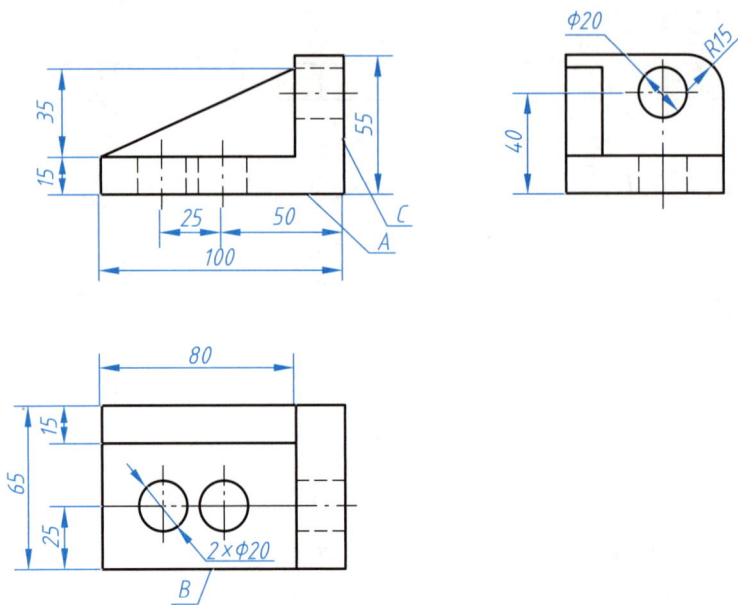

图 5-46 尺寸基准(二)

4. 组合体尺寸标注的方法和步骤

组合体尺寸标注的方法仍是形体分析法。

下面以图 5-47 所示的轴承座为例来说明组合体尺寸标注的方法和步骤。

（1）形体分析

该组合体是由底板、肋板、支承板、轴承、凸台五部分组成的（图 5-47a）。

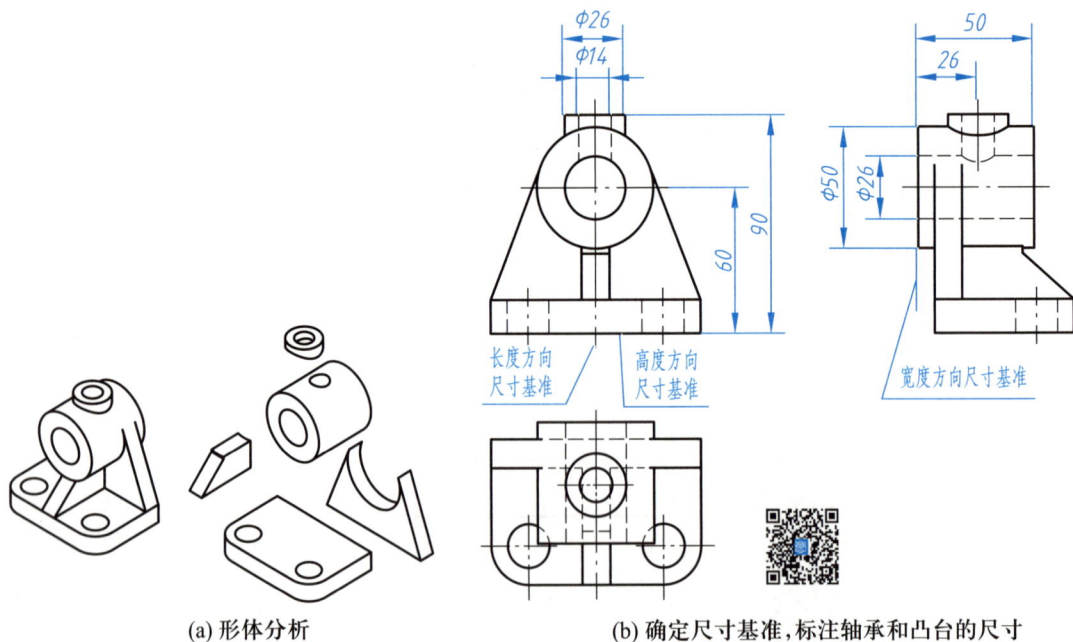

(a) 形体分析

(b) 确定尺寸基准,标注轴承和凸台的尺寸

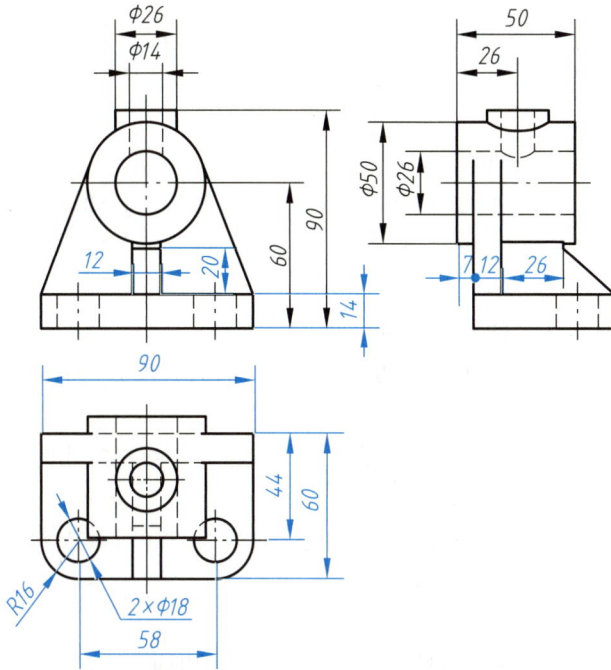

(c) 标注底板、支承板、肋板的尺寸，并考虑总体尺寸

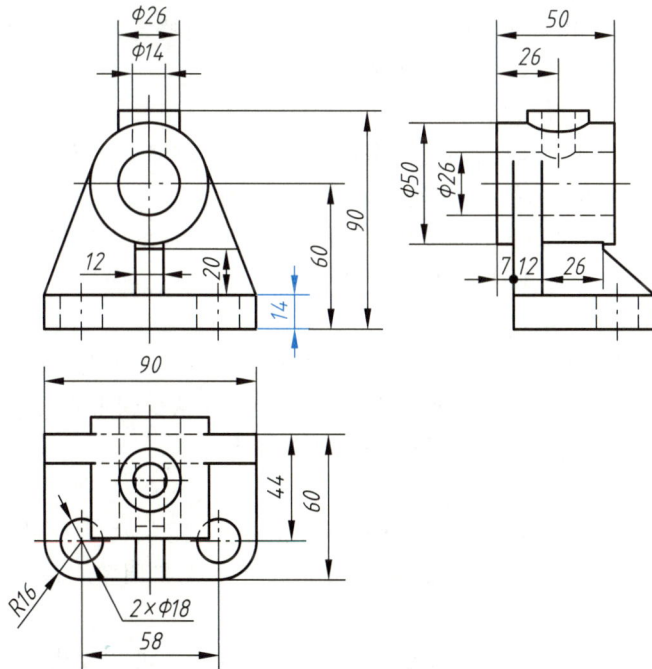

(d) 检查、调整后的标注结果

图 5-47 轴承座的尺寸标注

（2）选尺寸基准

如图 5-47b 所示，根据轴承座的结构特点，选左右对称面作为长度方向的尺寸基准；轴承的后端面作为宽度方向的尺寸基准；底面作为高度方向的尺寸基准。

（3）逐个标注各形体的定形尺寸、定位尺寸以及组合体的总体尺寸

标注的次序如下：

1）标注轴承的尺寸（图 5-47b）。

定形尺寸：轴承内、外圆柱面的尺寸 $\phi26$、$\phi50$；轴承的长度尺寸 50。

定位尺寸：高度方向定位尺寸 60；长度、宽度方向都省略。

2）标注凸台的尺寸（图 5-47b）。

定形尺寸：凸台内、外圆柱面的尺寸 $\phi14$、$\phi26$。

定位尺寸：高度方向定位尺寸 90；宽度方向定位尺寸 26；长度方向省略。

3）标注底板的尺寸（图 5-47c）。

定形尺寸：长度尺寸 90；宽度尺寸 60；高度尺寸 14；底板上圆柱通孔的定形尺寸 $2\times\phi18$，圆角尺寸 $R16$。

定位尺寸：宽度方向定位尺寸 7；孔的长度方向定位尺寸 58（对称于基准分布）、宽度方向定位尺寸 44（以底板的后端面作为辅助尺寸基准）。

4）标注支承板的尺寸（图 5-47c）。

定形尺寸：板厚（宽度）12。其底面长度与底板长度 90 相同，已注出，不应再注；左右两侧与轴承相切，可直接作图确定，故上表面的长度、高度尺寸都不应标注。

定位尺寸：不应再注。因底板的高度 14 就是支承板底面的定位尺寸（高度方向），底板的定位尺寸 7 即支承板后壁的定位尺寸（宽度方向）。

5）标注肋板的尺寸（图 5-47c）。

定形尺寸：板厚 12（长度方向）；斜面部分高度 20；圆柱面部分宽度 26。底面的宽度可由底板宽度减去支承板宽度得到，不应标注，否则形成封闭尺寸链。

定位尺寸：不应再注。因底板的高度尺寸 14 就是肋板底面的定位尺寸（高度方向），底板的定位尺寸 7 与支承板厚度尺寸 12 即肋板后壁的定位尺寸（宽度方向）。

6）标注总体尺寸（图 5-47c）。

总长度尺寸 90 和总高度尺寸 90 在图中都已注出。总宽度尺寸应为 67，但该尺寸不宜注出，因为已注出底板的宽度尺寸 60 及定位尺寸 7，这两个是不能缺少的重要尺寸必须保留，故总宽度尺寸 67 以不注为宜。若仍想标注，可标注（67），作为参考尺寸。

（4）检查、调整

按照正确、完整、清晰的要求，逐个检查各形体的定形、定位尺寸及组合体的总体尺寸，补上遗漏，除去重复，并对标注和布置不恰当的尺寸进行修改和调整。最后完成的尺寸标注如图 5-47d 所示。

最后，必须强调指出：尺寸要注得完整，一定要先对组合体进行分析，然后注出各形体的定形、定位尺寸。注完一个形体的尺寸再注另一个形体的尺寸，切忌一个形体的尺寸还没有注完，就进行另一个形体尺寸的标注。另外，对每一个形体，一定要考虑长度、宽度、高度三个方向的定位，不要遗漏。

第 6 章

机件常用的表达方法

在前几章中,介绍了正投影的基本原理和用两视图或三视图表达物体的方法。但在生产实际中,物体的结构形状千差万别,有的物体内、外形都比较复杂,仅用两视图或三视图均不能正确、完整、清晰地把它们表达出来。为此,国家标准《技术制图》和《机械制图》规定了绘制技术图样的基本方法,包括视图、剖视图、断面图及简化表示法等。掌握这些表达方法是正确绘制和阅读机械图样的基本条件。

绘制机械图样时,应首先考虑读图方便,根据机件的结构特点,选用适当的表达方法。在完整、清晰地表达机件各部分结构形状的前提下,力求制图简便。

6.1
视图

视图主要用来表达机件的可见部分,必要时才画出不可见部分。根据表达的结构形状不同,视图可分为:基本视图、向视图、局部视图、斜视图。

1. 基本视图及其配置

当机件的外形比较复杂,用两个视图或三个视图尚不能清楚地表达机件的结构形状时,根据国标规定,在原有三个投影面的基础之上,再增加三个投影面,组成一个正六面体,这六个投影面称为基本投影面。将机件置于六面体中间,分别向六个基本投影面投射得到的视图称为基本视图。基本视图除前面学习过的三视图以外,还包括:由右向左投射所得的右视图,由下向上投射所得的仰视图,由后向前投射所得的后视图,如图 6-1 所示。六个基本视图按图 6-1 所示的方

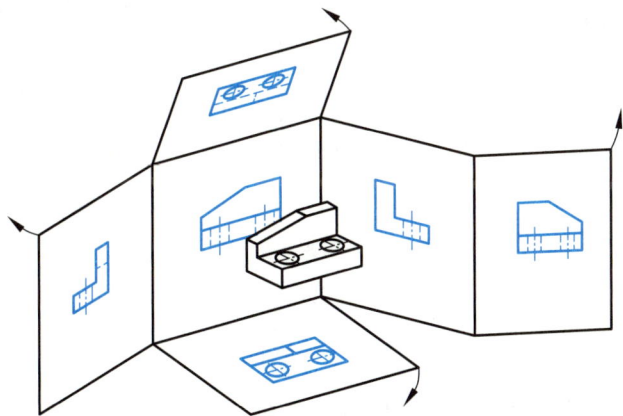

图 6-1 六个基本视图的形成及展开

式展开后,基本视图的配置如图 6-2 所示,按这种方式配置的视图称为按投影关系配置的视图。在同一张图纸内按图 6-2 配置视图时,一律不标注视图名称。

六个基本视图在度量上,满足"三等"对应关系:主、俯、仰视图"长对正";主、左、右、后视图"高平齐";俯、左、仰、右视图"宽相等"。这是读图、画图的依据和出发点。在反映空间方位上,俯、左、仰、右视图中靠近主视图的一侧,是物体的后方,远离主视图的一侧,是物体的前方。

实际应用时,一般不需全部画出六个基本视图,应根据机件的形状特点和复杂程度选用必要的基本视图。如图 6-3 所示的机件,为了表达左、右凸缘的形状,采用了主、左、右三个基本视图,并省略了一些不必要的细虚线。

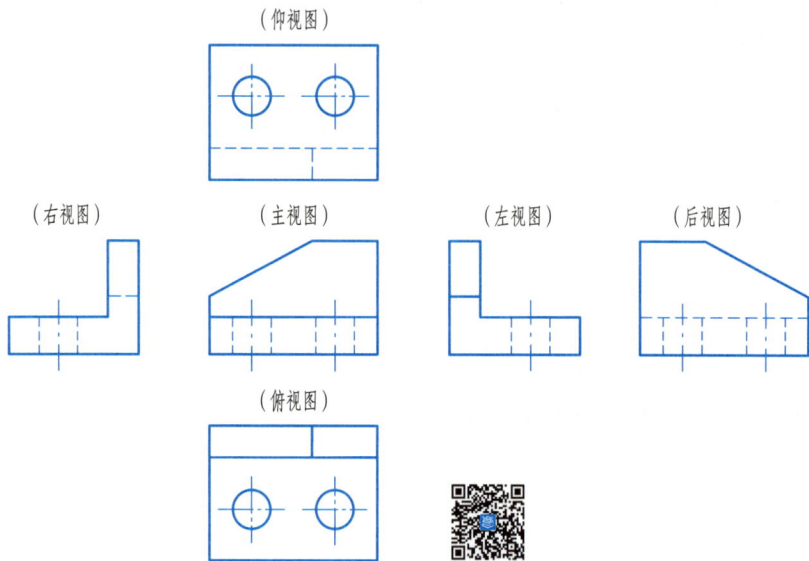

图 6-2　基本视图的配置

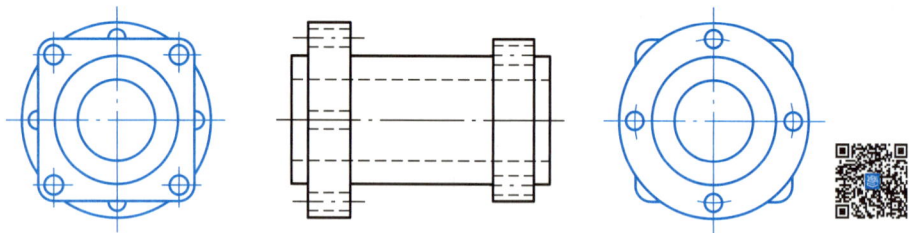

图 6-3　基本视图应用举例

2. 向视图

若基本视图不能按图 6-2 配置时,则如图 6-4 所示,在视图上方用大写拉丁字母标出视图的名称×,在相应的视图附近用箭头指明投射方向,并标注同样的字母×。这种可自由配置的视

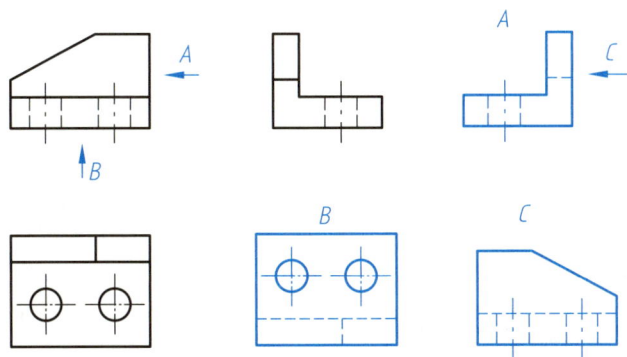

图 6-4 向视图

图称为向视图。采用向视图的目的是便于利用图纸空间。向视图是移位(不旋转)配置的基本视图,其投射方向与基本视图的投射方向一一对应,表示投射方向的箭头应尽可能配置在主视图周围,必要时可配置在左、右视图上。

3. 局部视图

若只需表示机件上某一部分的形状,可不必画出完整的基本视图,只画局部形状即可。这种将机件的某一部分向基本投影面投射所得的视图称为局部视图。局部视图的表示法按GB/T 4458.1—2002 规定有三种形式:

1)局部视图可按基本视图或向视图的形式配置,如图 6-5 中所示的 A 和 B 视图。

2)按第三角投影法[①]配置在视图上所需表示的局部结构的附近,并用细点画线将两者相连,无中心线的图形也可用细实线联系两视图,此时,无须另行标注,如图 6-6 所示。

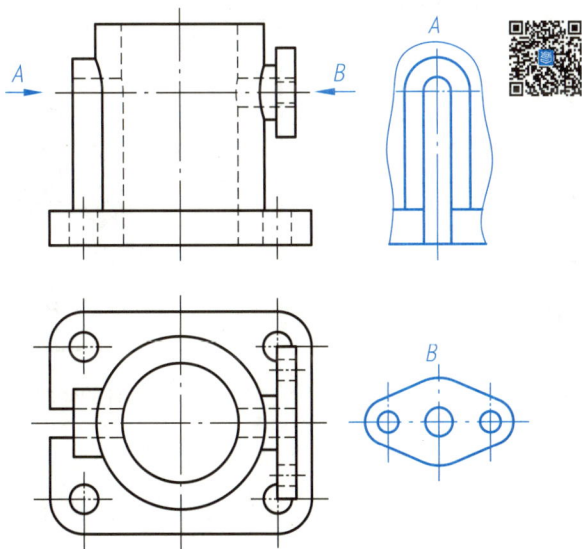

图 6-5 局部视图

---

① 第三角投影法将在 6.6 节中介绍。

3）对于上下、左右均为对称的或仅上下对称的两种机件的表示法,可采用四分之一或一半的画法,如图6-7所示。

图6-6　局部视图按第三角投影配置

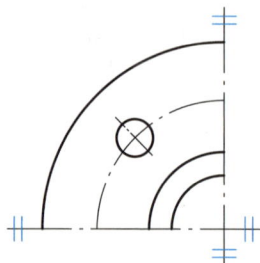

图6-7　对称机件的局部视图

画局部视图时应注意:

1）局部视图的断裂边界用波浪线或双折线表示。当局部视图表示的局部结构是完整的,且外轮廓线又成封闭时,则不必画出断裂边界线,如图6-5所示的 B 向局部视图。

2）当用波浪线作为断裂边界线时,波浪线不应超过断裂机件的轮廓线,应画在机件的实体上,不可画在机件的中空处。

4. 斜视图

当机件上存在不平行于基本投影面的倾斜结构时,在基本视图中就不可能把该部分的实形表达出来,其画图和读图都不方便。为了清晰地表达倾斜结构的形状,可根据投影变换原理,增加一平行于该倾斜表面且垂直于一基本投影面的辅助投影面,然后将倾斜部分向辅助投影面投射,即可清楚地表达出该倾斜部分的结构形状,如图6-8所示。

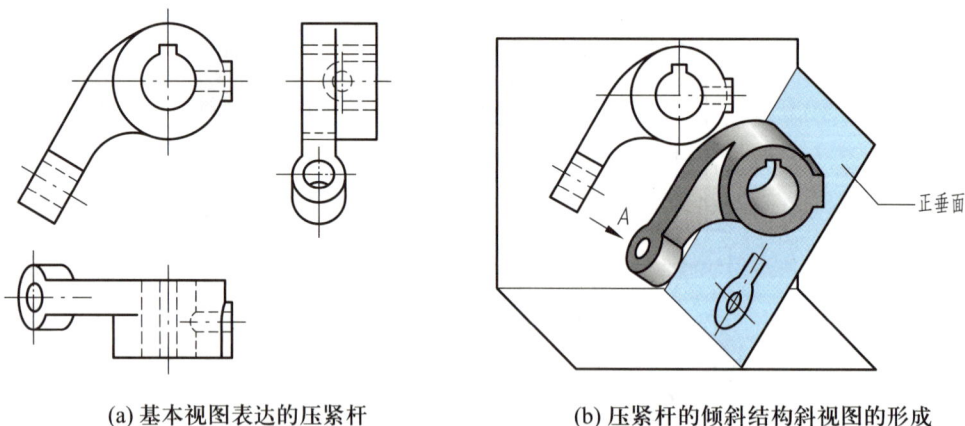

(a) 基本视图表达的压紧杆　　　　　　(b) 压紧杆的倾斜结构斜视图的形成

图6-8　压紧杆的三视图及斜视图的形成

将机件向不平行于基本投影面的平面投射所得的视图称为斜视图。

画斜视图时应注意:

1）斜视图只是为了表达机件倾斜结构的局部形状,所以斜视图中只画出倾斜部分的投影,并用双折线或波浪线断开,其他部分省略不画。

2）必须在视图的上方标出视图的名称×,在相应的视图附近用箭头指明投射方向,并注上同样的字母×,如图6-9a中的A。

3）斜视图一般按投影关系配置,如图6-9a所示,必要时也可配置在其他适当的位置,如图6-9b所示。

4）在不致引起误解时,允许将图形旋转,标注形式为"×⌒",如图6-9b所示。旋转符号为带箭头的半圆,半圆的线宽等于字体笔画宽度,半圆的半径等于字体高度,箭头的方向与旋转方向一致,字母应写在箭头端,必要时也可把旋转角度标注在字母的后面。

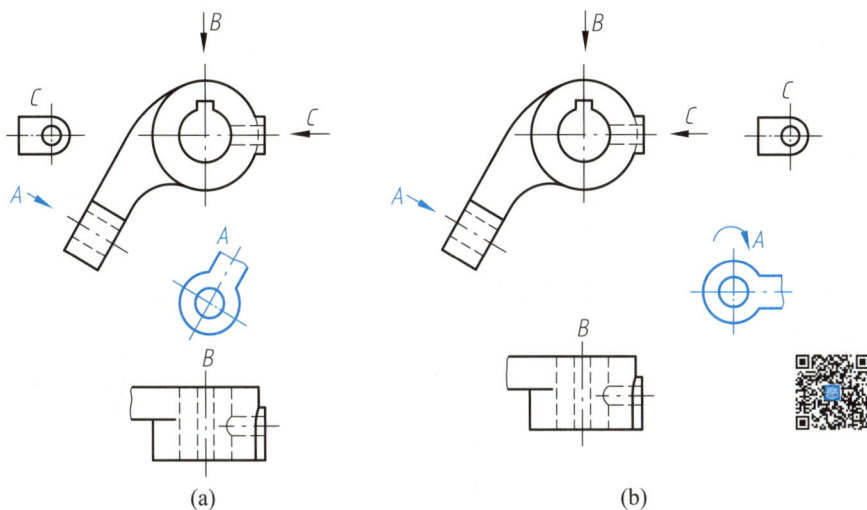

(a)   (b)

图6-9 压紧杆的斜视图和局部视图

6.2
剖视图

剖视图主要用来表达机件的内腔结构。当机件的内部结构较复杂时,视图中会出现很多细虚线,甚至出现细虚线与细虚线、细虚线与粗实线重叠交错的情况,影响图形清晰和尺寸标注。为了清晰地表达机件内部结构形状,国家标准(GB/T 4458.6—2002)规定采用剖视图来表达。

1. 剖视图概述

（1）剖视图的概念和基本画法

如图6-10所示,假想用剖切面剖开机件,将处于观察者和剖切面之间的部分移去,将其余部分向投影面投射所得的图形称为剖视图,简称剖视。

下面以压盖的剖视图为例,说明画剖视图的步骤：

1）确定剖切面的位置 剖切面一般应通过机件内部结构的对称面或轴线。如图6-10a所示,选取平行于正面的对称面为剖切面。

2）画剖视图 如图6-10b所示,移去机件的前半部分,将后半部分向V面投射,得到如

图 6-10c 所示的剖视图。画图时须注意：阶梯孔之间交线的投影不要遗漏，如图 6-10d 所示。

3）画剖面符号　如图 6-10c 所示，在剖切面截切压盖所得的断面上画剖面符号。剖面符号因机件材料的不同而不同，见表 6-1。其中金属材料的剖面符号用与水平方向成 45°角、间隔均匀的细实线画出。当不需在剖面区域中表示材料类别时，可采用通用剖面线表示。通用剖面线与主要轮廓线或剖面区域的对称线成 45°角，如图 6-11 所示。同一零件的各个剖面区域，剖面线的方向和间隔必须一致。当图形中的主要轮廓线与水平方向成 45°角时，剖面线则应画成与水平方向成 30°角或 60°角的平行线，其倾斜的方向仍与其他图形的剖面线一致。

表 6-1　剖 面 符 号

金属材料（已有规定剖面符号者除外）	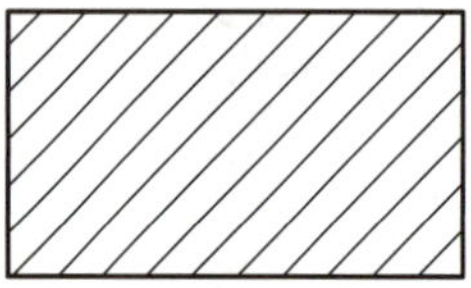	木质胶合板（不分层数）	
线圈绕组元件	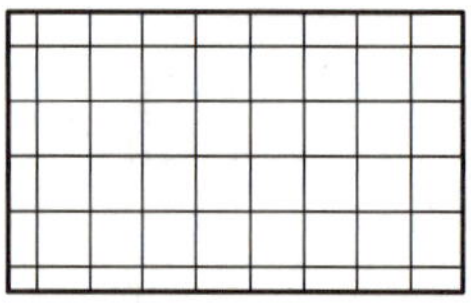	基础周围的泥土	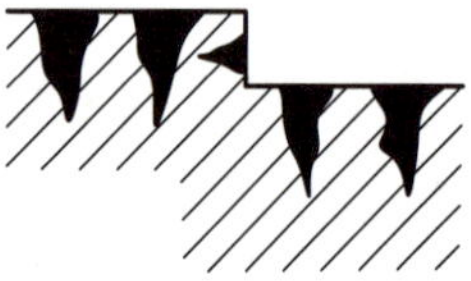
转子、电枢、变压器和电抗器等的叠钢片	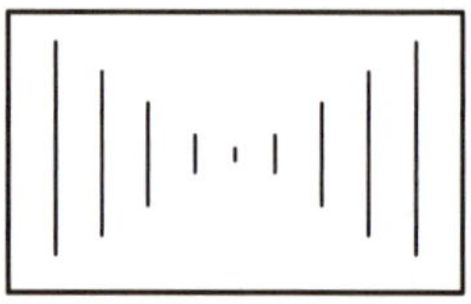	混凝土	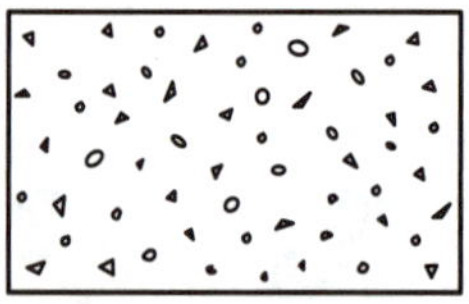
非金属材料（已有规定剖面符号者除外）		钢筋混凝土	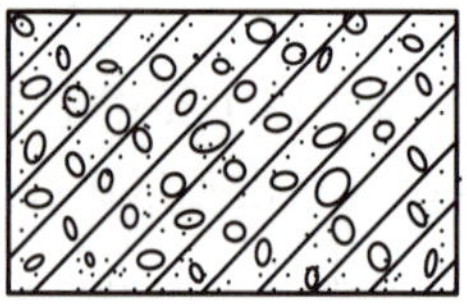
玻璃及供观察用的其他透明材料	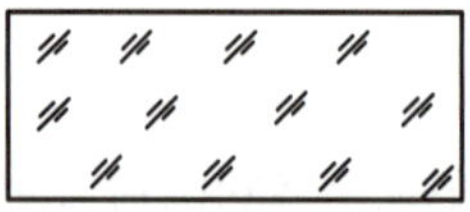	格网（筛网、过滤网等）	
型砂、填砂、粉末冶金、砂轮、陶瓷刀片、硬质合金刀片等		砖	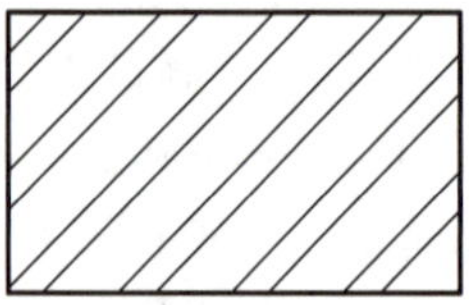

续表

木材	纵断面		液体	
	横断面			

注:1. 剖面符号仅表示材料的类别,材料的代号和名称必须另行注明。

    2. 叠钢片的剖面线方向,应与束装中叠钢片的方向一致。

    3. 液面用细实线绘制。

4)画剖切符号、剖切线、并用大写字母标注剖视图的名称。一般应在剖视图的上方用字母标出剖视图的名称"×—×";用细点画线表示剖切线(也可省略不画);用粗实线(尽可能不与图形的轮廓线相交)在剖切面起、讫和转折位置注明剖切位置,在剖切位置的起、讫处用带细实线的箭头画出投射方向,并标出相同的字母×,如图 6-10c 所示。下列情况剖视图的标注可简化或省略:

① 当剖视图按投影关系配置,中间没有其他图形隔开时,可省略箭头;

② 当单一剖切平面通过机件的对称平面或基本对称的平面,且剖视图按投影关系配置,中间又没有其他图形隔开时,则不必标注,如在图 6-10c 中,可省略标注。

画剖视图时,还应注意以下几点:

1)剖切平面一般应通过物体内部结构的对称面或轴线,且与选定的投影面平行。

2)由于剖切是假想的,所以当机件的一个视图画成剖视后,其他视图不受影响,仍应完整地画出。

3)对于已经表达清楚的结构,剖视图中细虚线应省略不画。只有在不影响图形清晰的条件下,又可省略一个视图时,才可适当地画出一些细虚线,如图 6-12 所示。

4)在画剖视图时,最容易出现图 6-13 所示的错误。图中最上一行剖视图作为相应物体的主视图,图形都有错误,第二行为正确的剖视图。请读者自行分析。

(2)剖视图的特点

1)内部结构清晰。物体被剖开后,其内部结构变为可见,用粗实线画出,使图形清晰明了。

2)层次分明。由于被剖到的实心部分画有剖面符号,这样,物体的内部结构就表示得比较清楚,远近层次分明。

3)外形表达受到了影响。由于剖切面与观察者之间的部分移去了,物体的外部形状在剖视图中的表达就会受到影响,需要结合其他图形加以表达。

2. 剖视图的种类

按照剖切面剖开物体的程度不同,剖视图可分为全剖视图、半剖视图和局部剖视图三种。

(1)全剖视图

用剖切平面完全地剖开机件所得的剖视图,称为全剖视图。全剖视图可由单一的或是组合的剖切面完全地剖开机件得到。

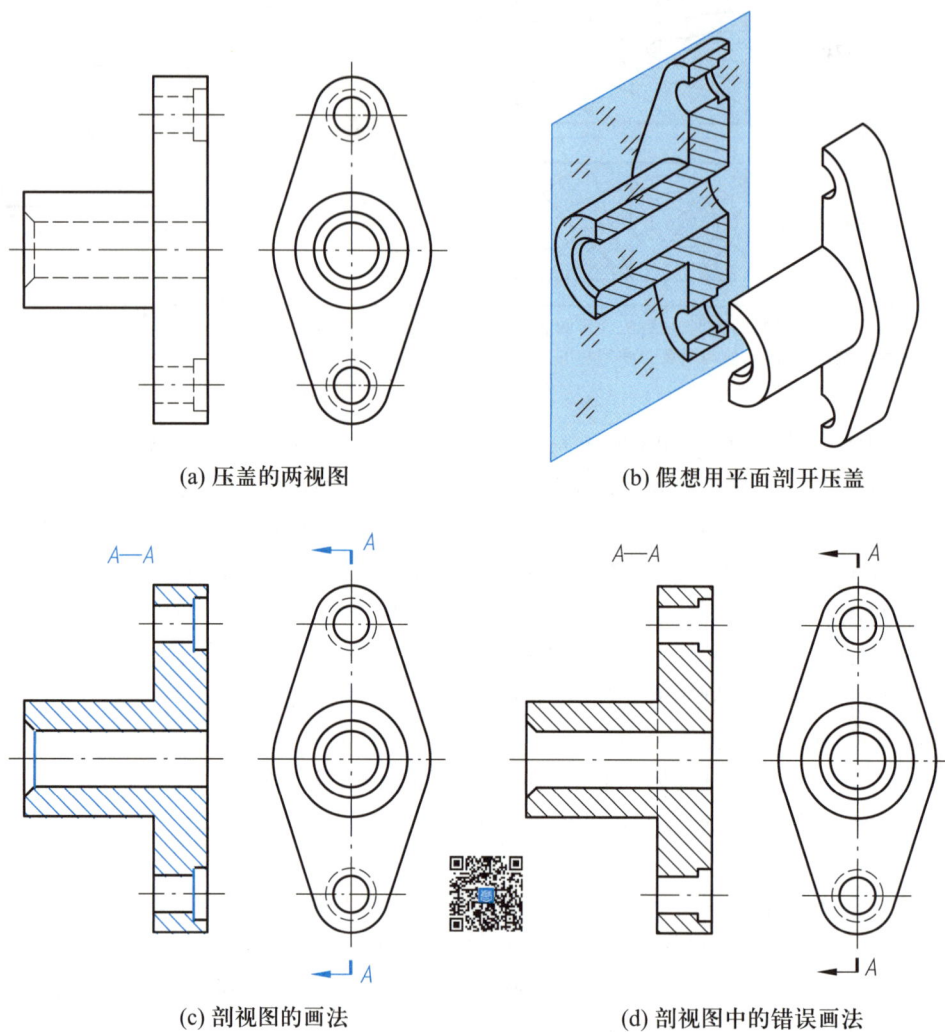

(a) 压盖的两视图

(b) 假想用平面剖开压盖

(c) 剖视图的画法

(d) 剖视图中的错误画法

图 6-10 剖视图的概念

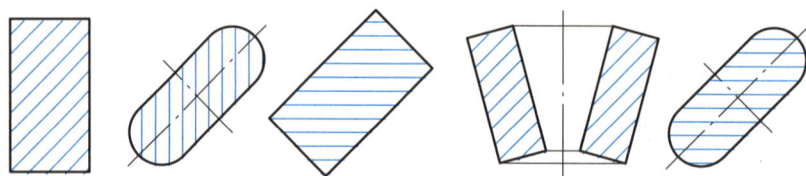

图 6-11 剖面线的画法

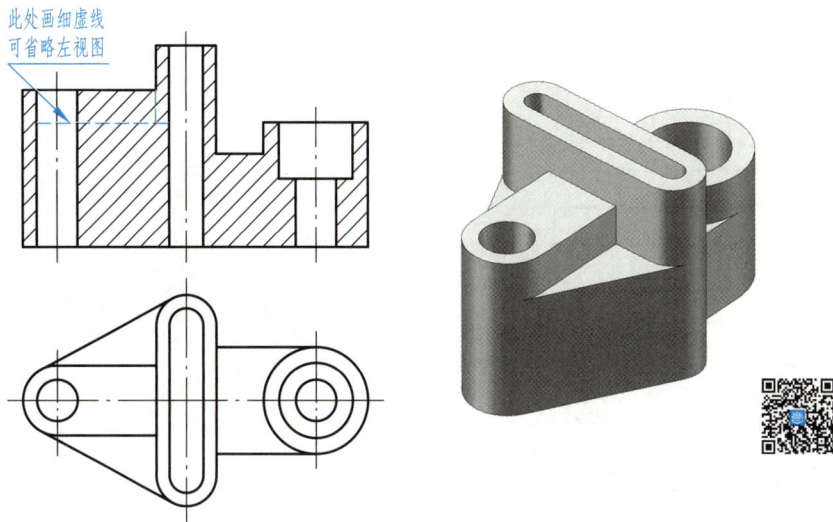

图 6-12　剖视图中细虚线的应用

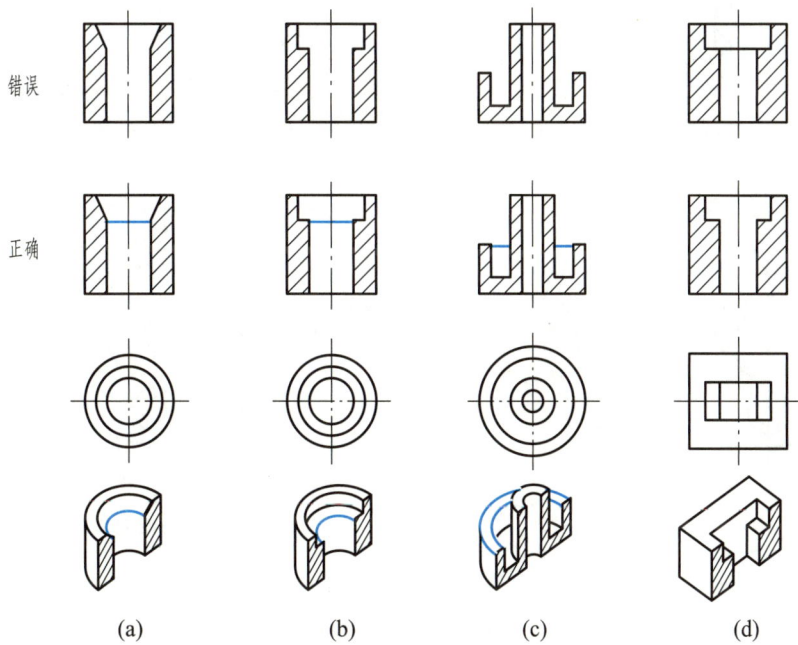

(a)　　　　　(b)　　　　　(c)　　　　　(d)

图 6-13　正误剖视图对比

错误

正确

图 6-14c 的主视图是泵盖的全剖视图。图 6-14d 中标注尺寸后,$\phi25$ 的槽和 $\phi17$ 孔的倒角都已表达清楚,所以在图 6-14c 的俯视图中所画的两个细虚线圆,在图 6-14d 中都省略不画。

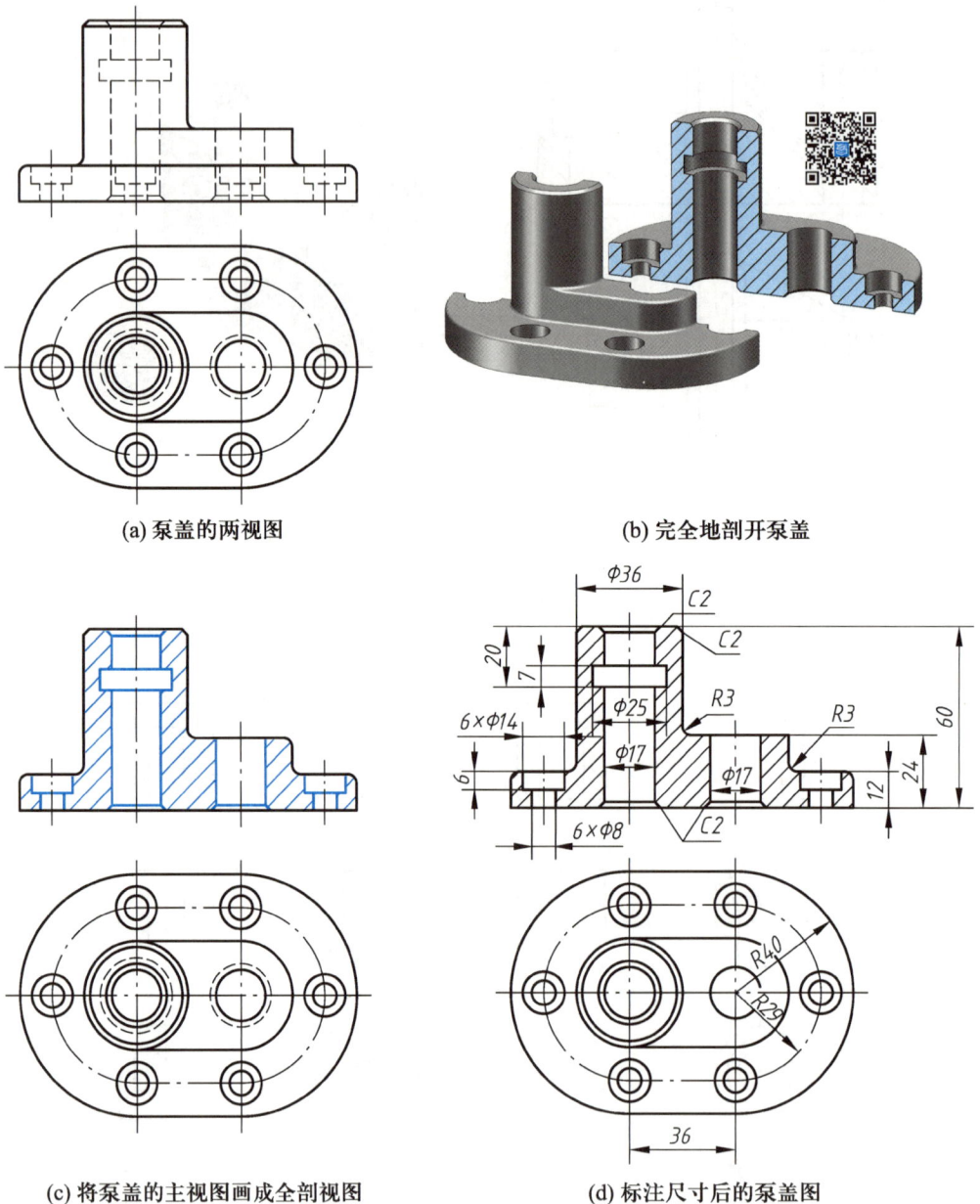

(a) 泵盖的两视图

(b) 完全地剖开泵盖

(c) 将泵盖的主视图画成全剖视图

(d) 标注尺寸后的泵盖图

图 6-14　全剖视图

全剖视图主要适用于外形简单、内形复杂的不对称机件。

（2）半剖视图

当物体具有对称平面时,向垂直于对称平面的投影面上投射所得的图形,可以对称中心线为界,一半画成剖视图,另一半画成视图,这样的图形称为半剖视图,简称半剖视,如图 6-15 中的主视图和俯视图。

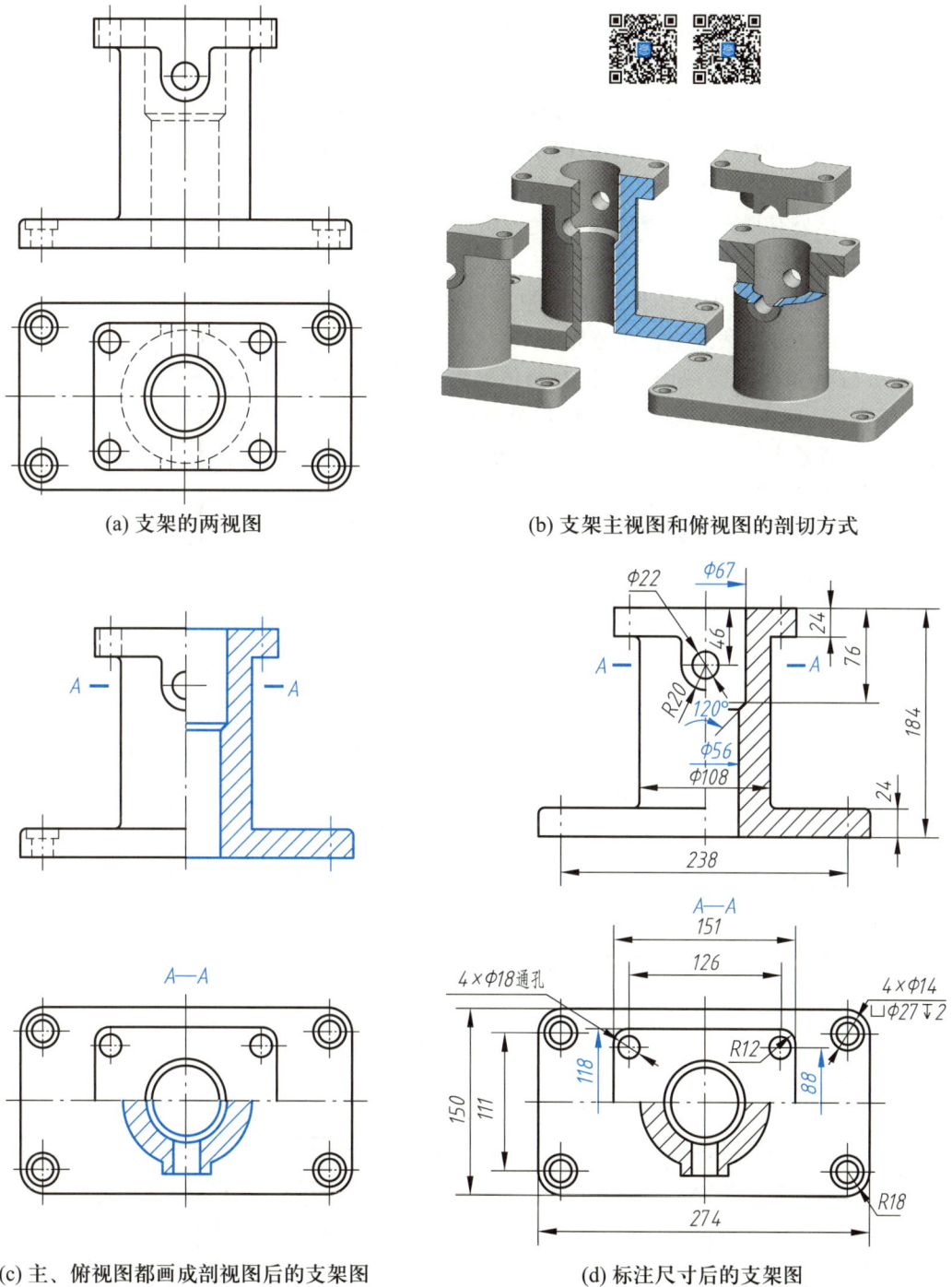

(a) 支架的两视图

(b) 支架主视图和俯视图的剖切方式

(c) 主、俯视图都画成剖视图后的支架图

(d) 标注尺寸后的支架图

图 6-15 半剖视图的画法示例

画半剖视图时必须注意:

1) 在半剖视图中,半个外形视图和半个剖视图的分界线是细点画线,不能画成粗实线。

2) 由于图形对称,所以在半个剖视图中已表达清楚的内形,在表达外部形状的半个视图中细虚线省略不画。

3）半剖视图以对称中心线为界。当细点画线正好与形体轮廓线重合时,不能采用半剖视图。

图 6-15d 在支架的半剖视图中清晰完整地标注了尺寸。应注意 φ56、φ67、钻孔锥顶角 120°、88、118 等只画出一半的结构的尺寸标注,尺寸线一端画出箭头,指到尺寸界线,而另一端略超出对称中心线,不画箭头。半剖视图的标注规则如前所述。

半剖视图主要适用于内、外结构形状都需要表达的对称机件。当机件的形状接近于对称,且其不对称部分已另有视图表达清楚时,也允许画成半剖视图,如图 6-16 所示。

（3）局部剖视图

用剖切面局部地剖开物体所得的剖视图,称为局部剖视图。局部剖视图用波浪线或双折线分界。

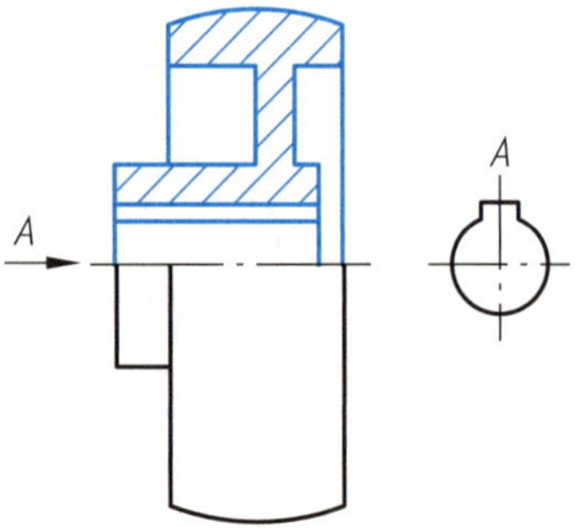

图 6-17a 为箱体的两视图。根据对箱体的形体分析可以看出:顶部有一个矩形孔,底部是一块具有四个安装孔的底板,左下面有一个轴承孔。从箱体所表达的两个视图可以看出:上下、左右、前后都不对称。为了使箱体的内部和外部都能表示清楚,它的两视图既不宜用全剖视图表达,也不能用半剖视图来表达,而以局部地剖开这个箱体表达为宜,图 6-17b 所示的就是箱体的局部剖视图(图中还清晰完整地标注了尺寸)。

图 6-16　带轮

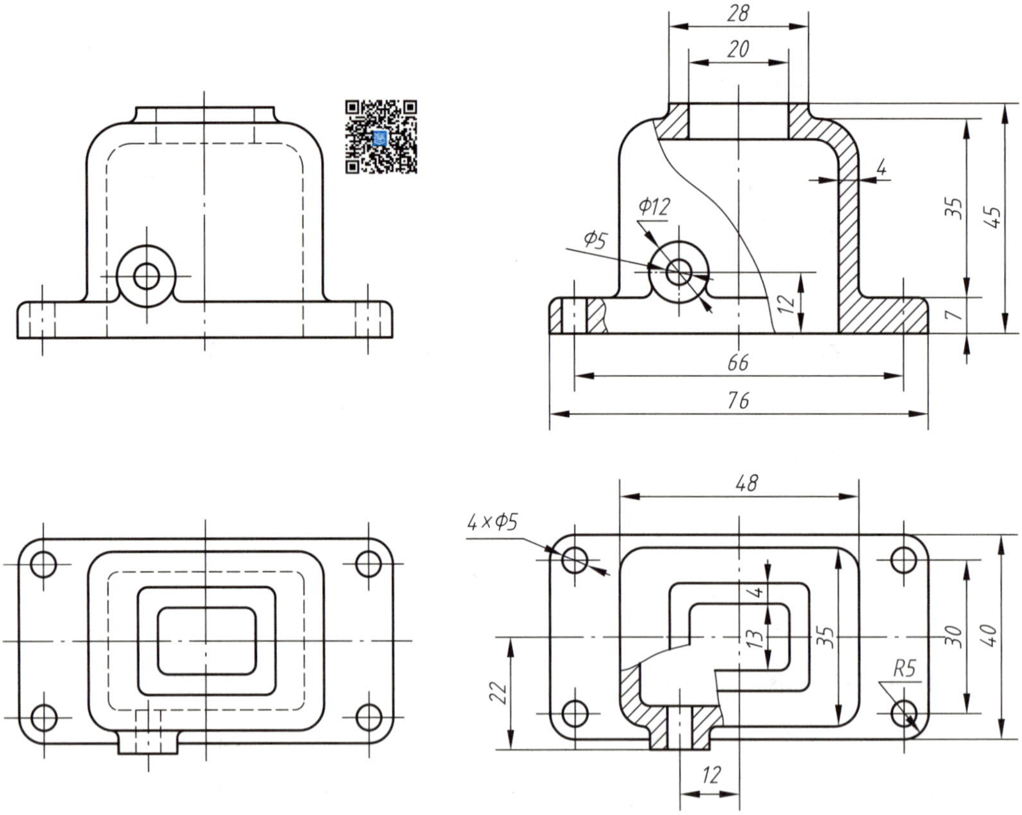

(a)　　　(b)
图 6-17　局部剖视图的画法示例

局部剖视图是一种比较灵活的表达方法,常用于下列几种情况:

1)当机件的局部内形需要表达,而又不必或不宜采用全剖视图的情况。如图 6-18 中的拉杆,只有左右两端有圆孔和小螺孔,而中间部分为实心杆,这种情况应采用局部剖视图。

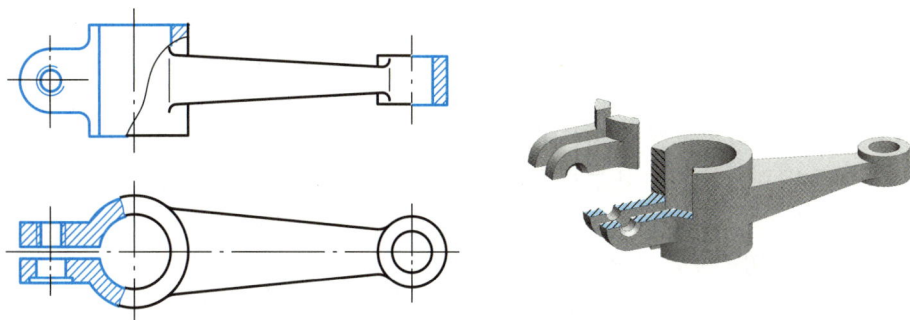

图 6-18 拉杆的局部剖视图

2)当不对称机件的内、外形均需表达,而它们的投影基本不重叠时,如图 6-17b 所示。

3)当对称机件的轮廓线与对称中心线重合、不宜采用半剖视图时,可采用局部剖视图(图 6-19)。

4)必要时,允许在剖视图中再作一次局部剖,这时两者的剖面线应同方向、同间隔,但要相互错开,如图 6-20 所示。

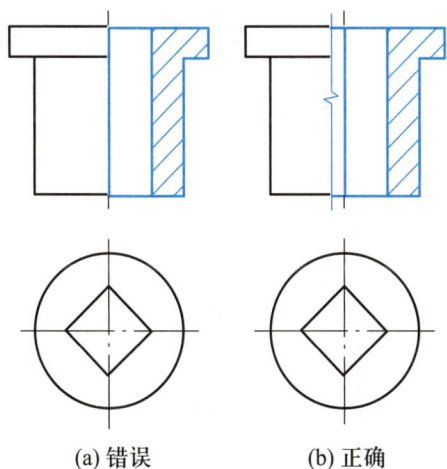

(a) 错误   (b) 正确

图 6-19 用局部剖视图代替半剖视图

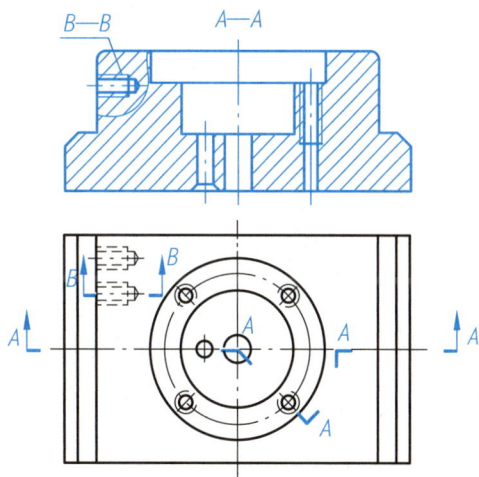

图 6-20 在剖视图上作局部剖视图

当剖切平面的剖切位置明显时,可以省略局部剖视图的标注,如图 6-17b 所示。若剖切位置不够明显,则应进行标注,如图 6-20 中的 B—B 所示。

画局部剖视图时必须注意:

1)表示剖切范围的波浪线(实体的断裂边界线)不应超出轮廓线,不应画在中空处,也不应与图样上其他图线重合,如图 6-17b 所示。

2)当用双折线表示局部剖视图范围时,双折线两端要超出轮廓线少许,如图 6-19 所示。

3）当被剖切结构为回转体时,允许将该结构的轴线作为局部剖视图与视图的分界线,如图 6-18 所示主视图中右边的局部剖视图。

在一个视图中,局部剖视图的数量不宜过多,以免使图形过于破碎,影响读图。

3. 剖切面的种类

根据机件结构形状的不同,可采用下列各种剖切面及组合面来剖切机件。

（1）用单一剖切面剖切

1）用平行于某一基本投影面的平面剖切。前面所讲的几个全剖视图、半剖视图和局部剖视图示例,大都是用平行于某一基本投影面的剖切平面剖开机件后所得出的,是最常用的剖切方法。

2）用圆柱面剖切。一般用平面剖切机件,也可用曲面剖切。图 6-21 中 $B—B$ 剖视图就是用柱面剖切后画出的。国标规定:采用柱面剖切机件时,剖视图应按展开绘制,并在图名后加注展开符号。

3）用不平行于任何基本投影面的剖切平面剖切。用不平行于任何基本投影面的剖切平面剖开机件的方法习惯上称为斜剖。如图 6-22 中的 $A—A$ 全剖视图就是用斜剖画出的,它表达了弯管及其顶部凸缘、凸台与通孔的结构形状。

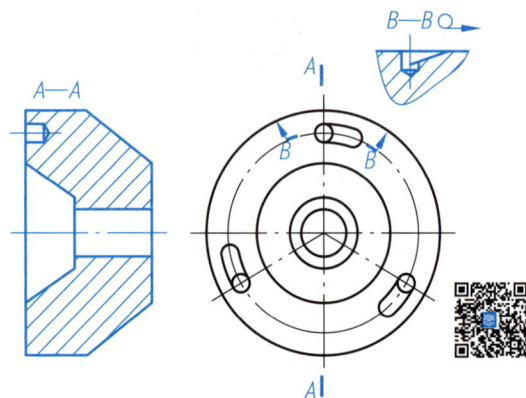

图 6-21　用圆柱面剖切

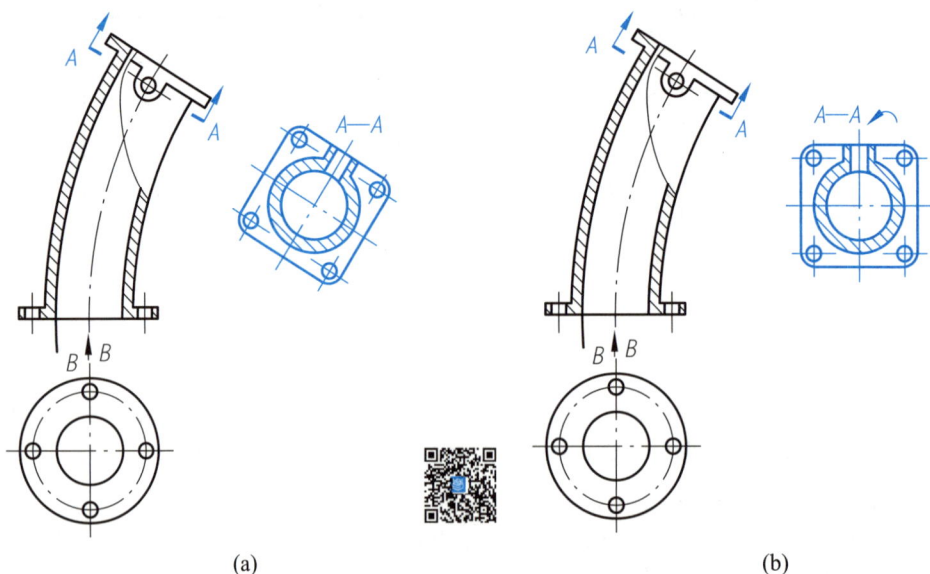

(a)

(b)

图 6-22　斜剖

采用斜剖画剖视图时应注意：

① 所设置的投影面平行于剖切平面，是投影面垂直面。

② 剖视图可按投影关系配置在与剖切符号相对应的位置；也可将剖视图平移至图纸的适当位置，如图 6-22a 所示；在不致引起误解时，还允许将图形旋转，并进行相应的标注，如图 6-22b 所示。

（2）用几个相交的剖切面剖切

用几个相交的剖切平面剖开机件，其交线垂直于某一基本投影面。几个相交的剖切面，可以是几个相交的平面（图 6-23，图 6-24），也可以是几个相交的平面和柱面（图 6-25）。

采用几个相交的剖切面剖切时应注意：

1）先假想按剖切位置剖开机件，然后将与所选投影面不平行的剖切面剖开的结构及有关部分旋转到与选定的投影面平行再进行投射。用这种"先剖切、后旋转、再投射"的方法绘制的剖视图，往往有些部分图形会伸长，如图 6-23 和图 6-24 所示。

2）在剖切平面后的其他结构，一般仍按原来位置投射画出。这里说的"其他结构"是指处在剖切平面后与所要表达的被剖切结构关系不密切的另外结构或与被剖切结构一起旋转易引起误解的结构，如图 6-24 中所示的小孔。

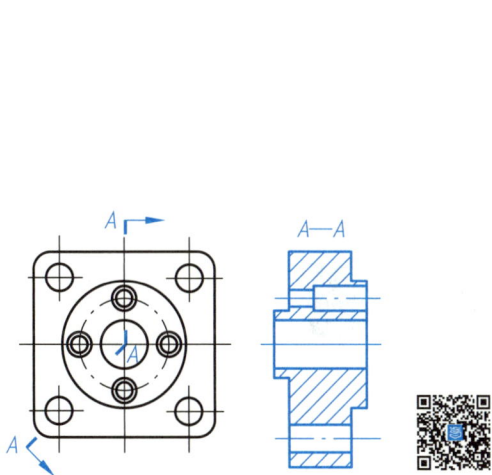

图 6-23　用两相交的剖切平面剖切（一）

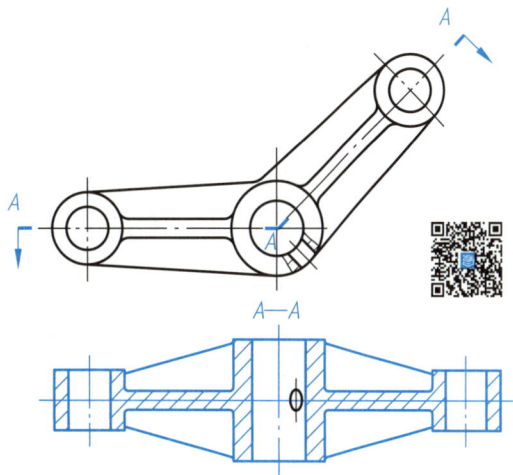

图 6-24　用两相交的剖切平面剖切（二）

3）当剖切后产生不完整要素时，应将此部分按不剖绘制。如图 6-26 所示主视图上的一个臂。采用几个相交剖切面剖切时，必须标出剖视图名称，标全剖切符号，在剖切符号的起、讫和转折处标注相同的字母×，并在剖视图上方注明剖视图的名称×—×；但当转折处位置有限又不致引起误解时，允许省略字母。

（3）用几个平行的剖切平面剖切

用几个平行的剖切平面剖切，各剖切平面的转折处必须是直角，这种剖切方法习惯上称为阶梯剖，如图 6-27 中所示的 A—A 剖视图。

采用几个平行的剖切平面剖切时应注意：

1）正确选择剖切位置，剖切平面的转折处不应与图中轮廓线重合，如图 6-28c 所示；不应画出剖切平面转折处的分界线，如图 6-28b 所示。

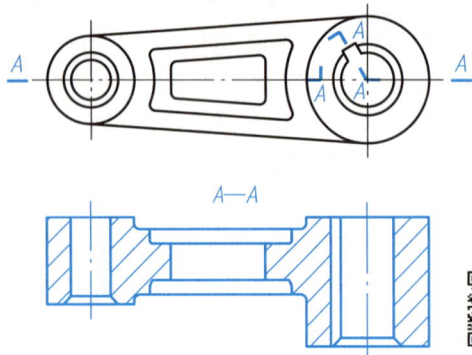

图 6-25　用几个相交的平面和柱面剖切示例

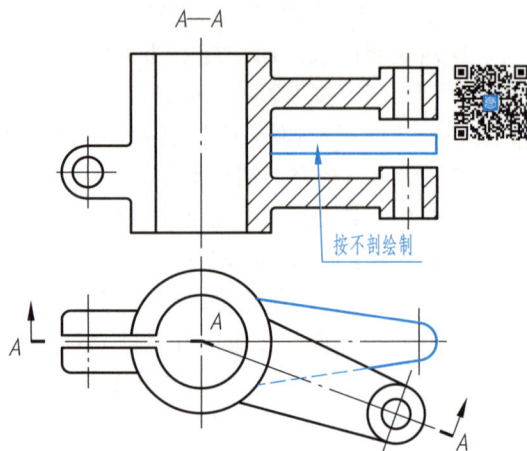

图 6-26　用两个相交的剖切平面剖切(三)

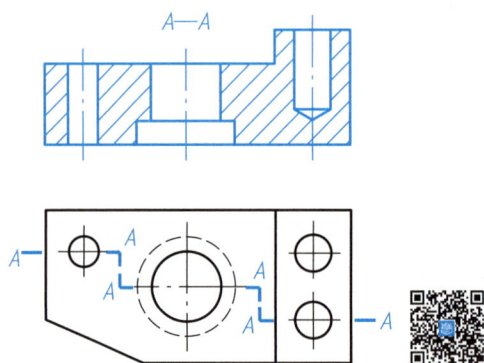

图 6-27　用几个平行的剖切平面剖切

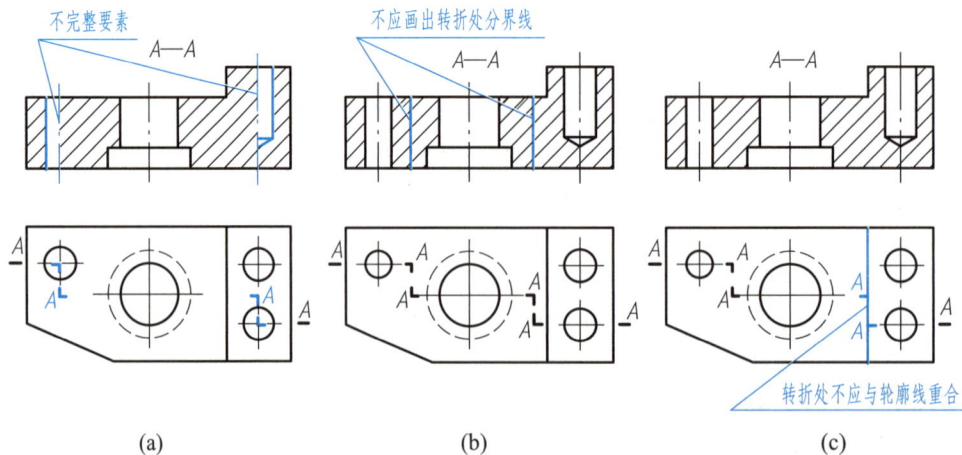

(a)　　　　　　　　　　(b)　　　　　　　　　　(c)

图 6-28　画阶梯剖时不应出现的问题

2）在图形内不应出现不完整要素，即不能在半个孔处转折（图 6-28a）。仅当两个要素在图形上具有公共对称中心线或轴线时，可以各画一半，此时应以对称中心线或轴线为界，如图 6-29 所示。

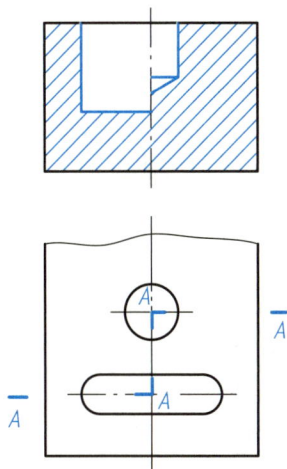

图 6-29　允许出现不完整要素的阶梯剖

6.3
断面图

1. 断面图的概念

假想用剖切平面将机件的某处切断，仅画出断面的图形，称为断面图，简称断面。图 6-30 表明了断面图与剖视图的区别。

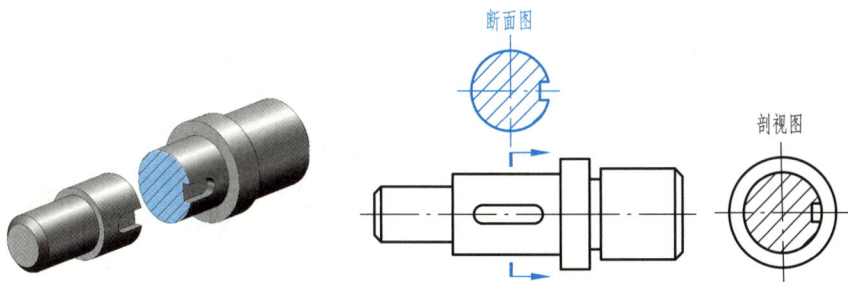

图 6-30　断面图与剖视图

断面图常用来表达机件上某一局部结构的断面形状，如肋、轮辐、孔、槽等。

2. 断面图的种类和画法

断面图分为移出断面图和重合断面图两种，通常也简称移出断面和重合断面。

（1）移出断面

画在视图外的断面称为移出断面，如图 6-31 所示，移出断面的轮廓线用粗实线绘制，且应尽量配置在剖切符号或剖切平面迹线（剖切平面与投影面的交线，用细点画线表示）的延长线上，如图 6-31a 所示。

移出断面图形对称时，也可画在视图的中断处，如图 6-31b 所示。

必要时可将移出断面配置在其他适当的位置，如图 6-31c、d、e 所示。在不致引起误解时，允许将图形旋转，其标注形式如图 6-31f 所示。

由两个或多个相交平面剖切得出的移出断面，中间一般应用波浪线断开，如图 6-31g 所示。

当剖切平面通过回转面形成的孔或凹坑的轴线，或剖切后出现两个完全分开的断面时，这些结构应按剖视绘制，如图 6-31e、f 所示。

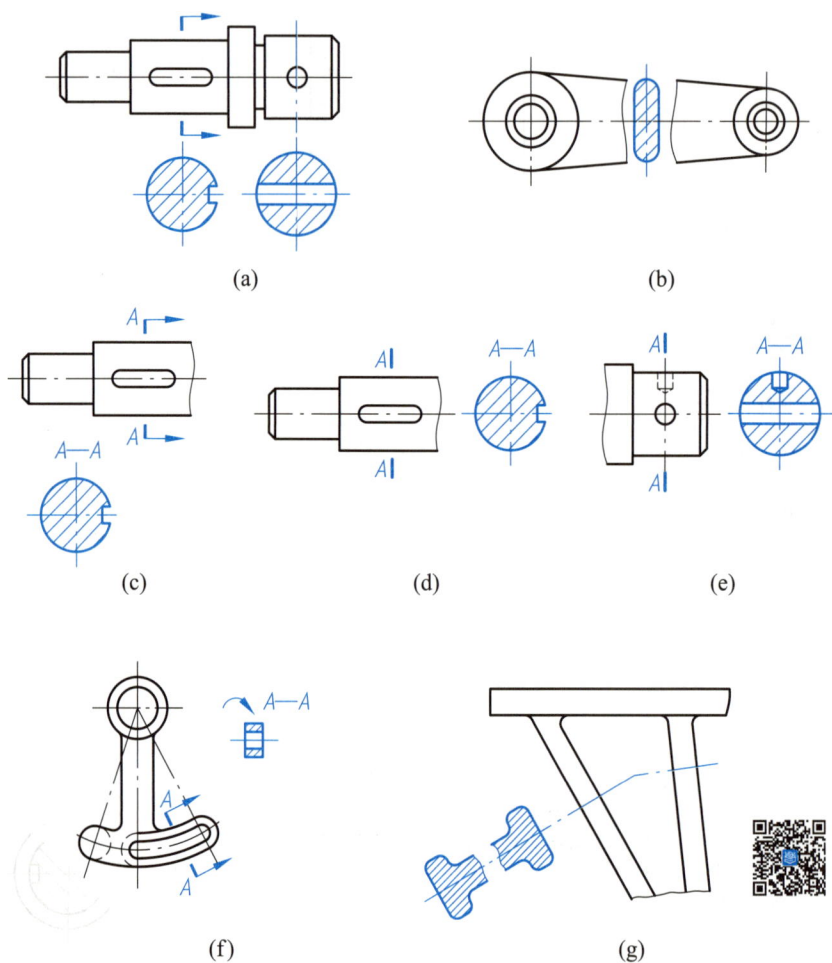

(a)

(b)

(c)

(d)

(e)

(f)

(g)

图 6-31　移出断面

（2）重合断面

在不影响图形清晰的前提下，断面可按投影关系画在视图内部，称为重合断面（图 6-32）。重合断面的轮廓线用细实线绘制。当视图中的轮廓线与重合断面的图形重叠时，视图中的轮廓线仍应连续画出，不可间断（图 6-32b）。

(a) 支架　　　　　　　　　　　(b) 角钢

图 6-32　重合断面

3. 剖切位置与断面图的标注

为了表达断面的真实情况,剖切位置应与被切部分的主要轮廓或轴线垂直,并通过由回转体形成的小孔或凹坑的轴线。

断面图的标注与剖视图的标注基本相同。移出断面一般应用剖切符号表示剖切位置,用箭头表示投射方向,并注上字母,在断面图上方应用同样的字母标出相应的名称×—×,如图 6-31c、f 所示。

下列情况断面图的标注可以简化或省略:

1）配置在剖切符号延长线上的不对称移出断面,可省略字母,如图 6-31a 所示。

2）不配置在剖切符号延长线上的对称移出断面,以及按投影关系配置的不对称移出断面,可省略箭头,如图 6-31d、e 所示。

3）对称的重合断面(图 6-32a)、剖切平面迹线上的对称移出断面(图 6-31a、g)和配置在视图中断处的移出断面(图 6-31b),都可省略标注。

6.4

其他表达方法

1. 局部放大图

将机件的部分结构,用大于原图形所采用的比例画出的图形,称为局部放大图,如图 6-33 所示。

局部放大图可画成视图、剖视图、断面图,它与被放大部分的表达方式无关。在画局部放大图时,应当用细实线圈出被放大部位。局部放大图应尽量配置在被放大部位的附近,如图 6-33 所示。当同一机件上有几处被放大的部分时,应用罗马数字依次标明被放大的部位,并在局部放大图的上方标出相应的罗马数字和所采用的比例。

当机件上被放大的部位仅有一处时,在局部放大图的上方只需注明所采用的比例。同一机件上不同部位的局部放大图,当图形相同或对称时,只需要画出一个。

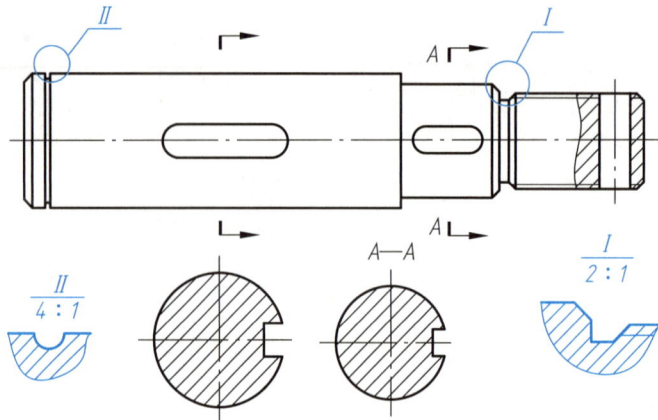

图 6-33　局部放大图

2. 简化画法和其他规定画法

国家标准(GB/T 16675.1—2012)规定了机械制图的简化画法。简化画法的推广使用,能够使制图简化,减少绘图工作量,提高设计效率,加快设计进程,并使图样清晰,便于读图。

(1)简化画法应遵循的原则和基本要求

1)简化原则

① 简化必须保证不致引起误解并不会产生理解的多义性。在此前提下,应力求制图简便。

② 便于识图和绘制,注重简化的综合效果。

③ 在考虑便于手工制图和计算机绘图的同时,还要考虑缩微制图的要求。

2)基本要求

① 应避免不必要的视图和剖视图。

② 在不致引起误解时,应避免使用虚线表示不可见结构。

③ 尽可能使用有关标准中规定的符号表达设计要求,如中心孔符号。

④ 尽可能减少相同结构要素的重复绘制。

⑤ 对已清晰表达的结构,可对其进行简化。

(2)简化画法和其他规定画法

在表 6-2 中,扼要地介绍了国家标准所规定的一部分简化画法和其他规定画法。

表 6-2　简化画法和其他规定画法

序号	简化画法	说明
1	零件 1(LH)如图 零件 2(RH)对称	对于左右手零件和装配件,允许仅画出其中一件,另一件则用文字说明,其中"LH"为左件,"RH"为右件

续表

序号	简化画法	说明
2	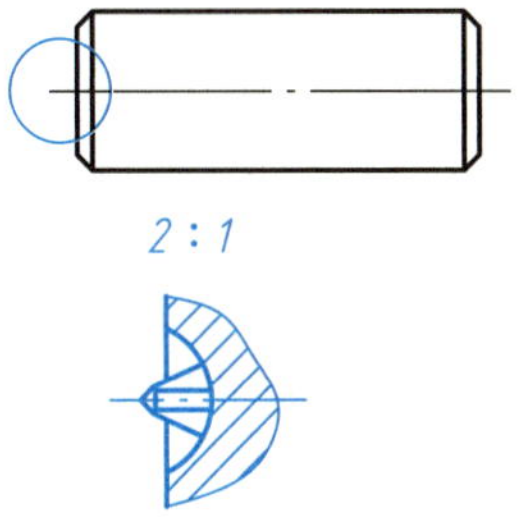 2 : 1	在局部放大图表达完整的前提下，允许在原视图中简化被放大部位的图形
3	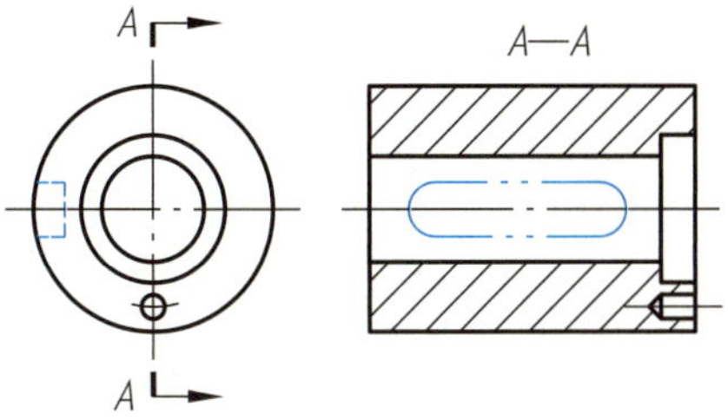 A—A	在需要表示位于剖切平面前的结构时，这些结构可假想地用细双点画线绘制
4	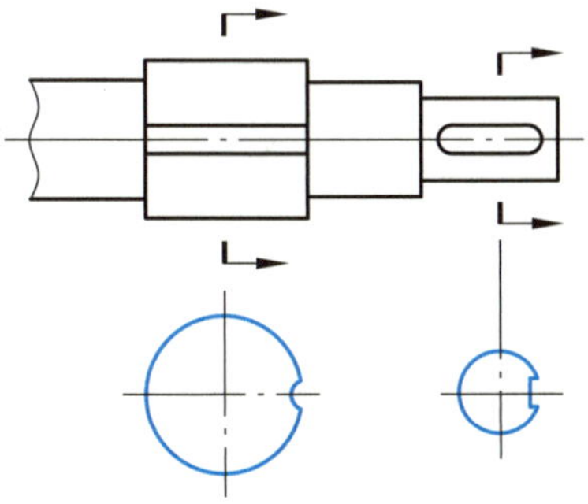	在不致引起误解的情况下，剖面符号可省略
5	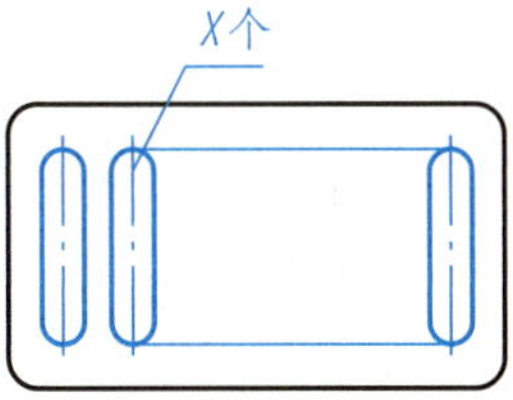 X个	当机件具有若干相同结构（如齿、槽等），并按一定规律分布时，只需画出几个完整的结构，其余用细实线连接，在零件图中则必须注明该结构的总数
6	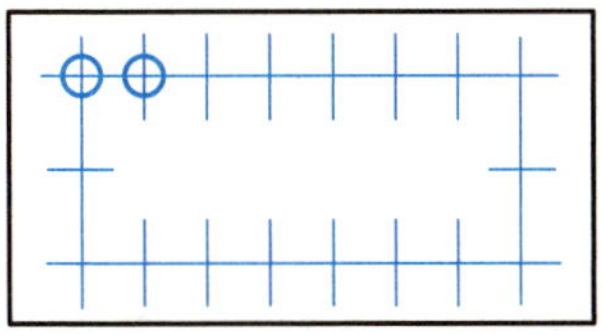	若干直径相同且成规律分布的孔，可以仅画出一个或少量几个，其余只需用细点画线或"＋"表示其中心位置

序号	简化画法	说明
7	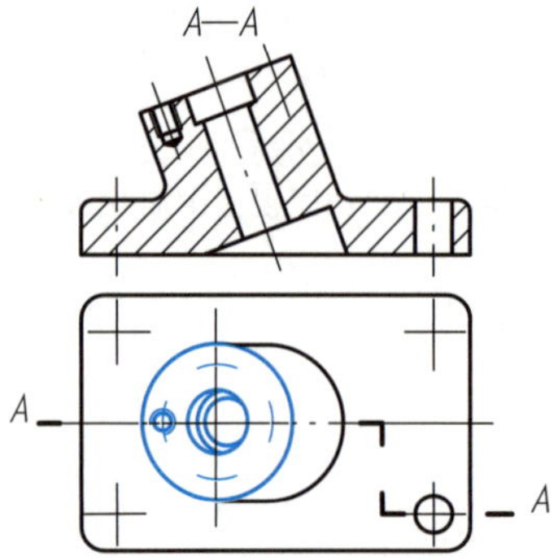	与投影面倾斜角度小于或等于 30° 的圆或圆弧,手工绘图时,其投影可用圆或圆弧替代
8	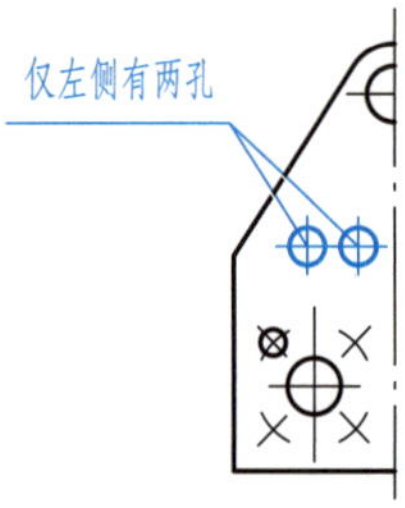 仅左侧有两孔	基本对称的零件仍可按对称零件的方式绘制,但应对其中不对称的部分加注说明
9	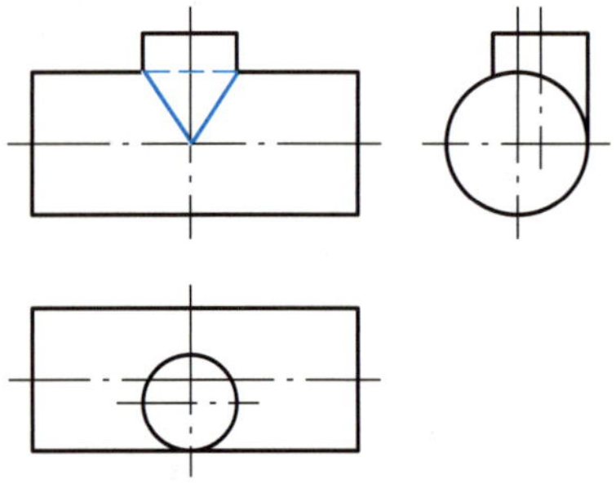 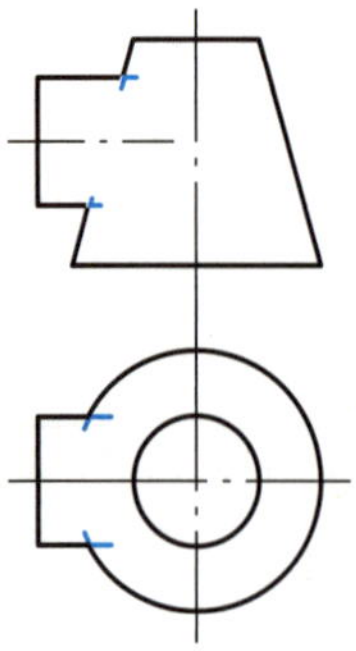	在不致引起误解时,图形中的过渡线、相贯线可以简化,例如用圆弧或直线代替非圆曲线。 也可采用模糊画法表示相贯形体

续表

序号	简化画法	说明
10	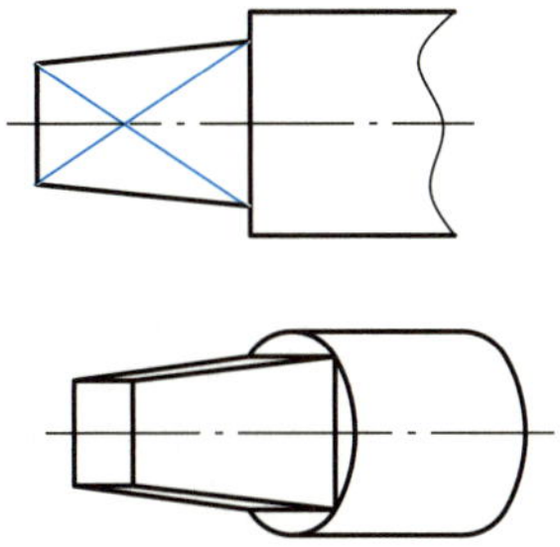	当回转体零件上的平面在图形中不能充分表达时,可用两条相交的细实线表示这些平面
11	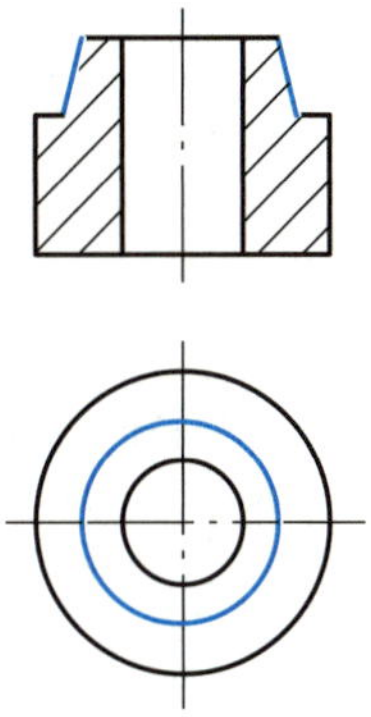	当机件上较小的结构及斜度等已在一个图形中表达清楚时,其他图形应当简化或省略
12	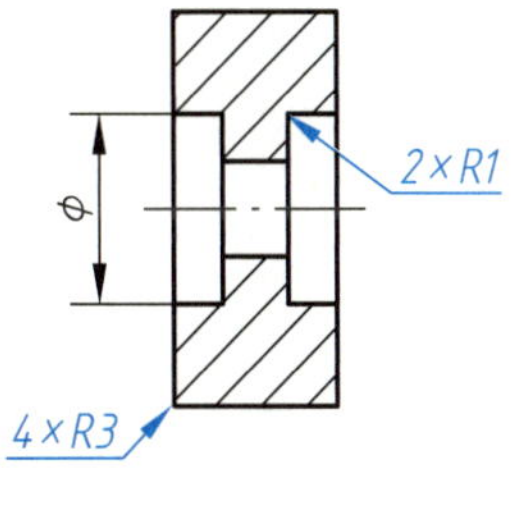 2×R1 φ 4×R3	除确属需要表示的某些结构圆角外,其他圆角在零件图中均可不画,但必须注明尺寸,或在技术要求中加以说明
13	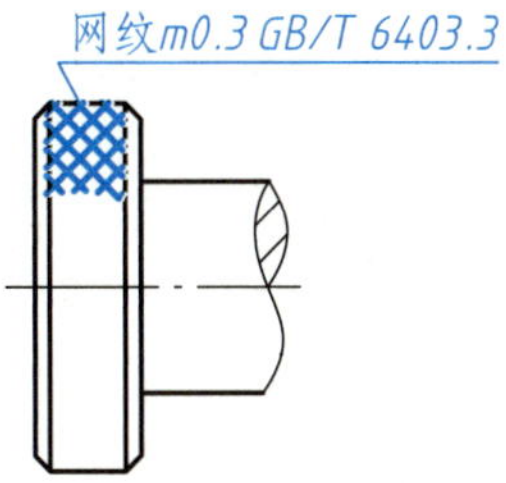 网纹m0.3 GB/T 6403.3	滚花一般采用在轮廓线附近用粗实线局部画出的方法表示,也可省略不画

续表

序号	简化画法	说明
14	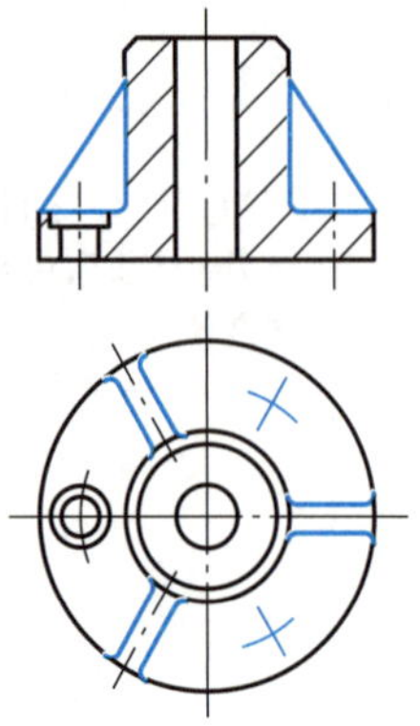	当零件回转体上均匀分布的肋、轮辐、孔等结构不处于剖切平面上时,可将这些结构旋转到剖切平面上画出
15	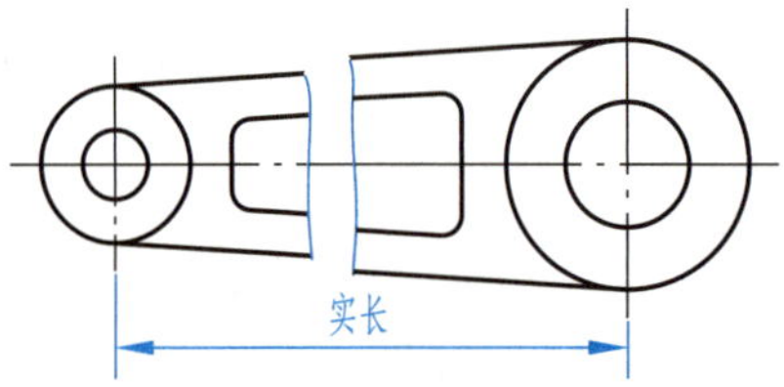 实长	较长的机件(轴、杆、型材、连杆等)沿长度方向的形状一致或按一定规律变化时,可断开后缩短绘制

6.5

机件表达方法的综合应用

　　前面介绍了机件的各种表达方法,在绘制零件图样时,应当根据零件的不同结构形状进行具体分析,正确选用这些表达方法,将零件的内、外结构形状完整、清晰、简明地表示出来。选择零件总的表达方案时,应当注意使每个图形有明确的表达目的,同时还可以利用尺寸在零件表达中所起到的作用对表达方案加以补充,使图形数量尽可能地少。这样,不仅可以简化绘图工作,而且还便于看图。

　　对于同一个零件,可以有不同的表达方案。下面通过对壳体(图6-34)采用不同表达方案的讨论,进行分析比较,介绍零件表达方案的选择。

　　(1)零件形状分析

　　分析零件,搞清零件的内外结构形状,是确定表达方案的前提。

　　图6-34所示零件的结构,上部是主体,为一个空心圆筒,其顶部封闭成垂直空腔,圆筒外有

接管嘴相连,接管嘴带法兰盘,盘上有两个通孔;中下部为过渡段(圆筒形);底部为带圆角的正方形底板,其上有四个通孔。

（2）主视图的选择

图6-35中的主视图,采用了两种方案:一种是采用半剖视图以表达零件的内、外形状;另一种是采用全剖视图,着重表达内部结构形状。

此例说明,同一个零件的结构形状表达方案不是唯一的,有多种方案可供选择。

（3）其他视图的确定

方案一:主视图采用半剖后,为了表达底板形状、上部接管嘴法兰盘形状和主体圆筒连通状况,用了A—A全剖的俯视图。主视图中还采用了局部剖视图;以表达底板上的四个通孔。此方案利用了半剖的特点,仅用两个基本视图就把零件表达清楚了。

方案二:主视图采用全剖后,在其上又加了一个局部剖,以表达底板上的孔。俯视图采用局部剖,既表达了主体和底板的外形,又表示出上部法兰盘上的两个通孔。法兰盘外形采用了A向局部视图表示。此方案虽然用了三个视图,但各个视图表达的重点明确、突出。

方案三:主视图和方案二完全一样,也用A向局部视图表达法兰盘。而用B向局部视图表达底板形状。此方案虽然用了三个视图,但基本视图只有一个,其余两个为局部视图。

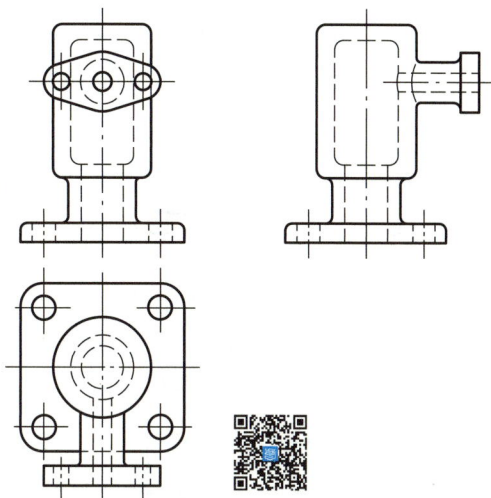

图6-34 壳体

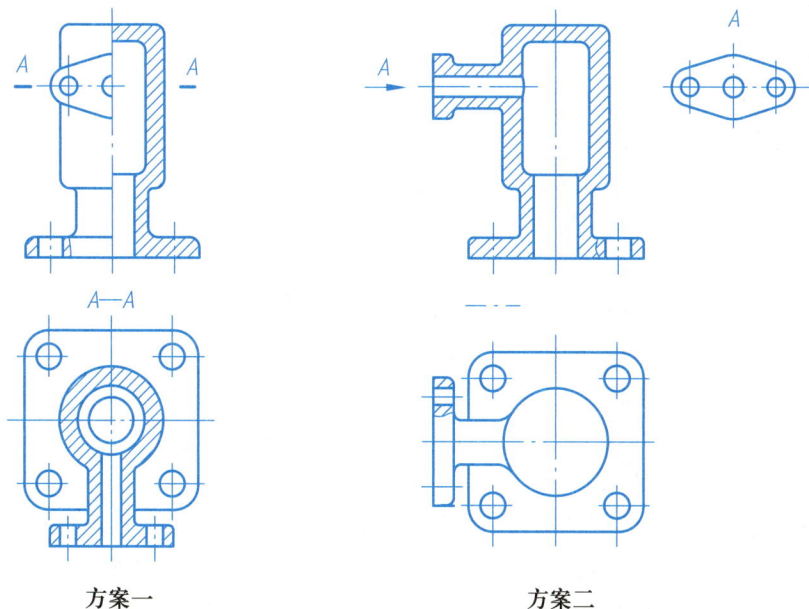

方案一　　　　　　　　　　方案二

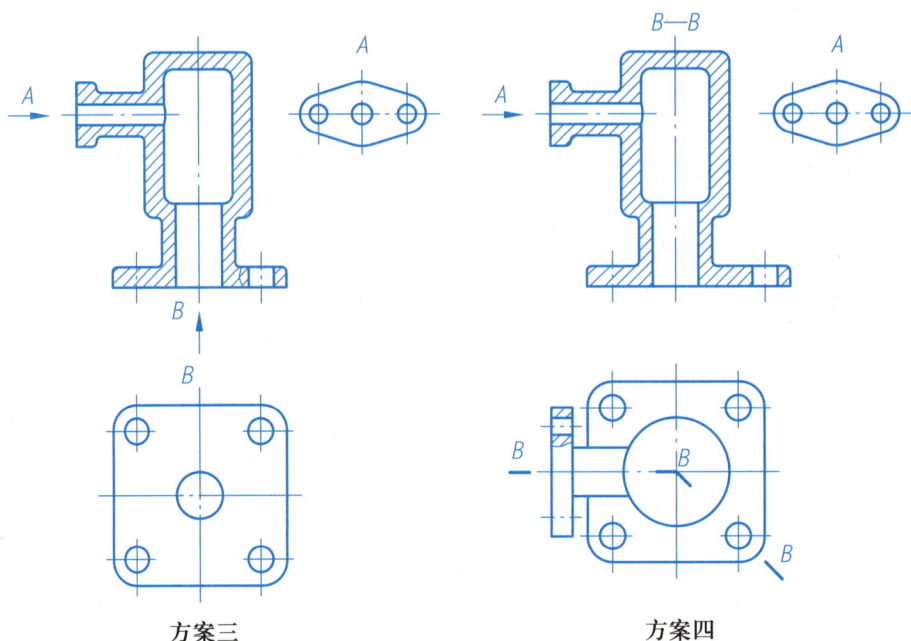

方案三　　　　　　　　　　　　方案四

图 6-35　壳体的四种表达方案

方案四：主视图用两个相交的剖切面剖切，这样可将内部结构多剖切一些。法兰盘仍采用 A 向局部视图。俯视图与方案二的表达方法相同。

[例 6-1]　根据图 6-36 所示泵体的三视图，想象出它的形状，并按完整、清晰的要求，选用比较合适的表达方法改画这个泵体，并适当调整尺寸的标注。

解：按下列步骤进行分析，想象出它的形状，重新选择视图和安排尺寸。改画后的泵体图如图 6-37 所示。

（1）由图 6-36 所示的三视图想象出泵体的形状。根据投影关系可以看出，泵体的主体是一个带空腔的长圆形柱体（两端是半圆柱，中部是与两端半圆柱相接的长方体）。这个空腔由三个 $\phi 106$、深 70 的圆柱孔拼成。主体的前端还有一个厚度为 25 的凸缘。主体的后面有一个 8 字形凸台，凸台上部有 $\phi 44$、$\phi 32$ 的同轴圆柱孔，$\phi 32$ 的孔与主体的空腔相通。主体的左右两侧都分别伸出一个带孔的圆柱作为进出油管，孔与空腔相通。底部是一块有凹槽的矩形板，并有两个 $\phi 32$ 的圆柱孔。经过这样分析，就可想象出这个泵体的整体形状。

（2）选择适当的表达方式改画泵体。图 6-36 中所示的主视图和左视图，分别能在某些方面较好地反映泵体的形状特征，都可选作主视图。今仍选用图 6-36 中所示的主视图为主视图，泵体虽是左右对称，但根据其具体形状，主视图不必画成半剖视图，只需把左右两侧的圆柱和孔以及底板上的圆柱孔分别画成局部剖视图即可。因为在主视图中不能把 8 字形凸台表示清楚，故增加后视方向的 A 向局部视图。

左视图为了更多地表达内部结构，故采用以左右对称面为剖切平面的全剖视图。

由于泵体的主体、两侧的进出油管、8 字形凸台都已由处于主视图地位的局部剖视图、处于左视图地位的全剖视图和后视方向的 A 向局部视图表达清楚，只要另加一个仰视方向的 B 向局部视图来表达底板的形状,俯视图便可省略不画,由此就能完整、清晰地表达这个泵体形状了。通过上述分析,可将图 6-36 改画成图 6-37,显然后者比前者要清晰得多。

（3）重新标注尺寸。根据正确、完整、清晰地标注尺寸的要求,把图 6-36 中所注的凸台、底板上的一些尺寸,在图 6-37 中移到有关的局部视图中去,更为明显。其他尺寸仍注在原处比较合适。有关尺寸的调整请读者自行分析。

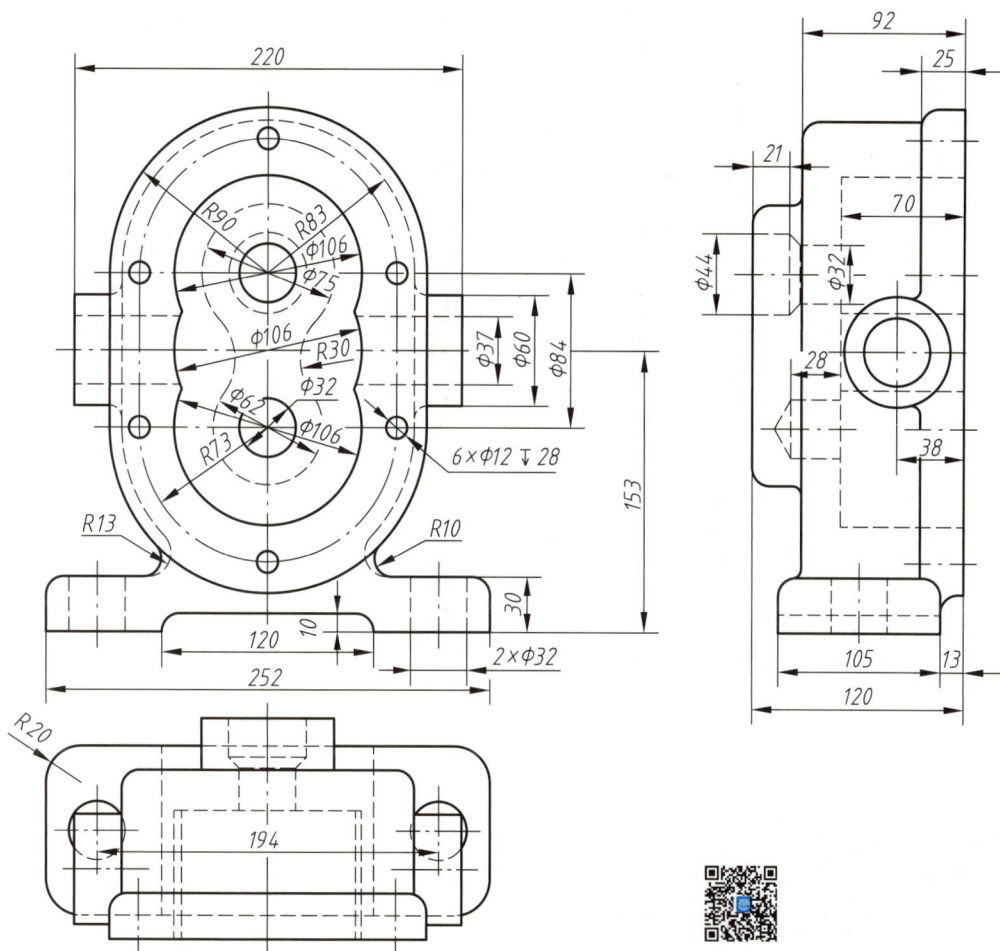

图 6-36　泵体的三视图

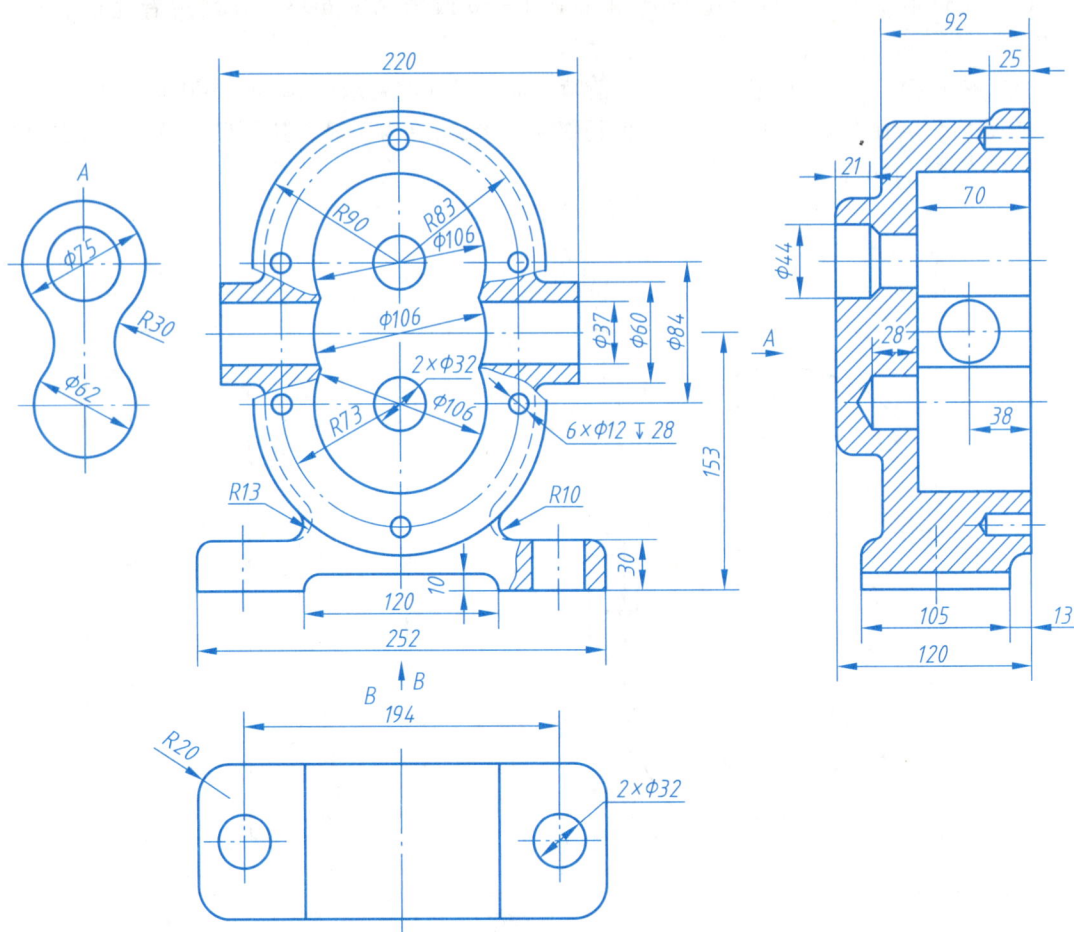

图 6-37　重画后的泵体图

6.6

第三角投影简介

目前,在国际上使用的有两种投影制,即第一角投影(又称"第一角画法")和第三角投影(又称"第三角画法")。中国、德国、俄罗斯、罗马尼亚等国家采用第一角投影,美国、日本、英国、澳大利亚、加拿大、新加坡等国家及我国的香港及台湾地区的企业采用第三角投影。为便于国际交流,对第三角投影简介如下。

1. 第三角投影的概念及画法

如图 6-38 所示,三个互相垂直的投影面 V、H、W 将 W 面左侧的空间分为四个分角,将物体置于第三分角内进行的正投影称为第三角投影。

2. 第三角投影的三视图

（1）三视图的形成

前面学习的第一角投影是将物体置于观察者与投影面之间进行投射,而第三角投影则是将投影面置于观察者与物体之间来进行投射,将投影面看作是透明的,如图 6-39 所示。从前面观察物体在 V 面上所得到的视图,称为主视图;从上方观察物体在 H 面上所得的视图,称为俯视图;从右方观察物体在 W 面上所得的视图,称为右视图。

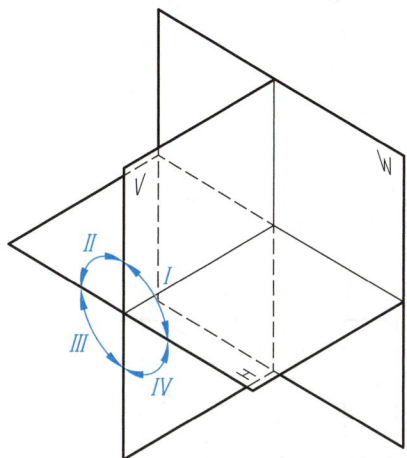

图 6-38　空间四个分角

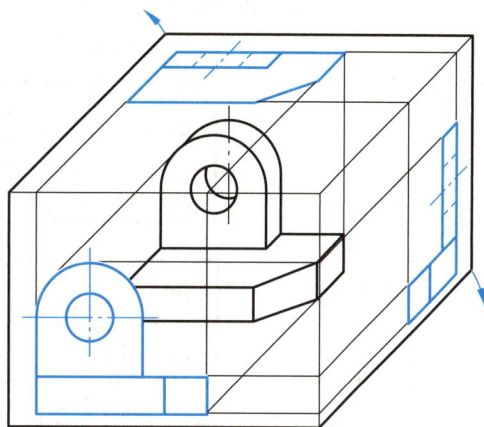

图 6-39　第三角投影的形成

投影面展开方法:V 面保持不动,将 H 面、W 面分别向上、向前旋转 90°角,即可得到如图 6-40 所示物体的三视图。

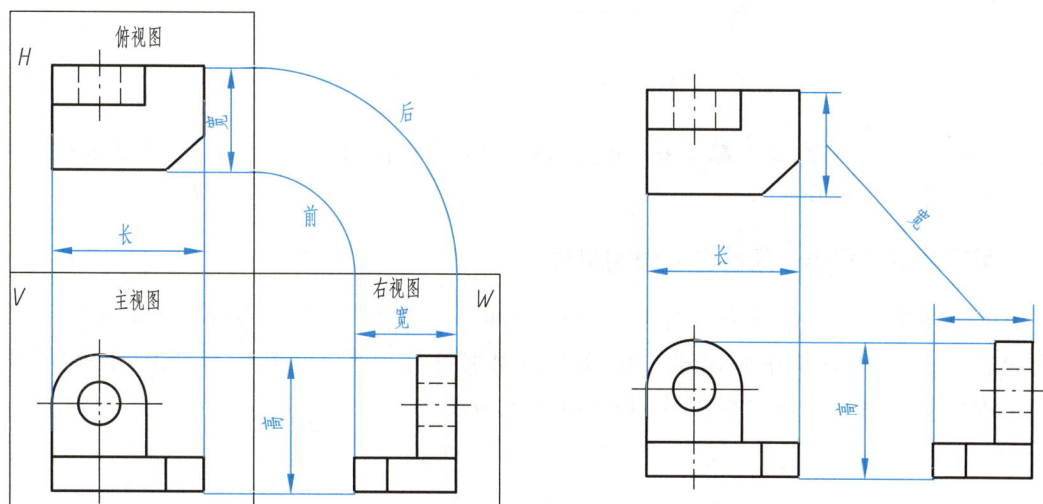

图 6-40　第三角投影三视图位置

（2）三视图的投影规律

如图 6-40 所示，采用第三角投影的三个视图之间遵循下面的投影规律：

1）主视图和俯视图长对正；

2）主视图和右视图高平齐；

3）俯视图和右视图宽相等。

3. 基本视图的配置

第三角投影也有六个基本视图，展开后其配置关系如图 6-41 所示。在同一张图纸内按图 6-41 配置视图时，一律不注视图名称。

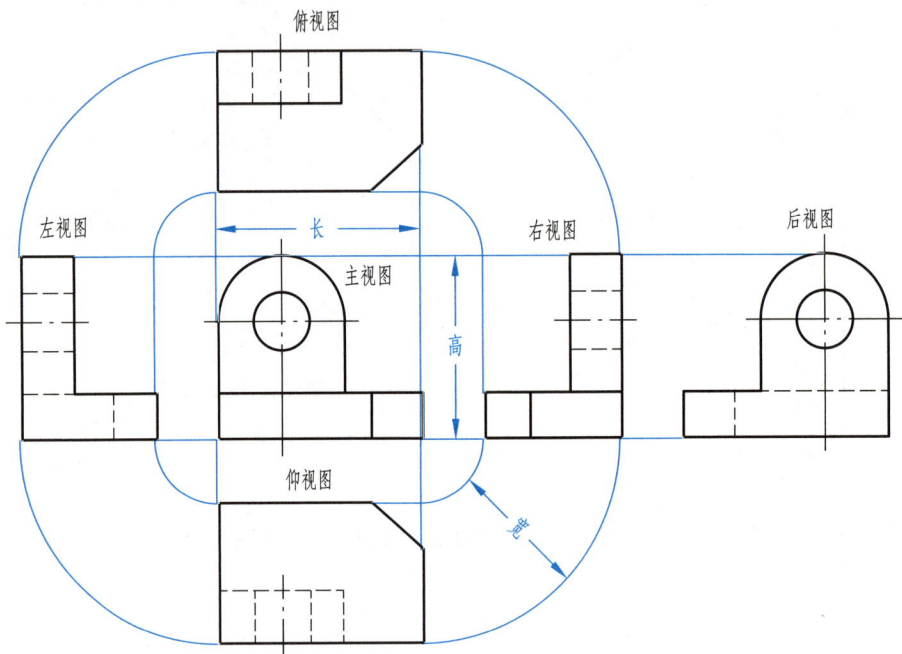

图 6-41　采用第三角投影的六个基本视图

第三角投影和第一角投影都是采用正投影法，只是投影面的设置方法不同，其基本视图的配置关系比较如图 6-42 所示。

4. 第三角投影和第一角投影的识别符号

为了识别第三角投影与第一角投影，规定了相应的识别符号，如图 6-43 所示。采用第三角投影时，必须在图样中画出第三角投影的识别符号。当采用第一角投影时，在图样中一般不画出第一角投影的识别符号，必要时可画出。

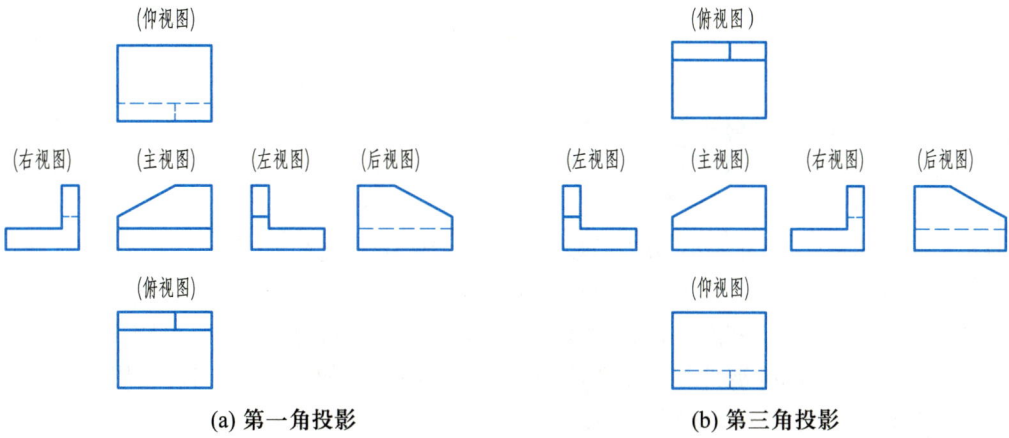

(仰视图)

(右视图) (主视图) (左视图) (后视图)

(俯视图)

(a) 第一角投影

(俯视图)

(左视图) (主视图) (右视图) (后视图)

(仰视图)

(b) 第三角投影

图 6-42　第一角投影与第三角投影的基本视图比较

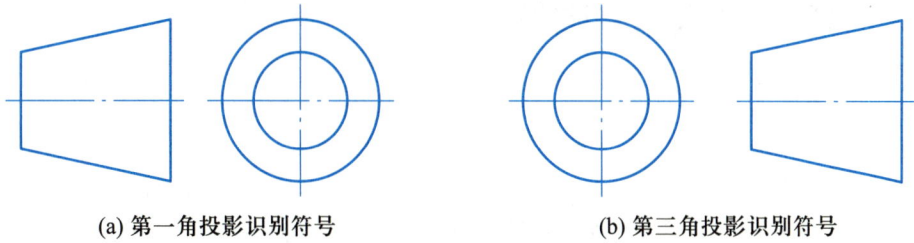

(a) 第一角投影识别符号　　(b) 第三角投影识别符号

图 6-43　第一角投影和第三角投影的识别符号

第7章

常用标准件和齿轮

标准件是结构形状、尺寸大小、表面质量、表示方法等均标准化的零(部)件,例如螺栓、螺钉、螺母、键、销、滚动轴承等。机械、电器等各个行业对标准件的需求量很大,通常是由专业化的工厂用专用设备和专用工具进行大批量生产,生产效率高、成本低、产品符合标准,用户只需选购。

在机器和设备中,除标准件和一般零件外,还有一些零件,如齿轮,它们的应用也非常广泛。本章将主要介绍它们的图样画法和尺寸标注。

7.1

螺纹及螺纹紧固件

1. 螺纹

(1)螺纹的形成

螺纹是在圆柱或圆锥表面上沿着螺旋线形成的、具有相同轴线的连续突起和凹槽。螺纹的加工方法很多,图 7-1 所示是内、外螺纹的常见加工方法。

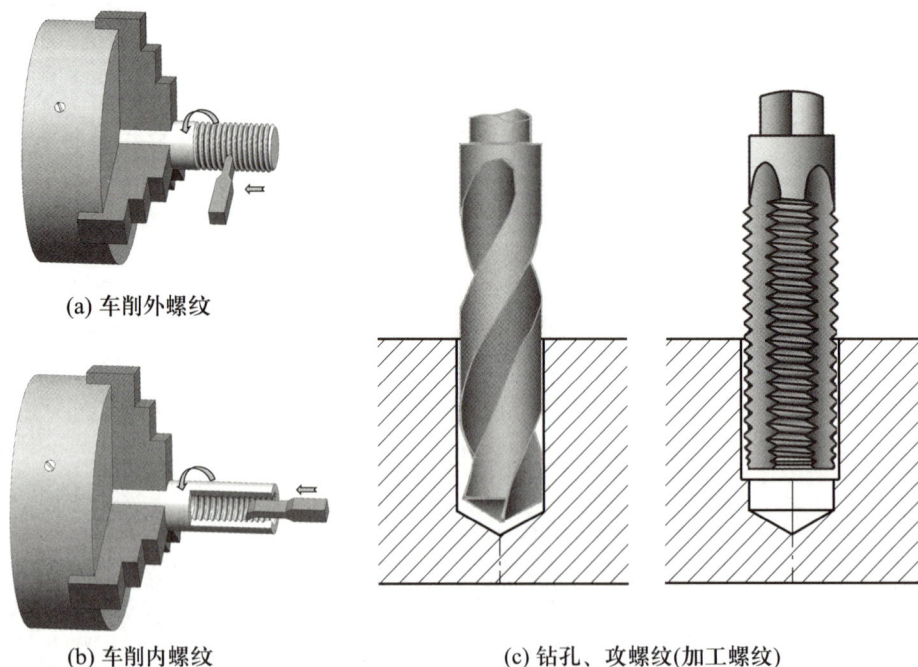

(a) 车削外螺纹

(b) 车削内螺纹

(c) 钻孔、攻螺纹(加工螺纹)

图 7-1　内、外螺纹的加工方法

螺纹分为外螺纹和内螺纹。

在圆柱或圆锥体的外表面形成的螺纹,称为外螺纹。

在圆柱或圆锥体的内表面(孔)形成的螺纹,称为内螺纹。

对直径较小的孔或轴,通常采用丝锥或板牙加工内螺纹或外螺纹。大批量生产螺纹紧固件的工厂,则是用自动搓丝机和攻丝机等专用设备加工螺纹。

（2）螺纹的要素

1）牙型

在通过螺纹轴线的断面上,螺纹的轮廓形状称为牙型。螺纹的牙型有三角形、梯形、锯齿形和矩形等。

2）公称直径

如图 7-2 所示,螺纹大径是与外螺纹牙顶或内螺纹牙底相重合的假想圆柱面的直径,螺纹大径又称为公称直径,公称直径是代表螺纹尺寸的直径,用 d（外螺纹）或 D（内螺纹）表示;与外螺纹牙底或内螺纹牙顶相重合的假想圆柱面的直径,称为螺纹的小径,用 d_1（外螺纹）或 D_1（内螺纹）表示。螺纹的中径是一个假想圆柱面的直径,该圆柱的母线通过牙型上的沟槽和凸起宽度相等的地方,外螺纹和内螺纹的中径分别用 d_2 和 D_2 表示。

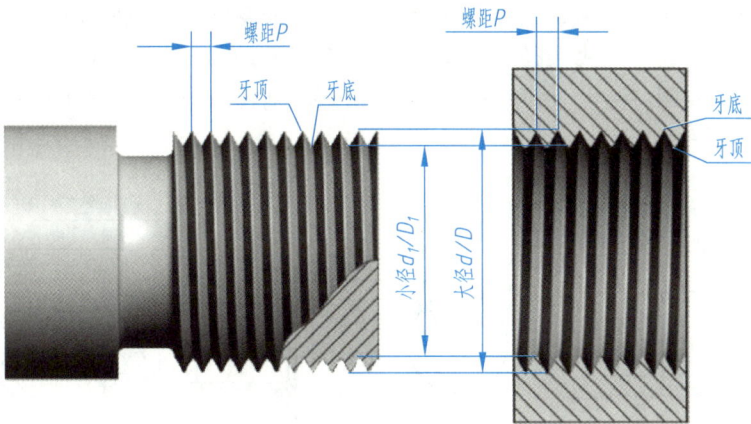

图 7-2　螺纹的要素

3）线数（n）

螺纹有单线和多线之分:沿一条螺旋线形成的螺纹称为单线螺纹;沿轴向等距分布的两条或两条以上的螺旋线所形成的螺纹称为多线螺纹（图 7-3）。

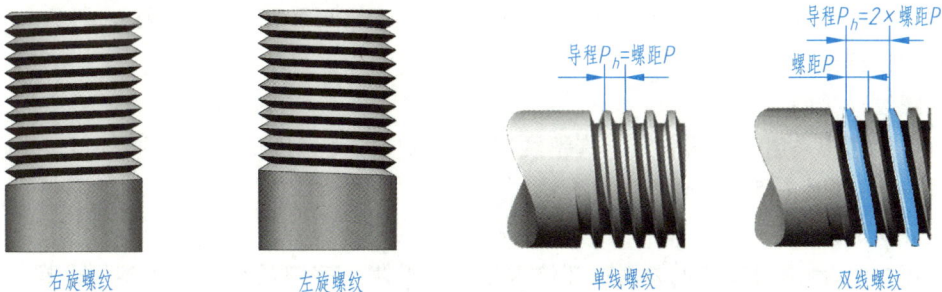

右旋螺纹　　左旋螺纹　　单线螺纹　　双线螺纹

图 7-3　螺纹的要素

4）螺距（P）和导程（P_h）

螺纹相邻两牙在中径线上对应点之间的轴向距离,称为螺距。同一条螺旋线上相邻两牙在中径线上对应点之间的轴向距离,称为导程。单线螺纹的导程等于螺距,即 $P_h = P$；多线螺纹的导程等于线数乘螺距,即 $P_h = nP$ （图7-3）。

5）旋向

螺纹的旋向分为左旋（LH）和右旋（RH）两种。顺时针旋入的螺纹称为右旋螺纹,逆时针旋入的螺纹称为左旋螺纹。工程上常用右旋螺纹（图7-3）。

内外螺纹旋合的条件:牙型、大径、旋向、线数、螺距五要素必须一致。

为了便于设计计算和加工制造,国家标准对螺纹的牙型、直径和螺距,都做了规定。凡是这三项要素符合标准的,称为标准螺纹。牙型符合标准,直径或螺距不符合标准的,称为特殊螺纹。牙型不符合标准的,称为非标准螺纹。

2. 螺纹的规定画法

国家标准《机械制图》GB/T 4459.1—1995 规定了螺纹和螺纹紧固件的画法。

（1）外螺纹的规定画法

螺纹牙顶所在的轮廓线画成粗实线；螺纹牙底所在的轮廓线画成细实线,螺杆的倒角或倒圆部分也应画出。小径通常画成大径的85%。在垂直于螺纹轴线的投影面的视图中,表示牙底圆的细实线只画约3/4圈,螺杆上倒角投影不应画出。在剖视图中,螺纹终止线只画出表示牙型高度的一小段,如图7-4a所示。

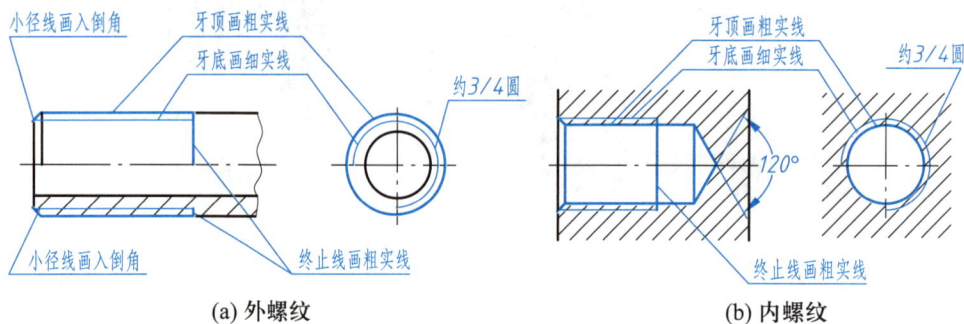

图 7-4　螺纹的规定画法

（2）内螺纹的规定画法

在剖视图中,牙顶和终止线用粗实线表示,牙底用细实线表示。在垂直于螺纹轴线的投影面的视图中,表示牙底的细实线只画约3/4圈,倒角圆不画,如图7-4b所示。不可见螺纹的所有图线均按细虚线绘制。

（3）螺纹连接的规定画法

螺纹连接通常采用剖视图表示。其螺纹旋合部分应按外螺纹的画法绘制,其余部分仍按各自的画法表示,如图7-5所示。

（4）螺纹的工艺结构

加工螺纹时,因退刀或其他原因在螺纹末尾部分产生不完整的牙型称为螺尾。螺纹长度不包括螺尾,如图7-6所示。为了避免产生螺尾,可以预先在螺纹终止处加工出退刀槽,然后再车削螺纹,如图 7-7 所示。为了便于装配和防止螺纹起始圈损坏,常在螺纹的起始处加工出倒角或倒圆。

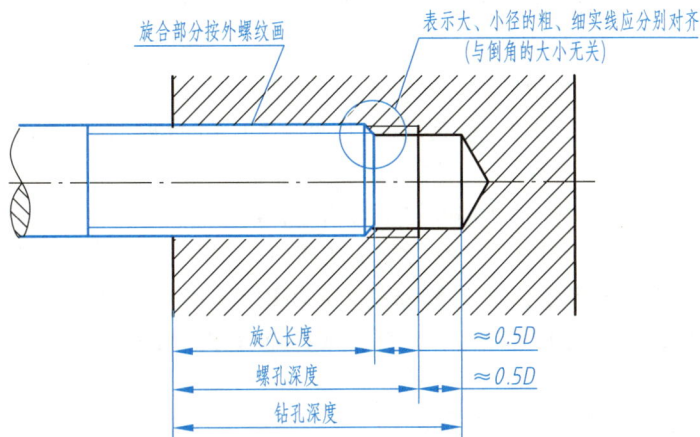

图 7-5 螺纹连接的规定画法

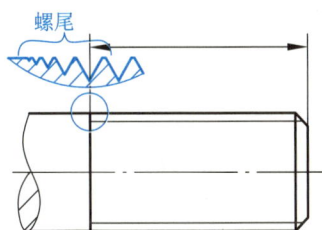

图 7-6 螺尾

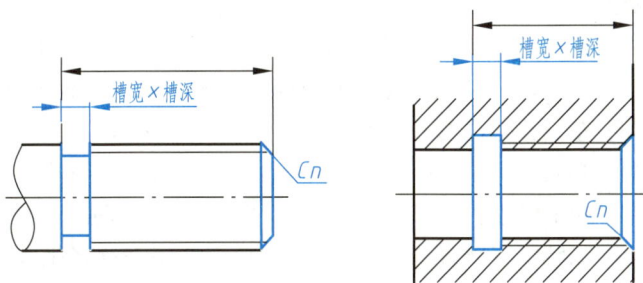

图 7-7 螺纹退刀槽、倒角的尺寸注法

3. 常用螺纹的种类和标记

螺纹按用途分为连接螺纹和传动螺纹两类,前者用于连接紧固,后者用于螺旋传动。

螺纹按国标的规定画法画出后,图上并未标明牙型、公称直径、螺距、线数和旋向等要素。因此,需要用标注代号或标记的方式来说明。

(1)普通螺纹(GB/T 197—2003)

普通螺纹主要起连接紧固作用,为更好地防止松动,普通螺纹的螺距不宜过大,一般是单线螺纹。同一公称直径的普通螺纹,其螺距分为粗牙及一种或一种以上的细牙,其直径、螺距,可查附表 1,因此在标注细牙普通螺纹时,必须注出螺距。细牙普通螺纹多用于细小的精密零件或薄壁零件上。

普通螺纹的标记内容及格式:

| 特征代号 公称直径×P_h 导程(P 螺距) | — | 中径公差带代号 顶径公差带代号 | — | 旋合长度 | — | 旋向 |

标记注意事项:

1)普通螺纹的特征代号用字母"M"表示;

2）线数用"P_h导程（P螺距）"来表示，即导程与螺距的倍数即为线数，如若标注内容为"P_h3（$P1.5$）"，则线数为 2，单线螺纹不标注字母 P_h 和 P；

3）粗牙普通螺纹一个公称直径对应一个螺距，可通过查表得知，因此粗牙单线普通螺纹不标注导程与螺距；

4）中径和顶径公差带代号相同时，只注写一个公差带代号。公差带代号为小写字母，表示外螺纹，大写字母表示内螺纹。中等公差精度（公称直径≤1.4 mm 时的 5H、6h，公称直径≥1.6 mm 时的 6H、6g）不标注其公差带代号；

5）旋合长度分为短（S）、中等（N）和长（L）三组，中等旋合长度字母"N"省略；

6）旋向为左旋时，用字母"LH"表示，右旋不注旋向。

（2）梯形螺纹和锯齿形螺纹（GB/T 5796—2005、GB/T 13576—2008）

梯形螺纹用来传递双向动力，如机床的丝杠，其直径、螺距，可查附表 3。锯齿形螺纹用来传递单向动力。

梯形螺纹、锯齿形螺纹的标记内容及格式：

| 特征代号 公称直径×导程（P螺距）旋向 | 中径公差带代号 | 旋合长度 |

标记注意事项：

1）梯形螺纹的特征代号用字母"Tr"表示，锯齿形螺纹的特征代号用字母"B"表示；

2）线数用"导程（P螺距）"来表示，导程数值前不需加字母 P_h；

3）左旋代号注写在螺距之后，且无须在 LH 前添加横线；

4）必须注写中径公差带代号，顶径公差带代号省略；

5）梯形螺纹只分长（L）和中等（N）旋合长度两组，无短旋合长度，N 省略不注；

6）除特征代号外，锯齿形螺纹的标记方法与梯形螺纹基本一致。

（3）管螺纹（GB/T 7306—2000、GB/T 7307—2001）

管螺纹是位于管壁上用于管子连接的螺纹，分为 55°非密封管螺纹和 55°密封管螺纹。其牙型尺寸、螺距等可查附表 4 和附表 5。

管螺纹的标记内容及格式：

| 特征代号 尺寸代号 公差等级代号 | 旋向 |

标记注意事项：

1）55°非密封管螺纹常用于水管、油管、气管等一般低压管路连接，其特征代号用字母"G"表示。

2）55°密封管螺纹的特征代号是：密封圆柱内螺纹特征代号用字母"R_p"表示，与其旋合的圆锥外螺纹的特征代号用字母"R_1"表示，两者组成"柱/锥"配合，多用于低压静载场合的管路连接；密封圆锥内螺纹特征代号用字母"R_c"表示，与其旋合的圆锥外螺纹的特征代号用字母"R_2"表示，两者组成"锥/锥"配合，多用于高压动载场合的管路连接。

3）55°非密封管螺纹内螺纹的公差等级只有一种，因此不标注，而外螺纹的公差等级有 A、B 两种，所以需要标注。

4）55°密封管螺纹内、外螺纹的公差等级都只有一种，因此不标注。

常用螺纹的标注示例见表 7-1。

表 7-1　常用螺纹的标注示例

螺纹种类		牙型放大图	特征代号	标记示例		说　明
连接螺纹	普通螺纹		M	粗牙	M10	公称直径为 10 mm 的粗牙普通螺纹,单线,中等公差精度,中等旋合长度,右旋
					M16×P_h6P2-5g6g-L-LH	公称直径为 16 mm 的粗牙普通螺纹,三线,中径和顶径的公差带代号为 5g6g,长旋合长度,左旋
				细牙	M8×1	公称直径为 8 mm、螺距为 1 mm 的细牙普通螺纹,单线,中等公差精度,中等旋合长度,右旋
	管螺纹		G	55°非密封管螺纹	G1/2 A -LH	尺寸代号为 1/2,公差等级代号为 A 的 55°非密封管螺纹,螺纹旋向为左旋
			R_1 R_2 R_c R_p	55°密封管螺纹	R_P½	55°密封圆柱内螺纹,尺寸代号为 1/2,右旋
					R_C1½	55°密封圆锥内螺纹,尺寸代号为 1½,右旋
					$R_1$3	与 55°密封圆柱内螺纹旋合的 55°密封圆锥外螺纹,尺寸代号为 3,右旋
					R_2¾	与 55°密封圆锥内螺纹旋合的 55°密封圆锥外螺纹,尺寸代号为 3/4,右旋
传动螺纹	梯形螺纹		Tr	Tr40×14(P7)LH-7e-L		公称直径为 40 mm、螺距为 7 mm、导程为 14 mm 的梯形螺纹,双线,左旋,中径的公差带代号为 7e,长旋合长度
	锯齿形螺纹		B	B40×8-7a		公称直径为 40 mm、螺距和导程均为 8 mm 的锯齿形螺纹,单线,右旋,中径的公差带代号为 7a,中等旋合长度

4. 螺纹紧固件的规定标记和画法

（1）螺纹紧固件的规定标记

用螺纹连接起紧固作用的零件称为螺纹紧固件。常用的螺纹紧固件有螺栓、螺柱、螺钉、螺母、垫圈等,如图 7-8 所示。螺纹紧固件的结构、尺寸均已标准化,并由有关专业工厂大量生产。根据螺纹紧固件的规定标记,就能在相应的标准中查出有关的尺寸。因此,对符合标准的螺纹紧固件,不需要再画出它们的零件图。

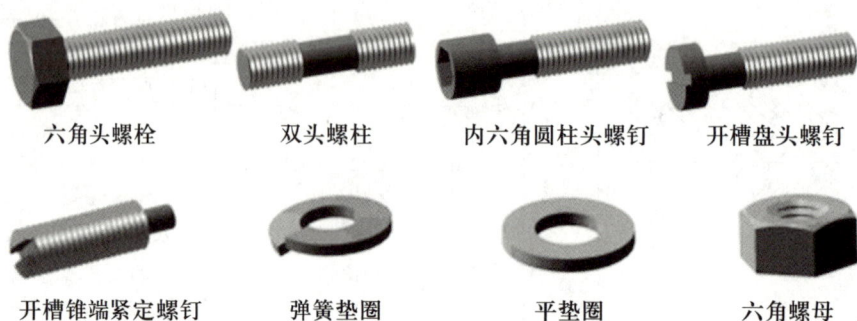

| 六角头螺栓 | 双头螺柱 | 内六角圆柱头螺钉 | 开槽盘头螺钉 |
| 开槽锥端紧定螺钉 | 弹簧垫圈 | 平垫圈 | 六角螺母 |

图 7-8　常用的螺纹紧固件

GB/T 1237—2000 规定紧固件的标记方法有完整标记和简化标记两种,本书采用不同程度的简化标记,有关完整标记的内容和顺序请查阅该标准。表 7-2 是一些常用的螺纹紧固件的视图、主要尺寸及规定标记示例。

表 7-2　常用螺纹紧固件的标记示例

名称及简图	规定标记示例	名称及简图	规定标记示例
六角头螺栓 M12 50	螺栓 GB/T 5782—2016 M12×50	开槽圆柱头螺钉 M10 45	螺钉 GB/T 65—2016 M10×45
螺柱 M12 30	螺柱 GB/T 899—1988 M12×30	开槽锥端紧定螺钉 M12 40	螺钉 GB/T 71—2018 M12×40
内六角圆柱头螺钉 M16 40	螺钉 GB/T 70.1—2008 M16×40	1型六角螺母 M16	螺母 GB/T 6170—2015 M16
平垫圈 A级 $\phi17$	垫圈 GB/T 97.1—2002 16-200HV	弹簧垫圈 $\phi20.5$	垫圈 GB/T 93—1987 20

表 7-2 所示的常用螺纹紧固件标记中可以看出：

1）接近完整的标记应是：名称　标准编号　螺纹规格（或螺纹规格×公称长度）-性能等级或硬度。如表 7-2 中的平垫圈所示，16 表示与螺纹规格 M16 配用，HV 表示维氏硬度，200 为硬度值。由于产品等级为 A 级的平垫圈的标准所规定的硬度等级为 200 HV 和 300 HV 级，而当性能等级或硬度符合规定时可以省略不标，所以这里也可省略不标。

2）采用现行标准规定的各螺纹紧固件时，标准编号中的年号可以省略。

3）在标准编号后、螺纹代号或公称长度规格前要空一格。

4）当性能等级或硬度是标准规定的常用等级时，可以省略不注明，在其他情况下则应注明。

5）当标出了螺纹紧固件的标准编号后，可省略螺纹紧固件的名称，如表 7-2 中开槽锥端紧定螺钉的标记可简化为：GB/T 71　M12×40。

（2）常用螺纹紧固件的比例画法

为了方便作图，螺纹紧固件往往不需要按实际数据画出，而采用比例画法。所谓比例画法，是除了公称长度（l）需计算、查表确定外，其他各部分尺寸按照螺纹的公称直径（D 或 d）进行比例折算后按一定的比例值来画。螺栓、螺母和垫圈的各部分比例折算及比例画法如图 7-9 所示；双头螺柱和螺钉头部的比例画法如图 7-10 所示。

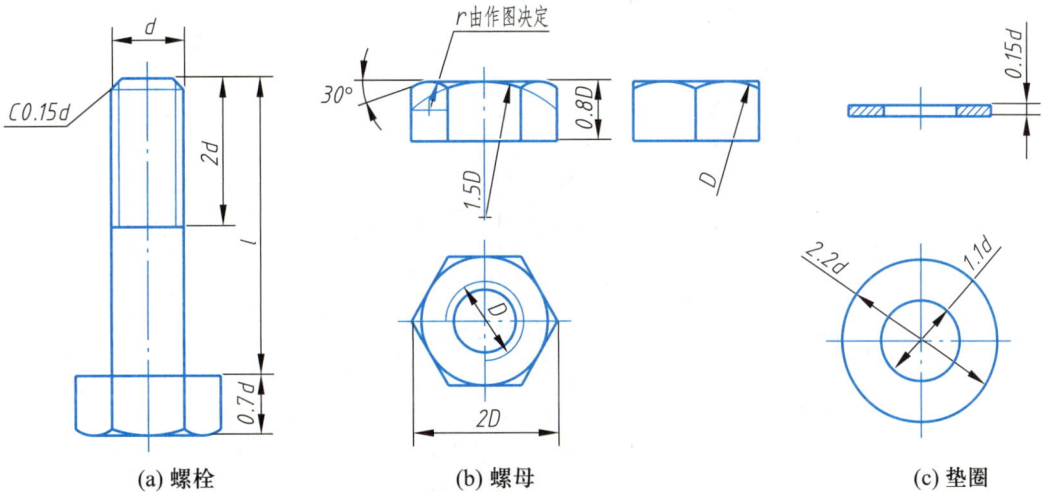

图 7-9　螺栓、螺母和垫圈的比例画法

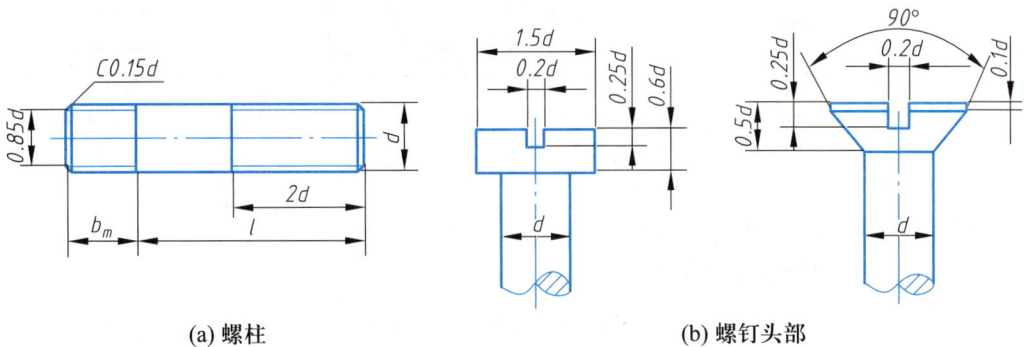

图 7-10　螺柱、螺钉头部的比例画法

（3）螺栓连接

在两块不厚的被连接件上,钻通孔,其孔径大于螺栓螺纹大径(约 $1.1d$),螺栓穿过两被连接零件的通孔,套上垫圈,拧紧螺母,构成螺栓连接。

1）规定画法

用一组图形表示螺纹紧固件连接若干零件,其所画的图形为装配图。在画图时,应遵守以下基本规定:

① 两零件接触表面画一条线,不接触表面画两条线。

② 两零件邻接时,不同零件的剖面线方向应相反,或方向一致、间隔不等。

③ 对于紧固件和实心件(如螺栓、螺柱、螺钉、螺母、垫圈、键、销、球及轴等),若剖切平面通过其基本轴线时,这些零件都按不剖绘制;需要时,可采用局部剖视图表示。

图 7-11 表示用螺栓连接两块板的画法。图 7-11a 画出了连接前的情况,套垫圈是为了增加支承面积,防止在拧紧螺母过程中损伤被连接件表面。图 7-11b 表示用螺栓连接被连接件的装配画法,图中说明了图线画法要点等注意事项。图 7-11c 所示为简化画法,图中螺栓头部和螺母的倒角都省略不画。

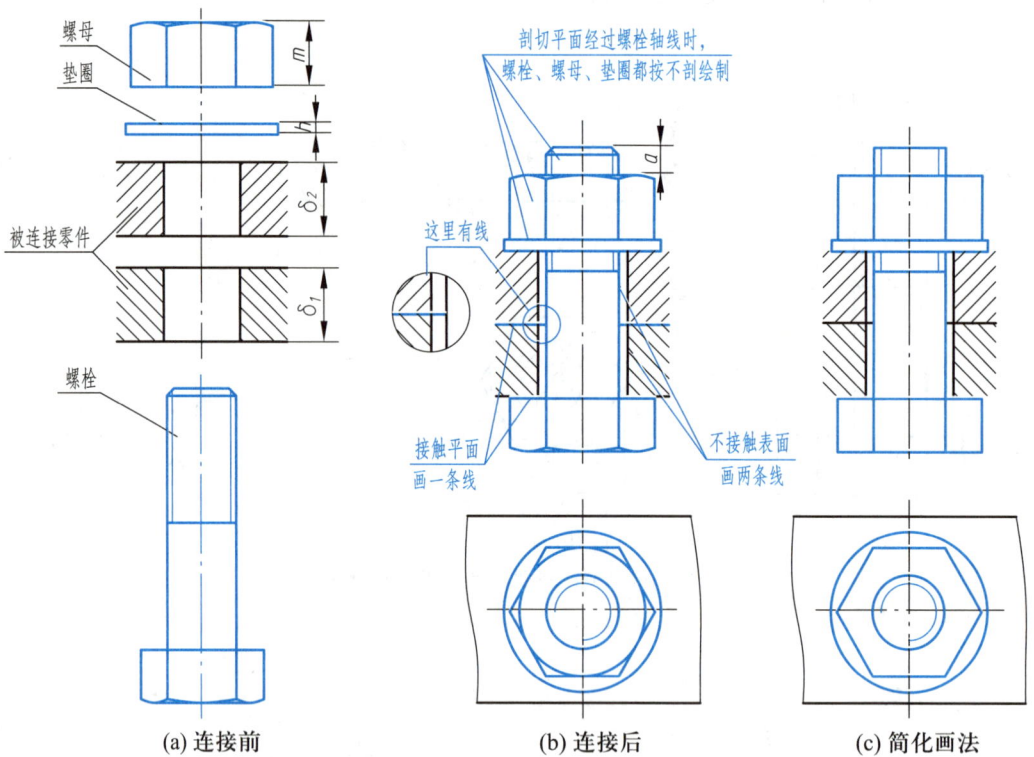

(a) 连接前　　　(b) 连接后　　　(c) 简化画法

图 7-11　螺栓连接的画法

2）螺栓公称长度 l 的确定

螺栓公称长度 l 可根据下式估算:

$$l_{计} \approx \delta_1 + \delta_2 + h + m + a$$

式中 δ_1、δ_2 分别为两被连接零件的厚度;m、h 分别为螺母、垫圈的厚度,厚度的取值(比例画法,而不是实际厚度)如图 7-11 所示;a 为螺栓伸出螺母外的长度,$a \approx (0.2 \sim 0.3)d$。估算出 $l_{\text{计}}$ 后,通过查附表 6,在螺栓公称长度 l 系列中,根据 $l_{\text{计}} \le l$ 查出螺栓的公称长度。

(4) 双头螺柱连接

当两个被连接件中,有一个较厚或不适宜用螺栓连接时,常采用双头螺柱连接,如图 7-12 所示。

1) 螺柱连接的规定画法

由图 7-12 可以看出,双头螺柱连接的上部分与螺栓连接相似;下部分螺柱旋入端的螺纹终止线应与被连接零件端面平齐。双头螺柱连接中被连接零件上的通孔与螺孔的比例画法,如图 7-13 所示。

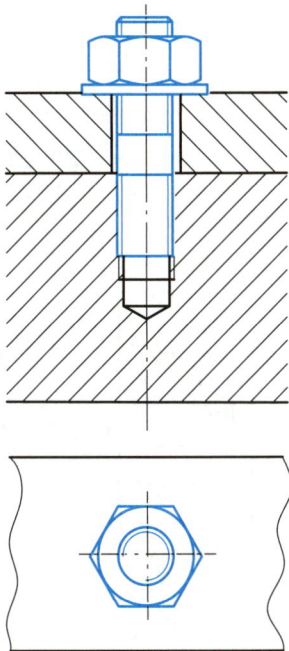

图 7-12　双头螺柱连接的画法

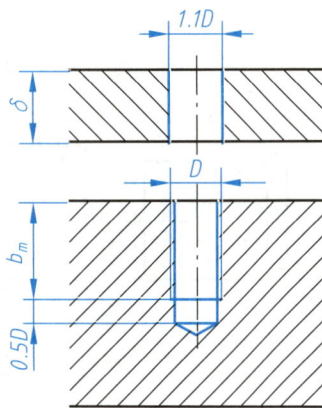

图 7-13　被连接零件的通孔与螺孔的比例画法

根据国家标准的规定,旋入端螺纹的长度(b_{m})有四种,可根据螺孔的材料选用。通常当被旋入零件的材料为钢或青铜时,取 $b_{\text{m}} = d$(GB/T 897—1988);为铸铁时,取 $b_{\text{m}} = 1.25d$(GB/T 898—1988)或 $b_{\text{m}} = 1.5d$(GB/T 899—1988);为铝时,取 $b_{\text{m}} = 2d$(GB/T 900—1988)。螺孔的深度为 $b_{\text{m}} + 0.5d$,光孔的深度为 $0.5d$。

2) 螺柱公称长度 l 的确定

双头螺柱的两端都制有螺纹,一端旋入较厚被连接零件的螺孔中,称为旋入端;另一端穿过较薄零件的通孔和垫圈,与螺母相连接,称为紧固端。螺柱公称长度 l 是无螺纹部分杆长与紧固端螺纹长度之和。螺柱公称长度 l 可根据下式估算:

$$l_{\text{计}} \approx \delta + h + m + a$$

式中各参数的取值与螺栓连接相似。估算出 $l_{\text{计}}$ 后,通过查附表 7,在螺柱公称长度 l 系列中,根据 $l_{\text{计}} \le l$ 查出螺柱的公称长度即可。

（5）螺钉连接

螺钉按用途可分为连接螺钉和紧定螺钉两类。前者用于连接零件;后者主要用于固定零件。

1）连接螺钉

连接螺钉用于受力不大,并且不需要经常拆卸的地方,如图7-14所示。螺钉连接不用螺母,螺钉直接拧入被连接零件的螺纹孔内,其拧入螺孔一端的画法与螺柱的画法相同。在螺钉连接装配画法中,螺钉头部的一字槽,用加粗的粗实线绘制,并在俯视图中画成与水平方向成45°角。

2）紧定螺钉

紧定螺钉用来固定两个零件的相对位置,使它们不发生相对运动。如图7-15中的轴和齿轮(图中齿轮只画出轮毂部分),用一个开槽紧定螺钉旋入轮毂的螺孔中,使螺钉端部的90°锥面与轴上的90°锥坑压紧,从而固定轴和齿轮的相对位置。

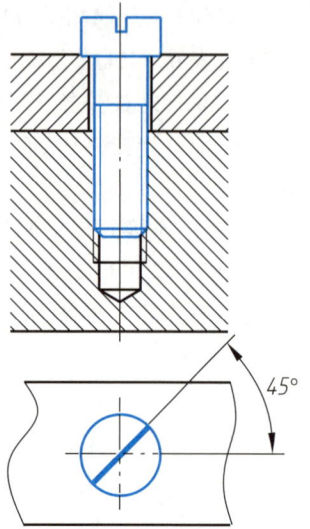

图7-14 螺钉连接的画法

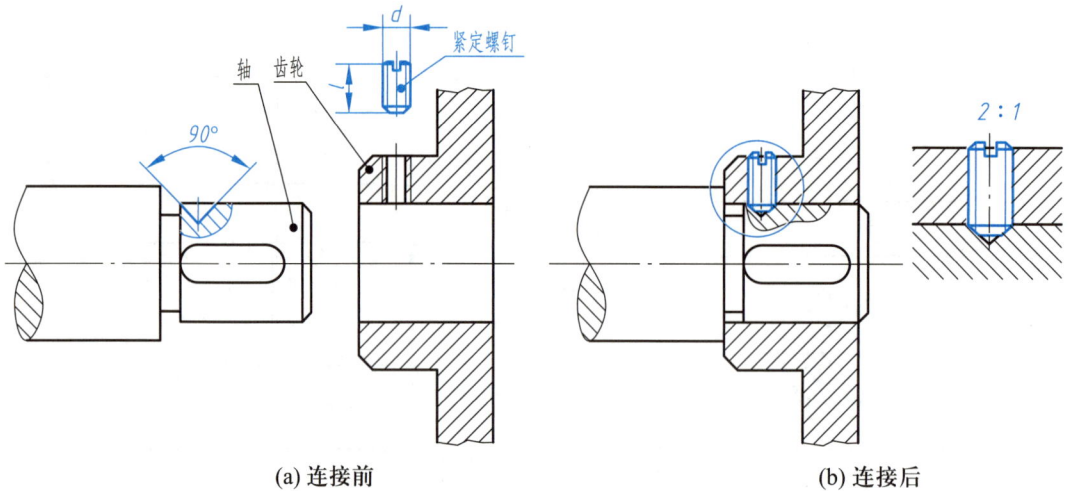

(a) 连接前   (b) 连接后

图7-15 紧定螺钉连接的画法

7.2
圆柱齿轮的规定画法

1. 齿轮

齿轮是一种广泛用于机器或部件中的传动零件,可以用来传递运动和动力、改变转速和旋转方向。在齿轮的参数中只有模数、压力角已经标准化,其他参数没有标准化。图7-16表示三种常见的齿轮传动形式。圆柱齿轮通常用于两平行轴之间的传动;锥齿轮用于两相交轴之间的传动;蜗杆与蜗轮则用于两交叉轴之间的传动。

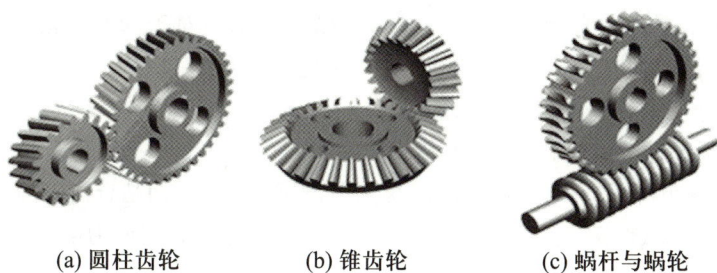

(a) 圆柱齿轮　　　(b) 锥齿轮　　　(c) 蜗杆与蜗轮

图 7-16　常见的齿轮传动

　　轮齿是齿轮的主要结构,有直齿、斜齿和人字齿之分。轮齿的齿廓曲线一般有渐开线、摆线或圆弧,通常采用渐开线齿廓。

　　齿轮分为标准齿轮和非标准齿轮,具有标准齿的齿轮为标准齿轮。本书只介绍渐开线标准圆柱齿轮的基本知识及其规定画法。

2. 直齿圆柱齿轮各几何要素的名称、代号和尺寸计算

（1）名称和代号

图 7-17 是两个啮合的圆柱齿轮示意图,从图中可以看出圆柱齿轮各部分的几何要素。

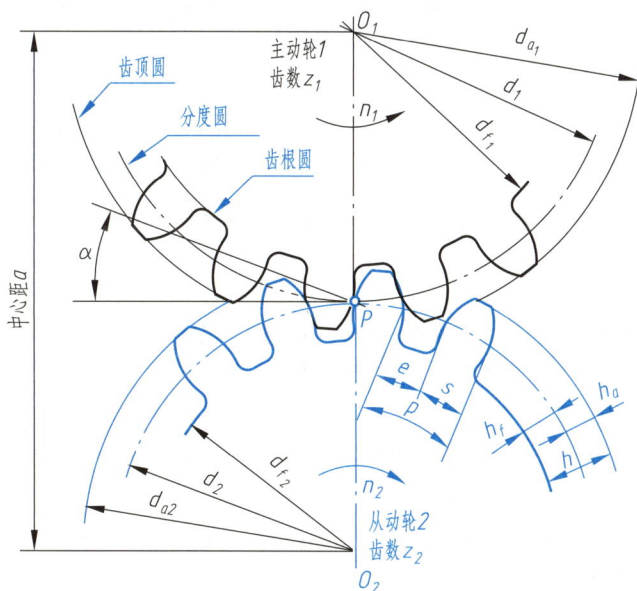

图 7-17　啮合的圆柱齿轮示意图

1）齿顶圆、齿根圆

　　通过轮齿顶部的圆称为齿顶圆,其直径用 d_a 表示;通过轮齿根部的圆称为齿根圆,其直径用 d_f 表示。

2）节圆直径 d' 和分度圆直径 d

　　O_1、O_2 分别为两啮合齿轮的中心,两齿轮的一对齿廓的啮合接触点是在连心线 O_1O_2 上的点 P（称节点）。分别以 O_1、O_2 为圆心,O_1P、O_2P 为半径作圆,齿轮的传动可假想为这两个圆作无滑

动的纯滚动。这两个圆均称为齿轮的节圆,其直径以 d' 表示。对于标准齿轮来说,节圆和分度圆是一致的。对单个齿轮而言,分度圆是设计、制造齿轮时进行各部分尺寸计算的基准圆,也是分齿的圆,所以称为分度圆,其直径以 d 表示。

3)分度圆齿距 p 和分度圆齿厚 s

分度圆上相邻两齿廓对应点之间的弧长,称为分度圆齿距 p。两啮合齿轮的齿距应相等。一个轮齿齿廓在分度圆上的弧长,称为分度圆齿厚 s。对于标准齿轮来说,齿厚为齿距的一半,即 $s=p/2$。

4)齿高 h、齿顶高 h_a、齿根高 h_f

齿顶圆距齿根圆的径向距离称为齿高,用 h 表示;齿顶圆距分度圆的径向距离称为齿顶高,用 h_a 表示;齿根圆距分度圆的径向距离称为齿根高,用 h_f 表示。$h=h_a+h_f$。

5)模数 m

以 z 表示齿轮的齿数,则分度圆周长 $=\pi d=zp$,即 $d=(p/\pi)z$。令 $m=p/\pi$,则有 $d=mz$,即模数 m 是齿距 p 与 π 的比值。因为两啮合齿轮的齿距 p 必须相等,所以它们的模数也必须相等。若模数大,其齿距就大,齿厚也大,即齿轮的轮齿大。因而齿轮的承载能力就大。

模数是设计和制造齿轮的重要参数。不同模数的齿轮,要用不同模数的刀具来加工制造。为了便于设计和加工,国家标准已将模数标准化,其系列值见表7-3。

表 7-3　齿轮模数系列（GB/T 1357—2008）　　　　　　　　　　　　　mm

第一系列	1	1.25	1.5	2	2.5	3	4	5	6	8	10	12
	16	20	25	32	40	50						
第二系列	1.125	1.375	1.75	2.25	2.75	3.5	4.5	5.5	(6.5)			
	7	9	11	14	18	22	28	36	45			

注:选用模数时,应优先选用第一系列,其次选用第二系列,括号内的模数尽可能不用。

6)压力角 α

两啮合齿轮的齿廓在节点 p 处的公法线(即齿廓的受力方向)与两节圆的内公切线所夹的锐角,称为压力角,用 α 表示。我国采用的压力角一般为 $20°$。

7)传动比 i

传动比 i 为主动齿轮的转速 n_1 与从动轮的转速 n_2 之比,即 $i=n_1/n_2=z_2/z_1$。

8)中心距 a

两圆柱齿轮轴线之间的最短距离,称为中心距,即 $a=(d_1+d_2)/2=m(z_1+z_2)/2$。

(2)几何要素的尺寸计算

在标准齿轮中,轮齿各部分的尺寸都是以模数为基本参数。设计齿轮时,先要确定模数和齿数,其他参数都可由模数和齿数计算出来。计算公式见表7-4。

表 7-4　直齿圆柱齿轮各几何要素的尺寸计算

名称	代号	计算公式
齿顶高	h_a	$h_a=m$
齿根高	h_f	$h_f=1.25m$
齿高	h	$h=2.25m$

名称	代号	计算公式
分度圆直径	d	$d = mz$
齿顶圆直径	d_a	$d_a = m(z+2)$
齿根圆直径	d_f	$d_f = m(z-2.5)$
中心距	a	$a = m(z_1+z_2)/2$

3. 圆柱齿轮的规定画法

（1）单个圆柱齿轮的画法

根据 GB/T 4459.2—2003 规定的齿轮表示法,齿顶圆和齿顶线用粗实线绘制,分度圆和分度线用细点画线绘制,齿根圆和齿根线用细实线绘制(也可省略),如图 7-18a 所示。在剖视图中,当剖切平面通过齿轮的轴线时,轮齿一律按不剖处理,并将齿根线用粗实线绘制,如图 7-18b 所示。当轮齿有倒角时,在端面视图上倒角圆规定不画。若轮齿为斜齿或人字齿,视图可画成半剖视图,并用三条与齿线方向一致的细实线表示,如图 7-18c 所示。直齿则无须表示。

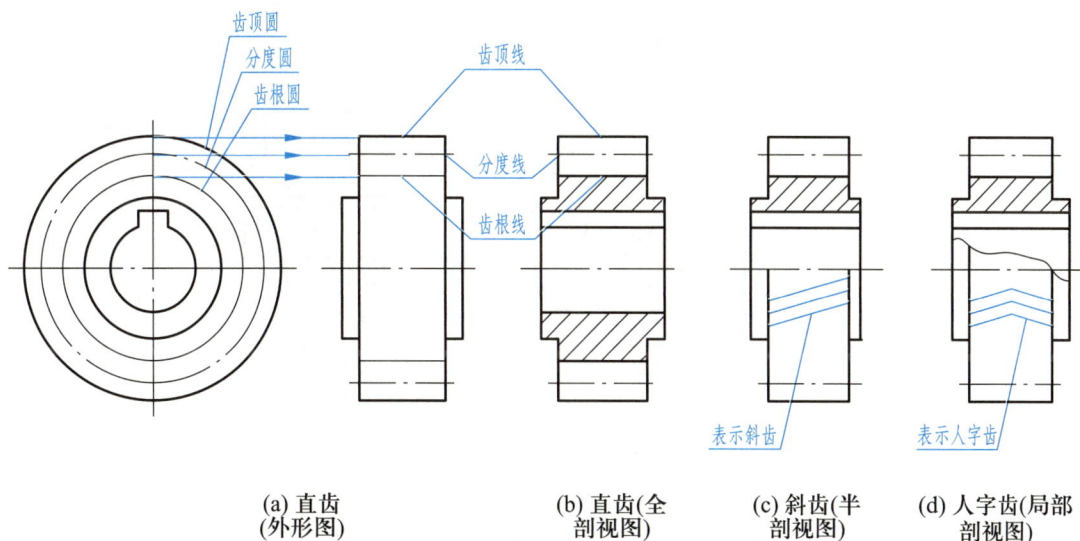

（a）直齿
（外形图）
（b）直齿(全剖视图)
（c）斜齿(半剖视图)
（d）人字齿(局部剖视图)

图 7-18　圆柱齿轮的规定画法

（2）圆柱齿轮的啮合画法

在垂直于圆柱齿轮轴线的投影面的视图中,啮合区内的齿顶圆均用粗实线绘制,如图 7-19a 所示的左视图;或省略不画,如图 7-19b 所示。用细点画线画出两相切的节圆。两齿根圆用细实线绘制,也可以省略。在平行于圆柱齿轮轴线的投影面的视图中,若取剖视图,当剖切平面通过两啮合齿轮轴线时,在啮合区内将一个齿轮的轮齿用粗实线绘制,另一个齿轮的轮齿被遮挡的部分用细虚线绘制,如图 7-19a 中的主视图所示。若画成外形视图时,啮合区的齿顶线不画,节线用粗实线绘制,其他处的节线仍用细点画线绘制,如图 7-19c、d 所示。

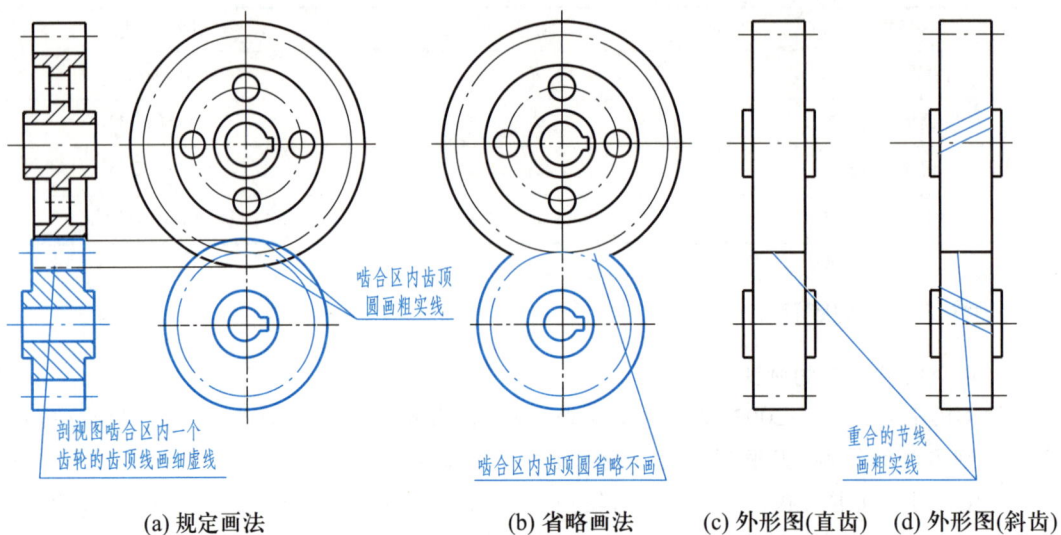

啮合区内齿顶
圆画粗实线

剖视图啮合区内一个
齿轮的齿顶线画细虚线

啮合区内齿顶圆省略不画

重合的节线
画粗实线

(a) 规定画法　　　　　　(b) 省略画法　　(c) 外形图(直齿)　(d) 外形图(斜齿)

图 7-19　圆柱齿轮啮合的画法

（3）齿轮与齿条啮合的画法

齿轮的直径无限大时,齿轮就成为齿条。此时,齿顶圆、分度圆、齿根圆和轮廓曲线（渐开线）都成为直线。齿轮与齿条啮合的画法如图 7-20 所示。

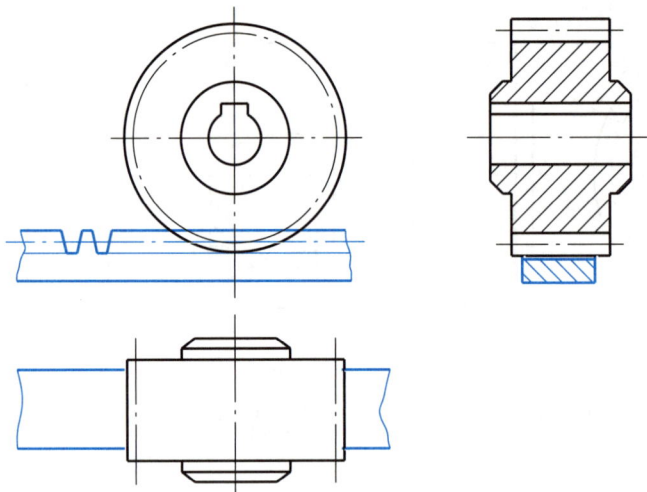

图 7-20　齿轮与齿条啮合的画法

键与销

1. 键连接

键通常用来连接轴和装在轴上的转动零件(如齿轮、带轮等),起传递扭矩的作用。

键是标准件,常用的普通平键的尺寸和键槽的剖面尺寸可查阅附表 19。普通平键的型式有 A 型(圆头)、B 型(方头)、C 型(单圆头)三种,其形状和尺寸如图 7-21 所示。在标记时,A 型平键省略 A 字,而 B 型、C 型应写出 B 或 C 字,标记方法见附表 19。

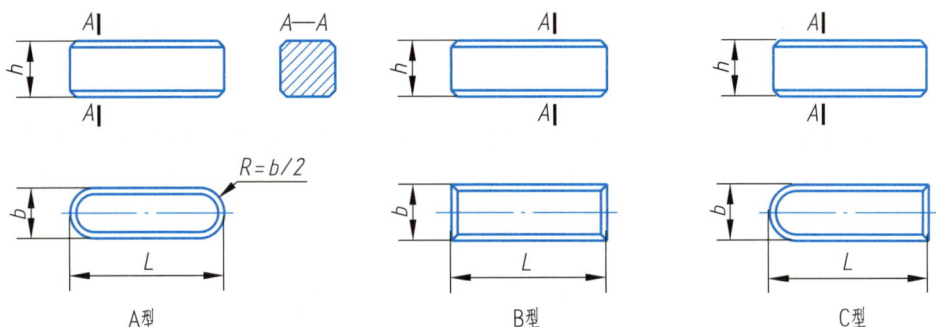

图 7-21 普通平键的型式和尺寸

图 7-22a 表示轴和齿轮用键连接的画法。剖切平面通过轴和键的轴线或对称面时,轴和键均按不剖形式画出。为了表示轴上的键槽,采用了局部剖视图。键的顶面和轮毂键槽的底面有间隙,应画两条线。图 7-22b 表示轴和齿轮上键槽的画法及其尺寸注法。轴上要标注键槽长度 L、键槽宽度 b 和 $d-t_1$(t_1 是轴上的键槽深度)。齿轮孔上的键槽采用全剖视图和局部剖视图表示,尺寸应注 b 和 $d-t_2$(t_2 是轮毂上的键槽深度)。t_1 和 t_2 可从附表 19 中查得,b、L 由设计给定。

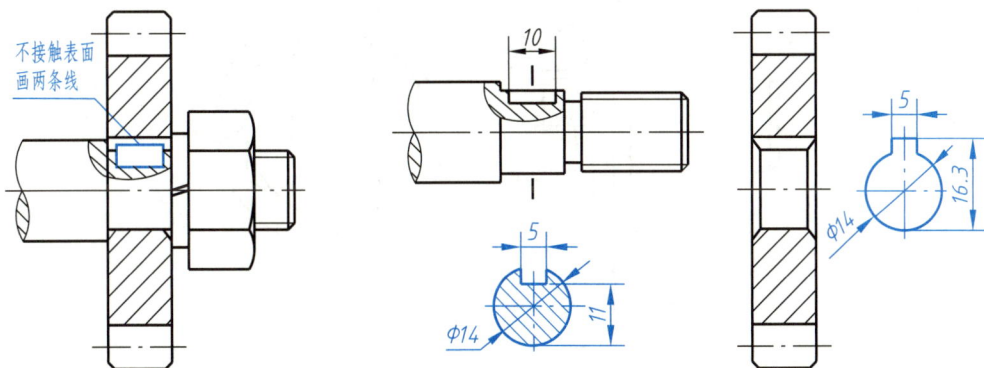

(a) 键连接的装配图画法   (b) 键槽的画法及其尺寸标注

图 7-22 轴、齿轮孔及其连接的画法

2. 销连接

销是标准件,通常用于零件间的连接和定位。常用的有圆柱销、圆锥销和开口销等,如图 7-23 所示。圆柱销、圆锥销和开口销的型式、尺寸及标记见附表 16、附表 17 和附表 18。开口销用在带孔螺栓和六角开槽螺母时,将它穿过螺母的槽口和螺栓的销孔,并在销的尾部叉开,可防止螺母与螺栓的松脱。用销连接的两个零件上的销孔一般需要一起加工,并在图上注写"与××件同钻铰",如图 9-20 所示。

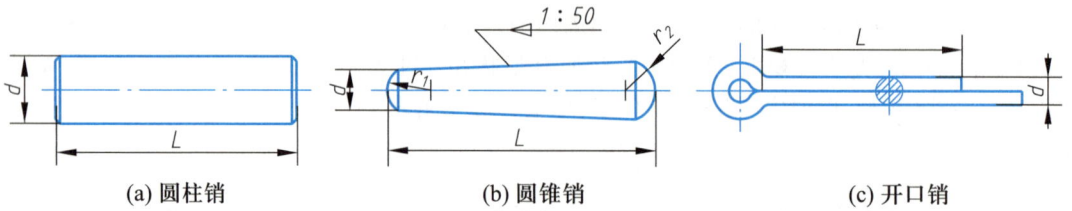

(a) 圆柱销   (b) 圆锥销   (c) 开口销

图 7-23　常用的销

圆柱销有由 GB/T 119.1—2000 规定的用不淬硬钢和奥氏体不锈钢的圆柱销及由 GB/T 119.2—2000 规定的淬硬钢和马氏体不锈钢的圆柱销两种。圆柱销和圆锥销的连接画法如图 7-24所示,开口销连接的画法如图 7-25 所示。

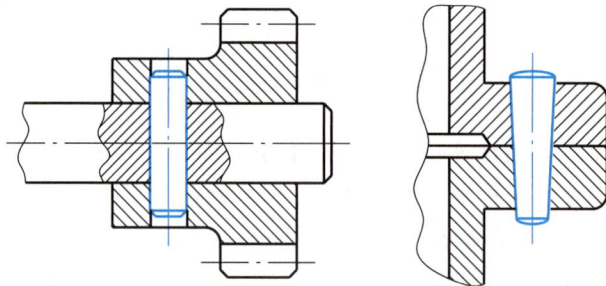

图 7-24　圆柱销和圆锥销的连接画法

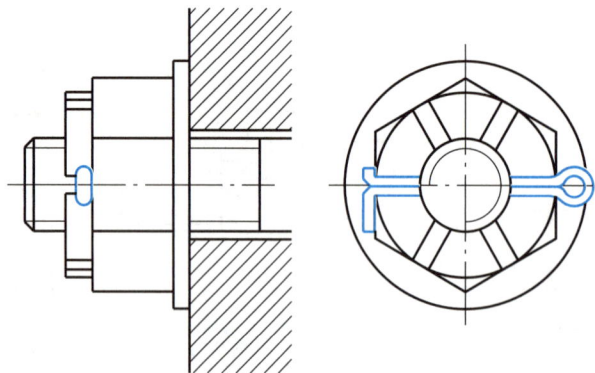

图 7-25　开口销的连接画法

7.4

滚动轴承和弹簧

1. 滚动轴承

（1）滚动轴承的结构和画法

滚动轴承是一种用来支承旋转轴的组件。它具有结构紧凑、摩擦阻力小的优点，因此在机器或部件中被广泛使用。滚动轴承的类型很多，但其结构大体相同，一般由外圈（座圈）、内圈（轴圈）、滚动体和保持架四部分组成，如图 7-26 所示。本书只介绍常用的深沟球轴承、圆锥滚子轴承和推力球轴承的画法和标记。

滚动轴承是标准部件，其结构和尺寸已经标准化。因此，不必画出它的零件图，只需在装配图中根据外径 D、内径 d、宽度 $B(T)$ 等几个主要尺寸，按照比例画出它的结构特征即可。

GB/T 4459.7—2017《机械制图　滚动轴承表示法》规定，滚动轴承可以采用通用画法、特征画法和规定画法三种画法绘制。通用画法和特征画法均属于简化画法，规定画法能较详细地表达轴承的主要结构形状。滚动轴承的规定画法和特征画法见表 7-5。

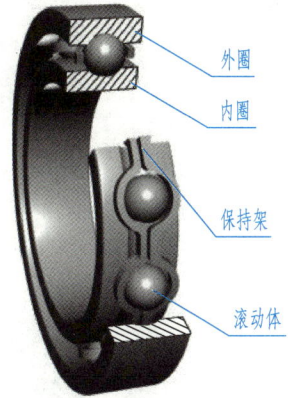

图 7-26　滚动轴承的结构

表 7-5　常用滚动轴承的型式和规定画法

轴承名称及代号	结构型式	规定画法	特征画法	应用
深沟球轴承 60000 型 GB/T 276—2013				主要承受径向力

续表

轴承名称及代号	结构型式	规定画法	特征画法	应用
圆锥滚子轴承 30000 型 GB/T 297—2015				可同时承受径 向力和轴向力
球轴承 50000 型 GB/T 301—2015				承受单方向 的轴向力

（2）滚动轴承的标记

滚动轴承的标记由名称、代号和标准编号三部分组成。轴承的代号有基本代号和补充代号，基本代号表示轴承的基本结构、尺寸、公差等级、技术性能等特征。当轴承在结构形状、尺寸、公差等级、技术要求有改变时则增加补充代号。在基本代号前面添加的补充代号（字母）称为前置代号，在基本代号后面添加的补充代号（字母或字母加数字）称为后置代号。前置代号和后置代号的有关规定可查阅有关手册。滚动轴承的基本代号（滚针轴承除外）由轴承类型代号、尺寸系列代号、内径代号三部分组成。尺寸系列代号由轴承的宽（高）度系列代号（一位数字）和外径系列代号（一位数字）左右排列组成。内径代号用两位数字表示：当 $10 \text{ mm} \leqslant d \leqslant 495 \text{ mm}$ 时，代号数字 00、01、02、03 分别表示内径 d 为 10 mm、12 mm、15 mm、17 mm；代号数字 $\geqslant 04$ 时，则代号数字乘以 5，即为轴承内径 d 的毫米数。滚动轴承的标记示例如下：

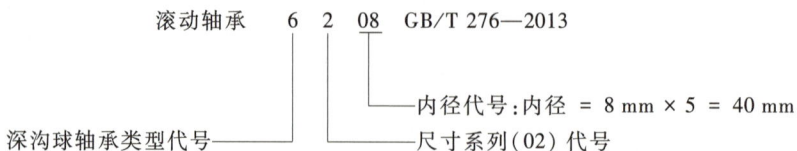

滚动轴承　　6　2　08　GB/T 276—2013

内径代号：内径 = 8 mm × 5 = 40 mm

深沟球轴承类型代号

尺寸系列（02）代号

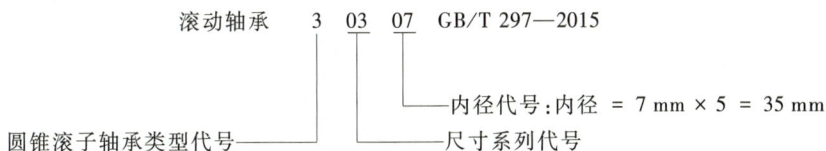

$$\text{滚动轴承}\quad 3\quad 03\quad 07\quad \text{GB/T 297—2015}$$

圆锥滚子轴承类型代号————
尺寸系列代号————
内径代号:内径 $= 7\text{ mm} \times 5 = 35\text{ mm}$

2. 弹簧

弹簧的形式多样、用途广泛,它主要用于减振、夹紧、测力、储能复位等方面。其特点是:当外力去除后,弹簧能立即恢复原状。本节只介绍圆柱螺旋压缩弹簧的基本知识、画法和标记。

(1)圆柱螺旋压缩弹簧的参数(图7-27)

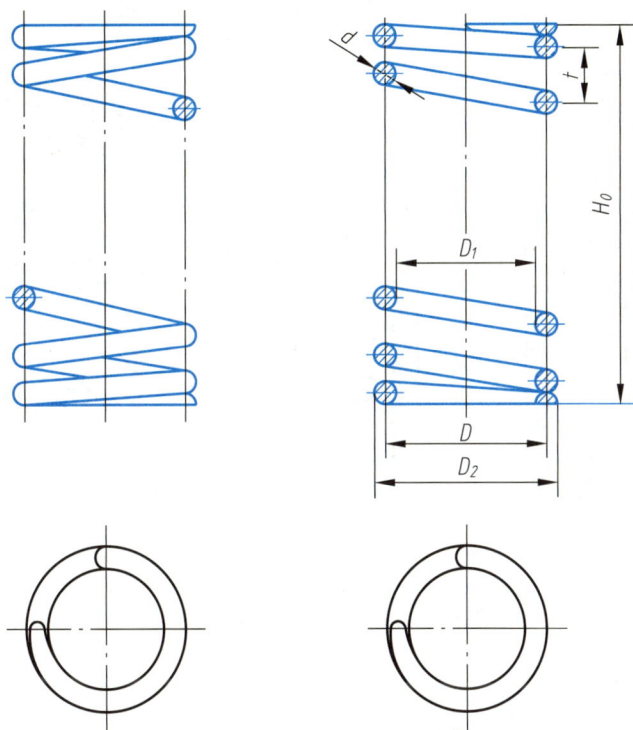

图 7-27　圆柱螺旋压缩弹簧的画法

1)材料直径 d　弹簧的钢丝直径。

2)弹簧的内径、外径和中径　弹簧的内圈直径称为内径,用 D_1 表示;弹簧的外圈直径称为外径,用 D_2 表示;弹簧内圈和外圈的平均直径称为中径,用 D 表示。

3)弹簧的节距 t　除两端的支承圈外,相邻两圈截面中心线的轴向距离。

4)有效圈数 n、支承圈数 n_z 和总圈数 n_1　为使弹簧工作平稳、受力均匀,两端并紧、磨平。并紧、磨平的各圈仅起支承作用的圈数,称为支承圈,两端支承圈数之和称为支承圈数,支承圈数有1.5圈、2圈和2.5圈三种。除支承圈以外,保持相等节距的圈数,称为有效圈数。有效圈数与支承圈数之和,称为总圈数。

5)自由高度 H_0　弹簧无负荷作用时的高度, $H_0 = nt + (n_z - 0.5)d$。

6)展开长度 L　弹簧的钢丝长度。

（2）圆柱螺旋压缩弹簧的画法

1）单个弹簧的画法

如图 7-27 所示,在平行于弹簧轴线的投影面的视图中,各圈的轮廓线应画成直线;螺旋压缩弹簧,如两端要求并紧且磨平时,不论支承圈的圈数多少和末端贴紧情况如何,均可按图 7-27 的情况绘制;螺旋弹簧均可画成右旋,对必须保证旋向要求的应在"技术要求"中注明;有效圈数在四圈以上的螺旋弹簧中间部分可以省略,省略后允许适当缩短图形的长度。

2）弹簧在装配图中的画法

在装配图中,被弹簧挡住的结构一般不画出,可见部分应从弹簧的外轮廓线或从弹簧钢丝剖面的中心线画起,如图 7-28a 所示。当弹簧被剖切,如材料直径在图形上等于或小于 2 mm 时,可用涂黑表示,如图 7-28b 所示;也可用图 7-28c 的示意图形式表示。

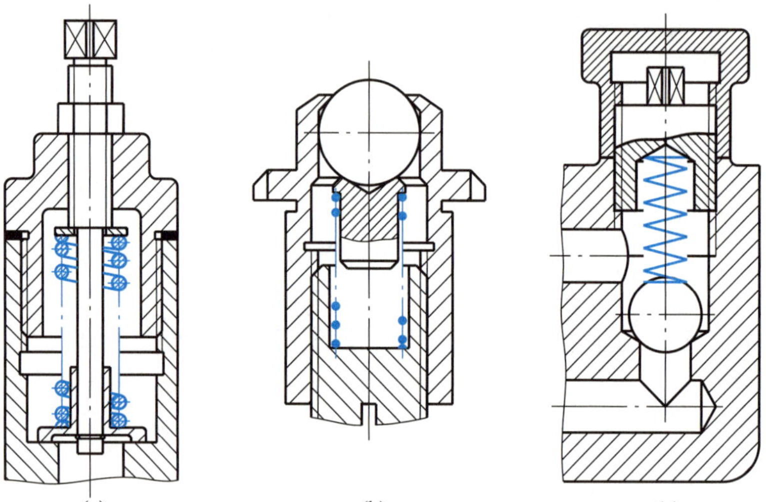

图 7-28　装配图中弹簧的规定画法

（3）圆柱螺旋压缩弹簧的标记

圆柱螺旋压缩弹簧标记的组成规定如下:

$$\boxed{名称代号}\boxed{型式代号}-d\times D\times H_0-\boxed{精度代号}\boxed{旋向代号}\boxed{标准代号}\boxed{材料牌号}-\boxed{表面处理}$$

材料直径———————— 自由高度
弹簧中径

国家标准规定圆柱螺旋压缩弹簧的名称代号为 Y,弹簧在端圈型式上分为 A 型（两端圈并紧磨平）和 B 型（两端圈并紧锻平）两种,它的制造精度分为 2、3 级,3 级精度的右旋弹簧使用最多,精度代号 3 和右旋代号可省略,左旋弹簧的旋向代号需标注"LH"。制造弹簧时,在线径≤10 mm 时采用冷卷工艺,一般使用 C 级碳素弹簧钢丝为弹簧材料;在线径>10 mm 时采用热卷工艺,一般使用 60Si2MnA 为弹簧材料。使用上述材料时可不标注,弹簧标记中的表面处理一般也不标注。

第8章 零件图

8.1 零件图的作用和内容

零件是组成机器或部件的最小单元。任何一台机器或一个部件都是由若干个零件按一定的装配关系及技术要求装配而成的。表达零件的图样称为零件图。

零件图是设计、生产、使用和维修中的重要技术文件之一,是制造和检验零件的依据。因此,零件图中必须包括制造和检验该零件时所需要的全部信息。因此,一张零件图应包含以下内容:

(1)图形　用一组视图(其中包括视图、剖视图、断面图和局部放大图等),正确、完整、清晰和简便地表达零件的内、外部结构形状。

(2)尺寸　指零件图中标注的,涉及制造和检验零件时所需要的全部尺寸。标注时要求正确、完整、清晰、合理地确定零件各部分结构形状和相对位置的大小。

(3)技术要求　用规定的代号、符号、数字、字母和文字等注明零件在制造和检验时在技术指标上应达到的要求,如尺寸公差、几何公差、表面结构、表面处理和材料的热处理等。需用文字说明的,可在图样右下方空白处注写。

(4)标题栏　一般在图框的右下角,用标题栏明确地填写零件名称、材料、比例、图号以及设计和审核者的姓名和日期等。

图8-1是阀体的零件图。此阀体的结构形状可参考图9-10,其主体为一球形,内部是球形空腔,用于包裹阀芯;阀体的左侧为方形的安装板,安装板上有4个安装孔,用于连接阀盖;阀体的上部是圆柱形结构,圆柱的内部有阶梯孔,用于包裹阀杆;阀体的最右侧为一圆柱形管口,用于安装管路。

图8-1中,除了用一组视图表达阀体的结构形状外,还标注了完整的尺寸,用于指导零件的制造和检验,在阅读这些尺寸时,应首先分析出尺寸基准的位置,如上下方向的尺寸基准为阀体中部横孔的轴线,左右方向的尺寸基准为阀体上部圆柱结构的轴线,前后方向结构对称,其对称中心线即为尺寸基准,确定好这些基准后,即可根据所注尺寸明确阀体各结构的大小和位置。

除此以外,在图8-1中还有大量的符号、数字和文字标识等,用于表达制造阀体时需要达到的一些技术要求,具体内容将在8.5小节中详细介绍。

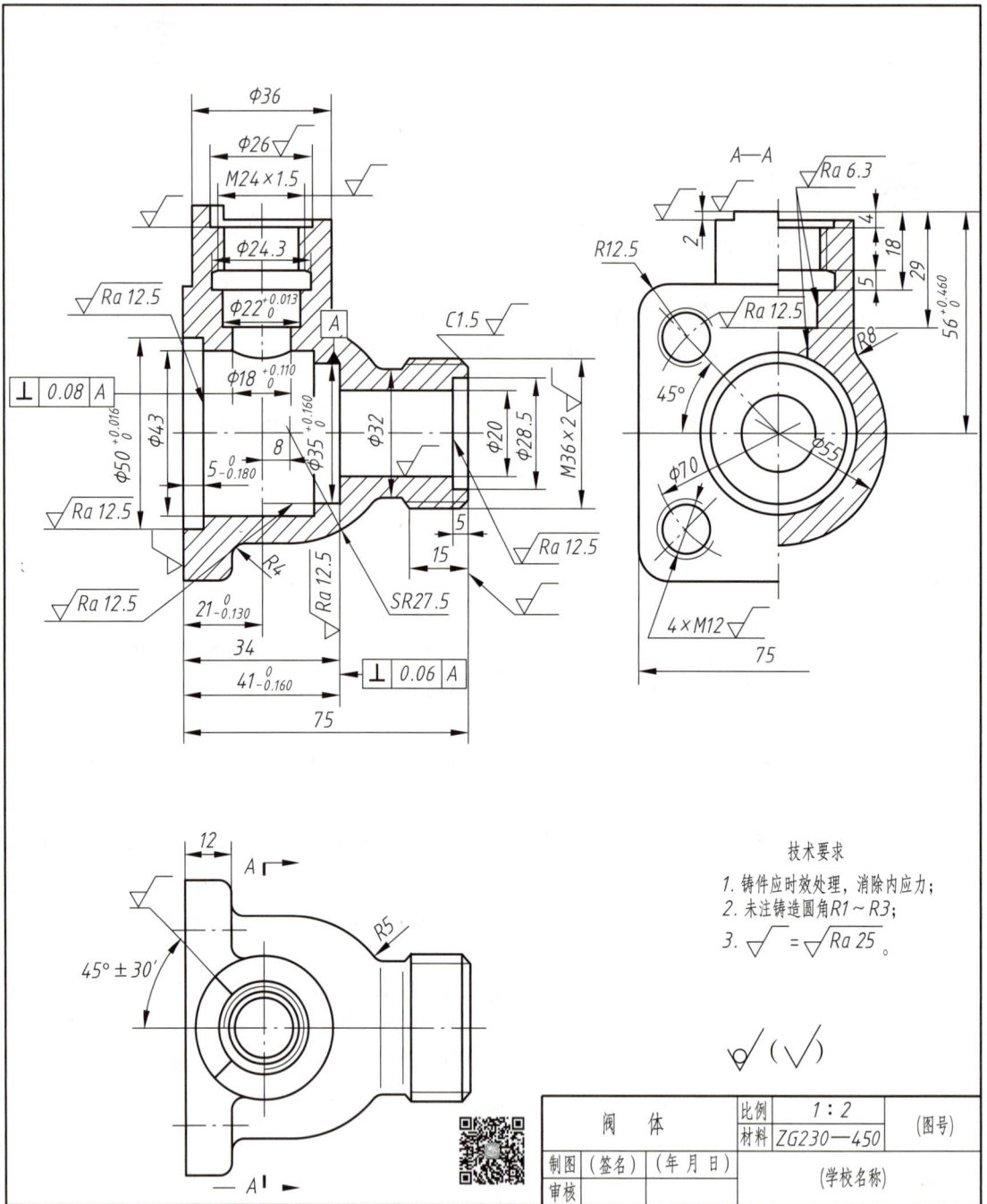

图 8-1　阀体零件图

8.2 零件的构形设计

对一个零件的几何形状、尺寸大小、工艺结构、材料选择等进行分析和造型的过程称为零件构形设计。在绘制和阅读零件图时,应首先了解零件在部件中的功能以及和相邻零件的关系,从而想象出该零件是由什么几何形体构成的。分析为什么采用这种形体构成,是否合理,还有没有其他形体构成方案,在主要分析几何形状的过程中同时分析考虑尺寸、工艺结构、材料等,最终确定零件的整体构形。

1. 零件构形的设计要求

（1）保证零件的功能

部件有着确定的功能和性能指标,而零件是组成部件的基本单元,所以每个零件都有一定的作用。例如具有支承、传动、连接、定位、密封等一项或几项功能。

零件的功能是确定零件主体结构形状的主要依据之一。图 8-1 所示的阀体起支撑和包容其他零件的作用,根据其功用及所包容零件的排列情况,阀体内设有圆形内腔用来安装阀杆、阀芯、密封圈等其他零件,如图 9-10 所示。

（2）考虑整体相关的关系

整体相关是确定零件主体结构的另一个主要依据。它包括下列几个方面:

1）相关零件的结合方式 部件中各零件间按确定的方式结合起来,应结合可靠,拆装方便。两零件的结合可能是相对静止,也可能是相对运动的;相邻零件某些部位要求相互靠紧,另有些部位则必须留有空隙等。因此零件上需要有相应的结构。如图 9-10 所示,为使阀体与阀盖表面靠紧,设有周边凸缘;同时为使阀体与阀盖表面靠紧、连接牢固,阀体上开有螺纹孔,阀盖对应部位开有光孔,以便用螺柱连接。

2）外形与内形相呼应 零件往往存在包容、被包容关系,若内形为回转体,外形也应是相应的回转体;内形为方形,外形也应是相应的方形。一般应内外相应,且壁厚均匀,便于制造、节省材料、减轻重量。

3）相邻零件形状相互协调 内、外部的零件形状应当一致。图 9-10 所示的阀体和阀盖的外观协调,体现整体美感。

4）与安装使用条件相适应 阀体类、支架类零件均起支撑作用,故都设有安装底板,其安装底板的形状应根据安装空间位置条件确定。

（3）外形美观

外形美观是零件构形的基本要求。欲在商品竞争中取得优胜,外观造型能起到很重要的作用。外形会影响人们的心理、情绪等,关系到生产效率和产品质量。美观的造型使人心情愉快,减少疲劳,吸引操作使用的兴趣,利于提高生产质量和效率。不同的外形会产生不同的视觉效果。如果采用圆角过渡,给人以精致、柔和、舒适的感觉;适当厚度和形状的支撑肋板给人以牢固、稳定、对称、统一等美学法则。

（4）良好经济性

从产品的性能、使用、工艺条件、生产效率、材料来源等诸方面综合分析,选择材料和加工方法,确定结构形状、尺寸数值和标注形式,拟定技术要求。应尽可能做到形状简单、制造容易、材料来源方便且价格低廉,以降低成本,提高生产效率。还要考虑所设计的产品,在制造、使用、直到报废的整个生命周期中,是否会给人类环境带来危害,注意尽量降低所设计的产品对环境带来的不良影响。

2. 零件的工艺结构

零件的结构形状主要是根据它在机器或部件中的作用来决定的,同时也要考虑制造工艺对零件的要求。因此,应使零件的结构既要满足使用要求,又能方便制造。

在零件上常见的一些工艺结构,多数是通过铸造或机械加工产生的。

（1）铸造工艺结构

1）起模斜度　用铸造的方法制造零件的毛坯时,为了便于将木模从砂型中取出,一般沿起模方向作出 1：20 的斜度（见图 8-2a）,称为起模斜度。因此,在相应的铸件上,也有相应的起模斜度,如图 8-2b 所示。但在零件图上允许不画出该结构,也不予标注。必要时可在技术要求中注明。

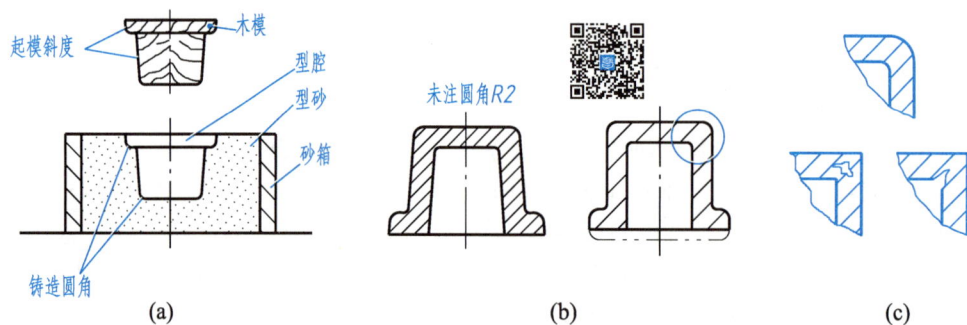

图 8-2　起模斜度和铸造圆角

2）铸造圆角　为了满足铸造工艺要求,防止浇铸时砂型落砂,铸件冷却时产生缩孔和裂纹,在铸件各表面相交处均制成圆角而不做成尖角,该结构称为铸造圆角,如图 8-2 所示。圆角半径一般取壁厚的 20%～40%,也可从有关手册中查到,视图中一般不标注铸造圆角半径,而在技术要求中注明,如"未注铸造圆角 $R2$"。在同一铸件上,圆角数值的种类应尽可能减少。

3）铸件壁厚要均匀　为了保证铸件质量,防止各部分因冷却速度不同而产生缩孔或裂缝,如图 8-2c 所示。铸件各处壁厚应尽量均匀,若因结构需要出现壁厚相差过大,则壁厚由大到小逐渐变化,如图 8-3 所示。

4）过渡线的画法　由于铸造圆角和起模斜度的存在,使得铸件各表面上的交线不十分明显,这种线称为过渡线。过渡线用细实线绘制,其画法与相贯线的画法相同,按没有圆角的情况求出相贯线的投影,画到理论上的交点为止,且不与轮廓线相连,如图 8-4 所示。

（2）机械加工面的工艺结构

1）倒角和倒圆　零件经机械加工后,出现了尖角。为了便于装配和保护装配面不受损伤,要去除零件上的

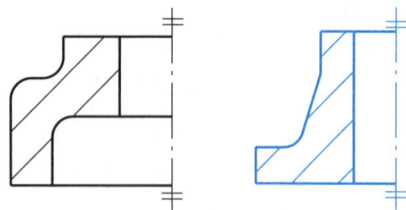

图 8-3　铸件壁厚

毛刺和锐边,通常在轴或孔的端部加工一圆台面,称为倒角。为了避免在轴肩处因应力集中而产生裂纹,将该处加工成圆角过渡的形式,称为倒圆,如图 8-5 所示。倒角和倒圆的尺寸系列可查阅有关标准。在标注尺寸时,45°的倒角用代号 C 表示,与轴向尺寸 n 连注成 Cn 的形式。

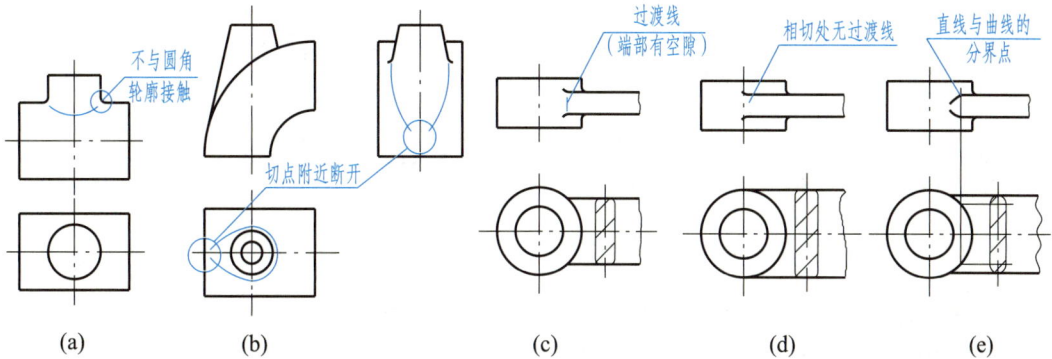

图 8-4　过渡线的画法

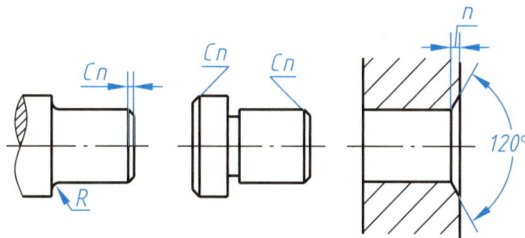

图 8-5　倒角和倒圆

2) 螺纹退刀槽和砂轮越程槽　在车削螺纹时,为了便于退出刀具以及保证在装配时与相连的零件靠紧,常在零件的待加工表面的末端车出退刀槽,螺纹退刀槽的尺寸标注,一般按"槽宽×直径"或"槽宽×槽深"的形式标注,如图 8-6 所示。

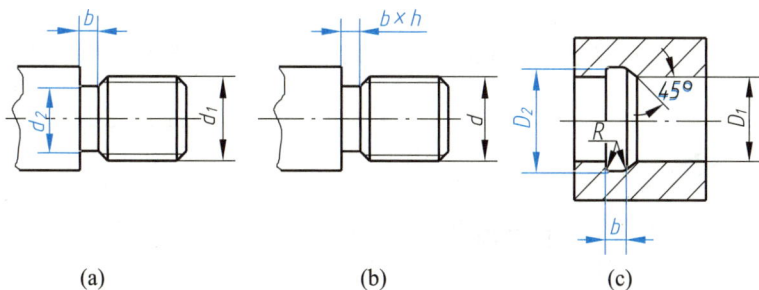

图 8-6　螺纹退刀槽

在磨削时为了使砂轮稍稍超越加工面,也常在零件表面上先加工出砂轮越程槽,如图 8-7 所示,砂轮越程槽结构尺寸可查阅机械零件设计手册有关内容。

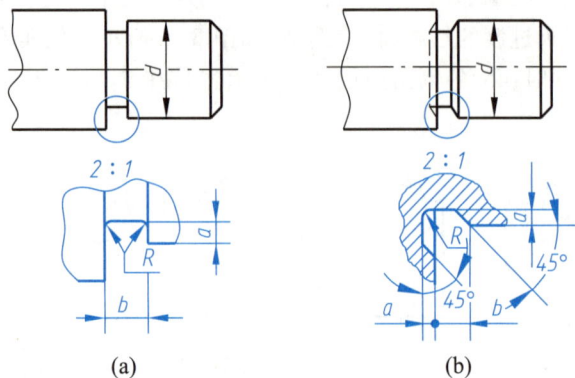

图 8-7 砂轮越程槽

3）凸台和凹坑 零件上与其他零件接触的表面，一般都要经过机械加工，为了减少加工面积，保证与其他零件表面之间接触良好，通常在铸件上设计凸台、凹坑等结构，如图 8-8 所示。

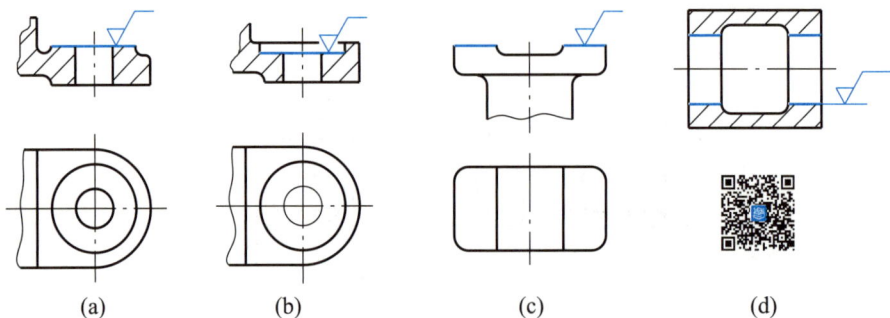

图 8-8 接触面的结构

4）钻孔工艺结构 零件上各种不同形式和用途的孔多数是用钻头加工而成的。用钻头钻孔时，为了防止出现单边切削和单边受力导致钻头轴线偏斜，甚至使钻头折断，要求钻头尽量垂直于被钻孔零件的表面。因此，沿曲面或斜面钻孔时，应增设凸台或凹坑，如图 8-9 所示。

用钻头钻出的盲孔或阶梯孔应有 120° 的锥角，其画法及尺寸标注如图 8-10 所示。

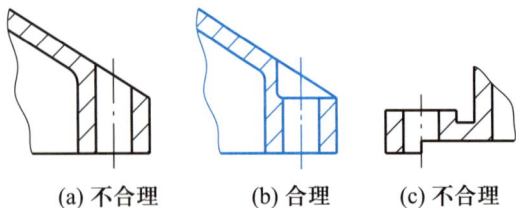

(a) 不合理　(b) 合理　(c) 不合理　(d) 合理　　(a) 盲孔　　　(b) 阶梯孔

图 8-9 钻孔的端面　　　　　　图 8-10 钻孔结构

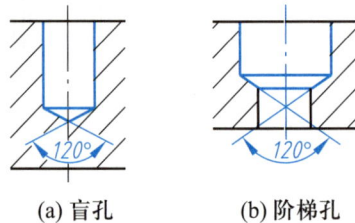

8.3
零件图的视图选择

零件图要求将零件的结构形状完整、清晰地表达出来。要满足这些要求首先要对零件的结构形状进行分析，并尽可能地了解零件在机器中的位置和作用。图 8-1 所示的阀体是球阀中的关键零件，它的内腔里包含着填料、填料压紧套、阀杆、阀芯等零件，左部与阀盖配合。由此可见，零件的结构形状及大小是根据它在装配体中的作用及与其他零件之间的装配关系来确定的。然后选择主视图，确定其他视图，灵活地采用视图、剖视图、断面图以及其他各种表达方法，将零件表达清楚。

正确、清晰地表达零件结构形状的关键是：合理地选择主视图和其他视图，确定一个合理的表达方案。

1. 选择主视图

主视图是零件结构形状最重要的视图，在选择主视图时，要确定零件的安放位置和投射方向。

（1）确定零件的安放位置

确定零件的安放位置时，应使主视图尽量反映零件的主要加工位置或在机器中的工作位置。

加工位置是按零件在主要加工工序中的装夹位置选取主视图，主视图与加工位置一致是为了制造者方便看图。如绝大多数的轴套类和轮盘类零件的主要加工方法明确——在卧式车床上车削（图 8-11）。从这一点出发，取图 8-12 所示的轴线水平的非圆图形做主视图，这样的选择能反映加工状态，这样的主视图同时也满足反映主要结构形状的要求（各段圆柱的长度和直径都表现出来，相互位置关系明显。圆用尺寸标注的"φ"注明）。轴线水平的图形稳定、平衡。

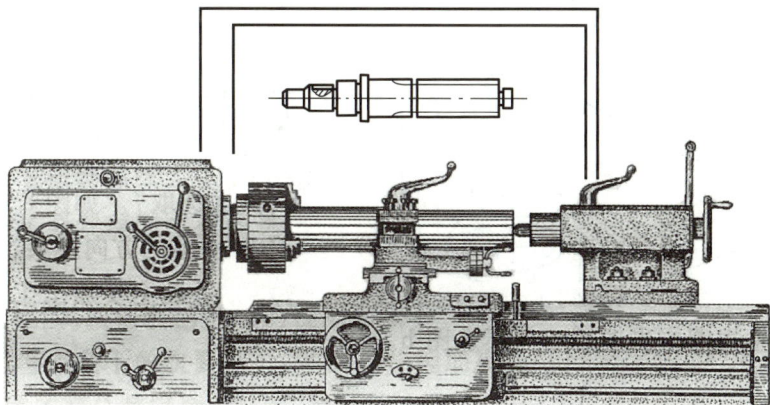

图 8-11 轴在车床上加工的情形

箱体类零件加工方法复杂，有较多部位要求较高，切削加工时状态多变。因此在选择主视图时以反映工作状态为主。如图 8-13 所示，车床尾架为典型的箱壳类零件，图 8-14 所示的主视图反映了该零件的工作状态，同时满足反映主要结构形状的要求，稳定性、平衡性也很好。

当箱壳、叉架类零件以倾斜状态工作时，若简单地按工作状态选主视图，则会对画图、读图不利，也不够稳定、平衡。此时，应将零件摆正作为主视图。例如，图 8-15a 为汽车机油泵的主视图，其工作状态如图 8-15b 所示。

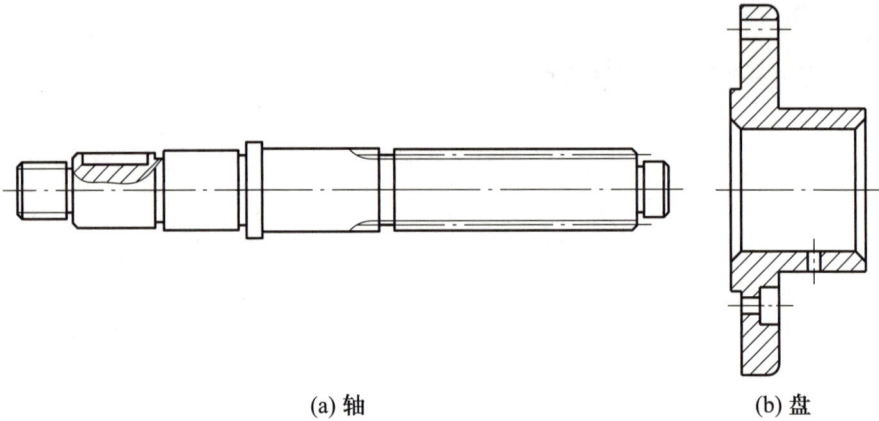

(a) 轴　　　　　　　　　　　　　　　(b) 盘

图 8-12　主视图反映加工状态

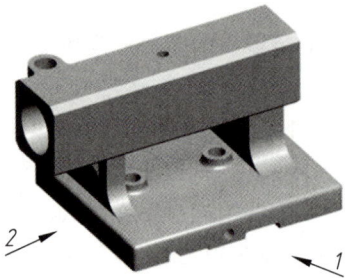

图 8-13　车床尾架立体图

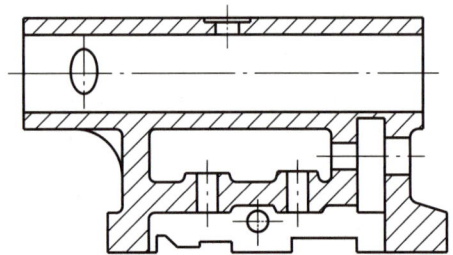

图 8-14　主视图反映工作状态

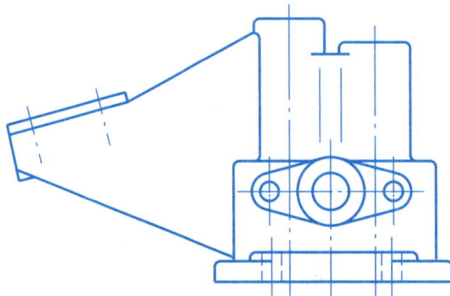

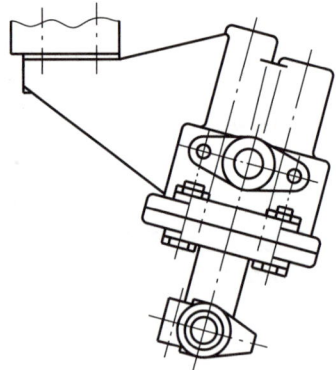

(a) 主视图　　　　　　　　　　　　(b) 工作状态

图 8-15　机油泵的主视图及其工作状态

（2）确定零件主视图的投射方向

主视图的投射方向应该能够反映零件的形状特征。图 8-13 中车床尾座立体图上箭头"*1*"所指的投射方向，能较多地反映零件的结构形状，如图 8-16a 所示。而箭头"*2*"所指的投射方向，反映的零件结构形状较少，如图 8-16b 所示。所以，主视图应当选择图 8-16a 而不选择图 8-16b。

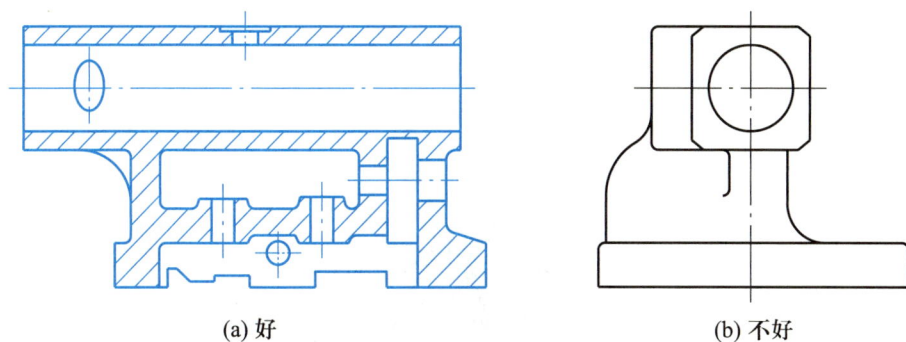

(a) 好　　　　　　　　　　　　　(b) 不好

图 8-16　选择尾架主视图的投射方向

2. 视图表达方案的选择

主视图确定后,进一步逐个检查、分析主体结构,有未完全、不确定、不清晰的表达之处时,选用基本视图且使用合适的图样画法,配合主视图将零件的主体结构形状完全、确定、清晰地表达出来。

完成视图表达方案后,对形成的视图方案再进行检查、比较、调整、修改。检查零件各部分结构形状和相对位置是否已完全确定,表达是否清晰、合理,主次关系是否处理得当,有无更好方案。

3. 举例

绘制轴承座(图 8-17)的零件图。

(1) 分析零件

1) 轴承座的功能为支撑轴,其工作状态如图 8-17 所示。

2) 轴承座的主体结构包括以下四个形体。

① 轴承　用来包容和支撑轴(轴在轴孔中旋转),为轴承座的工作部分。

② 支承板　用来支撑轴承和轴,连接圆筒和底板。

③ 肋板　加强支撑,增加强度和刚度,连接圆筒和底板。

④ 底板　整个零件的基础,与机座连接,确定轴承座的位置。

四部分的相对位置和连接关系如图 8-17 所示。

轴承座的局部功能结构有顶部的上凸台及其上的光孔,底板上的两个下凸台及其上的光孔。顶部的上凸台的功能是装油杯以便加油润滑;下凸台上光孔的功能是穿螺栓以便与机座固定。

3) 轴承座经铸造制成毛坯,再经切削加工。轴孔及两端面、底板底面及各凸台顶面、光孔均需切削加工。要求最高的表面为轴孔表面,在车床或铣床上加工。

轴承座上主要的局部工艺结构是各处铸造圆角和底板底部的凹槽。

(2) 选择主视图

1) 轴承座属支架类零件,按工作状态选择主视图。图 8-18a 和图 8-18b 都反映了轴承座的工作状态。虽然图 8-18b 在取剖视后(图 8-19)对最主要形体——圆筒的结构形状表达得很清楚,但从总体分析看,还是图 8-18a 对各主、次结构的形状、相对位置和连接关系表达得更多(信息更多)、更清楚。同时,图 8-18a 为主视图时,左视图中可见部位较多,细虚线较少,且长度方向尺寸大于宽度方向尺寸,便于布图,形态更显平衡、稳定,所以确定图 8-18a 为主视图。

2) 从主体结构考虑,主视图画外形图即可。

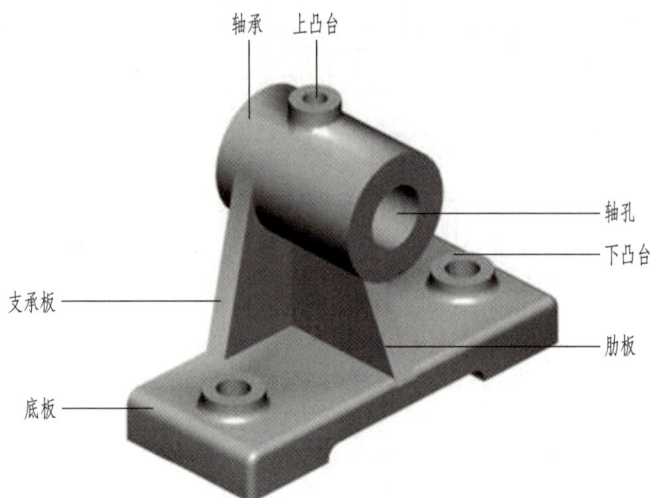

图 8-17 轴承座立体图

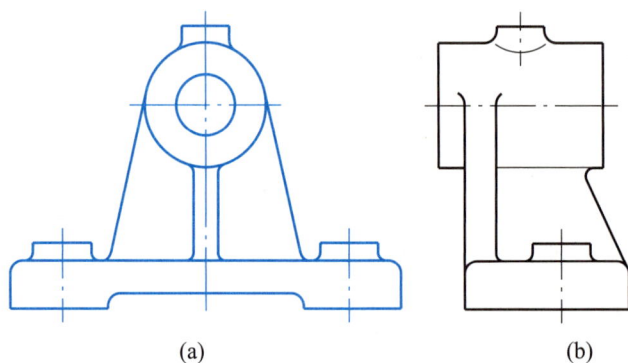

(a)
(b)

图 8-18 轴承座的主视图

（3）选择其他基本视图,完成主体结构表达

逐个检查主体结构,分析、选取基本视图。

1）圆筒长度和轴孔的通、深情况主视图未能表达,可用左视图或俯视图表达（均需取剖视）。
用左视图能反映其加工状态,还能附带清晰表
明主轴孔与上凸台孔相对关系和连接情况,比
用俯视图更好,如图 8-19 所示。

2）支承板厚度主视图未能表达,可用左视
图或俯视图表达,用左视图更明显（图 8-19）。

3）梯形肋板在主视图上只表达了厚度,未
表明形状,需用左视图表达（图 8-19）。

至此,左视图的必需性显而易见。考虑到
内外形兼顾,暂定画成局部剖视（图 8-19b）。

4）底板的形状、宽度在主视图中均未表明。
虽然左视图可以表明其宽度,但确定它的形状

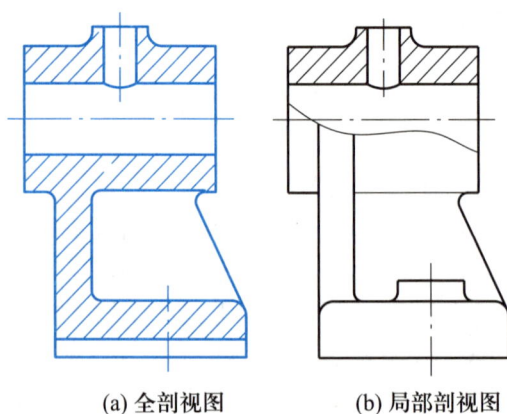

(a) 全剖视图   (b) 局部剖视图

图 8-19 轴承座的剖视图

非俯、仰视图不可。优先考虑添加俯视图,为了表达下凸台中的光孔,在主视图中将光孔画成局部剖视图(图 8-20)。

（4）检查、比较、调整、修改

1）经检查,发现支承板与肋板的垂直连接关系虽然可以从图 8-20 的三个视图中"分析"出来,但不明显、清晰,不利于读图。将俯视图画成全剖视图,如图 8-21 所示,这样既去掉了对轴承的重复表达,又简便了画图,使底板形状完整。

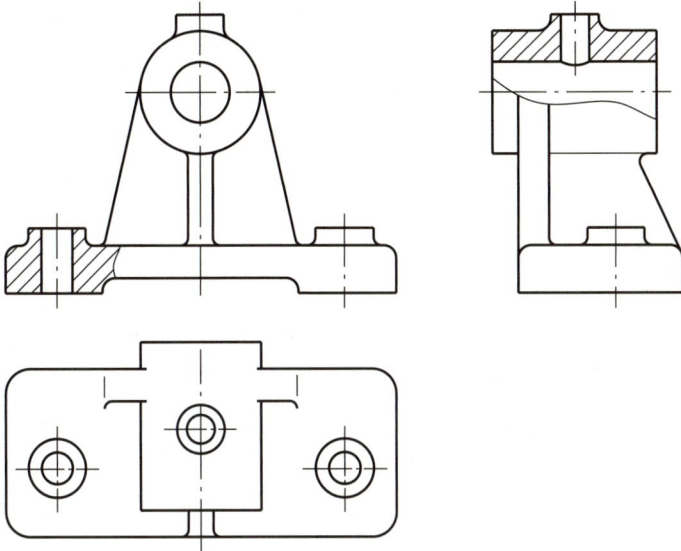

图 8-20　轴承座的表达方案(一)

2）左视图画成局部剖视图虽可"内外兼顾",但下部的凸台表达重复,增加画图量,不如改为全剖视图清晰、鲜明、画图量小,且对底面凹槽表达有利。

至此,形成图 8-22 所示的最终方案;经查无投影和图样画法错误,视图选择全过程完成。

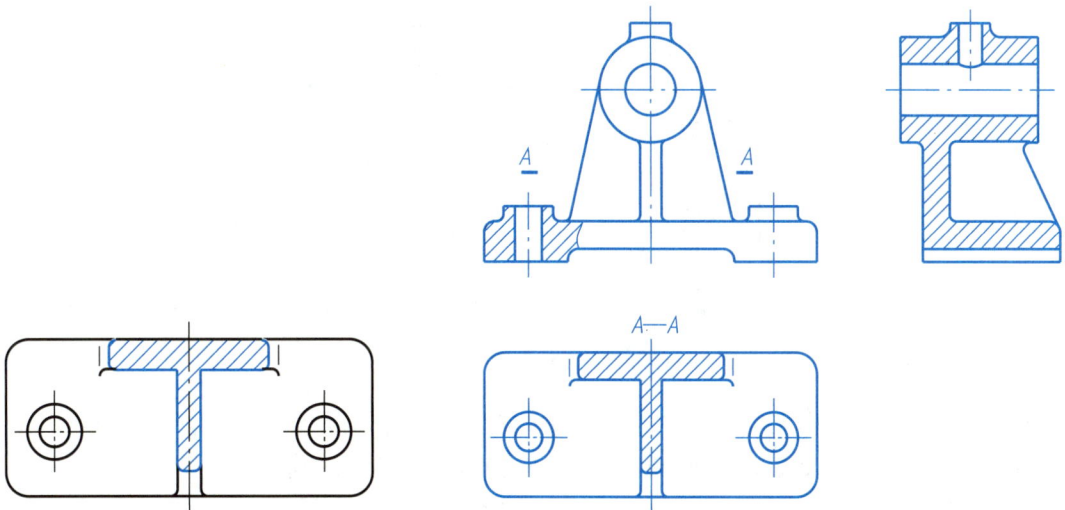

图 8-21　全剖的俯视图　　　　　图 8-22　轴承座的表达方案(二)

8.4

零件图中尺寸的合理标注

在第一章中介绍了国家标准规定的尺寸注法,第五章讨论了标注组合体尺寸的方法。这一节将讨论怎样标注尺寸才能满足设计要求和工艺要求,也就是既满足零件在机器中能很好地承担工作的要求,又能满足零件的制造、加工、测量和检验方便的要求。这一要求,通常归结为标注尺寸的合理性。为了能做到合理,在标注尺寸时必须对零件进行结构分析和工艺分析,确定零件的基准。选择合理的标注形式,结合具体情况合理地标注尺寸。

1. 基准

（1）基准的概念

在第五章中,对基准已有一个基本的概念。这里结合零件的特点引入有关设计和工艺方面的知识加以讨论。

基准是指零件在机器中或在加工测量时用以确定其位置的一些面、线或点。

由于用途不同,基准可以分为设计基准和工艺基准。

1）设计基准　是在机器或部件中确定零件位置的一些面、线或点,通常选择其中之一作为尺寸标注的主要基准;

2）工艺基准　是在加工或测量时确定零件位置的一些面、线或点,通常作为尺寸标注的辅助基准。

图 8-23 表示在装配图中轴的设计和工艺基准的具体示例。

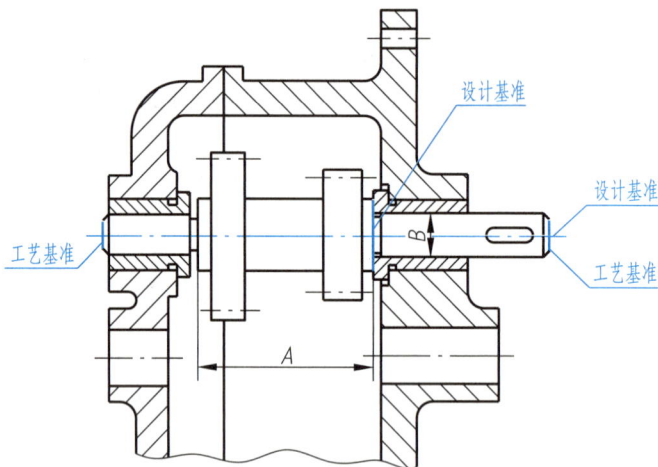

图 8-23　两种基准的具体例子

在长、宽、高三个方向上至少都应有一个基准,这个基准称为主要基准。除主要基准外的基准都称为辅助基准。主要基准与辅助基准之间应有直接或间接的尺寸联系。

（2）基准的选择

选择基准就是在尺寸标注时,是从设计基准出发,还是从工艺基准出发。

从设计基准出发标注尺寸,其优点是所标注的尺寸反映了设计要求,能保证所设计的零件在机器上的工作性能。

从工艺基准出发标注尺寸,其优点是把尺寸的标注与零件的加工制造联系起来,所标注的尺寸反映了工艺要求,使零件便于制造、加工和测量。

当然,在标注尺寸时,最好把设计基准和工艺基准统一起来。这样,既能满足设计要求,又能满足工艺要求。如两者不能统一时,应以保证设计要求为主。

2. 标注尺寸的形式

根据尺寸在图上的布置特点。标注尺寸的形式有下列三种。

（1）链状法

链状法是把尺寸依次注写成链状,如图 8-24 所示。

在机械制造业中,链状法常用于标注若干相同结构之间的距离、阶梯状零件中尺寸要求十分精确的各段,以及用组合刀具加工的零件等。

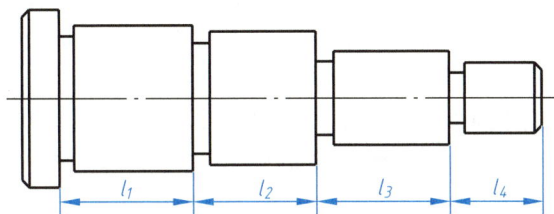

图 8-24　链状注法

（2）坐标法

坐标法是把各个尺寸从一事先选定的基准注起,如图 8-25 所示。

坐标法用于标注需要从一个基准定出一组精确尺寸的零件。

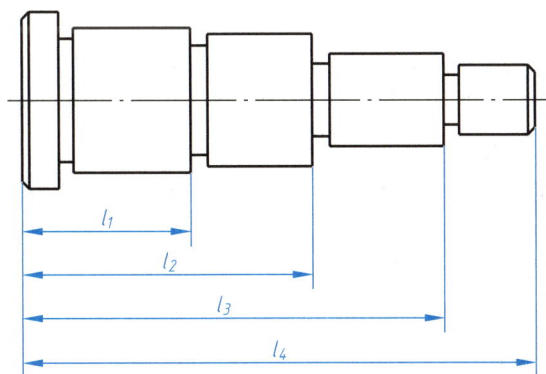

图 8-25　坐标注法

（3）综合法

综合法标注尺寸是链状法与坐标法的综合,如图 8-26 所示。

标注零件的尺寸时,多用综合法。

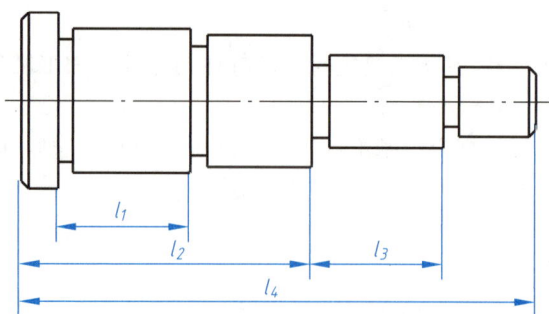

图 8-26　综合注法

3. 标注尺寸的一些原则

（1）考虑设计要求

1）主要尺寸要直接注出。主要尺寸是指那些影响产品工作性能、精度及互换性的重要尺寸。从设计基准出发，直接标注出主要尺寸，能够直接提取尺寸公差、形状和位置公差的要求，以保证设计要求。

如图 8-27a 所示，轴承座的中心高不注，而是用 $b+c$ 确定，底板上两个 $\phi6$ 孔的孔中心距也不注，用 $d-2e$ 确定，此种尺寸标注是错误的。因为中心高和孔心距是轴承的主要尺寸，因此必须直接标注出。如图 8-27b 所示。

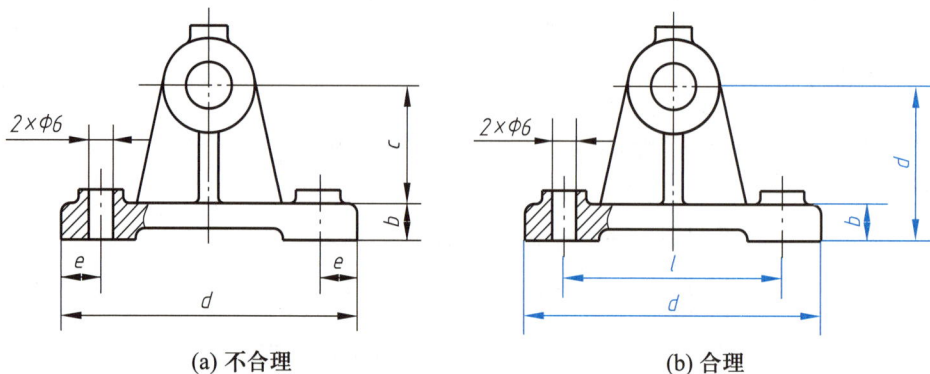

（a）不合理　　　　　　　　　　　（b）合理

图 8-27　尺寸标注的合理性对比

2）不注成封闭尺寸链。封闭尺寸链是由头尾相接，绕成一整圈的一组尺寸。每个尺寸是尺寸链的一环，如图 8-28a 所示。这样标注尺寸在加工时往往难以保证设计要求。因此，实际标注尺寸时，一般在尺寸链中都选一个不重要的环节不注尺寸，称其为开口环，如图 8-28b 所示。这时开口环的尺寸误差是其他各环尺寸误差之和，对设计要求没有影响。

（2）考虑工艺要求

标注非主要尺寸时，应考虑加工顺序和测量方便。非主要尺寸是指那些不影响产品的工作性能，也不影响零件的配合性质和精度的尺寸。

1）按加工顺序标注尺寸。按加工顺序标注尺寸，符合加工过程，便于加工和测量。图 8-29

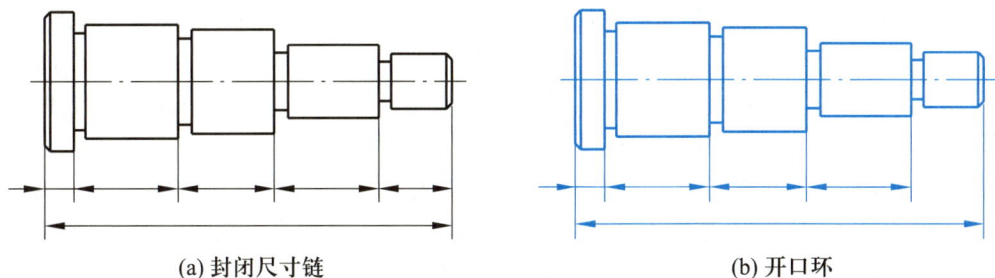

(a) 封闭尺寸链　　　　　　　　(b) 开口环

图 8-28　尺寸链

所示的小轴,长度方向尺寸 51 是主要尺寸,要直接注出,其余都按加工顺序标注。为了便于备料,注出了轴的总长尺寸 128;为了加工左端 $\phi 35$ 的轴颈,直接注出了尺寸 23;掉头加工 $\phi 40$ 的轴颈,应直接注出尺寸 74;在加工右端 $\phi 35$ 时,应保证主要尺寸 51 这样既保证设计要求,又符合加工顺序。

　　2）同一种加工方法的相关尺寸尽量集中标注。一个零件,一般经过几种加工方法(如车、刨、铣、钻、磨……)才能制成。在标注尺寸时,最好将同一加工方法的有关尺寸集中标注。如图 8-29 所示,轴上的键槽是在铣床上加工的,因此这部分的尺寸集中在两处(3、45 和 12、35.5)标注,这样能方便读图。

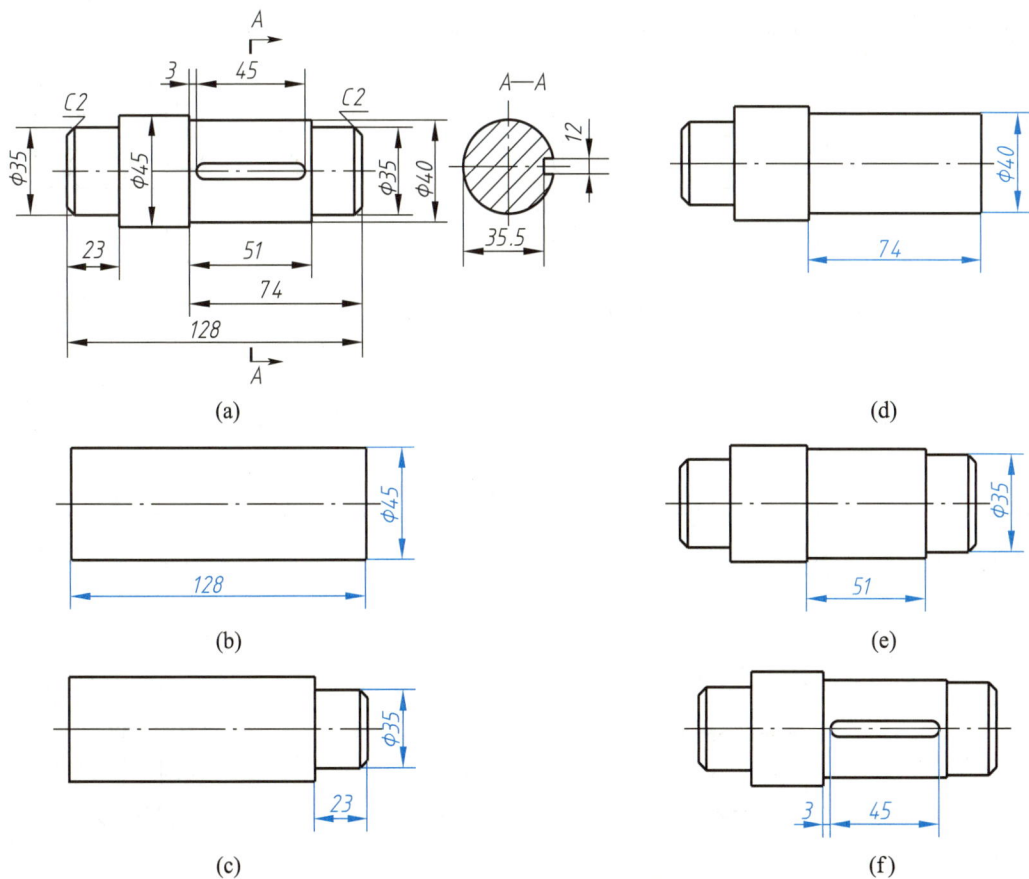

(a)　　　　　　　　　　　　　　(d)

(b)　　　　　　　　　　　　　　(e)

(c)　　　　　　　　　　　　　　(f)

图 8-29　轴的加工顺序与标注尺寸的关系

3）铸件、锻件按形体标注尺寸。按形体标注尺寸，能给制作铸模和锻模带来方便。

4）毛坯面的尺寸标注。标注零件上各毛坯面的尺寸时，在同一方向上（例如高度方向）最好只有一个毛坯面与加工面有直接尺寸联系，如图 8-30a 中的尺寸 A，其他的毛坯面与毛坯面有直接的尺寸联系，如图 8-30a 中的尺寸 B 和 C。

图 8-30b 中的注法虽然看上去各尺寸都以底面为起点，基准分明，但是不合理。因为铸造误差大，各毛坯面之间相对关系精度不高，如果各个毛坯面都与底面有直接尺寸关系，则在加工底面时要同时保证这些尺寸会造成极大困难，甚至不可能。

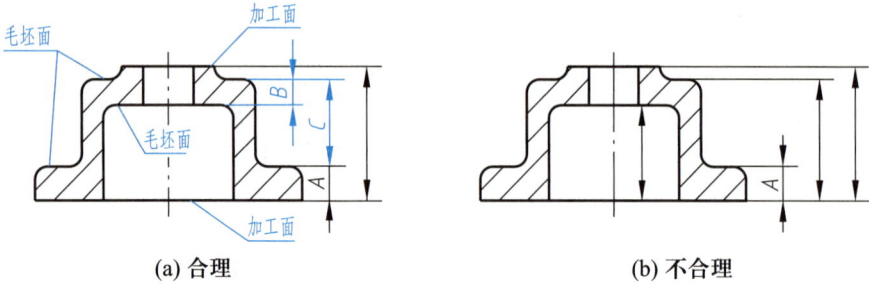

(a) 合理　　　　　　　(b) 不合理

图 8-30　毛坯面与加工面之间的注法

5）便于测量的尺寸注法。标注尺寸要符合加工顺序和便于测量，以便尽量做到用普通量具就能测量，以减少专用量具的设计和制造，如图 8-31 所示。

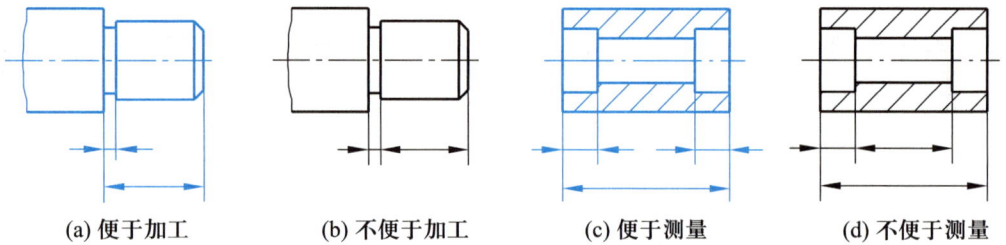

(a) 便于加工　　(b) 不便于加工　　(c) 便于测量　　(d) 不便于测量

图 8-31　标注尺寸应便于加工和测量

6）常见孔类的尺寸标注。各种孔（光孔、螺纹孔、沉孔）的尺寸标注方法见表 8-1。

表 8-1　常见孔结构的尺寸标注

结构类型	标注方法		
	旁注法		普通注法
光孔	$4 \times \phi 5 \downarrow 10$	$4 \times \phi 5 \downarrow 10$	$4 \times \phi 5$　10

续表

结构类型	标注方法		
	旁注法		普通注法
螺孔	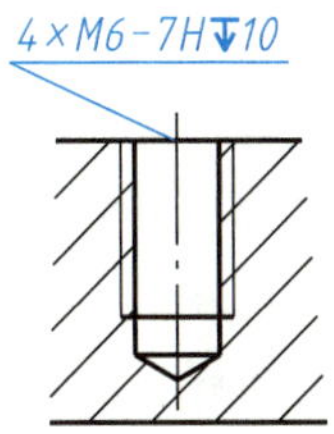 4×M6-7H▼10	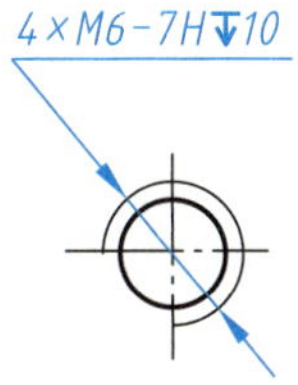 4×M6-7H▼10	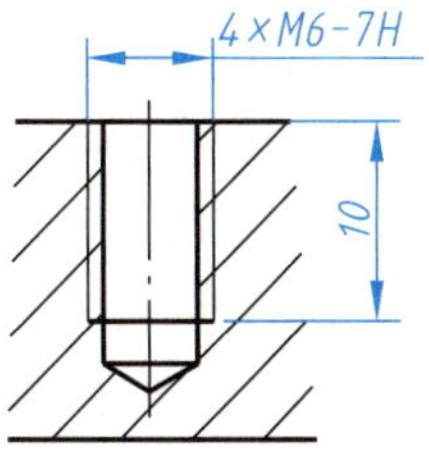 4×M6-7H 10
柱形沉孔	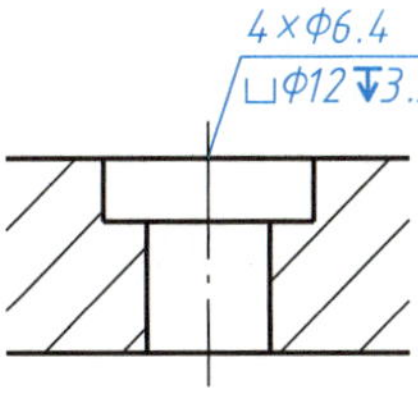 4×φ6.4 ⊔φ12▼3.5	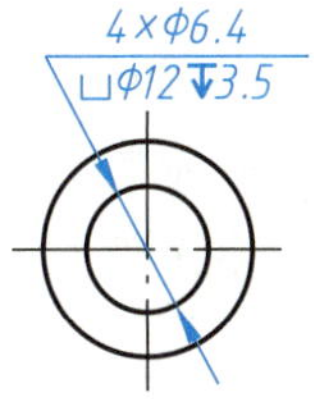 4×φ6.4 ⊔φ12▼3.5	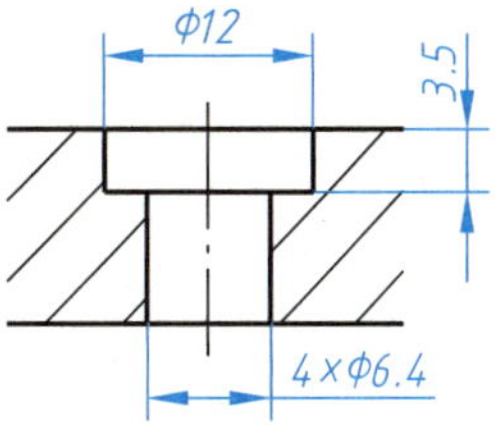 φ12 3.5 4×φ6.4
锥形沉孔	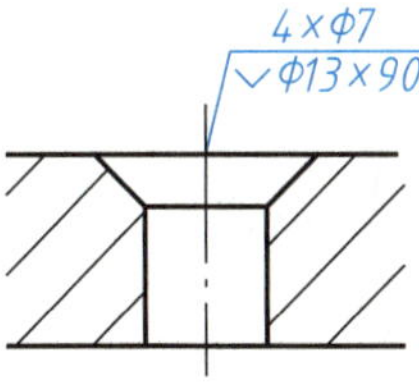 4×φ7 ⌵φ13×90°	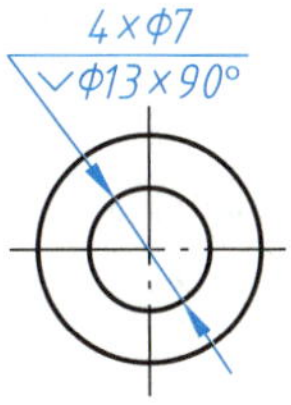 4×φ7 ⌵φ13×90°	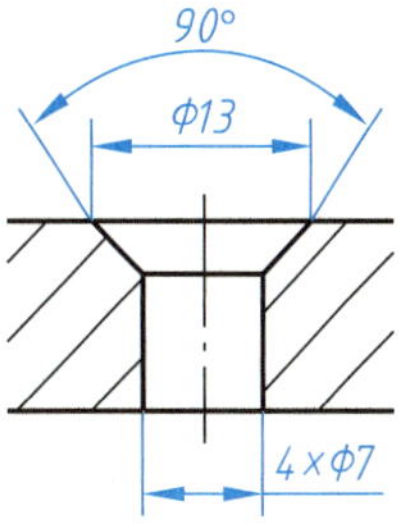 90° φ13 4×φ7
锪平沉孔	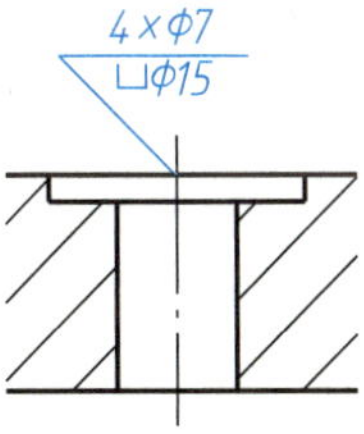 4×φ7 ⊔φ15	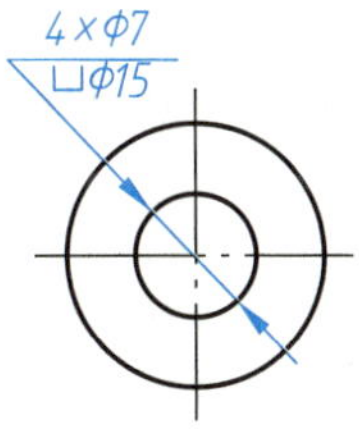 4×φ7 ⊔φ15	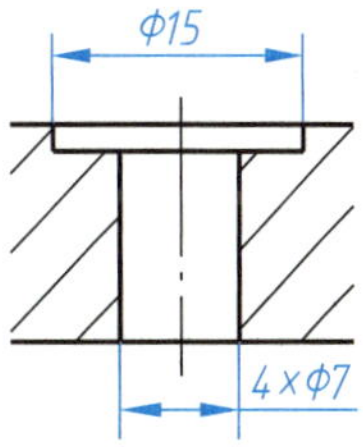 φ15 4×φ7

8.5
零件图上的技术要求

在零件图上除了用一组图形表示零件的结构形状,用尺寸表示零件的大小外,还必须注有制造和检验时应达到的各项技术指标和要求,一般通称为技术要求。零件的技术要求主要有:零件的表面结构、尺寸公差、几何公差、热处理及表面处理等。

零件图的技术要求一般采用规定的代(符)号、数字、字母等标注在视图上,当不能用代(符)

号标注时,允许在"技术要求"的标题下,用简要的文字进行说明。由于技术要求涉及的专业知识面很广,本节仅介绍零件的表面结构、极限与配合以及几何公差的基本知识。

1. 零件的表面结构(GB/ T 131—2006)

(1)表面结构的基本概念

零件经过机械加工后,其表面因刀痕及切削时表面金属的塑性变形等影响,会存在间距较小的轮廓峰谷。用显微镜观察,会清楚地看见这些高低不平的峰谷,如图 8-32a 所示。零件的表面结构是指在有限区域上的表面粗糙度、表面波纹度和原始几何形状的总称。

1)粗糙度轮廓 粗糙度轮廓是表面轮廓中具有较小间距和峰谷的那部分,它所具有的微观几何特征称为表面粗糙度。表面粗糙度主要是由加工过程中的刀痕、刀具和零件被加工表面之间的摩擦、切削分离时的塑性变形和工艺系统中的高频振动等因素所引起的,如图 8-32b 所示。

2)波纹度轮廓 波纹度轮廓是表面轮廓中不平度的间距比粗糙度轮廓大得多的那部分。这种间距较大的、随机的或接近周期形式的成分构成的表面不平度称为表面波纹度。它通常包含工件表面加工时由意外因素(例如由工件或刀具的失控运动)引起的那种不平度,如图 8-32c 所示。

3)原始轮廓 原始轮廓是忽略了粗糙度轮廓和波纹度轮廓之后的总的轮廓。它主要是由机床、夹具本身所具有的形状误差所引起的,具有宏观几何形状特征,如工件的平面不平、圆截面不圆等,如图 8-32d 所示。

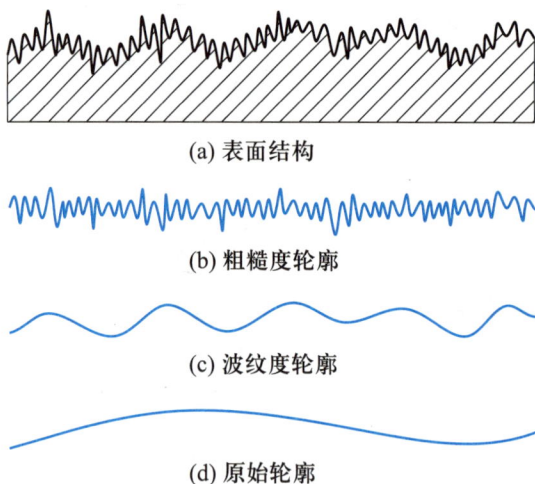

(a) 表面结构

(b) 粗糙度轮廓

(c) 波纹度轮廓

(d) 原始轮廓

图 8-32 表面结构包含的几何特征

零件的表面结构是评定零件表面质量的重要指标之一,它对零件表面间摩擦与磨损、配合性质、密封性、抗腐蚀性、抗疲劳强度和外观等都有影响。一般来说,凡零件上有配合要求或者有相对运动的表面,必须具备一定的表面结构要求。

(2)粗糙度轮廓的参数

由于粗糙度轮廓是评定零件表面结构的基础,又是几乎所有表面必须选用的评定参数,因此这里主要介绍评定表面结构的重要参数——粗糙度轮廓参数。粗糙度轮廓的主要参数有轮廓算术平均偏差 Ra 和轮廓最大高度 Rz。在两项参数中,优先选用 Ra。

1）轮廓算术平均偏差 Ra　在指定一个取样长度内,纵坐标 $Z(x)$ 绝对值的算术平均值,如图 8-33 所示。

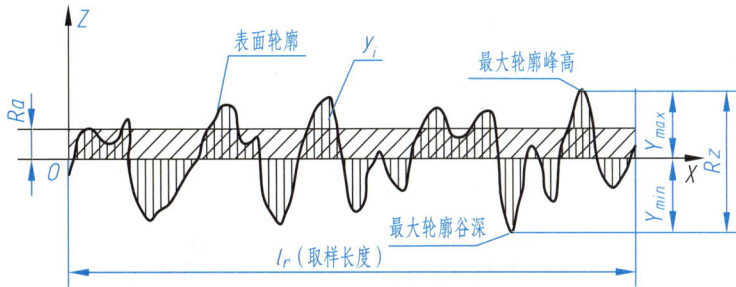

图 8-33　算术平均偏差 Ra 和轮廓的最大高度 Rz

轮廓算术平均偏差 Ra 值的选用,既要满足零件表面的功能要求,又要考虑经济合理性。具体选用时,可参照已有的类似零件图,用类比法确定。零件的工作表面、配合表面、密封表面、摩擦表面和精度要求高的表面等,Ra 值应取小一些。非工作表面、非配合表面和尺寸精度低的表面,Ra 值应取大一些。表 8-2 列出了 Ra 值与加工方法的关系及其应用实例,可供选用时参考。

表 8-2　表面粗糙度 Ra 值应用举例

$Ra/\mu m$	表面特征	主要加工方法	应用举例
50、100	明显可见刀痕	粗车、粗铣、粗刨、钻、粗纹锉刀和粗砂轮加工	光洁程度最低的加工面,一般很少应用
25	可见刀痕		
12.5	微见刀痕	粗车、刨、立铣、平铣、钻等	不接触表面、不重要的接触面、如螺钉孔、倒角、机座底面等
6.3	可见加工痕迹	精车、精铣、精刨、铰、镗、粗磨等	没有相对运动的零件接触面,如箱、盖、套筒要求紧贴的表面、键和键槽工作表面;相对运动速度不高的接触面,如支架孔、衬套、带轮轴孔的工作表面
3.2	微见加工痕迹		
1.6	看不见加工痕迹		
0.8	可辨加工痕迹方向	精车、精铰、精拉、精镗、精磨等	要求很好密合的接触面,如与滚动轴承配合的表面、销孔等;相对运动速度较高的接触面,如滑动轴承的配合表面、齿轮的工作表面
0.4	微辨加工痕迹方向		
0.2	不可辨加工痕迹方向		
0.1	暗光泽面	研磨、抛光、超级精细研磨等	精密量具表面、极重要零件的摩擦面,如汽缸的内表面、精密机床的主轴颈、坐标镗床的主轴颈等
0.05	亮光泽面		
0.025	镜状光泽面		
0.012	雾状镜面		
0.01	镜面		

2）轮廓最大高度 Rz　在指定一个取样长度内，最大轮廓峰高和最大轮廓谷深之和的高度，如图 8-33 所示。

（3）表面结构的图形符号、代号及其意义

表面结构符号的比例如图 8-34 所示，图中参数的大小以图样轮廓线宽度 d 为参数，其中：

符号的线宽 $d' = 0.7d$；

高度 $H_1 = 10d$；

高度 $H_2 = 2H_1 + (1 \sim 2) = 20d + (1 \sim 2)$。

另外与符号相关的数字、字母的高度 $h = 10d' = 7d$。

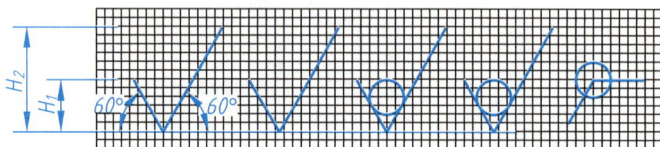

图 8-34　表面结构符号的比例

表面结构相关参数的标注位置如图 8-35 所示。

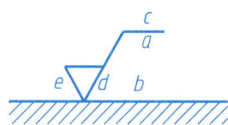

a——注写表面结构的单一要求；
a 和 b——标注两个或多个表面结构的要求；
c——注写加工方法；
d——注写表面纹理和方向；
e——注写加工余量（单位为mm）

图 8-35　表面结构标注说明

国家标准 GB/T 131—2006 规定了表面结构的图形符号、代号及其注法。表 8-3 中列出了表面结构符号及其意义。

表 8-3　表面结构符号及其意义

符号	意义及说明
	基本符号，表示表面可用任何方法获得。当不加注粗糙度参数值或有关说明（如表面处理、局部热处理状况等）时，仅适用于简化代号标注
	基本符号加一短画，表示表面是用去除材料的方法获得，如车、铣、钻、磨、剪切、抛光、腐蚀、电火花加工、气割等
	基本符号加一小圆，表示表面是用不去除材料的方法获得，如铸、锻、冲压变形、热轧、冷轧、粉末冶金等，或者是用于保持原供应状况的表面（包括保持上道工序的状况）
	在上述三个符号的长边上均可加一横线，用于标注有关参数和说明
	在上述三个符号上均可加上一小圆，表示所有表面具有相同的表面粗糙度要求

表 8-4 列出了表面结构的代号及意义示例。

表 8-4 表面结构代号及其意义

序号	代号示例(GB/T 131—2006)	含义/解释
1	$\sqrt{}$ Ra 3.2	表示不允许去除材料,单向上限值,Ra 的上限值为 3.2 μm,默认传输带,评定长度为 5 个取样长度(默认),"16%规则[1](默认)"
2	$\sqrt{}$ Ra 3.2	表示去除材料,单向上限值,Ra 的上限值为 3.2 μm,默认传输带,评定长度为 5 个取样长度(默认),"16%规则[1](默认)"
3	$\sqrt{}$ Ra max 1.6	表示去除材料,单向上限值,Ra 的最大值为 1.6 μm,默认传输带,评定长度为 5 个取样长度(默认),"最大规则"[2]
4	$\sqrt{}$ URa 3.2 LRa 1.6	表示去除材料,双向极限值,上限值:Ra 为 3.2 μm,下限值:Ra 为 1.6 μm,默认传输带,评定长度为 5 个取样长度(默认),"16%规则[1](默认)"
5	$\sqrt{}$ Rz 12.5	表示去除材料,单向上限值,Rz 的上限值为 12.5 μm,默认传输带,评定长度为 5 个取样长度(默认),"16%规则[1](默认)"

注:①"16%规则"是所有表面结构标注的默认规则,指的是检测时全部参数中超过极限值的个数不多于总个数的 16%。
    ②"最大规则"是所有测得的参数值一个也不能超过给定的极限值。运用"最大规则"时,参数代号中应加上"max"。

(4)表面结构在图样上的标注

表面结构要求对每一表面一般只标注一次,并尽可能注在相应的尺寸及其公差的同一视图上,除非另有说明。所标注的表面结构要求是对完工的表面结构要求。表面结构在图样上的标注图例及其解释见表 8-5。

表 8-5 表面粗糙度代号的标注方法

标注方法	说明
	表面结构要求的注写和读取方向与尺寸的注写和读取方向一致
(a)　(b)	表面结构要求可标注在轮廓线或其延长线上,其符号应从材料外指向并接触被加工表面(图 a); 必要时,表面结构符号也可用带箭头或黑点的指引线引出标注(图 a、b)

标注方法	说明
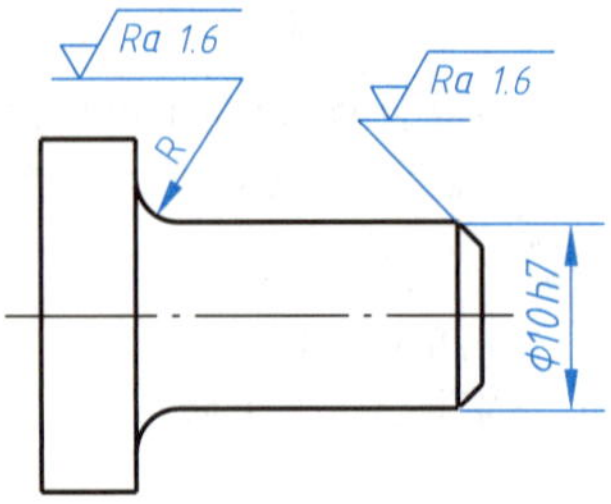	表面结构要求对每一个表面一般只标注一次,并尽可能注在与其相对应的尺寸及其公差的同一视图上; 如果各表面有不同的表面结构要求,则应分别单独标注
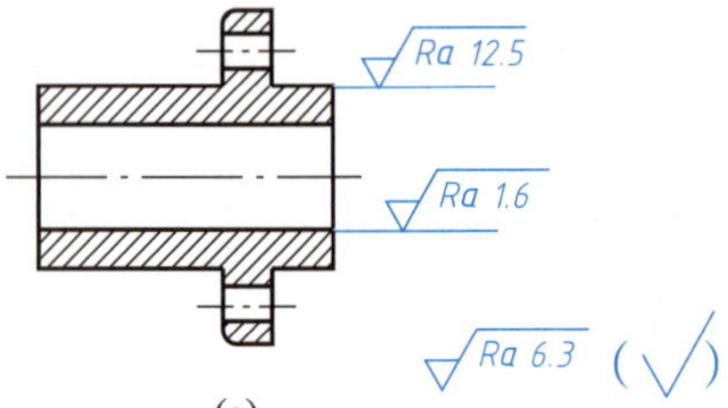 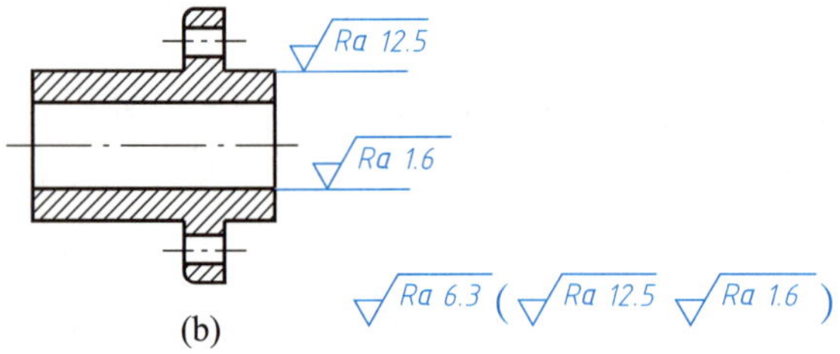	如果工件的多数(包括全部)表面具有相同的表面结构要求,则其要求可统一标注在图样的标题栏附近。此时(除全部表面有相同要求的情况外),表面结构要求的符号后面应有: (1)在圆括号内给出无任何其他标注的基本符号(图 a); (2)在圆括号内给出不同的表面结构要求(图 b)。 不同的表面结构要求应直接标注在图形中(图 a、b)
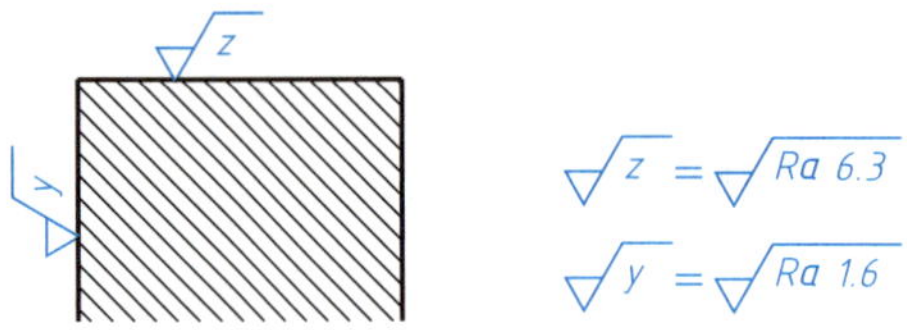	多个表面具有相同的表面结构要求或图样空间有限时,可采用简化注法:用带字母的完整符号,以等式的形式在图样或标题栏附近对有相同的表面结构要求的表面进行简化标注

2. 极限与配合(GB/T 1800.1~2—2020 及 GB/T 1801—2009)

(1)互换性概念

在相同规格的一批零部件中,不需要任何挑选、调整和修配,就能装配(或更换)到机器上,并且符合使用性能要求,零件的这种性质称为互换性。零件的互换性是现代化机械工业的重要基础,它既有利于装配或维修机器又便于组织生产协作,进行高效率的专业化生产。而极限与配合制度,是实现互换性的一个基本条件。

(2)尺寸公差的有关术语

在零件的加工过程中,由于机床精度、刀具磨损、测量误差等原因的影响,不可能把零件的尺寸加工得绝对准确。为了保证互换性,必须将零件尺寸的加工误差限制在一定的范围内,规定出尺寸允许的变动量,这个尺寸变动量就是尺寸公差,简称公差。下面以图 8-36 为例说明公差的有关术语。

1)公称尺寸 由设计给定的尺寸:ϕ30。

2)实际尺寸 通过测量获得的尺寸。

3)极限尺寸 允许尺寸变动的两个极限值:

上极限尺寸 $30+0.01=30.01$;

下极限尺寸 $30-0.01=29.99$。

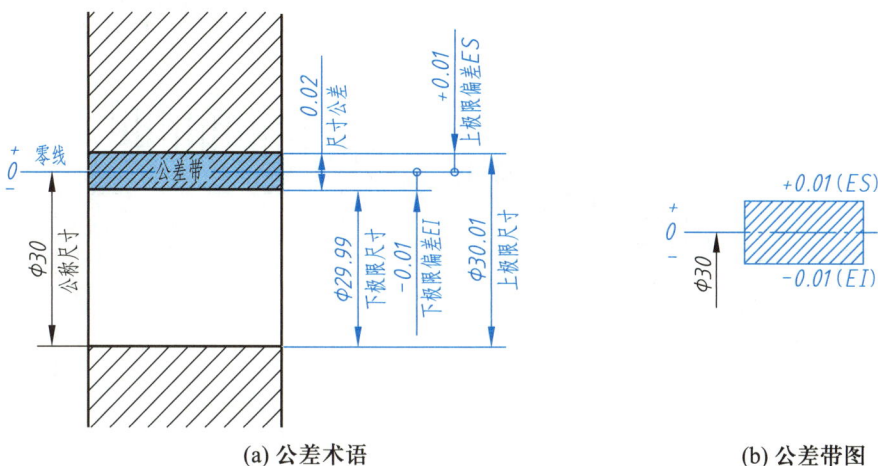

(a) 公差术语   (b) 公差带图

图 8-36 尺寸公差及公差带图

4)尺寸偏差 极限尺寸减公称尺寸的代数,分别称为上极限偏差和下极限偏差。国家标准规定:孔的上极限偏差用 ES、下极限偏差用 EI 表示;轴的上极限偏差用 es、下极限偏差用 ei 表示。

上极限偏差 $ES=30.01-30=+0.01$;

下极限偏差 $EI=29.99-30=-0.01$。

5)尺寸公差 允许尺寸的变动量。即上极限尺寸减下极限尺寸之差,或上极限偏差减下极限偏差所得的代数差。尺寸公差是一个没有符号的绝对值。

公差 $30.01-29.99=0.02$ 或 $|0.01-(-0.01)|=0.02$。

6)零线 偏差值为零的一条基准直线,零线常用公称尺寸的尺寸界线表示。

7)公差带图 在零线区域内,由孔或轴的上、下偏差围成的方框简图称为公差带图(图 8-36b)。

8)标准公差 由国家标准所列的,用以确定公差带大小的公差称为标准公差。标准公差用符号"IT"表示,分为 20 个等级,即 IT01、IT0、IT1、…、IT18。IT01 公差值最小,IT18 公差值最大,标准公差反映了尺寸的精确程度,其值可查附表 22。

9)基本偏差 公差带图中离零线最近的那个偏差称为基本偏差。

国家标准对孔、轴各规定了 28 种基本偏差,分别用大、小写英文字母表示。26 个字母中去掉 5 个容易与其他参数相混淆的字母 I、L、O、Q、W(i、l、o、q、w),增加了 7 个双写字母 CD、EF、FG、JS、ZA、ZB、ZC(cd、ef、fg、js、za、zb、zc),形成了 28 种基本偏差代号,反映了公差带的 28 种位置,构成了基本偏差系列,如图 8-37 所示。

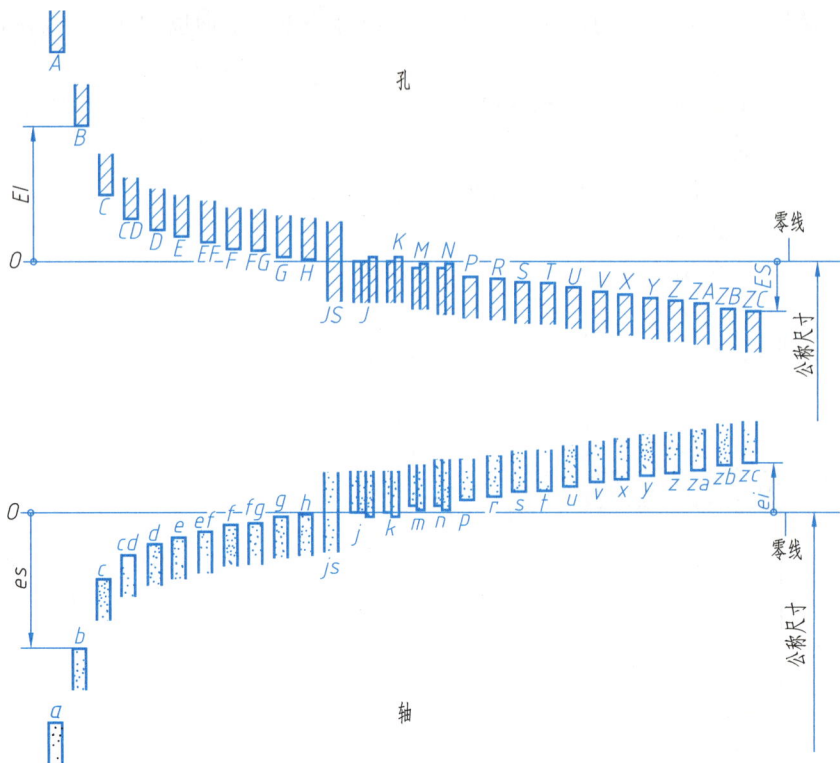

图 8-37　基本偏差系列图

孔的偏差 A~H 为下极限偏差, J~ZC 为上极限偏差;轴的偏差则相反, a~h 为上极限偏差, j~zc 为下极限偏差。图中 h 和 H 的偏差为零, JS 和 js 对称于零线,其上、下极限偏差分别+ITn/2 和-ITn/2(对于 IT7~IT11 级除外)。

10) 公差带的确定及代号　基本偏差系列图中,只表示了公差带的位置,没有表示公差带的大小,因此,公差带一端是开口的,其偏差值取决于所选标准公差的大小,可根据基本偏差和标准公差算出。

对于孔: $ES=EI+IT$　　或 $EI=ES-IT$

对于轴: $es=ei+IT$　　或 $ei=es-IT$

孔、轴公差带代号由基本偏差代号和公差等级代号组成。例如:

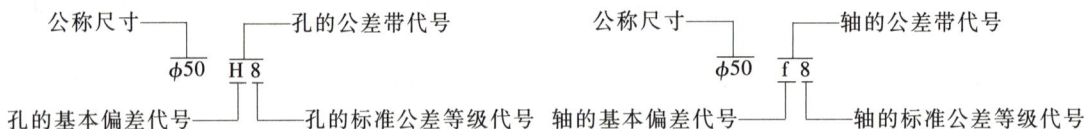

公称尺寸———　　———孔的公差带代号　　　　公称尺寸———　　———轴的公差带代号

$\phi 50$ H 8　　　　　　　　　　　　$\phi 50$ f 8

孔的基本偏差代号———　———孔的标准公差等级代号　轴的基本偏差代号———　———轴的标准公差等级代号

(3) 配合

1) 配合及其种类

公称尺寸相同的,相互接合的孔和轴公差带之间的关系称为配合。孔、轴的配合松紧程度可用"间隙"或"过盈"来表示。孔的尺寸减去相配合的轴的尺寸为正时,称为间隙。孔的尺寸减去相配合的轴的尺寸为负时,称为过盈。

根据使用要求不同,国家标准将配合分为三种:

① 间隙配合——具有间隙(包括最小间隙等于零)的配合。此时孔的公差带在轴的公差带之上(包括相接),如图 8-38a 所示。

② 过盈配合——具有过盈(包括最小过盈等于零)的配合。此时孔的公差带在轴的公差带之下(包括相接),如图 8-38b 所示。

③ 过渡配合——可能具有间隙或过盈的配合。此时孔、轴的公差带互相交叠,如图 8-38c,d 所示。

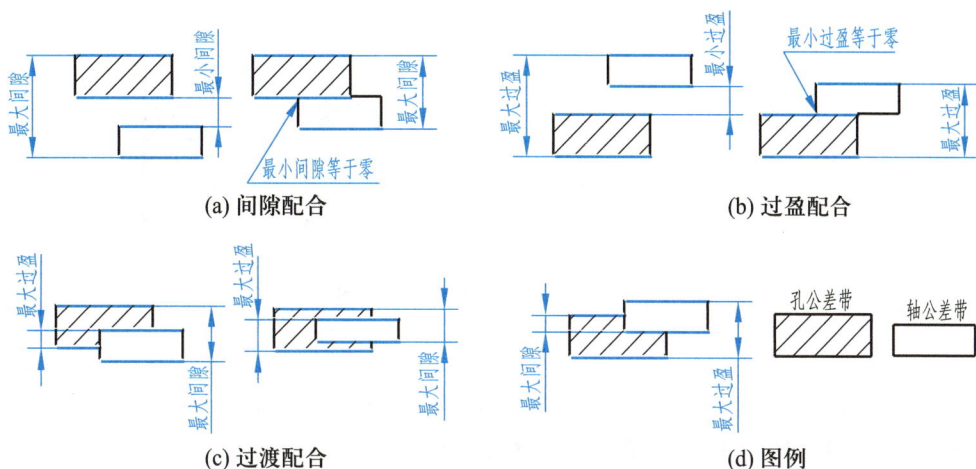

(a) 间隙配合　　　　　　　　　　　(b) 过盈配合

(c) 过渡配合　　　　　　　　　　　(d) 图例

图 8-38　配合种类

2) 配合制

把公称尺寸相同的孔、轴公差带组合起来,可以组成各种不同的配合,为了便于设计时选择、加工时减少专用刀具和量具的准备,国家标准规定了两种配合制,即基孔制配合和基轴制配合。

① 基孔制配合——基本偏差为一定的孔的公差带与不同基本偏差的轴的公差带形成各种配合的一种配合制度,如图 8-39a 所示。基孔制配合中的孔称为基准孔,其基本偏差代号为 H,下极限偏差 $EI=0$。

② 基轴制配合——基本偏差为一定的轴的公差带与不同基本偏差的孔的公差带形成各种配合的一种配合制度,如图 8-39b 所示。基轴制配合的轴为基准轴,其基本偏差代号为 h,上极限偏差 $es=0$。

3) 配合代号

配合代号用孔、轴公差带代号的组合表示,写成分数形式。例如 $\phi50H8/f7$ 或 $\phi50\dfrac{H8}{f7}$,其中 $\phi50$ 表示孔、轴的公称尺寸,H8 表示孔的公差带代号,f7 表示轴的公差带代号,H8/f7 表示配合代号。

在配合代号中,凡孔的基本偏差为 H 者,表示基孔制配合,凡轴的基本偏差为 h 者,表示基轴制配合。

4) 优先配合和常用配合

标准公差有 20 个等级,基本偏差有 28 种,可以组成大量的配合。为此,国家标准规定了公称尺寸至 500 mm 的优先、常用和一般用途的孔、轴公差带,以及相应的优先和常用配合。

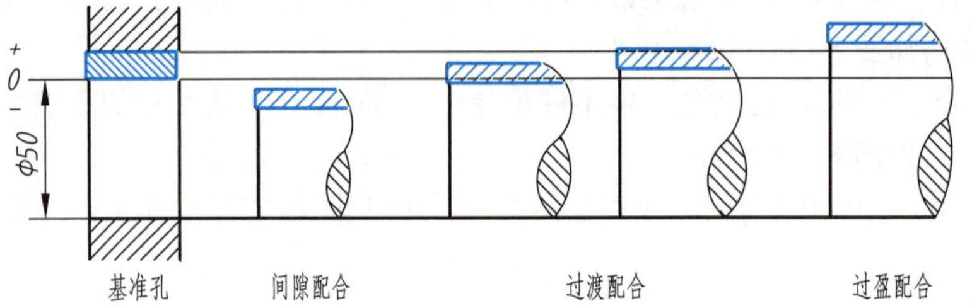

(a) 基孔制配合示意图

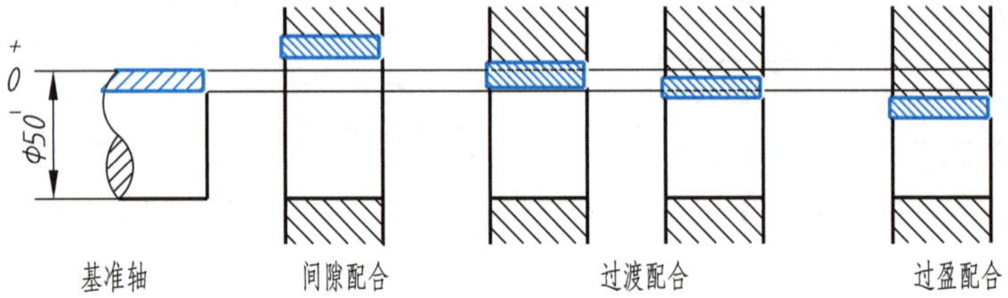

(b) 基轴制配合示意图

图 8-39　基孔制配合与基轴制配合

基孔制的常用配合有 45 种，其中优先选用的有 16 种（表 8-6）；基轴制的常用配合有 38 种，其中优先选用的是 18 种（表 8-7）。在表 8-6 和表 8-7 中，左上角标有符号"◤"者为优先选用配合。

表 8-6　公称尺寸至 500 mm 基孔制优先和常用配合（摘自 GB/T 1800.1—2020）

基准孔	配合代号																
	b	c	d	e	f	g	h	js	k	m	n	p	r	s	t	u	x
	间隙配合							过渡配合			过盈配合						
H6						H6/g5	H6/h5	H6/js5	H6/k5	H6/m5	H6/n5	H6/p5					
H7					H7/f6	◤H7/g6	◤H7/h6	◤H7/js6	◤H7/k6	H7/m6	◤H7/n6	◤H7/p6	◤H7/r6	◤H7/s6	H7/t6	H7/u6	H7/x6
H8				H8/e7	◤H8/f7		◤H8/h7	H8/js7	H8/k7	H8/m7				H8/s7		H8/u7	
			H8/d8	◤H8/e8	H8/f8		H8/h8										
H9			H9/d8	◤H9/e8	H9/f8		H9/h8										
H10	H10/b9	H10/c9	◤H10/d9	H10/e9			◤H10/h9										
H11	◤H11/b11	◤H11/c11	H11/d10				H11/h10										

表8-7 公称尺寸至500 mm基轴制优先和常用配合(摘自GB/T 1800.1—2020)

基准轴	配合代号														
	B	C	D	E	F	G	H	JS	K	M	N	P	R	S	T	U	X
	间隙配合							过渡配合			过盈配合				
h5						$\frac{G6}{h5}$	$\frac{H6}{h5}$	$\frac{JS6}{h5}$	$\frac{K6}{h5}$	$\frac{M6}{h5}$	$\frac{N6}{h5}$	$\frac{P6}{h5}$					
h6					$\frac{F7}{h6}$	$\frac{G7}{h6}$	$\frac{H7}{h6}$	$\frac{JS7}{h6}$	$\frac{K7}{h6}$	$\frac{M7}{h6}$	$\frac{N7}{h6}$	$\frac{P7}{h6}$	$\frac{R7}{h6}$	$\frac{S7}{h6}$	$\frac{T7}{h6}$	$\frac{U7}{h6}$	$\frac{X7}{h6}$
h7				$\frac{E8}{h7}$	$\frac{F8}{h7}$		$\frac{H8}{h7}$										
h8			$\frac{D9}{h8}$	$\frac{E9}{h8}$	$\frac{F9}{h8}$		$\frac{H9}{h8}$										
h9				$\frac{E8}{h9}$	$\frac{F8}{h9}$		$\frac{H8}{h9}$										
			$\frac{D9}{h9}$	$\frac{E9}{h9}$	$\frac{F9}{h9}$		$\frac{H9}{h9}$										
	$\frac{B11}{h9}$	$\frac{C10}{h9}$	$\frac{D10}{h9}$				$\frac{H10}{h9}$										

5)孔和轴的极限偏差值

根据公称尺寸和公差带代号,可通过查表获得孔、轴的极限偏差数值。查表时,根据某一公称尺寸的孔和轴,先由其基本偏差代号得到基本偏差值,再由公差等级查表得到标准公差值,最后由标准公差与极限偏差的关系,算出另一极限偏差值。

对于优先及常用配合的极限偏差,可查附表23及附表24获得。

[例8-1] 已知轴、孔的配合尺寸为ϕ50H8/f7,试确定孔和轴的极限偏差。

解:由公称尺寸ϕ50(属于尺寸分段>40~50)和孔的公差带代号H8,从附表23可查得孔的上、下极限偏差分别为ES=+39 μm,EI=0。由公称尺寸ϕ50和轴的公差带代号f7,查附表24可得轴的上、下极限偏差分别为es=-25 μm,ei=-50 μm。由此可知,孔的尺寸为$\phi50^{+0.039}_{0}$,轴的尺寸为$\phi50^{-0.025}_{-0.050}$。ϕ50H8/f7的公差带图如图8-40a所示。从图中可以看出,该配合是基孔制间隙配合,最大间隙为0.089 mm,最小间隙为0.025 mm。

[例8-2] 已知孔、轴的配合尺寸为ϕ30P7/h6,试确定孔、轴的极限偏差值及配合性质。

解:由公称尺寸ϕ30和孔的公差带代号P7从附表23可查得孔的上、下极限偏差分别为$ES=$

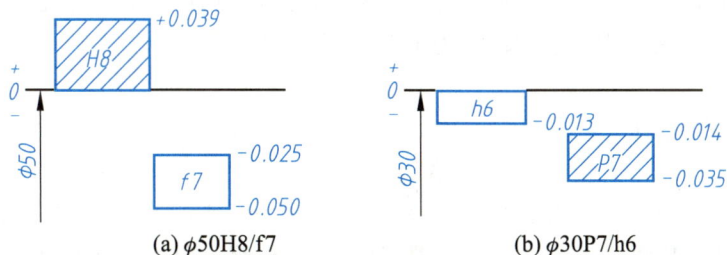

(a) ϕ50H8/f7   (b) ϕ30P7/h6

图8-40 公差带图

$-14~\mu m$，$EI=-35~\mu m$。由公称尺寸 $\phi30$ 和轴的公差带代号 h6 从附表 24 中可查得轴的上、下极限偏差为 $es=0$，$ei=-13~\mu m$。由此可知，孔的尺寸为 $\phi30^{-0.014}_{-0.035}$，轴的尺寸为 $\phi30^{~0}_{-0.013}$。$\phi30P7/h6$ 的公差带图如图 8-40b 所示，从图可看出，孔、轴属于基轴制过盈配合，最大过盈为 0.035 mm，最小过盈为 0.001 mm。

（4）极限与配合在图样中的标注

如图 8-41a 所示，尺寸公差在装配图上的标注，两零件有配合要求时，应在公称尺寸的后边注出相应的配合代号；在零件图上尺寸公差可按下面三种形式之一标注：只标注公差带代号，如图 8-41b 所示；只标注极限偏差的数值，如图 8-41c 所示；同时标注公差带代号和相应的极限偏差，且极限偏差应加上圆括号，如图 8-41d 所示。如果上、下极限偏差的绝对值相等，则在公称尺寸之后标注"±"符号，再写一个偏差数值。这时数值的字体高度与公称尺寸字体的高度相同，如 $\phi18\pm0.009$。

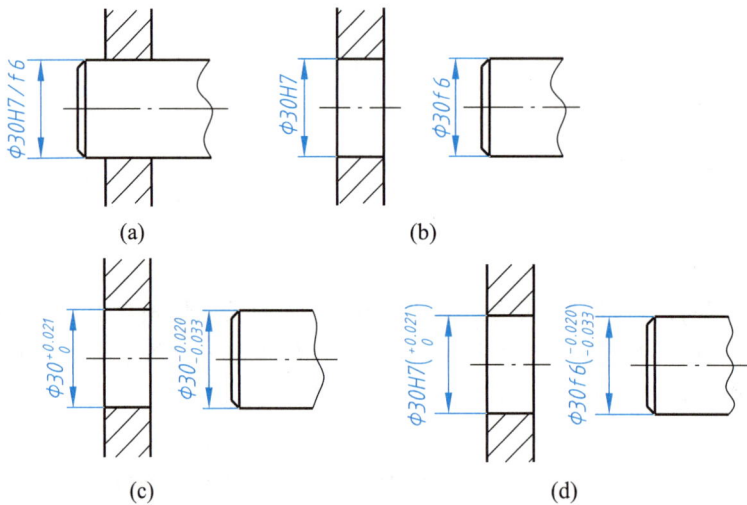

图 8-41　极限与配合的标注方法

3. 几何公差（GB/T 1182—2018）

几何公差是零件几何要素（点、线、面）的实际形状或实际位置对理想形状或理想位置允许变动的全量。

（1）几何特征符号

国家标准 GB/T 1182—2018 将几何公差分为形状公差、方向公差、位置公差和跳动公差。线轮廓度和面轮廓度按有无基准要求，分为形状公差、方向公差和位置公差。几何特征符号如表 8-8 所示。

（2）几何公差的标注

1）公差框格

几何公差要求在矩形公差框格中给出，如图 8-42 所示。形状公差由两格组成，方向、位置或跳动公差由三格或多格组成。公差框格用细实线绘制，框格高度推荐为图内尺寸数字高度的 2 倍。第一格和仅标注一个基准字母的框格长度也是字高的 2 倍。框格中的内容从左到右分别填写几何特征符号、公差值(以线性尺寸单位表示的量值。如公差带是圆形或圆柱形的,在公差值前应加注符号"ϕ";如果是球形的,应加注符号"$S\phi$"),第三格及以后格为基准代号的字母和有关符号。公差框格只能水平或竖直绘制。

表 8-8　几何公差特征符号(摘自 GB/T 1182—2018)

公差类型	几何特征	符号	有无基准	公差类型	几何特征	符号	有无基准
形状公差	直线度	—	无	方向公差	线轮廓度	⌒	有
	平面度	▱	无		面轮廓度	⌒	有
	圆度	○	无	位置公差	同轴度	◎	有
	圆柱度	⌀	无		对称度	=	有
	线轮廓度	⌒	无		位置度	⊕	有
	面轮廓度	⌒	无		线轮廓度	⌒	有
方向公差	平行度	//	有		面轮廓度	⌒	有
	垂直度	⊥	有	跳动公差	圆跳动	/	有
	倾斜度	∠	有		全跳动	//	有

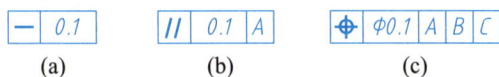

图 8-42　公差框格

2)被测要素

用带箭头的指引线将公差框格与被测要素相连,按下列方式标注。

① 当公差涉及轮廓线或轮廓面时,箭头指向要素的轮廓线或其延长线上,并应与尺寸线明显错开,如图 8-43 所示。

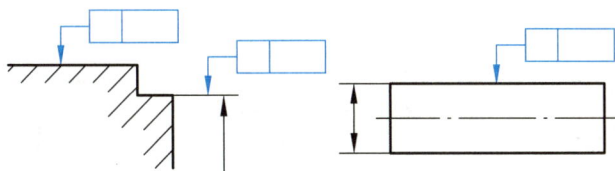

图 8-43　被测要素标注方式(一)

② 当公差涉及要素的中心线、对称平分面或中心点时,箭头应位于相应尺寸线的延长线上,如图 8-44 所示。

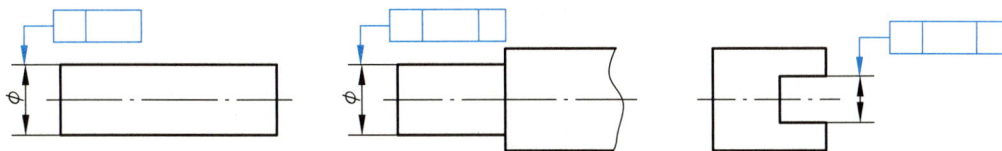

图 8-44　被测要素标注方式(二)

③ 用同一公差带控制几个被测要素时,应在公差值的后面加注公共公差带的符号ZC,如图8-45所示。

3) 基准要素的标注

对于被测要素有方向、位置或跳动公差要求时,必须注明基准。基准符号是带方框的大写字母用细实线与一个涂黑或空白的三角形相连,如图8-46所示,涂黑的和空白的基准三角形含义相同,图中 h 为字母高度。表示基准的字母也应注在公差框格的第三格及以后格内,如图8-47所示。

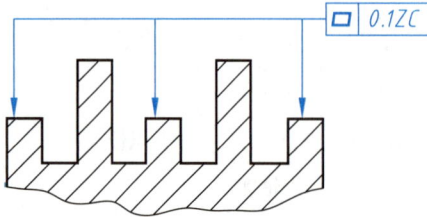

图 8-45 被测要素标注方式(三)

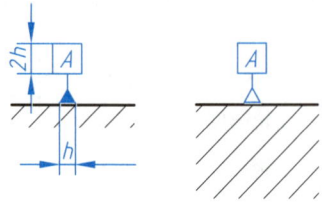

图 8-46 基准符号

当基准是轮廓线或轮廓面时,基准三角形放置在要素的轮廓线或其延长线上,并与尺寸线明显错开,如图8-48所示。当基准是尺寸要素确定的轴线、对称平分面或中心点时,基准三角形应放置在该尺寸线的延长线上,如图8-49所示。

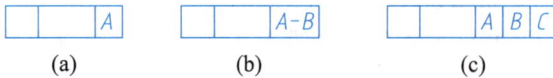

(a)   (b)   (c)

图 8-47 基准的字母在框格内的表示

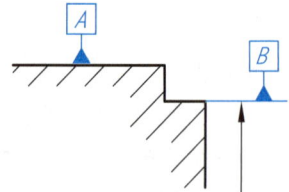

图 8-48 基准放置(一)

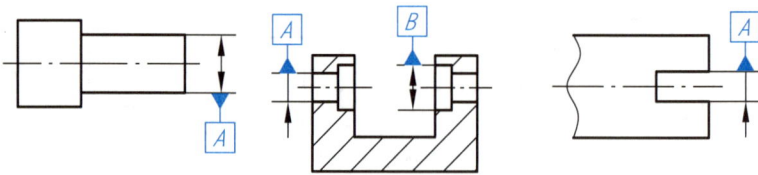

图 8-49 基准放置(二)

(3) 零件图上几何公差标注示例

零件图上几何公差标注实例如图8-50所示。

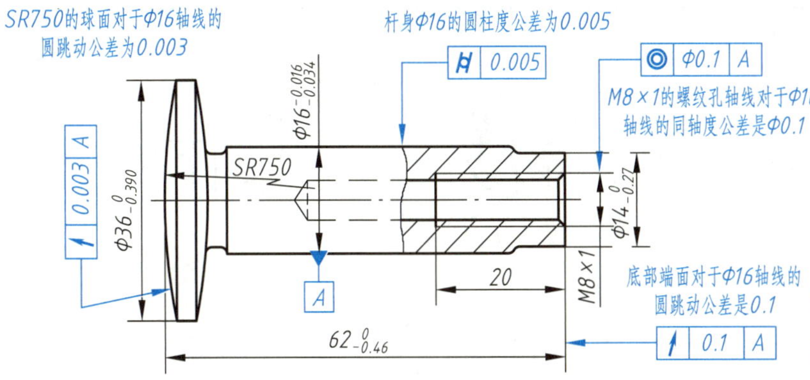

图 8-50　几何公差标注示例

8.6
典型零件

　　这一节的目的是进一步熟悉看零件图的方法,掌握零件图的有关内容,了解各类零件的一些特点,同时,也是本课程已学内容的一个小结。

　　零件的形状各异,按功能、结构特点、视图特点综合考虑可将零件归纳为轴套类、轮盘类、叉架类和箱体类四类典型零件。这里对这四类零件图例从用途、表达方案、尺寸标注和技术要求等几个方面进行重点分析。

1. 轴套类零件

　　（1）用途

　　轴一般是用来支承传动零件和传递动力的。套一般是装在轴上,起轴向定位、传动或连接等作用。图 8-51 所示为从动轴零件图。

　　（2）表达方案

　　1）轴套类零件一般在车床上加工,所以应按形状特征和加工位置确定主视图。轴线应水平放置,大头在左,小头在右,键槽、孔等结构可以朝前;轴套类零件的主要结构形状是回转体,一般只需一个主视图。

　　2）轴套类零件的其他结构,如键槽、螺纹退刀槽、砂轮越程槽和螺纹孔等可以用剖视图、断面图、局部视图和局部放大图等加以补充。如图 8-51 所示,主视图按加工位置原则选择,轴线水平放置,垂直于轴线的方向作为主视图的投射方向,反映轴向结构形状。对键槽结构,一般采用移出断面图来表达,对退刀槽、砂轮越程槽一般采用局部放大图表达。

　　3）实心轴没有剖开的必要,轴上个别的内部结构形状需要表达时,可以采用局部剖视图。对空心套则需要剖开表达它的内部结构形状;外部结构形状简单可采用全剖视图;外部较复杂则用半剖视图或局部剖视图;内部简单也可不剖或采用局部剖视图。

　　（3）尺寸标注

　　1）轴套类零件是以回转轴线为宽度方向和高度方向的主要基准,标注各段直径,如图 8-51

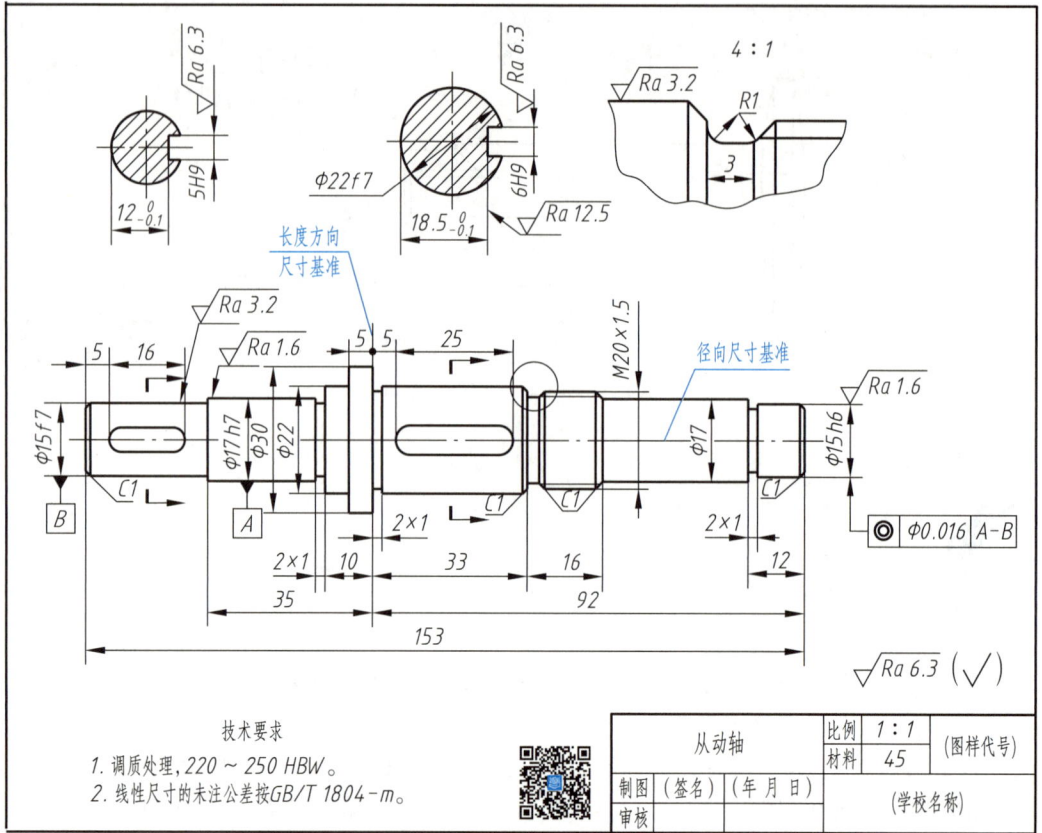

图 8-51 轴类零件分析

所示的 φ15、φ17、φ22 和 φ30 等尺寸的标注。长度方向是以端面或台阶面(此例中是轴肩右端面)作为主要基准,标注长度方向尺寸。如图 8-51 中,以 φ30 圆柱右端面作为长度方向的基准标注 5、10、33、35 和 92 等尺寸。

2)主要形体是同轴回转体组成的,因而省略了两个方向(宽度和高度)定位尺寸。

3)主要尺寸必须直接标注,其余尺寸按加工顺序标注。

4)零件上的标准结构(倒角、退刀槽、越程槽、键槽)较多,应按标准规定标注。

(4)技术要求

1)有配合要求的表面,其表面粗糙度参数值较小。φ15f7、φ17h7 和 φ15h6 轴段都是要和其他零件配合的表面,其表面粗糙度参数值较小。其他无配合要求表面的表面粗糙度参数值较大。

2)有配合要求的轴颈尺寸公差等级较高、公差值较小;无配合要求的轴颈尺寸公差等级较低或不需标注。

3)有配合要求的轴颈和重要的端面应有几何公差的要求。

2. 轮盘类零件

(1)用途

轮盘类零件可包括手轮、带轮、端盖、盘座等。轮一般用来传递动力和扭矩,盘主要起支承、轴向定位以及密封等作用。

（2）表达方案

1）轮盘类零件主要是在车床上加工,所以应按形状特征和加工位置选择主视图,轴线水平放置;对不以车床加工为主的零件可按形状特征和工作位置确定。

2）轮盘类零件一般需要两个基本视图。图 8-52 中的主视图是采用两相交剖切平面剖得的全剖视图,左视图用来表达外形。

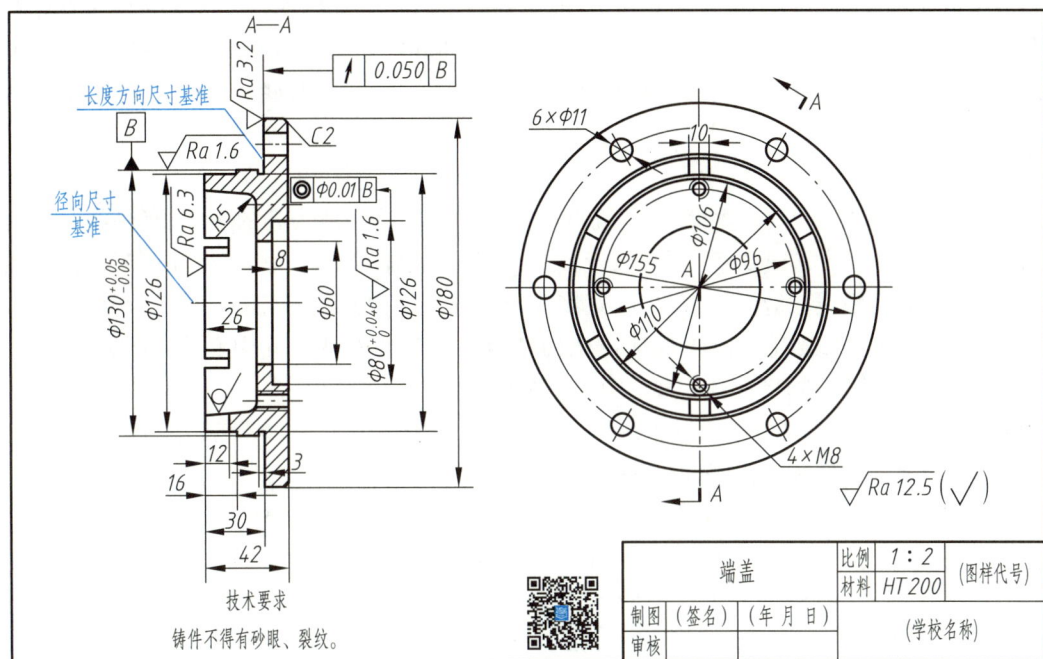

图 8-52　盘盖类零件分析

3）轮盘类零件的其他结构形状,如轮辐,可用移出断面或重合断面表示。

（3）尺寸标注

1）轮盘类零件宽度和高度方向的主要基准也是回转轴线,如图 8-52 中标注的 ϕ60、ϕ80、ϕ126、ϕ130 和 ϕ180 等尺寸。长度方向的尺寸基准,常选用重要的端面,如端盖选用与其他零件接触的凸缘的左端面作为长度方向的尺寸基准,标注 3 和 30 等尺寸。

2）定形尺寸和定位尺寸都比较明显,尤其是在圆周上分布的小孔的定位圆直径是这类零件的典型定位尺寸,如图 8-52 中标注的 6×ϕ11、4×M8 等结构的定位尺寸 ϕ155、ϕ96。

（4）技术要求

1）有配合的内、外表面粗糙度参数较小;起轴向定位的端面,表面粗糙度参数值也较小。ϕ130、ϕ80 等都是有配合要求的表面,ϕ180 圆柱的左端面是起轴向定位的端面,这些表面粗糙度参数较小。

2）有配合的孔和轴的尺寸公差较小并有同轴度要求,与其他运动零件相接触的表面有圆跳动的要求。

3. 叉架类零件

（1）用途

叉架类零件包括各种用途的拨叉和支架。拨叉主要用在机床等各种机器上的操纵机构上,用来操纵机器、调节速度。支架主要起支承和连接的作用。

（2）表达方案

1）叉架类零件一般为铸件或锻件，形状较为复杂，需经不同的机械加工种类加工，且加工位置各异。所以，在选主视图时，主要按形状特征和工作位置（或自然位置）确定。如图8-53中，主视图的拨叉形状特征就比较明显。

2）叉架类零件的结构形状较为复杂，一般需要两个以上的基本视图。由于它的某些结构形状不平行于基本投影面，所以常常采用斜视图、斜剖视图和断面图等表示法，如图8-53中的斜视图和断面图。对零件上的一些内部结构形状可采用局部剖视图；对某些较小的结构形状，可采用局部放大图。

（3）尺寸标注

1）叉架类零件长度方向、宽度方向、高度方向的主要基准一般为孔的中心线（轴线）、对称平面和较大的加工平面。如图8-53所示，长度方向的基准选择右端面，标注45、15等尺寸；高度方向基准选择$\phi20$的轴线，标注80等尺寸，宽度方向基准选择中心线，标注6、16等尺寸。

2）定位尺寸较多，要注意能否保证定位的精度。一般要标注出孔中心线（或轴线）间的距离。或孔中心线（轴线）到平面的距离、平面到平面的距离。

3）定形尺寸一般都采用形体分析法标注尺寸，便于制作模型。一般情况下，内、外结构形状要注意保持一致。起模斜度、圆角也要标注出来。

（4）技术要求

表面粗糙度、尺寸公差、几何公差没有什么特殊要求。

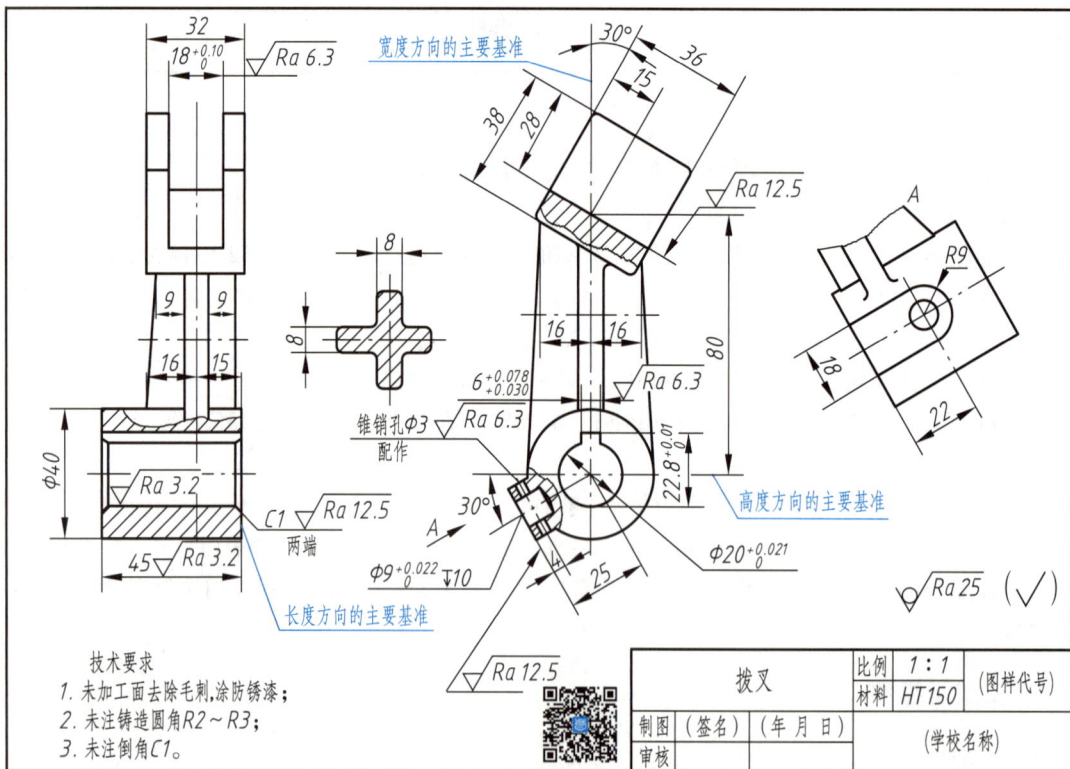

图8-53 叉架类零件分析

4. 箱体类零件

（1）用途

箱体类零件多为铸造件。减速器箱体、阀体、泵体等都属于箱体类零件,这类零件主要用来支承、包容、保护其他零件,其结构形状最为复杂,而且加工位置变化也最多。

（2）表达方案

1）箱体类零件多数经过较多工序加工而成,各工序的加工位置不尽相同,因此主视图主要按形状特征和工作位置确定。

2）箱体类零件的视图一般投影关系复杂,常会出现截交线和相贯线;由于它们是铸件毛坯,所以经常会遇到过渡线等。

3）箱体类零件结构形状一般都较复杂,常用三个以上的基本视图进行表达。对内部结构形状采用剖视图表达。如果外部结构形状简单,内部结构形状复杂,且具有对称平面时,可采用半剖视图;如果外部结构形状复杂,内部结构形状简单,且不具有对称平面时,可采用局部剖视图或用细虚线表示;如果内、外部结构形状都较复杂,且投影并不重叠时,可采用局部剖视图;重叠时,外部结构形状和内部结构形状应分别表达;对局部的外、内部结构形状可采用局部视图、局部剖视图和断面图来表达,如图8-54所示,采用了三个基本视图及相应剖视图来表达阀体的内、外结构。

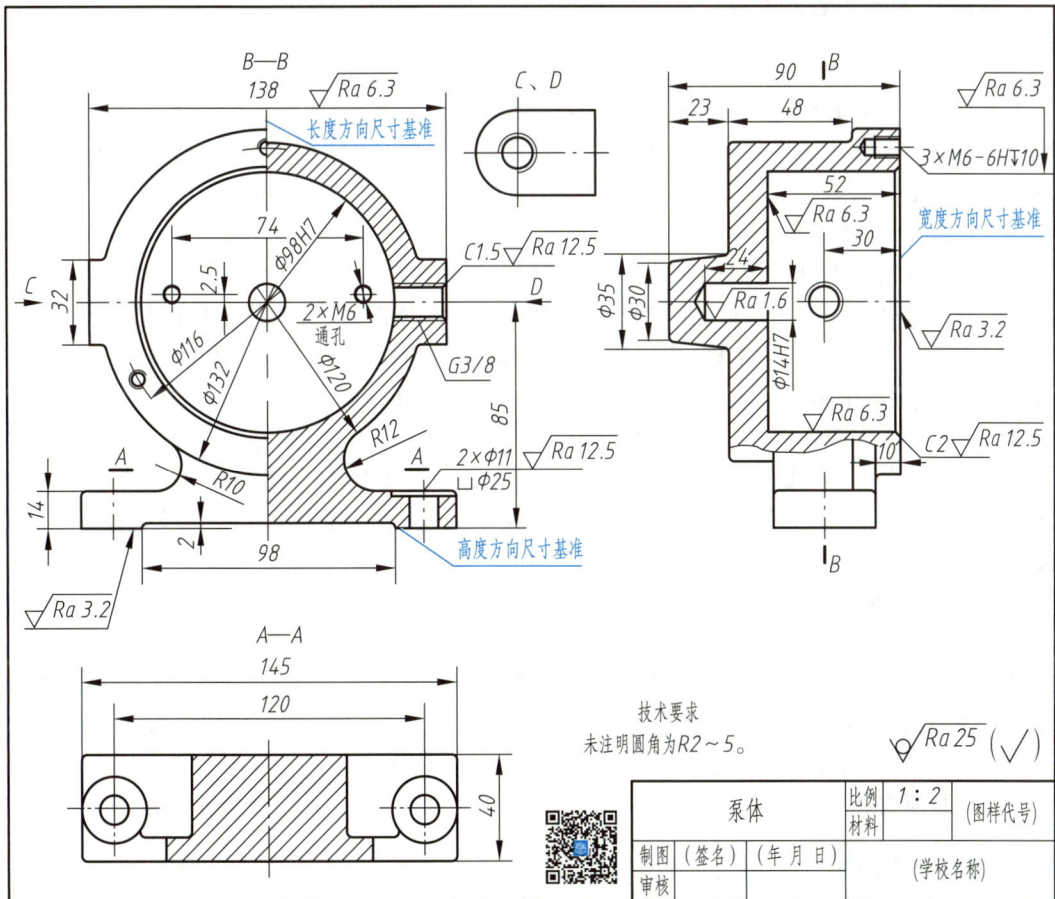

图 8-54 箱体类零件分析

（3）尺寸标注

1）长度方向、宽度方向、高度方向的主要基准采用孔的中心线（轴线）、对称平面和较大的加工平面。

2）定位尺寸更多，各孔中心线（或轴线）间的距离一定要直接标注出来。

3）定形尺寸仍用形体分析法标注。

（4）技术要求

1）箱体重要的孔和重要的表面，其表面粗糙度参数值较小。

2）箱体重要的孔和重要的表面，应该有尺寸公差和几何公差的要求。

8.7
阅读零件图

在第 5 章中曾讨论过读组合体视图的方法，它是读零件图的重要基础。在设计、生产、学习等活动中，会读零件图是一项非常重要的技能。阅读零件图时，除了读零件的形状和大小外，还要注意其结构特点和质量要求。

1. 读零件图的步骤和方法

（1）概括了解

读零件图首先要看标题栏，从中了解零件名称、材料、绘图比例等主要内容。根据零件名称可判断该零件属于哪一类零件；从材料可大致了解其加工方法、材料性能；根据绘图比例可估计零件的实际大小。

（2）分析视图，想象形状

首先弄清视图关系，所谓视图关系主要指零件图的个数、名称、各个视图之间的投影关系。其次是在搞清楚视图关系的基础上，根据图形特点用形体分析方法，抓住零件的结构特点，将其分为几个结构图形，然后各个击破，想象出它的几何形状。对于复杂部分的形状或某些关键性的问题，要对照投影集中精力认真分析，直到想出它的形状为止。

（3）分析尺寸和技术要求

图上的尺寸公差、表面粗糙度和几何公差等技术要求是零件的质量指标，要注意研究。看尺寸时，宜先分析长、宽、高三个方向的尺寸基准；从基准出发，搞清楚哪些是主要尺寸；然后以结构形状分析为线索，找出各部分的定形尺寸和定位尺寸；最后，还要检查尺寸标注是否符合设计、工艺要求，是否便于测量，是否符合有关部门标准。

（4）综合归纳

零件图表达了零件的结构形状、尺寸及其精度要求等内容，它们之间是相互关联的。读图时应从视图、尺寸和技术要求综合考虑，才能对这个零件形成完整的认识。有时，为了真正读懂零件图，还要参考有关技术资料和相关零件图、装配图等。读懂图与绘图一样重要，是工程技术人员必须具备的能力之一。

2. 读零件图举例

以图 8-55 为例说明读图的方法和步骤。

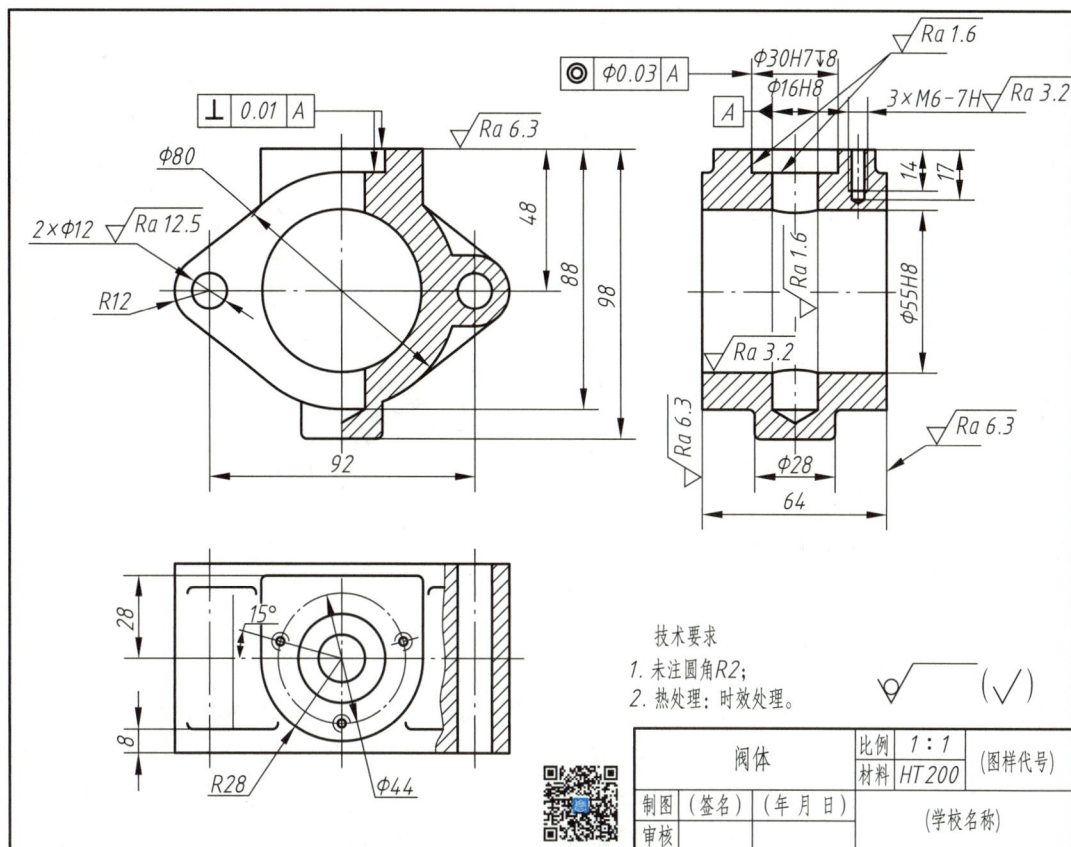

图 8-55 蝴蝶阀阀体

（1）概括了解

蝴蝶阀阀体零件，顾名思义，属于箱体类零件，是蝴蝶阀的主要零件，内部要容纳阀杆、阀门等主要零件，因此其内部为空腔。从标题栏中得知阀体材料为灰口铸铁 HT200，说明毛坯为铸造成型。图样比例为 1：1。

（2）分析视图

阀体零件图由三个视图构成，其中左上角为主视图，阀体结构左右对称，主视图采用半剖表达法，剖切平面为前后主体结构基本对称平面。左视图采用全剖视图，剖切平面为零件左右对称平面。俯视图采用局部剖视图，剖切平面为左右两边通孔 φ12 轴线、φ55H8 轴线共同构成的平面。主视图主要表达内腔的两个不同方向的孔 φ12、φ55H8、前后法兰盘外形、中部外形、上下凸台结构。左视图进一步表达了内形中两个不同方向孔的轴线互相垂直、上下凸台的相对位置，以及竖直孔的形状和上凸台上三个螺孔的形状等。俯视图主要表达了上凸台形状、上凸台上三个螺孔的位置、两边 φ12 通孔结构、前后端面外形前后对称等。

根据阀体的功能，综合分析以上三个视图的主要表达目的可知，阀体要容纳阀杆和阀门零件，其内部为空腔，它是由 φ55H8 圆柱通孔和 φ30H7、φ16H8 阶梯圆柱孔构成。作为蝴蝶阀的阀体，需要安装在气压或液压管路中，因此阀体前后设有端面，并加工有 φ12 通孔，以便于通过螺栓连接在管路中。阀体中间上下各有凸台，上部凸台端面上设有连接其他附件的三个螺孔以及

ϕ30H7、ϕ16H8 阶梯圆柱孔,下部凸台内加工有 ϕ16 盲孔,用来支承阀杆,其外形也为圆柱表面。阀体主体结构左右对称,中部外形为主视图中外形部分,上下凸台通过铸造圆角 R2 与中部外形相连。前后端面的形状为主视图左半部分,与中部外形之间也是通过铸造圆角 R2 相连,因此才有俯视图中的过渡线。综合想象该阀体结构形状如图 8-56 所示。

（3）分析尺寸

阀体长度方向的主要基准是阀体的左右对称平面,高度方向的主要基准是上端面,高度方向的辅助基准是过 ϕ55H8 轴线的水平面,宽度方向的主要基准是通过 ϕ16H8 孔轴线的侧平面。主要尺寸有 ϕ55H8、ϕ16H8、ϕ30H7、2×ϕ12 等。定位尺寸有 48、28、92、ϕ44、15° 等,定形尺寸主要有 ϕ55H8、ϕ16H8、ϕ30H7、2×ϕ12、3×M6-7H 等。它的总体尺寸长为 116(92+2×12),总高尺寸为 98,总宽尺寸为 64。

图 8-56　阀体结构形状

（4）分析零件的技术要求

阀体是铸造成型,毛坯经过车、铣、钻、铰等工艺制成。它的技术要求内容较多,主要有表面结构要求,如:去除材料法获得的 ϕ55H8 孔表面结构参数 Ra 为 3.2 μm,ϕ30H7、ϕ16H8 孔表面结构参数 Ra 为 1.6 μm;尺寸公差要求:ϕ55H8、ϕ30H7、ϕ16H8、M6-7H;几何公差要求:上凸台平面对 ϕ16H8 轴线的垂直度公差为 0.01,ϕ30H7 孔轴线对 ϕ16H8 轴线的同轴度公差是 ϕ0.03。此外,还有文字技术要求。

综合上述几个方面的分析,不仅搞清阀体零件结构形状、尺寸及其各种技术要求,而且了解到阀体的功能及其制造工艺,这才真正读懂这张零件图。

第 9 章
装配图

9.1
装配图的内容和表达方法

1. 装配图的内容

机器或部件是由若干零件按一定的关系和技术要求组装而成的。表达机器或部件及其组成部分的连接、装配关系的图样称为装配图。它表达了机器或部件的工作原理,零件相互间的装配关系,以及各零件的作用或传动关系,装配调整的技术要求等。因此,装配图是进行装配工作和设备维护管理的重要图样。

在设计过程中,通常是根据使用要求先画出装配图,然后依据装配图拆画零件图。所以装配图是反映设计思想,指导零件图设计的重要技术文件。

装配图一般具备以下几个方面的内容(图 9-1):

1)一组视图。用来表达机器或部件的工作原理、构造特征和零件间的装配连接关系及主要零件的结构形状。

2)必要的尺寸。装配图中应标注出机器或部件的规格(性能)尺寸、安装尺寸、装配尺寸、外形尺寸及其他重要尺寸。

3)技术要求。在装配图中,用简明文字说明在装配过程中的注意事项及应达到的技术要求;产品执行的技术标准和实验、验收技术规范;包装、运输、安装使用时的注意事项以及涂饰、润滑等技术要求。

4)零件序号、明细栏和标题栏。

2. 装配图的表达方法

前面章节讨论过的零件的各种表达方法,如各种视图、剖视、断面等,在装配图的表达中也同样适用。但部件是由若干零件组装而成的,装配图表达的重点在于反映部件的工作原理、装配连接关系和主要零件的结构特征,国家标准针对装配图还制定了一些特殊的表达方法。

在第 7 章介绍了螺纹紧固件的画法,那种画法实质上已经是一种简单的装配图画法,现将装配图中的一般规定再作一些解释。

(1)接触面和配合面的画法

两相邻零件的接触面和配合面只画一条线,如图 9-2 中(1)、(2)处所示。但当两相邻件的公称尺寸不同,即使其不接触的间隙较小时也须画出两条线,如图 9-2 中(5)处所示。

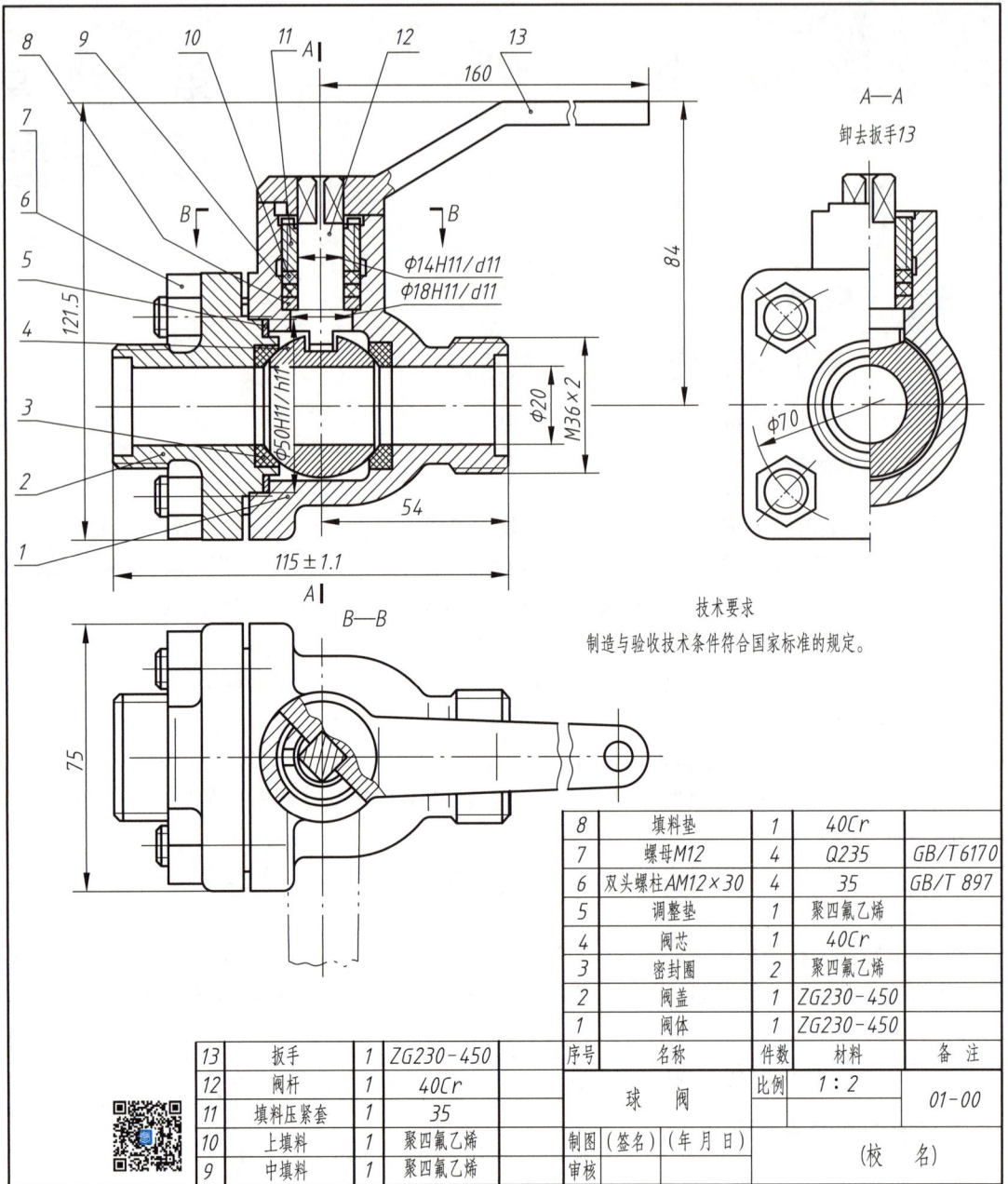

图 9-1　球阀装配图

（2）剖面线的画法

两相邻件的剖面线的方向应相反。当有多个零件相邻,剖面线的方向相同时,应错开间隔以示区别,如图 9-2 中（4）处所示。同时应注意同一零件在各剖视图中的剖面线方向和间隔应保持一致。

（3）简化画法

① 当剖切平面通过紧固件、销、键,以及实心的轴、手柄、球等零件的基本轴线时,则这些零件均按不剖切绘制,如图 9-2 中（3）、（6）处所示。若该零件上有连接关系需要表达,如键连接、

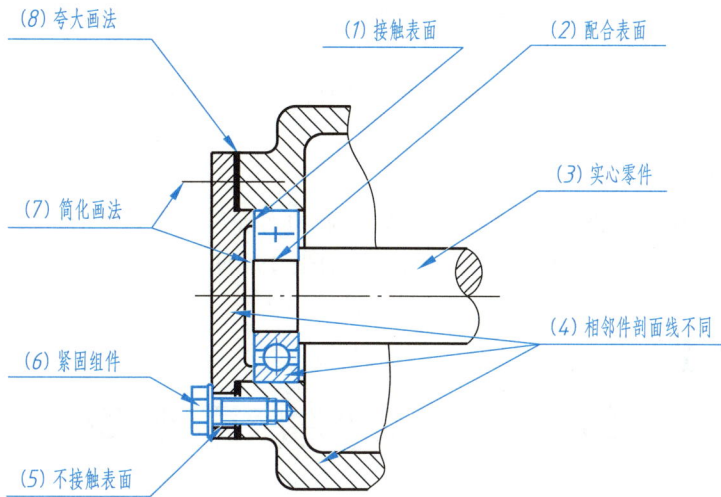

图 9-2 装配图的一些规定画法

销连接等,可画出局部剖视图加以表示。

② 零件的一些工艺结构,如铸造圆角、倒角、退刀槽均可不画出。

③ 多个相同规格的紧固组件,如螺栓、螺母、垫片组件,同一规格只需画出一组的装配关系,其余可用细点画线表示其安装位置,如图 9-2 中(7)。

④ 外购成品件或另有装配图表达的组件,虽剖切平面通过其对称中心也可以简化为只画出其外形轮廓。

(4) 沿结合面剖切或拆卸画法

绘制装配图时,根据需要可沿某些零件的结合面选取剖切平面,这时在结合面上不应画出剖面线。如图 9-3 所示润滑泵的 A—A 视图,为沿着泵体与垫片间的结合面剖切后画出的视图。

该视图也可以假想拆去端盖后画出。因为端盖、螺钉、垫片已拆去,不应在视图中画出,必要时在视图正上方注明"拆去××等"。

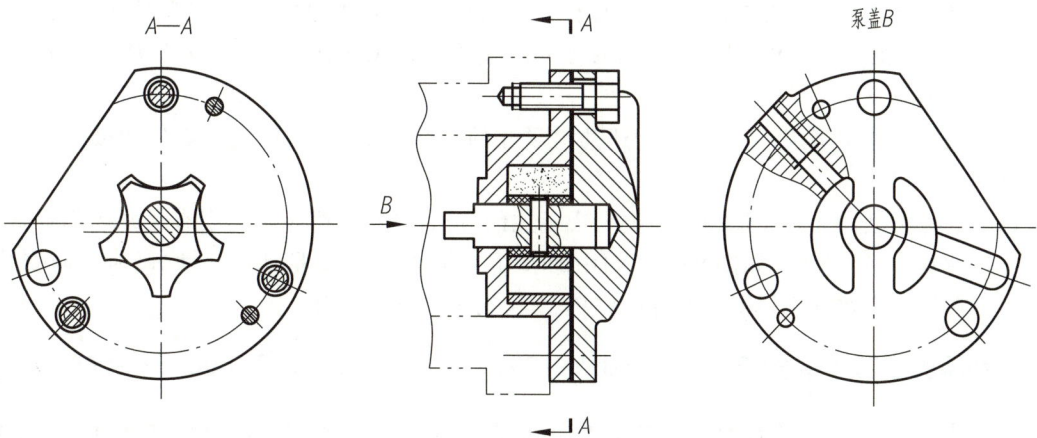

图 9-3 润滑泵的表达方法

（5）假想画法

① 为了表达装配图中运动零件的极限位置,用细双点画线画出该零件的极限位置轮廓,如图9-1球阀手柄的极限工作位置。

② 当需要表示本装配件与其他件的安装关系时,如图9-3所示,用细双点画线画出相邻件的部分相关轮廓。

（6）夸大画法

某些薄片零件、细丝弹簧、微小间隙等,若按它们的实际尺寸在装配图中难于明显表达时,可不按比例而采用夸大的画法表达,如图9-2中（8）的垫片厚度。

9.2
装配图的尺寸标注及零件序号、明细栏

1. 装配图的尺寸标注

装配图的作用不同于零件图,所以只需标出以下几种必要的尺寸（图9-1）：

（1）规格（性能）尺寸

规格（性能）尺寸是表示产品或部件的性能或规格的重要尺寸,是设计和使用的重要参数;如球阀的公称直径尺寸$\phi20$。

（2）装配尺寸

包括保证有关零件间配合性质的尺寸和保证零件间相对位置的尺寸等,如图9-1中阀盖与阀体的配合尺寸$\phi50H11/h11$,阀杆与填料压紧套的配合尺寸$\phi14H11/d11$,以及装配时保证相对位置的尺寸84和54。

（3）安装尺寸

在机器或部件安装时所需的尺寸,应在装配图中标出供安装时使用,如图9-1球阀与管道的安装连接尺寸M36×2。

（4）外形尺寸

表示机器或部件外形轮廓的大小,即总长、总宽和总高。它为包装、运输和安装过程所占的空间大小提供了数据。如图9-1所示,球阀的总长、总宽和总高尺寸分别为115±1.1、75和121.5。

（5）其他重要尺寸

它们是在设计中确定,又不属于上述几类尺寸的一些重要尺寸,如运动零件的极限尺寸、主体零件的重要尺寸等。

以上五种类型尺寸是装配图中需要考虑标注的,但具体到一张装配图中有时并非都具备,有时同一尺寸具有多种作用,如图9-1球阀中的尺寸115±1.1,它既是外形尺寸,同时也与安装尺寸有关。在学习中要善于根据装配件的结构,具体分析后合理标注。

2. 装配图零部件序号（GB/T 4458.2—2003）及明细栏（GB/T 10609.2—2009）

为了便于读图、图样管理及生产准备工作,应对装配图中的所有零件或组件进行编号,这种编号称为零件的序号。一般可在标题栏的上方绘制明细栏,由下而上填写零件的序号、名称、数

量、材料,将标准件的规格及标准代号填写在备注栏中。

（1）编写序号的基本要求

1）装配图中所有的零件、组件都必须编写序号,且同一零件、部件只编一个序号。

2）图中的序号应与明细栏中的序号一致。

3）序号沿水平或垂直方向按顺时针或逆时针顺序排列整齐,同一张装配图中的编号形式应一致。

（2）序号的编排方法

1）常见形式。在所指的零件可见轮廓内画一小圆点,由此用细实线画出指引线,在指引线的末端画一水平线或圆,在水平线上方或圆内注写序号,序号字号比装配图中标注尺寸所用的字号大一号,如图9-4所示。

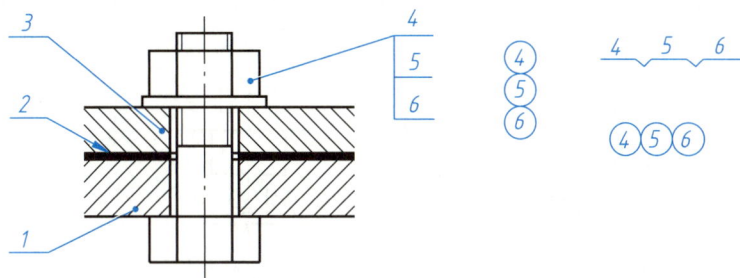

图9-4　零件序号编绘形式

2）若所指零件很薄或涂黑的剖面,可在指引线的起始处画出指向该件轮廓的箭头,如图9-4零件2的指引线。

3）指引线彼此不能相交,当它通过剖面线区域时,也不应与剖面线相平行,必要时可将指引线画成折线,但只允许曲折一次。

4）对紧固件组以及装配关系清楚的零件组,可以采用公共指引线进行编号,如图9-4螺栓组件的几种编号形式。

5）装配图中的标准化组件或成品件,如电动机、滚动轴承、油杯等,可视为一件,只编一个序号。

（3）明细栏

供学习时使用的明细栏格式如图9-5所示,当装配图图面位置不够时,明细栏可分段画在标题栏的左下方,如图9-1所示。

2				
1				
序号	名称	数量	材料	备注
（图名）		比例		（图号）
制图	（日期）	（校名）		
审核	（日期）			

图9-5　供学习时使用的标题栏及明细栏

9.3
常见装配结构的合理性

在设计和绘制装配图的过程中,应该考虑到装配结构的合理性,以保证机器和部件的性能,并给零件的加工和拆装带来方便。

1. 接触面的合理结构

1)为了保证零件的接触良好,又便于加工和装配,两零件在同一方向只能有一对接触面,如图9-6所示。

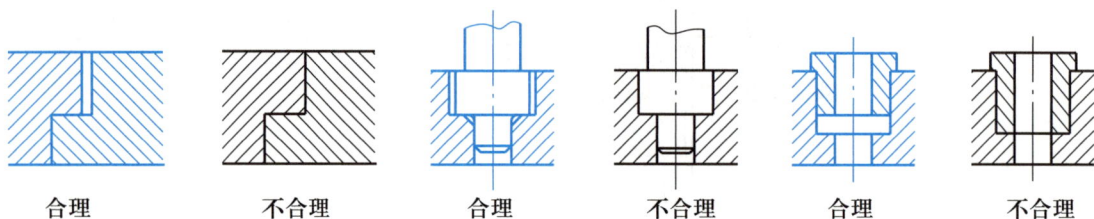

合理　　　不合理　　　合理　　　不合理　　　合理　　　不合理

图9-6　同一方向上的接触面

2)当孔与轴配合时,若轴肩和孔的端面需要接触,应在孔的接触端面倒角或在轴的根部切槽,如图9-7所示。

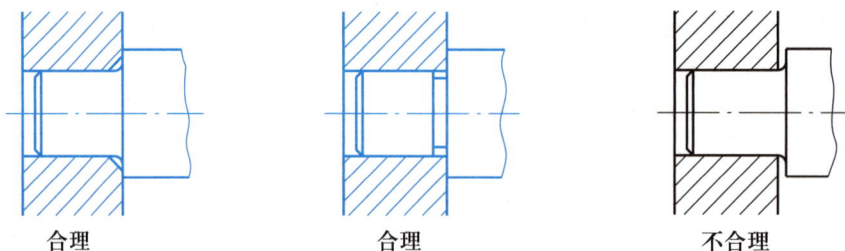

合理　　　　　　合理　　　　　　不合理

图9-7　轴肩与孔的端面接触时的结构

2. 装拆方便的合理结构

1)在用轴肩或孔肩定位滚动轴承时,应注意维修时拆卸的方便与可能,如图9-8所示。
2)当零件用螺纹紧固件连接时,应考虑装、拆的可能性,如图9-9所示。

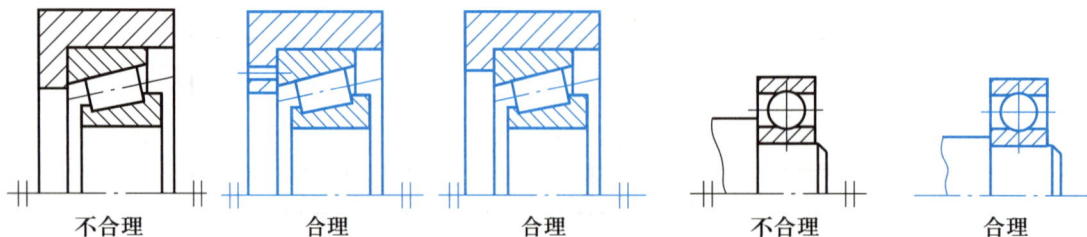

不合理　　　合理　　　合理　　　不合理　　　合理

图9-8　滚动轴承用轴肩或孔肩定位的结构

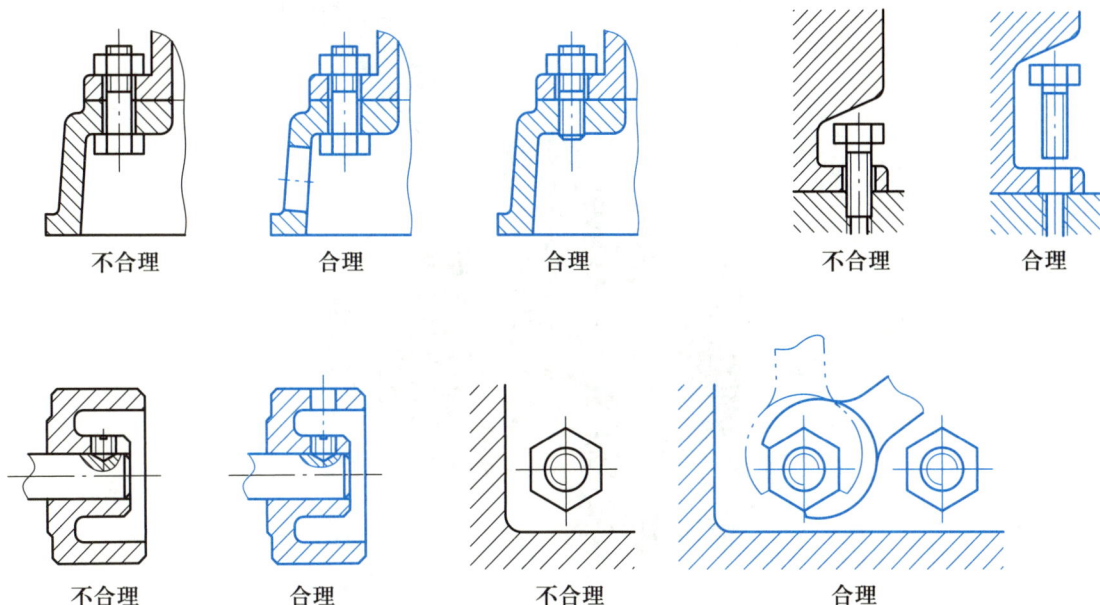

不合理　　　合理　　　合理　　　不合理　　　合理

不合理　　　合理　　　不合理　　　合理

图 9-9　螺纹紧固件的装配结构合理性

9.4
画装配图的方法及步骤

　　拼画装配图就是根据机器或部件的装配示意图(图 9-10)和组成该机器部件的机器零件图,绘制出装配图。绘制装配图前要分析了解装配件的工作原理,结合读各组成零件的工作图,了解零件结构的功能。在此基础上分析各零件间的连接装配关系,进而考虑选取何种表达的方法。下面以球阀为例(限于篇幅,未列出各零件图,只给出了球阀的立体直观图),讨论装配图的画法和步骤。

1. 了解工作原理和装配关系

　　对球阀的实物或立体图(图 9-10)进行仔细分析,了解球阀各零件间的装配关系和工作原理。

　　在管道系统中,阀是用于启闭和调节流量的部件。球阀是阀的一种,它的芯是球形的。其装配关系是:阀体 1 和阀盖 2 均带有方形凸缘,它们用四个双头螺柱 6 和螺母 7 连接,并用合适的调整垫 5 调节阀芯 4 与密封圈 3 之间的松紧程度。阀体上有阀杆 12,阀杆下部有凸块,榫接阀芯 4 上的凹槽。为了密封,在阀体和阀杆之间加进填料垫 8、填料 9 和 10,并旋入填料压紧套 11。球阀的工作原理是:将扳手 13 的方孔套进阀杆 12 上部的四棱柱,当扳手处于图 9-10 所示的位置时,阀门全部开启,管道畅通;当扳手顺时针旋转 90° 角时,阀门全部关闭,管道断流。

图中标注：

填料压紧套11　　阀杆12

扳手13

上填料10

中填料9

填料垫8

螺母7

螺柱6

调整垫5

阀芯4

密封圈3

阀盖2

阀体1

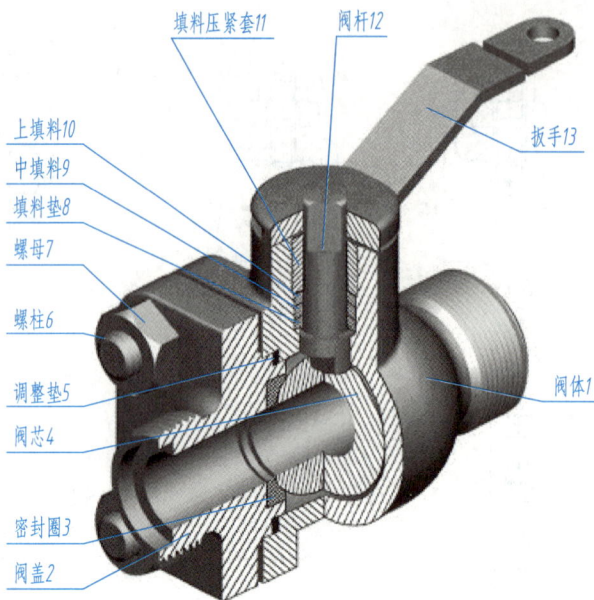

图 9-10　球阀立体直观图

2. 视图选择

（1）确定装配图的表达方案

在选择表达方案之前，必须仔细了解部件的工作原理和结构情况；在选择表达方案时，首先要选好主视图，然后选择其他视图。使选择的表达方案能清楚地表达部件的工作原理，零件间的装配关系和位置关系。

（2）主视图的选择

主视图应满足下列要求：

1）应能较好地表达部件的工作原理，装配关系和零件的相对位置。

2）应符合部件的工作位置。若工作位置倾斜时，可将其摆正，使主要装配干线和主要安装面成竖直和水平位置。

3）根据选定的主视图配置其他视图，以补充主视图未完全表达清楚的内容。注意视图间的配合和各种表达方法之间的配合，使确定的方案表达完整清晰，又方便看图，使画图简便。

如图 9-10 所示的球阀，其视图选择如图 9-1 所示，它是根据工作位置和形状特征选择主视图。主视图采用全剖视图，较好地表达了部件的工作原理，零件的装配关系和它们的位置关系。俯视图采用沿两个零件的结合面剖切，也采用了局部剖视图的表达方法，对部件的主要零件（阀体、阀盖）的形状做了有力的补充，同时既对工作原理和装配关系做了补充表达，也对扳手的转动位置及极限位置做了补充表达。左视图采用半剖视图和拆卸画法，进一步补充了球阀的工作原理和装配关系。

3. 画装配图的步骤

（1）确定比例及图幅

根据所确定的表达方案以及部件的大小与复杂程度，选取适当比例，在可能情况下，尽量选取 1∶1 的比例。安排各视图的位置时，要注意留出编写零件序号、标注尺寸、绘制标题栏和明细栏以及注写技术要求的位置。

（2）布置视图位置

布置各视图的位置，画出各视图的主要轴线（装配干线）、对称中心线和作图基线（某些零件的基准面或端面），如图 9-11a 所示。

（3）画底稿

一般从主视图开始，先画出主要零件阀体的投影，如图 9-11b 所示。绘制时应几个视图配合进行，这样有利于确定零件间的投影关系。绘制零件间装配关系的剖视图时，一般可按装配干线逐步画入，可采用由内向外或由外向内画出各零件，如图 9-11c 所示。当由外向内画时，注意对于较复杂的装配体不要急于将该零件的内部轮廓全部画出，而只需确定装入其内部的零件的安装基面线，因为被安装在内部的零件遮盖的那部分是不必画出的，避免徒劳地绘图。

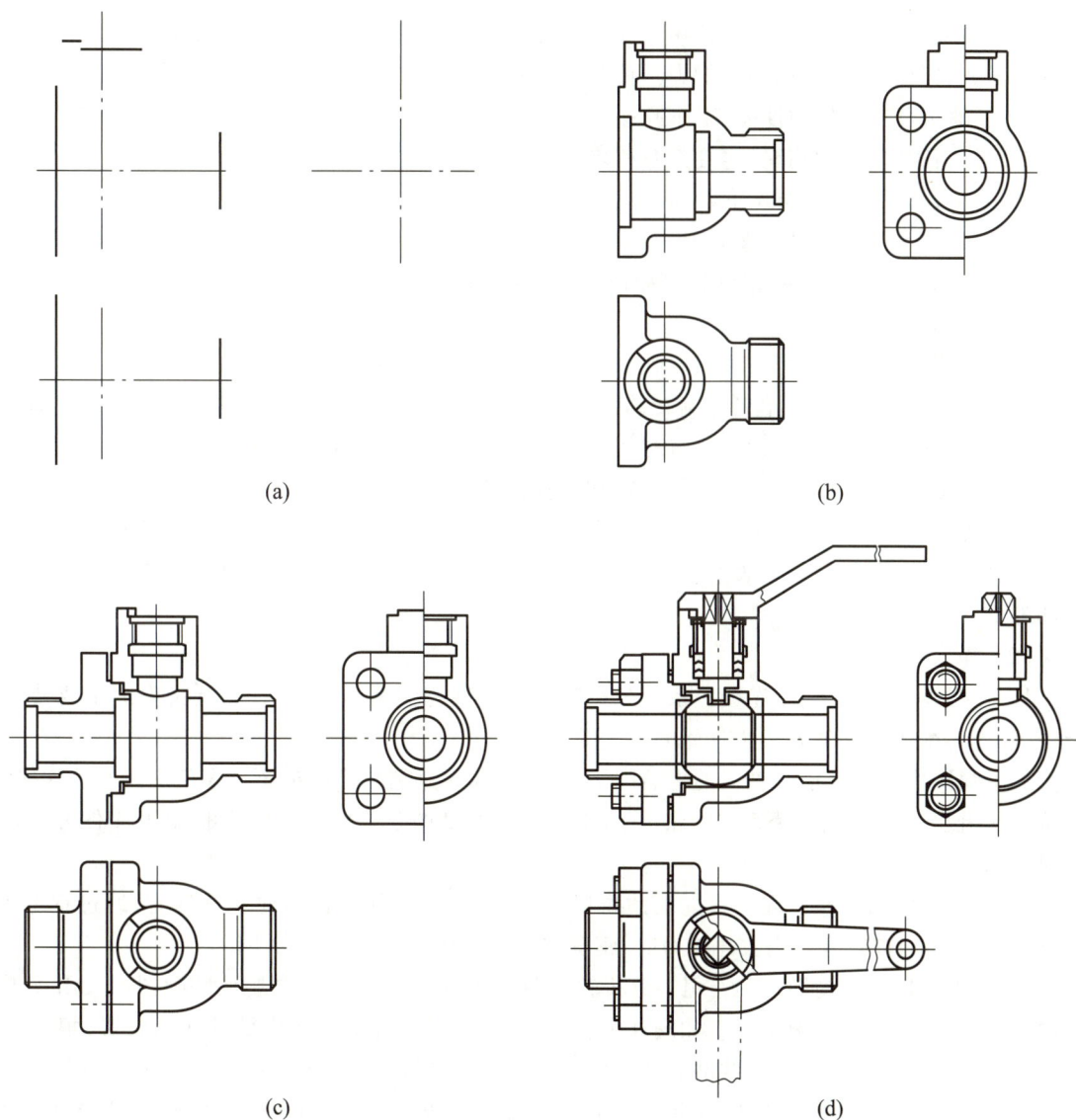

(a)

(b)

(c)

(d)

图 9-11　画装配图视图底稿的步骤

（4）编序号、填写明细栏等,检查加深图线

完成各视图的底稿后(图9-11d),仔细校核检查有无错漏,擦除废线;画剖面线、标注尺寸和编绘零件序号,清洁图面。最后再加深图线,编写技术要求和填写明细栏、标题栏,完成装配图的全部内容如图9-1所示。

9.5
读装配图及由装配图拆画零件图

1. 读装配图的步骤

在机器或部件的设计、装配、使用以及技术交流时都需要读装配图。因此阅读装配图是从事工程技术或管理工作必备的基本能力。读装配图的要求包括:

1）了解机器或部件的性能、工作原理。

2）明确各零件间的装配、连接关系和装拆顺序。

3）分析、了解零件的结构形状和作用功能。

4）了解技术要求和尺寸性质等。

下面以图9-12所示的阀装配图为例,讨论读装配图的方法和步骤。

（1）概括了解

通过读标题栏、明细栏和有关资料(如设计说明书、使用说明书)可以了解该部件的工作原理。阀安装在管路系统中,用以控制管路的"通"或"不通"。该阀由七种零件组成,图样比例为1:1;概略了解到各零件的名称、材料和数量,以及标准件、外购件的规格和标准号、数量等。

分析装配图的视图表达方案,弄清各视图间的投影关系,各视图的表达重点和剖视图的剖切平面位置等。阀装配图选用了主、俯、左三个基本视图和零件2的B向局部视图。主视图为全剖视图,以反映阀的工作原理为表达重点。左视图以表达阀的外形为重点,局部视图表达零件2的局部外形。

（2）深入分析

1）分析零件间的装配、连接关系。分析零件间的装配关系,首先要找出装配件的主要装配干线,沿着装配干线弄清相关零件间的装配关系。

如主视图中反映出沿阀轴线的主装配干线上,阀体3分别与管接头6、塞子2通过螺纹连接,管接头6内装有旋塞7、压簧5和钢珠4。由杆1与塞子2的公差配合符号可知,其两零件可以有相对运动。

2）了解部件的工作原理。从主视图可以看出,当杆1受外力作用向左移动时,通过钢珠4压缩压簧5,阀门被打开。当去掉外力时,钢珠在弹簧的作用下,将阀门关闭。

3）分析零件的结构形状和作用。分析较复杂零件的结构形状,首先要从装配图中找出该零件的所有投影,常称为分离零件。如阀体零件序号为3,在主视图中找出零件3的投影,根据投影关系和同一零件在各视图中的剖面线方向、间隔相同的规定,从其他视图中找出相应的全部投影,分离出阀体的投影如图9-13所示。然后综合分析各投影,想象出主要结构形状,如图9-14所示。下面以该零件为例进行分析讨论。

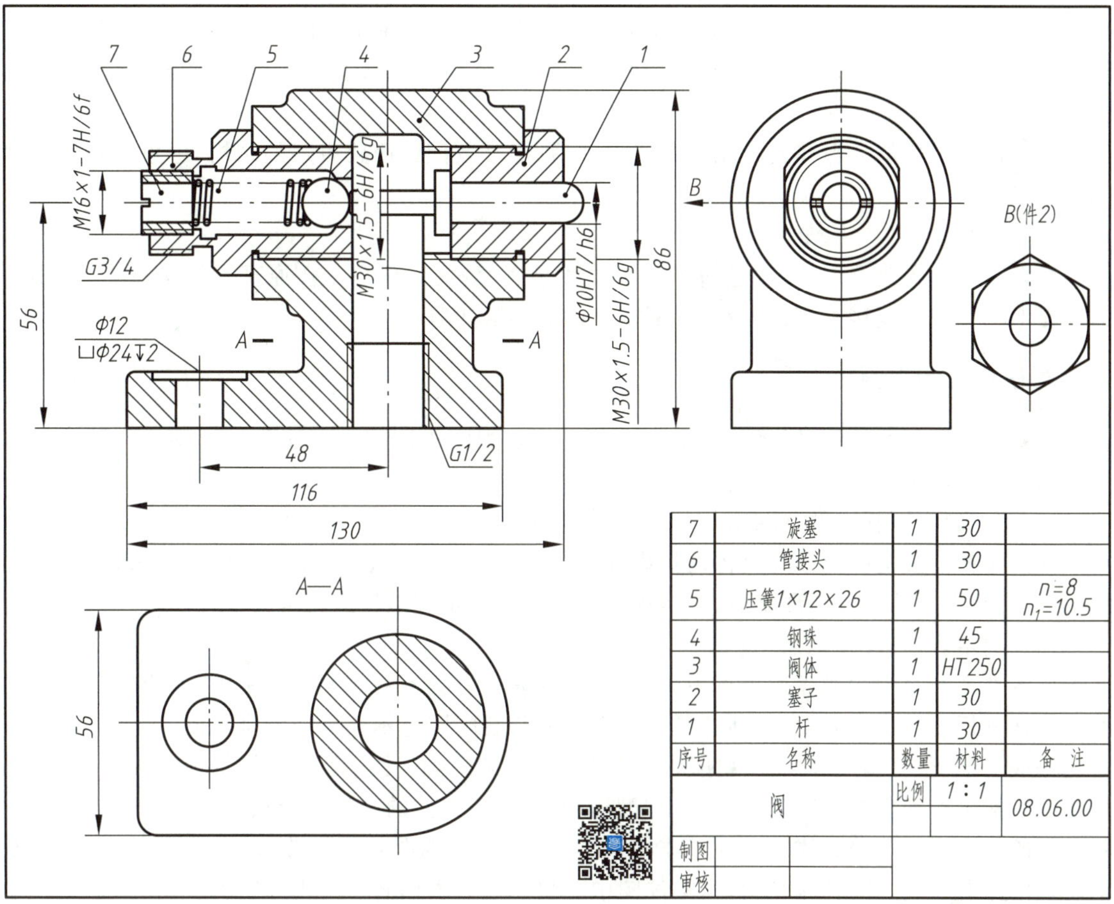

7	旋塞	1	30	
6	管接头	1	30	
5	压簧1×12×26	1	50	n=8 n₁=10.5
4	钢珠	1	45	
3	阀体	1	HT250	
2	塞子	1	30	
1	杆	1	30	
序号	名称	数量	材料	备注

阀		比例	1:1	08.06.00
制图				
审核				

图 9-12 阀

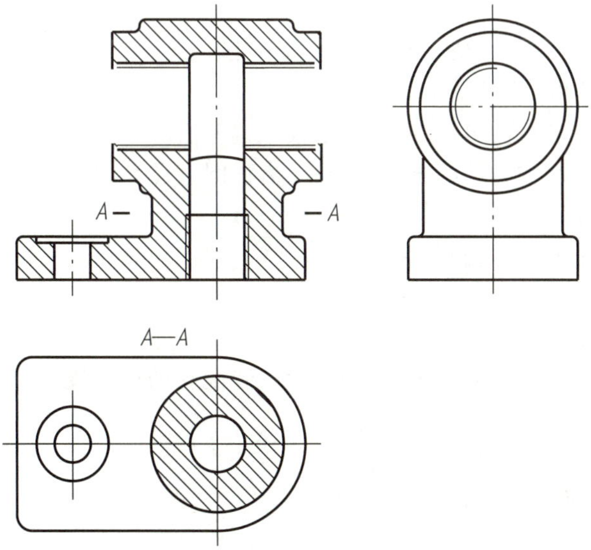

图 9-13 阀体分离图

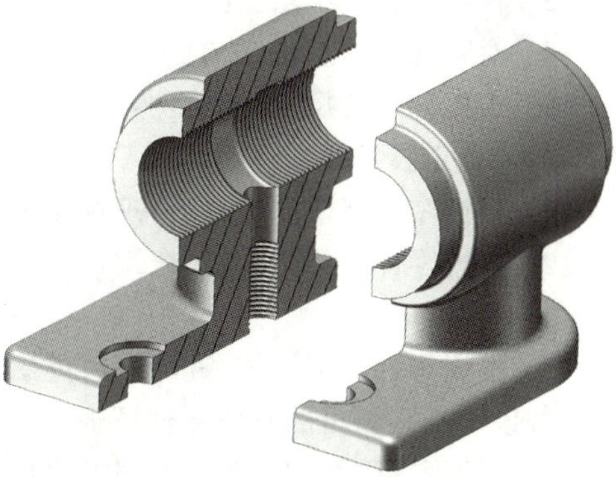

图 9-14 阀体直观图

207

阀体在装配件中起着包容和支承装配干线的作用。其左、右部为 M30×1.5 内孔,外形由左视图可知为圆柱面,主视图中下方有一个 G1/2 管螺纹孔及圆柱孔,由圆柱孔上方有一段相贯线可知,相贯线上方的矩形是一个水平轴线的圆柱形空腔。由 A—A 剖视图中反映出阀体底板的形状,底板左半部分有一个带有沉孔的圆柱孔。

将零件的结构从大形体到小结构逐步看懂后,增补装配图简化省略的结构,想象出整体形状如图 9-14 所示。

(3) 归纳总结

综合归纳上述读图内容,把它们有机地联系起来,系统地理解工作原理和结构特点;各零件的功能形状和装配连接关系;分析出装配干线的装拆顺序等。

2. 由装配图拆画零件图

在机器或部件的设计过程中,根据已设计出的装配图绘制零件图简称为拆画零件图。下面以拆画阀体零件为例讨论拆画过程。

(1) 分离零件、补充部分结构

如前述在读装配图时分离阀体的投影如图 9-13 所示,补齐装配图中被遮挡的轮廓线和投影线,分析想象出零件的结构形状后,对装配图中未表达清楚的结构进行补充设计。

(2) 确定表达方案

因零件图与装配图的表达重点不同,拆画时的表达方案不一定照搬装配图;而应针对零件的形体特征分析选择表达方案;重新选择的方案可能与装配图基本相同或完全不同。

一般情况下,箱体类零件主视图所选放置位置与装配图一致,即按工作位置选取主视图,这样便于装配工作和拆绘作图时与装配图对照。而轴套类零件的主视图应按加工位置选择。由于装配图的主视图能反映阀体的主要形体特征,零件图的主视图就可借鉴该图。装配体的左视图是对装配体形状表达的补充说明,在零件图中左视图重点表达阀体的内部结构。

装配图中的螺纹连接是按外螺纹画法绘制的,拆画零件图时要特别注意内螺纹结构要改用内螺纹画法。

(3) 标注零件图尺寸

零件图上需注出制造、检验所需的全部尺寸。标注方法可归纳为以下几种:

1) 装配图中已给定的相关尺寸应直接抄注在零件图上。

2) 装配图中标注的配合尺寸,一般要查标准后注出尺寸的上、下极限偏差值。

3) 根据明细栏中给出的参数算出有关尺寸,如齿轮的分度圆直径、齿顶圆直径等。

4) 对零件上的工艺结构,查出有关国家标准后注出或按常规注写。

5) 次要部位的尺寸,按比例在装配图上量取,经过圆整后标注。

(4) 确定技术要求

1) 根据零件部位的作用,合理标注表面粗糙度。

2) 根据零件部位的功能,合理标注几何公差。如支撑轴段的同轴度、装配孔的位置度、键槽侧面的对称度等。

3) 根据零件加工工艺,查阅资料提出工艺规范等技术要求。

按以上步骤画出的阀体零件图如图 9-15 所示。

(5) 拆画零件图的过程应注意几个问题

1) 在装配图上零件的形状不一定完全表达清楚,因此在拆图中有时还需要根据零件的作

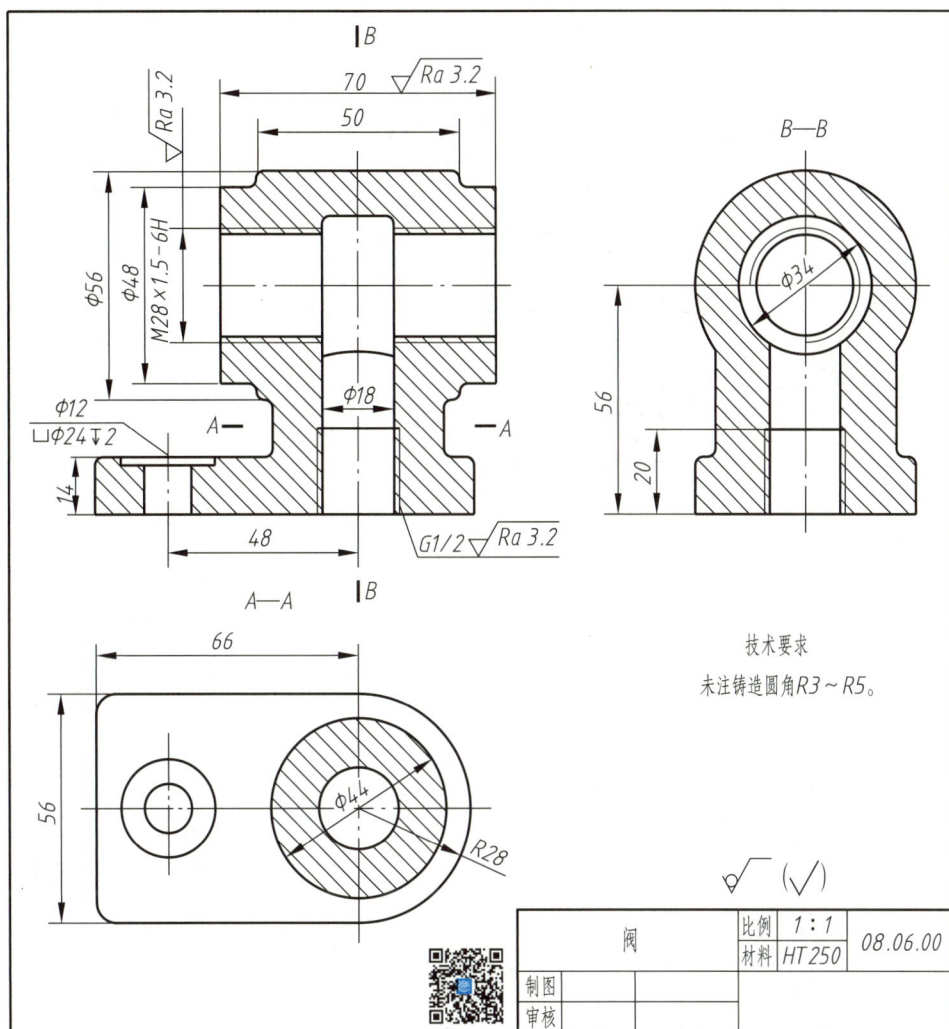

图 9-15　阀体零件图

用、装配关系,对零件的结构形状加以补充完善。

2) 零件上的工艺结构,如倒角、退刀槽等,在装配图中往往省略不画,但在拆画零件图时,均应加上。

3) 装配图中每个零件的表达方案并不完善与确切,因此,在考虑零件的视图表达时应从零件的总体形状出发重新考虑。

4) 装配图中对零件的尺寸标注并不完全,拆画零件图时,各部分尺寸大小可以从装配图中直接量取或经计算确定。

5) 零件各表面的粗糙度数值和其他技术要求,应根据零件的作用和装配要求来确定。通常可查阅有关手册或参考同类产品的图纸确定。

3. 读装配图举例

读齿轮油泵装配图(图 9-16),拆画右端盖零件图。

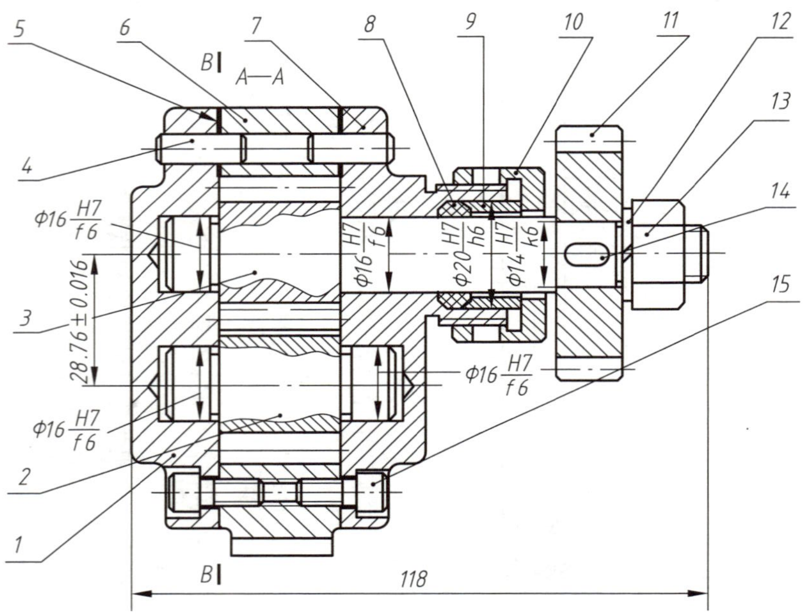

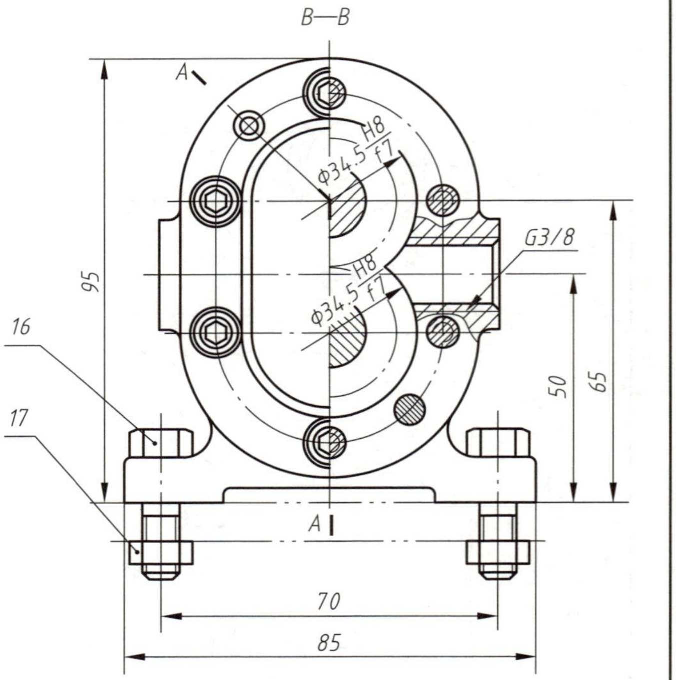

图9-16 齿轮油泵装配图

技术要求

1. 齿轮安装后，用手转动传动齿轮时，应灵活旋转。
2. 两齿轮轮齿的啮合面占齿长的3/4以上。

17	螺母M6	2	Q235	GB/T 6170—2015				
16	螺栓M6×30	2	Q235	GB/T 5782—2016	3	传动齿轮轴	1	45	m=3,z=9
15	钉6M6×16	12	35	GB/T 70.1—2008	2	齿轮轴	1	45	m=3,z=9
14	镶5×10	1	45	GB/T 1096—2003	1	左端盖	1	HT200	
13	螺母M12×1.5	1	35	GB/T 6171—2016	序号	名称	件数	材料	备注
12	垫圈12	1	65Mn	GB/T 859—1987					
11	传动齿轮	1	45	m=2.5,z=20		齿轮油泵			
10	压紧螺母	1	35						
9	压紧套	1	35				比例	1：2	
8	填料YS450	1	石棉				件数		
7	右端盖	1	HT200						
6	泵体	1	HT200		制图				
5	垫片	2	软橡纸板		审核				
4	销A5×18	4	45	GB/T 119.1—2000					

（1）概括了解

如图 9-16 所示，从标题栏、明细栏中得知组成齿轮油泵的各零件的名称、数量等。该齿轮油泵是由泵体，左、右端盖，运动零件（传动齿轮、齿轮轴等），密封零件以及标准件等所组成。对照零件序号及明细栏可以看出：齿轮油泵共由 17 种零件装配而成，并采用两个视图表达。全剖视的主视图，反映了组成齿轮油泵各个零件间的装配关系。左视图是采用沿左端盖 1 与泵体 6 结合面剖切后，又移去了垫片 5 的半剖视图 B—B，它清楚地反映了油泵的外部形状、齿轮的啮合情况，以及吸、压油的工作原理；再以局部剖视反映吸油口和出油口的情况。齿轮油泵的外形尺寸是 118、85、95，由此知道这个齿轮油泵的体积不大。

（2）了解装配关系及工作原理

泵体 6 是齿轮油泵中的主要零件之一，它的内腔容纳一对吸油和压油的齿轮。将齿轮轴 2、传动齿轮轴 3 装入泵体后，两侧有左端盖 1、右端盖 7 支承这一对齿轮轴的旋转运动。由销 4 将左、右端盖与泵体定位后，再用螺钉 15 将左、右端盖与泵体连接成整体。为了防止泵体与端盖结合面处以及传动齿轮轴 3 伸出端漏油，分别用垫片 5 及密封圈 8、轴套 9、压紧螺母 10 密封。齿轮轴 2、传动齿轮轴 3、传动齿轮 11 是油泵中的运动零件。当传动齿轮 11 按逆时针方向（从左视图观察）转动时，通过键 14，将扭矩传递给传动齿轮轴 3，经过齿轮啮合带动齿轮轴 2，从而使后者作顺时针方向转动。如图 9-17 所示，当一对齿轮在泵体内作啮合传动时，啮合区内右边空间的压力降低而产生局部真空，油池内的油在大气压力作用下进入油泵低压区内的吸油口，随着齿轮的转动，齿槽中的油不断沿箭头方向被带至左边的压油口把油压出，送至机器中需要润滑的部分。

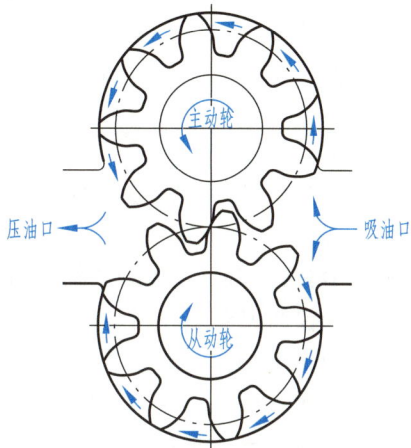

图 9-17　齿轮油泵工作原理

（3）分析尺寸、了解技术要求

分析装配图上所标注的尺寸的意义，进一步了解部件的规格、外形大小、零件间的装配要求、配合性质以及安装方法、技术要求等。例如传动齿轮 11 要带动传动齿轮轴 3 一起转动，除了靠键把两者连成一体传递扭矩外，还需定出相应的配合。在图中可以看到，它们之间的配合尺寸是 $\phi14H7/k6$，它属于基孔制的优先过渡配合，由附表 23、附表 24 查得：

孔的尺寸是 $\phi14^{+0.018}_{0}$；轴的尺寸是 $\phi14^{+0.012}_{+0.001}$，即

配合的最大间隙 = 0.018 - 0.001 = +0.017，

配合的最大过盈 = 0 - 0.012 = -0.012。

齿轮与端盖在支承处的配合尺寸是 $\phi16H7/h6$；轴套与右端盖的配合尺寸是 $\phi20H7/h6$；齿轮轴的齿顶圆与泵体内腔的配合尺寸是 $\phi34.5H8/f7$。它们各是什么样的配合？请读者自行解答。

尺寸 28.76±0.016 是一对啮合齿轮的中心距，这个尺寸准确与否将会直接影响齿轮的啮合传动。尺寸 65 是传动齿轮轴线离泵体安装面的高度尺寸。28.76±0.016 和 65 分别是设计和安装所要求的尺寸。

吸、压油口的尺寸 G3/8 和两个螺栓 16 之间的尺寸 70，为什么要在装配图中注出，请读者思考。

图 9-18 是齿轮油泵的装配轴测图，供读图分析思考后对照参考。

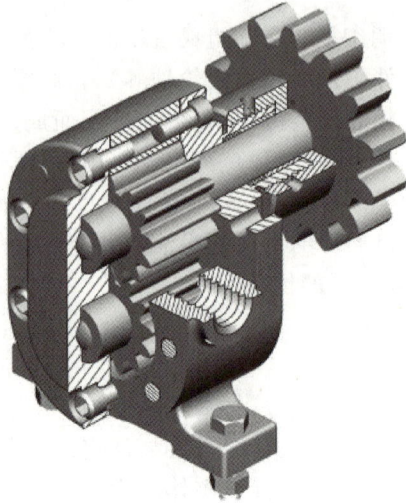

图 9-18　齿轮油泵装配轴测图

（4）读懂零件形状，拆画零件图

现以右端盖（序号 7）为例作为拆画零件图进行分析。由主视图可见：右端盖上部有传动齿轮轴 3 穿过，下部有齿轮轴 2 轴颈的支承孔，在右部凸缘的外圆柱面上有外螺纹，用压紧螺母 10 通过轴套 9 将密封圈 8 压紧在轴的周围。由左视图可知：右端盖的外形为长圆形，沿周围分布有六个螺钉沉孔和两个圆柱销孔。拆画此零件时，先从主视图上区分出右端盖的视图轮廓，由于在装配图的主视图上，右端盖的一部分可见投影被其他零件所遮挡，因而它是一幅不完整的图形，如图 9-19a 所示。根据此零件的作用及装配关系，可以补全所缺的轮廓线。这样的盘盖类零件一般可用两个视图表达，从装配图的主视图中拆画右端盖的图形，显示了右端盖各部分的结构，仍可作为零件图的主视图，如图 9-19b 所示。

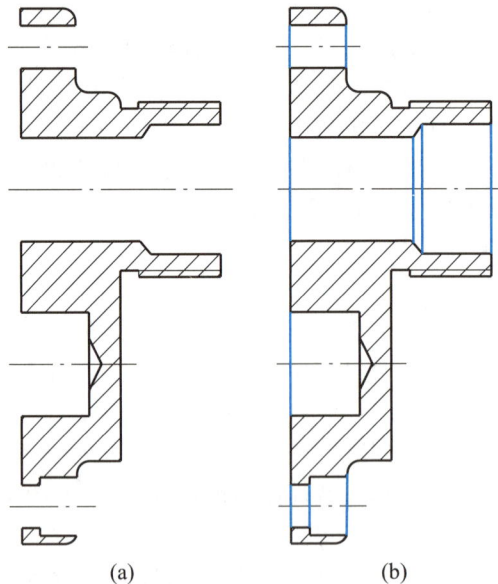

(a)　　　　　　　(b)

图 9-19　由齿轮油泵拆画右端盖零件图

　　图 9-20 是画出表达外形的右视图后的右端盖零件图。在图中按零件图的要求注全了尺寸和技术要求,有关的尺寸公差和螺纹的标记是按装配图中已表达的要求注写的。这张零件图能完整、清晰地表达这个右端盖的全部信息。

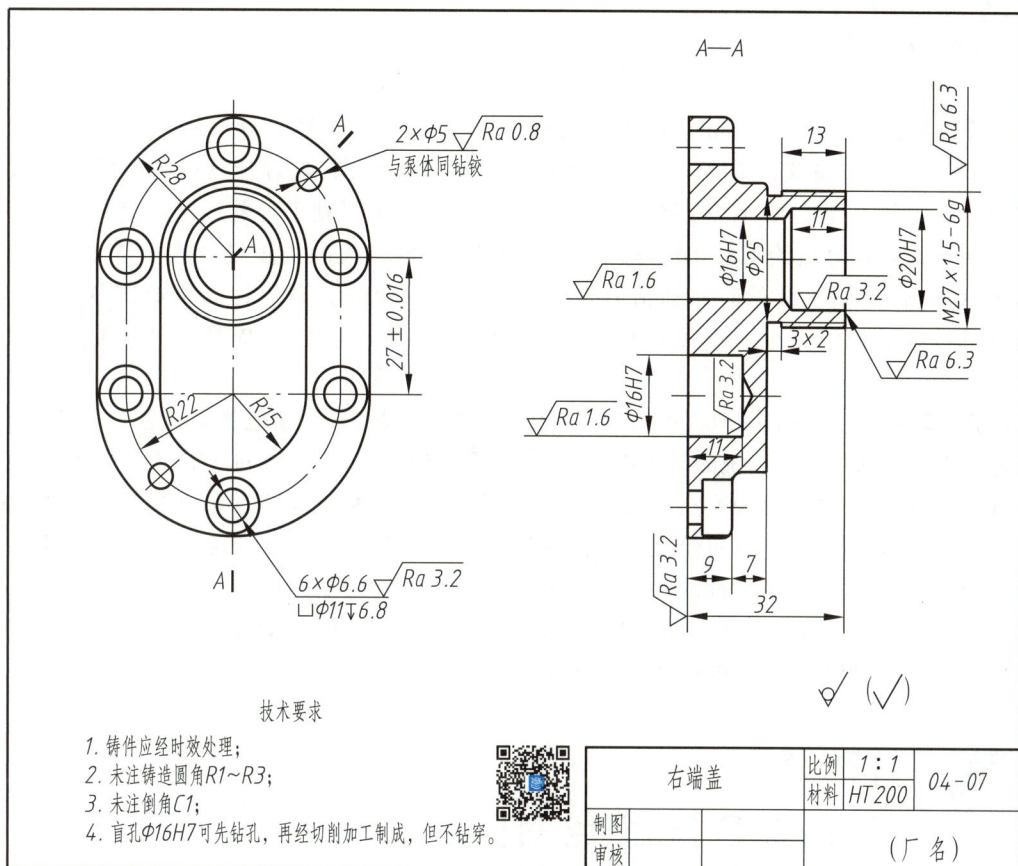

A—A

$2 \times \phi 5$ $\sqrt{Ra\,0.8}$
与泵体同钻铰

R28

A

27 ± 0.016

R22　R15

A

$6 \times \phi 6.6$ $\sqrt{Ra\,3.2}$
$\sqcup \phi 11 \underline{\vee} 6.8$

13

$\sqrt{Ra\,6.3}$

11

$\phi 16H7$　$\phi 25$

$\phi 20H7$

$M27 \times 1.5$-$6g$

$\sqrt{Ra\,1.6}$　$\sqrt{Ra\,3.2}$

3×2

$\sqrt{Ra\,6.3}$

$\phi 16H7$　$\sqrt{Ra\,3.2}$

$\sqrt{Ra\,1.6}$

11

$\sqrt{Ra\,3.2}$

9　7

32

$\sqrt{}$ ($\sqrt{}$)

技术要求
1. 铸件应经时效处理;
2. 未注铸造圆角R1~R3;
3. 未注倒角C1;
4. 盲孔$\phi 16H7$可先钻孔,再经切削加工制成,但不钻穿。

右端盖	比例	1:1	04-07
	材料	HT200	
制图			
审核			(厂名)

图 9-20　由齿轮油泵装配图拆画右端盖零件图

第 **10** 章
计算机绘图

计算机绘图(computer graphics,CG)是把数据化的图形信息输入计算机,进行存储和处理后,控制图形输出设备实现显示或绘制各种图形。20世纪后期,随着计算机图形学、计算机硬件和软件系统的飞速发展,计算机绘图技术在相关的行业里得到了日益广泛的应用,在我国的工程设计领域中计算机绘图技术的应用已得到普及,这使广大的工程设计人员从繁重的手工绘图中解放出来,把更多的时间和精力投入到产品开发中去。利用计算机绘图软件进行工程设计可以显著地缩短企业产品设计周期,节省人力、物力、财力,提高设计质量以及工作效率。

计算机辅助绘图必须有相应的计算机绘图系统作为支撑,计算机绘图系统由硬件系统和软件系统组成。计算机绘图系统的硬件由主机(如图形工作站、个人计算机等)、图形输入设备(如扫描仪、数字化仪、鼠标、键盘等)、图形存储设备(如硬盘、U盘、光盘等)和图形输出设备(如打印机、绘图仪等)所组成;计算机绘图系统的软件由系统软件、支撑软件(常见的绘图软件)和应用软件(在系统软件和支撑软件的基础上二次开发的专用软件)所组成。

本章从工程应用的角度,以AutoCAD 2022中文版和SOLIDWORKS 2022中文版这两款常用绘图软件为例,简要介绍计算机辅助绘图技术。

10. 1
AutoCAD 2022 绘图基础

1. AutoCAD 简介

AutoCAD自1982年面世以来,经过40多年的发展更新,已成为世界上流行和应用最为广泛的绘图软件之一,应用于机械、电子、化工、土木、造船、飞机、服装等领域。多年以来,其版本不断更新,本章仅以AtuoCAD 2022版本为基础,介绍其界面组成、菜单用法和二维图形绘制等相关内容。

2. 工作界面

启动AutoCAD 2022后,即进入图10-1所示的工作界面,该界面是典型的Windows界面。主要包括标题栏、菜单栏、工具栏、面板、绘图窗口、十字光标、坐标系图标、命令提示窗口、状态栏等。

(1)标题栏

标题栏位于AutoCAD 2022绘图窗口的最上部,显示当前正在运行的程序名及当前所装入的文件名。新创建的文件默认名为"Drawing$N$.dwg"。

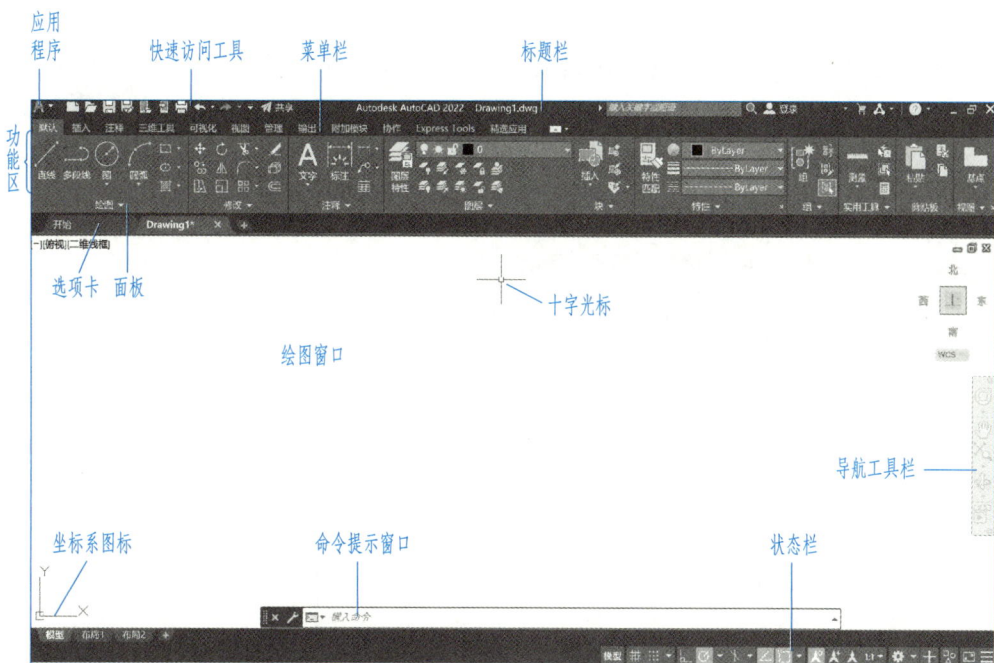

图 10-1　AutoCAD 2022 工作界面

（2）菜单栏

同其他 Windows 操作系统中的菜单栏一样，AutoCAD 中的菜单也是下拉形式的，它们包含了 AutoCAD 2022 的全部功能和命令。将鼠标光标移到菜单上单击，可以打开下拉菜单，并在打开的下拉菜单中选择所需要的菜单项。对于某些菜单项，如果后面跟省略符号"…"，则表明当选中该项后会显示一个对话框，或出现新的面板，让用户做出进一步的选择；如果右边跟">"符号，表明该选项包含一个子菜单，在子菜单中有更详细的选项组，如图 10-2 所示。

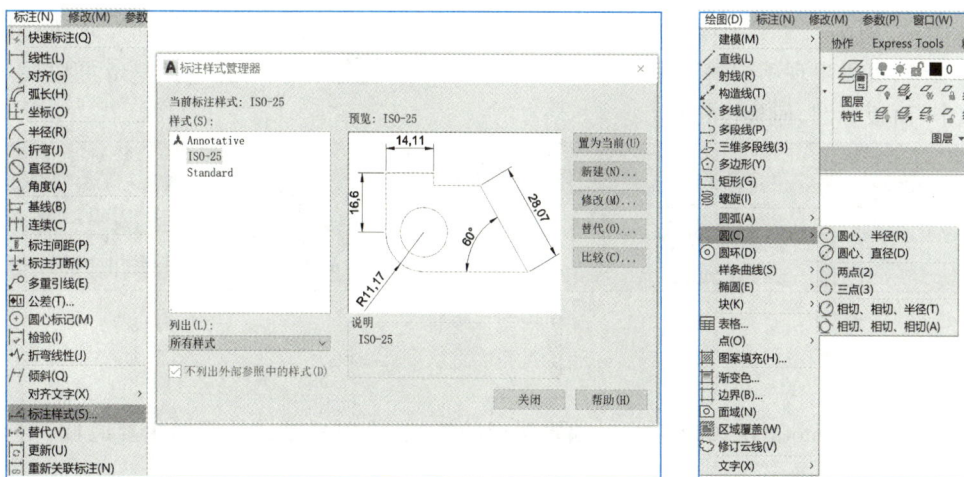

(a) 出现新的面板

(b) 出现子菜单

图 10-2　下拉菜单

（3）快速访问工具栏

用来储存经常访问的命令,如【新建】【打开】【保存】【另存为】【从 Web 和 Mobile 中打开】【保存到 Web 和 Mobile】【打印】【放弃】【重做】等。用户也可以在该工具栏处单击按钮,进行【自定义快速访问工具栏】,如图 10-3 所示。

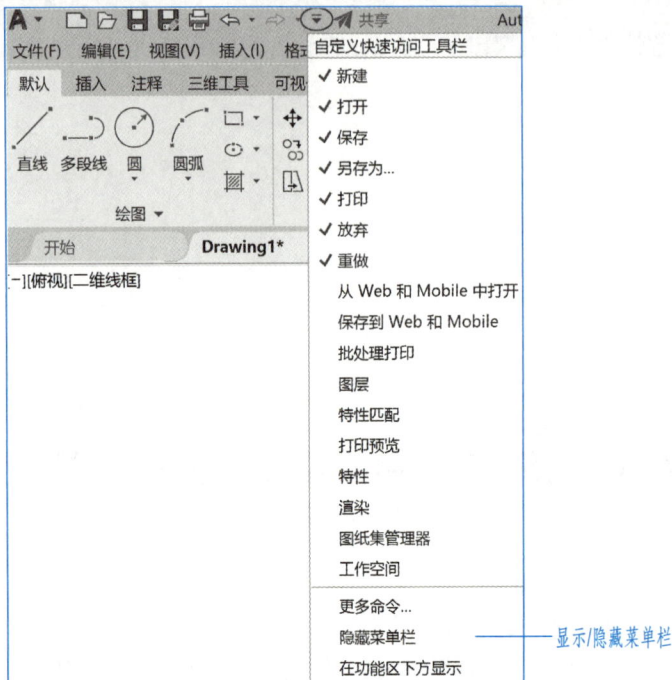

图 10-3　快速访问工具栏

（4）功能区（选项卡和面板）

选项卡和面板用来显示选项卡所包含的命令,AutoCAD 2022 中配置了"默认""插入""注释""视图"等多个选项卡。每个选项卡上有不同的面板,面板上有一些常用命令按钮。切换不同的选项卡,可以出现不同的面板,如图 10-4 所示,其中 为最小化按钮,单击可切换最小化为选项卡、面板标题、面板按钮等。

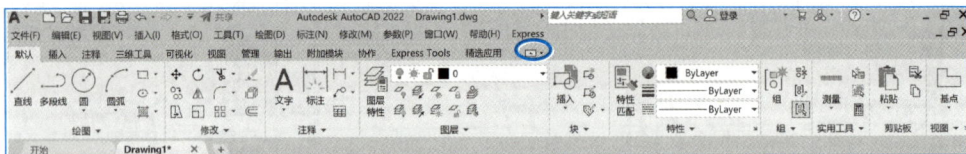

图 10-4　功能区

（5）绘图窗口

绘图窗口是 AutoCAD 2022 显示和编辑图形的区域,是用户设计绘图的主要区域,相当于手工绘图时的图纸。

（6）状态栏

AutoCAD 2022 的状态栏位于工作界面的最下面一栏,主要用来显示光标的坐标值、绘图工具、导航工具以及快速查看和注释缩放的工具、切换工作空间等。

状态栏中包括捕捉模式开关、栅格显示开关、正交模式开关、极轴追踪开关、对象捕捉开关等,使用最右侧的自定义按钮可以设置哪些项目出现在状态栏中。绘图时建议将动态输入、极轴追踪、对象捕捉追踪、对象捕捉、显示/隐藏线型、快捷特性等设置为打开状态,如图 10-5 所示。

图 10-5　状态栏

（7）十字光标

十字光标用于绘图时点的定位和对象的选择。

（8）坐标系图标

在绘图窗口的左下角,有一个箭头指向的图标,称之为坐标系图标,表示用户绘图时正使用的坐标系样式。图标中"X、Y"字母分别指示 X 轴和 Y 轴的正方向。

（9）命令提示窗口

AutoCAD 2022 中的命令提示窗口包括命令行和文本窗口两部分。命令提示窗口是用户通过键盘输入命令进行操作的地方,如图 10-6 所示。

图 10-6　命令提示窗口

3. 设置绘图环境

（1）设置坐标系

AutoCAD 采用笛卡儿（直角）坐标系,称为"通用坐标系"（world coordinate system, WCS）。WCS 是固定的,不能在 AutoCAD 中加以改变,X 表示窗口水平坐标轴,Y 表示窗口竖直坐标轴,原点（0, 0）位于窗口左下角。

AutoCAD 允许用户在 WCS 中定义自己的专用坐标系,称为"用户坐标系"（user coordinate system, UCS）,其原点可在窗口的任意位置上,其坐标轴可随用户的选择任意旋转。建立用户坐标系用 UCS 命令。

（2）设置绘图界限

绘图界限是 AutoCAD 绘图空间中的一个假想绘图区域,相当于用户选择的图纸幅面的大小。设置绘图界限的命令为 Limits,该命令可用下列方法实现:

1）单击下拉菜单【格式】/【图形界限】命令。

2）调用 Limits 命令

命令:limits

重新设置模型空间界限

指定左下角点或［开（ON）/关（OFF）］（0.0000,0.0000）:

指定右上角点<420.0000,297.0000>:

设置新的界限后,屏幕并不立即显示,单击【视图】/【缩放】/【全部】命令时,屏幕上将显示实际绘图页面的大小,此时,单击状态栏上【栅格】图标,打开栅格显示,即可看到页面的大小。

（3）设置绘图单位

由于 AutoCAD 可以完成诸如机械工程图、电气工程图、建筑图等不同类型的工作,因此可以使用不同的工作单位和精度。具体操作方法:一种是选取下拉菜单【格式】/【单位】选项;再一种是在命令行输入 Units 命令。

执行 Units 命令后,显示"图形单位"对话框如图 10-7 所示。

在该对话框中,用户可以设置图形单位的长度和角度的类型和精度,以及缩放拖放内容的单位等。

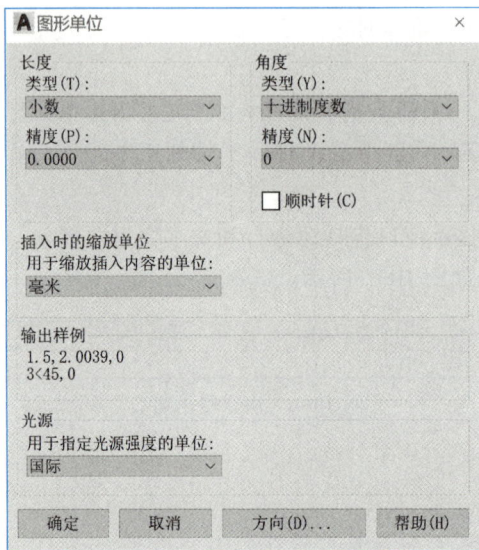

图 10-7 "图形单位"对话框

4. 图层特性与设置

图层是用户组织和管理图形的强有力的工具。可以将 AutoCAD 图层想象成透明胶片,用户把各种类型的图形元素画在这些胶片上,AutoCAD 将这些胶片叠加在一起显示出来。默认情况下,当前层是 0 层,此时所画图形对象在 0 层上,所有图形对象都有颜色、线型和线宽等属性信息。用户可以通过增设图层及更改属性来方便地控制对象的显示和编辑,从而提高绘制图形的效率和准确性。

单击【图层特性】命令按钮 ,打开"图层管理器"对话框,如图 10-8 所示。

（1）新建图层

单击【新建图层】命令按钮 ,创建新图层,新创建的图层名默认为"图层 1"。AutoCAD 给新建图层分配默认的颜色(黑色)、线型(连续型)和默认线宽,用户可以根据需要自行修改设置。各图层后面有相应的图标,代表不同的功能属性。各功能介绍如下:

: 表示图层的显示与否,系统默认为图层显示。

: 表示图层不显示。但打印时仍存在。

: 表示锁定该图层,即该图层内容为只读模式。

: 表示不锁定该图层,可对该图层进行编辑。

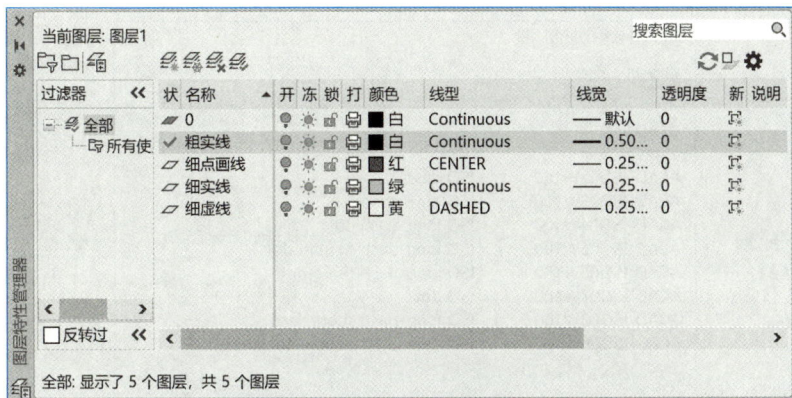

图 10-8　"图层特性管理器"对话框

![图标]:表示该图层处于未冻结状态。

![图标]:表示冻结该图层,该图层内容在打印时不显示。

![颜色]:表示该图层线条的颜色。

![线型]:表示该图层线条的类型。

![线宽]:表示该图层线条的宽度。

（2）修改图层名称、颜色、线型和线宽

1）改变图层名称,在该层名字上单击,然后在名称处单击,进入文本输入状态,修改或重新输入名称即可。

2）改变图层的线型,单击该层的线型,弹出"选择线型"对话框,如图 10-9 所示。若列表中没有适合的线型选项,单击【加载】按钮进入"加载或重载线型"对话框,如图 10-10 所示。用户可以根据需要从中选择。

3）改变图层的颜色,单击该层的颜色,弹出"选择颜色"对话框,如图 10-11 所示,为图层选择一种颜色后,单击【确定】按钮,退出对话框,完成颜色的更改。

4）改变图层的线宽,单击该层的线宽,弹出"线宽"对话框,如图 10-12 所示,为图层选择一种线宽后,单击【确定】按钮,退出对话框,完成线宽的更改。

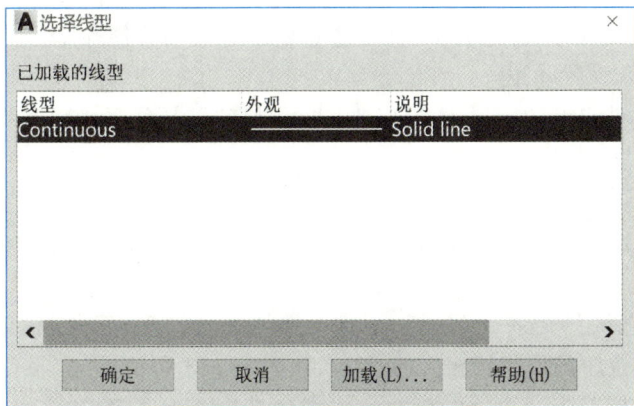

图 10-9　"选择线型"对话框

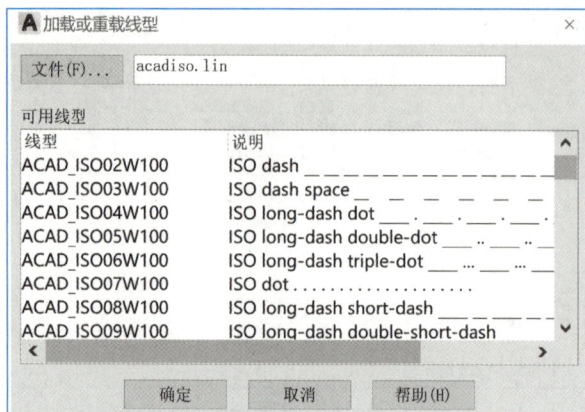

图 10-10 "加载或重载线型"对话框

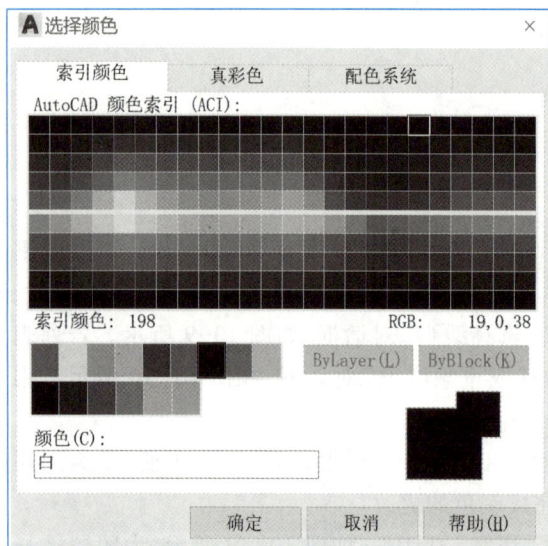

图 10-11 "选择颜色"对话框

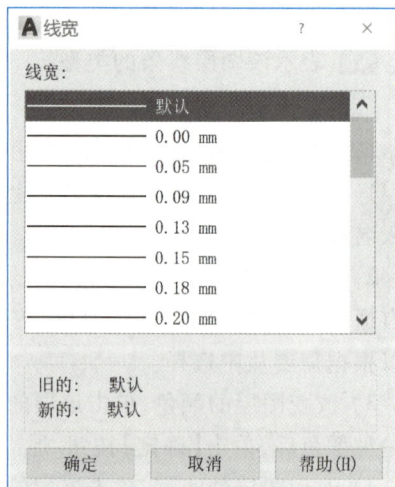

图 10-12 "线宽"对话框

注意: 线宽需在状态栏【线宽】显示按钮 ▤ (线宽)按下后方能显示,并可以在按钮上单击右键,进入"线宽设置"来设置线宽。

"0"层是 CAD 软件自带的图层,不能修改,也可以将"0"层设置为粗实线层。

5. 命令的输入方式

AutoCAD 交互绘图必须输入必要的指令和参数。本节主要介绍命令的输入方式。

(1)面板法

功能区集成了"默认""插入""注释""三维工具""视图""管理"和"输出"等选项卡,在这些选项卡的面板中单击按钮即可执行相应的命令,如图 10-13 所示。

可以在面板上直接单击命令,如直线命令,或者选择带有子菜单的命令(后面带有小三角形),如图 10-14 所示。

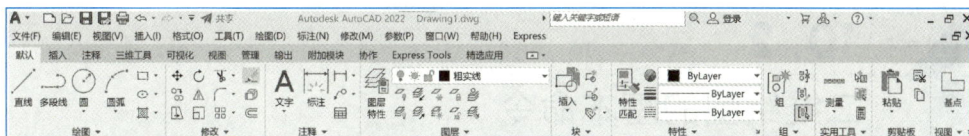

图 10-13　功能区面板

（2）命令行输入法

只有在"命令："提示下，AutoCAD 才处于接受命令的状态。此时输入完整的命令名称，然后按 Enter 键或空格键。有些命令具有缩写的名称，称为命令别名，又称作快捷键。例如，除了通过输入"line"来启动直线命令之外，还可以输入字母"l"。

在"命令："提示下，直接按下 Enter 键或空格键，可重复执行刚执行过的命令。如果出现误操作或需要中断命令的执行，只要在键盘左上角按两次 Esc 键，任何命令都可中断。

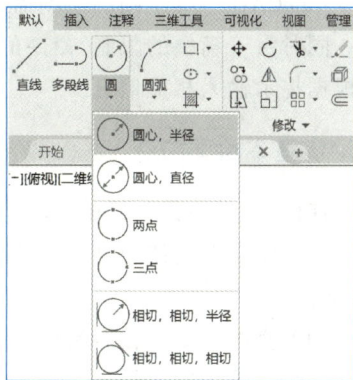

图 10-14　带子菜单的命令

6. 精确定位点的方法

绘制图样，精确定位点非常重要，AutoCAD 提供了几种方法来辅助用户精确定位点，它们分别是坐标、捕捉、正交、极坐标追踪、对象捕捉、对象捕捉追踪和点过滤器等。

（1）利用坐标选取点

为了方便绘制图形，经常要利用坐标来精确定位。

1）绝对坐标

如果用户知道点的绝对坐标值，则可以从键盘上以直角坐标的方式直接输入坐标。用户可以用分数、小数等记数形式输入点 (x,y) 坐标值，坐标值间用逗号隔开，如 5,6 或 5.6，7.25 等。

2）相对坐标

使用绝对坐标是有局限的，更多的情况下不知道点相对于原点的位移，只知道一个点相对于另一个点的直角坐标时，可使用相对坐标。相对坐标的输入是在绝对坐标前加 @ 号，如 @2,3。

3）极坐标

极坐标也有绝对坐标和相对坐标之分，前者是把输入点看成是相对坐标原点的位移，后者则是把输入点看成是相对前一点的位移。极坐标中给定的是距离和角度，其中距离和角度用"<"号隔开，且规定 X 轴正方向为 0°，Y 轴正方向为 90°，如 5<90 或 @ 8<60 等。

（2）栅格、捕捉、正交、对象捕捉和追踪

除了坐标输入以外，通过打开状态栏里的【栅格】、【捕捉】、【正交】、【对象捕捉】和【对象追踪】等按钮，都可以辅助坐标输入，方便绘图。比如，打开【正交】按钮后，意味着鼠标只能沿水平线或竖直线移动，画线时若同时打开该模式，则只需输入线段的长度值，AutoCAD 就自动绘制出水平或竖直线段。

10.2

二维绘图的基本命令

AutoCAD 二维绘图的绘图命令和编辑命令很多,这里只介绍这两种命令中最常用的一些命令。同时由于篇幅的限制,命令的介绍不可能面面俱到,请读者在操作时多注意命令行的提示,并根据提示输入相关信息。

1. 基本绘图命令

任何一幅图形,都是由点、直线、圆弧、多边形等基本对象组成,因此熟练掌握这些基本图形画法和绘图命令的使用是学习 AutoCAD 的基础。基本绘图命令按钮位于功能区的"绘图"面板上,如图 10-15 所示。

(1) 直线命令 在"绘图"面板中单击【直线】按钮,也可以选择下拉菜单【绘图】/【直线】,或在命令行输入"line"(或"l")命令来绘制直线。

指定第一个点:输入点 A 的绝对值坐标(200,160)

指定下一点或[放弃(U)]:沿水平导航线输入 60,确定点 C

指定下一点或[放弃(U)]:沿竖直导航线输入 48,确定点 B

连接 BA 或在命令行中输入"C"　　　//使线框闭合,结果如图 10-16 所示

注意:如果绘图时希望出现导航线,需要将状态栏中的【极轴追踪】设置为"ON"。

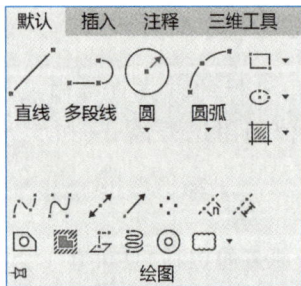

图 10-15　"绘图"面板

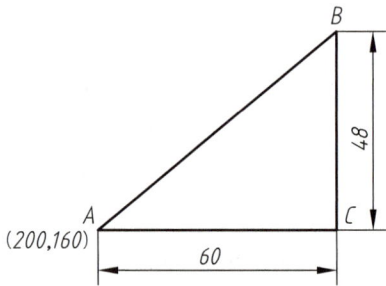

图 10-16　用直线命令绘制图形

(2) 多段线命令 此命令可以绘制由若干段直线或圆弧组合成的图形,各线段允许有不同的宽度。利用此命令可以绘制出工程图中常用的长圆形、箭头、剖切符号等图形,具体方法如下:

1) 绘制图 10-17a 所示的图形

在"绘图"面板中单击【多段线】按钮,也可以选择下拉菜单【绘图】/【多段线】,或在命令行输入"pline"命令来绘制多段线。

指定起点 A;

沿竖直导航线输入 20,确定点 B;

指定下一点或[圆弧(A)/闭合(C)/半宽(H)/长度(L)/放弃(U)/宽度(W)]:输入 a,或在命令行中用光标指定【圆弧(A)】,相对 B 点沿水平导航线,输入 25,确定点 C;

指定下一点或[角度(A)/圆心(CE)/闭合(CL)/方向(D)/半宽(H)/直线(L)/半径(R)]:输入l,或在命令行中用光标指定【直线(L)】,相对点C沿竖直导航线,输入20,或捕捉与点A的水平导航线对齐,确定点D,连接DA,完成绘图,结果如图10-17a所示。

2)绘制图10-17b所示的图形

在"绘图"面板中单击【多段线】,指定起点A;

指定下一个点或[圆弧(A)/半宽(H)/长度(L)/放弃(U)/宽度(W)]:w　//设置线宽

指定起点宽度<0.0000>:0.5

指定终点宽度<0.5000>:↓　　　　　　　　　　　　　　//直接回车

指定下一个点或[圆弧(A)/半宽(H)/长度(L)/放弃(U)/宽度(W)]:5　//完成粗短画线

指定下一点或[圆弧(A)/闭合(C)/半宽(H)/长度(L)/放弃(U)/宽度(W)]:w//设置线宽

指定起点宽度<0.5000>:0.25　　　　　　　　　　　　　//指定线段起点宽度

指定终点宽度<0.0000>:↓　　　　　　　　　　　　　　//默认线宽,直接回车

指定下一个点或[圆弧(A)/半宽(H)/长度(L)/放弃(U)/宽度(W)]:5　　//光标下移

指定下一点或[圆弧(A)/闭合(C)/半宽(H)/长度(L)/放弃(U)/宽度(W)]:w//设置线宽

指定起点宽度<0.0000>:2　　　　　　　　　　　　　　//指定线段起点宽度为2

指定终点宽度<0.7000>:0　　　　　　　　　　　　　　//指定线段终点宽度为0

指定下一个点或[圆弧(A)/半宽(H)/长度(L)/放弃(U)/宽度(W)]:5　　//光标下移

指定下一点或[圆弧(A)/闭合(C)/半宽(H)/长度(L)/放弃(U)/宽度(W)]:u//放弃绘图

结果如图10-17b所示。

(3)圆、圆弧和椭圆弧命令

1)圆命令　AutoCAD 2022提供了6种画圆的方法,即圆心和半径方式画圆(R);圆心和直径方式画圆(D);三点画圆(3);两点画圆(2);相切、相切、半径方式画圆(T);相切、相切、相切方式画圆(A)。默认方式为选择圆心,输入半径式画圆。

2)圆弧命令　AutoCAD 2022提供11种绘制圆弧的方法,包括:三点法(P);起点、圆心、端点(S);起点、圆心、角度(T)等。默认方式为拾取三点画圆弧。

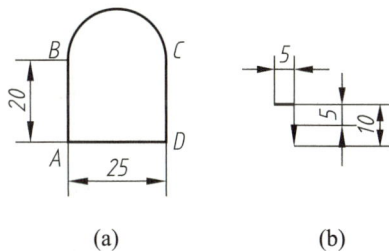

图10-17　用多段线命令画图

3)椭圆命令　共有3种画椭圆的方法:圆心、端点;轴、端点;椭圆弧。绘制椭圆的默认方式是通过圆心、端点的方法,指定椭圆弧圆心,分别指定两个轴的端点,以确定长轴和短轴。

(4)多边形和矩形

1)多边形命令　此命令可以用来绘制正多边形。比如绘制螺栓、螺母投影中的正多边形。默认方式是输入所要绘制多边形的边数,再拾取多边形内接圆(外切圆)的中心点,然后输入内接圆(外切圆)的半径即可。

2)矩形命令　此命令用来绘制长方形。默认情况下指定一个角点,再指定或输入另一个角点即可。

(5)创建块命令

绘制工程图形时,如果某个图形需要经常使用,可将其定义成图块。通过在后续工作中随时插入块,从而提高工作效率。插入图块时可以按照一定的比例和角度进行。

1）定义图块　在"插入"选项卡中单击【创建块】按钮，弹出图 10-18 所示对话框，首先在"名称"文本框中输入块名；然后选择构成块的图形元素，即单击【选择对象】按钮，返回绘图窗口选择图形；接下来指定块的插入点，单击【拾取点】按钮，返回绘图窗口选取；最后单击【确定】按钮，生成图块。

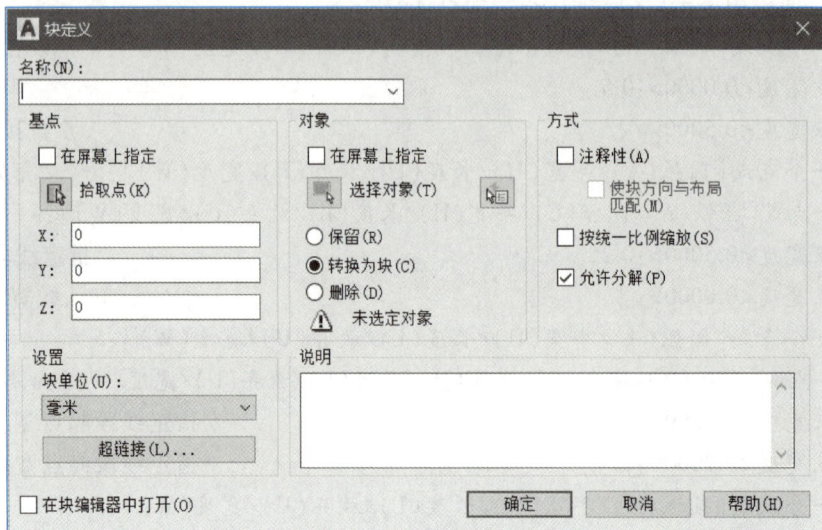

图 10-18　"块定义"对话框

2）插入块　在"插入"选项卡中单击【插入块】按钮，可选择【最近使用的块】、【库中的块】，如图 10-19 所示，选取所要插入的图块"基点""比例""旋转"等，在图形的适当位置插入图块。

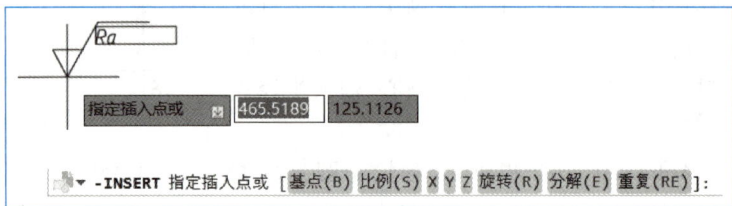

图 10-19　"插入块"对话框

（6）多行文字命令

单击【注释】/【文字】/【多行文字】按钮，单击后，会出现如下的图示命令：

指定第一角点：　　　　　　　　　　　　//在适当位置拾取多行文本框的起点

指定对角点：　　　　　　　　　　　　　//在适当位置拾取多行文本框的对角点

单击后，窗口会转换成"文字编辑器"面板，如图 10-20 所示。在面板中可以选取文字样式、字体名称、字高等，并在文本编辑框中输入需要的文本，单击面板中的【关闭】按钮即可退出。

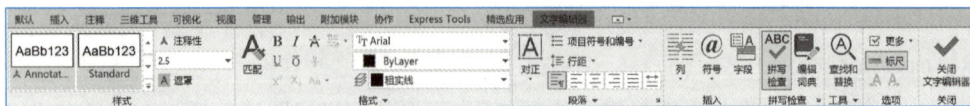

图 10-20　"文字编辑器"

字体样式可以提前设定。在"注释"面板中,单击【文字样式】按钮,如图 10-21 所示。可以对字体进行设置,完成后单击【应用】按钮。

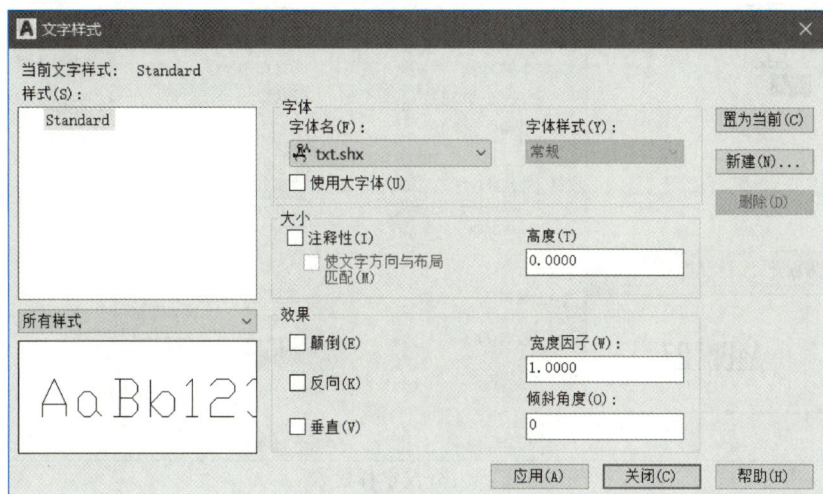

图 10-21　"文字样式"对话框

注意:对话框中的字体高度设置为"0",文本高度可以在标注样式中进行设置。根据图样中的不同字体,建议尺寸数字使用斜体阿拉伯数字"gbeitc.shx",汉字使用"汉仪长仿宋"字体。如图 10-22a、b 所示。

(7) 图案填充

当用剖视图或断面图来表达机件的内部结构时,需要画剖面线。比如填充图 10-23a 所示的断面图,具体操作如下:

单击"绘图"面板上的【图案填充】按钮 ,系统进入"图案填充创建"面板,如图 10-24 所示。可以在面板上直接设置图案类型、角度、比例等参数,单击面板左侧【拾取点】按钮,然后单击封闭轮廓内一点或轮廓边线,点击鼠标右键结束选择,最后单击【确定】按钮,完成填充操作。结果如图 10-23b 所示。

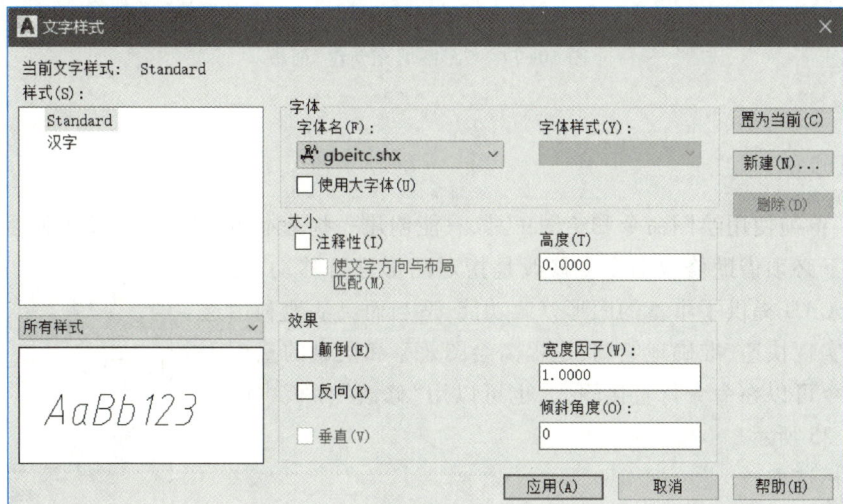

(a) 数字样式

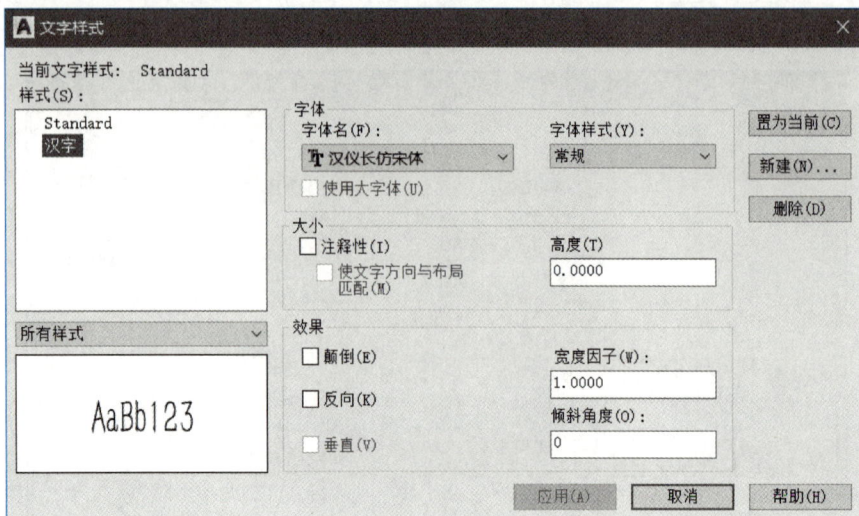

(b) 汉字样式

图 10-22 "文字样式"设置

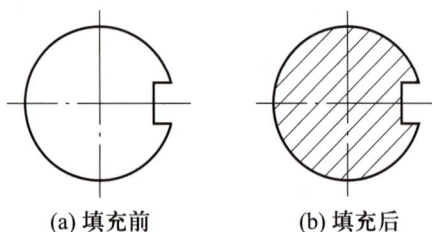

(a) 填充前　　　　(b) 填充后

图 10-23 图案填充

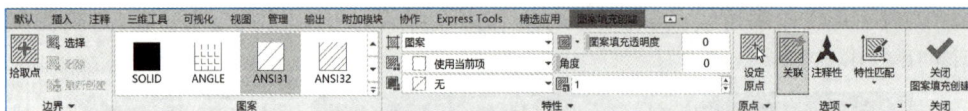

图 10-24 "图案填充创建"面板

2. 修改命令

绘图中,单纯使用绘图命令和绘图工具,只能创建一些基本的图形对象,要绘制复杂的图形,在很多情况下必须借助修改命令。修改是指对图形进行移动、修剪等操作,AutoCAD 提供了丰富的图形修改功能,适当而灵活地利用这些功能可以实现快速、准确地绘图,是提高绘图效率和质量的重要手段。修改命令可以在命令行直接输入,也可以用"修改"面板中的选项,如图 10-25 所示。

（1）目标选取

在编辑对象前一般要先选取对象,当选择对象后,AutoCAD 用虚

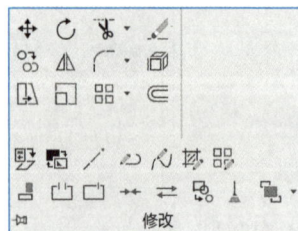

图 10-25 "修改"面板

线显示它们。常用的选择方法如下:

1)直接拾取

用鼠标将拾取框移到要选取的对象上,点击鼠标左键选取对象。此种方式为默认方式,可以选择一个或多个对象。

2)选择全部对象

使用快捷键"Ctrl+A",该方式可以选择除冻结层以外的全部对象。

3)窗口方式

用于在指定的范围内选取对象,在指定第一个角点之后,从左向右拖动出一窗口来选取对象,完全被矩形窗口围住的目标被选中。

4)窗口交叉方式

该方式不仅选取包含在矩形窗口的对象,而且也会选取与窗口边界相交的所有对象,交叉选择是从右向左拖动一矩形窗口,如图 10-26 所示。

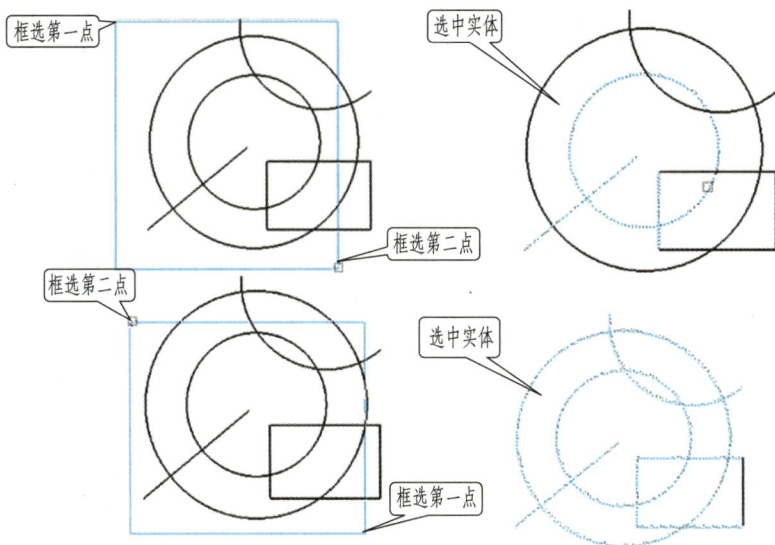

图 10-26 两种"框选"的区别

(2)删除命令

此命令用于从图形中删去选定的实体。

(3)移动命令

此命令用于将选定的实体移动到指定位置。如图 10-27a 所示,要求将圆及圆的外切六边形以点 A 为基点,移动到点 B 处。

单击"修改"面板中的 ✥移动   //单击移动命令

命令:_move

选择对象:用窗口方式选取移动前的圆及圆的外切六边形 //拾取要移动的对象

选择对象:↓   //回车,结束对象拾取

指定基点或[位移(D)]:拾取点 A 为复制基点   //拾取基点

指定基点或[位移(D)]<位移>:指定位移的第二点或<使用第一个点作为位移>:在点 B 处

单击 //拾取位移点

移动后如图 10-27b 所示。

（4）复制命令　此命令用于将选定的实体复制到指定位置，可以多次复制。如图 10-27a 所示，要求将圆及圆的外切六边形，以 A 为基点，复制到 B 处。

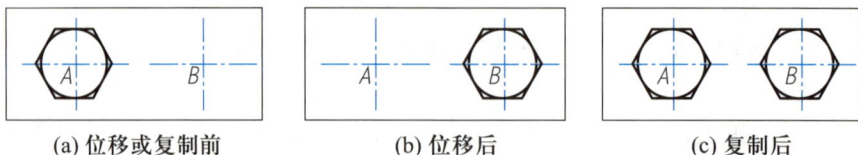

（a）位移或复制前　　　　　　（b）位移后　　　　　　（c）复制后

图 10-27　位移、复制命令

单击"修改"面板中的 ⬚复制 //单击复制命令

命令：_copy

选择对象：用窗口方式选取移动前的圆及圆的外切六边形 //拾取要复制的对象

选择对象：↓ //回车，结束对象拾取

指定基点或［位移（D）/模式（O）］＜位移＞：拾取 A 点为复制基点 //拾取基点

指定基点或［位移（D）/模式（O）］＜位移＞：指定第二个点或＜使用第一个点作为位移＞：在 B 点处单击 //拾取位移点

指定第二个点或［退出（E）/放弃（U）］＜退出＞：↓ //回车，结束复制

复制后如图 10-27c 所示。

（5）镜像命令　此命令用于生成所选对象相对于临时镜像线的对称图形，原对象可以保留也可以删除。如图 10-28 所示，要求将图 10-28a 中的图形以中心线 ab 为镜像线镜像，并保留原图形。

单击"修改"面板中的 ⬚镜像 //单击镜像命令

命令：_mirror

选择对象：用窗口方式拾取图 10-28a 中除 ab 线以外的图形 //拾取要镜像的对象

选择对象：↓ //结束拾取

指定镜像线的第一点：拾取中心线的左端点 a //拾取临时镜像线一点

指定镜像线的第二点：拾取中心线的右端点 b //拾取临时镜像线另一点

是否删除源对象？［是（Y）/否（N）］＜N＞：↓ //默认回车，完成镜像

镜像后如图 10-28b 所示。

（6）偏移命令　此命令用于绘制在任何方向均与原对象平行的对象，若偏移的对象为封闭图形，则偏移后图形将被放大或缩小。将图 10-29a 中的图形向内偏移 20 mm，结果如图 10-29b 所示。

单击"修改"面板中的 ⬚ //单击偏移命令

命令：_offset

指定偏移距离或［通过（T）/删除（E）/图层（L）］＜通过＞：20↓ //输入偏移距离

选择要偏移的对象或＜退出＞：拾取六边形 //拾取图形

指定点以确定偏移所在一侧： //在图形内单击

选择要偏移的对象或＜退出＞：↓ //回车，完成偏移

（7）阵列命令　此命令用于将所选对象进行矩形或环形复制。单击"修改"面板中【阵列】命令的类型（矩形阵列、路径阵列、环形阵列），图 10-30 所示为矩形阵列设置。

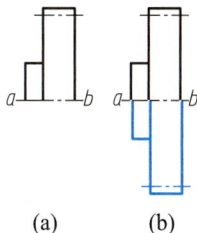

图 10-28　镜像复制对象示例

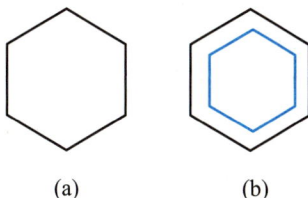

图 10-29　偏移复制对象示例

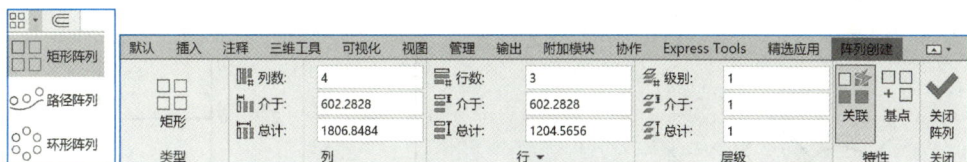

图 10-30　矩形阵列命令及面板

（8）拉伸命令　此命令用于某些图形的拉长或缩短。如图 10-31 所示,要求将图 10-31a 中的图形以点 C 为基点进行拉伸,结果如图 10-31b 所示。

单击"修改"面板中的 **拉伸**　　　　　　　　//单击拉伸命令

命令:_stretch

选择对象:用窗口交叉方式拾取矩形窗口的两个端点 A、B　　//拾取所要拉伸的图形

选择对象:↓　　　　　　　　　　　　　　　　//结束拾取

指定基点或[位移(D)]:拾取端点 C　　　　　　//指定要拉伸的基点

指定第二个点或<用第一个点作位移>:拾取点　　//指定要拉伸到的位置

（9）缩放命令　此命令用于将指定的实体按比例缩放。如图 10-32 所示,要求将图 10-32a 中的图形以点 D 为基点,按比例缩放 1.5 倍,如图 10-32b 所示。

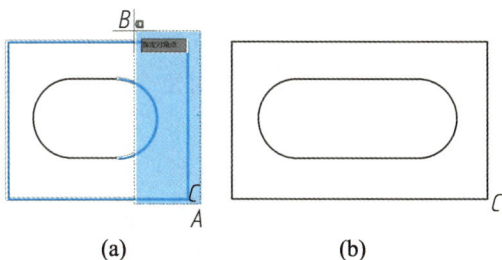

图 10-31　拉伸对象示例

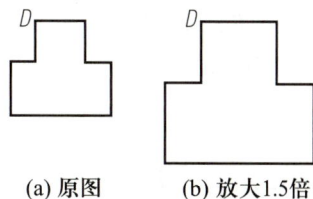

(a) 原图　　(b) 放大1.5倍

图 10-32　缩放对象示例

（10）修剪命令　此命令用于将对象沿事先确定的修剪边界断开,并删除位于剪切边一侧的部分。如图 10-33a 所示,要求修剪线段 $o1$、$o2$ 间的圆弧 ac、bd。

单击"修改"面板中的 **修剪**　　　　　　　　//单击修剪命令

命令:_trim

选择对象:线段 $o1$、$o2$ 间的圆弧 ac、bd　　//拾取需要修剪的圆弧

选择对象:↓　　　　　　　　　　　　　　　　//回车,结束拾取

结果如图 10-33b 所示。

（11）延伸命令　此命令用于将选定的对象延伸到指定的边界。如图 10-34 所示,要求将图 10-34a 中的线段 *ef*、*hg* 延伸到指定边界 *cd*、*ab*。

单击"修改"面板中的 　延伸　　　　　　　　　　　　//单击延伸命令

命令：_extend

选择要延伸的对象：拾取线段 *ef*、*gh*　　　　　　　//指定要延伸的线段

选择对象：↓　　　　　　　　　　　　　　　　　　//回车,结束拾取

结果如图 10-34b 所示。

（12）打断命令　此命令用于删除对象的一部分或将所选对象分解成两部分,如图 10-35 所示。

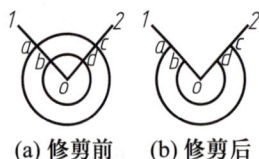

(a) 修剪前　(b) 修剪后

图 10-33　修剪对象示例

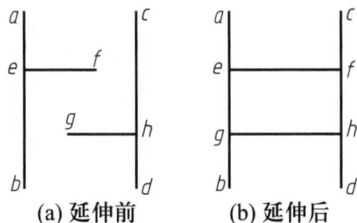

(a) 延伸前　(b) 延伸后

图 10-34　延伸对象示例

（13）倒角和倒圆命令　此命令用于对两直线或多段线做出倒角或倒圆。如图 10-36 所示,将图 10-36a 中的图形处理成图 10-36b 的图形。以倒角为例,操作步骤如下：

单击"修改"面板中的 　倒角　　　　　　　　　　　　//单击倒角命令

命令：_chamfer

选择第一条直线或[多段线（P）/距离（D）/角度（A）/修剪（T）/方式（M）/多个（U）]:D

指定第一个倒角距离<10.000>:2　　　　　　　　　　//输入倒角距离

指定第二个倒角距离<2.000>:↓

选择第一条直线或[多段线（P）/距离（D）/角度（A）/修剪（T）/方式（M）/多个（U）]:分别拾取端点处的两段交线　　　　　　　　　　　　　　//单击需要倒角的两直线

用同样方法将另一端点处的两段交线倒角,倒圆命令的操作与倒角命令类似,结果如图 10-36b 所示。

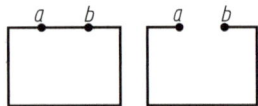

图 10-35　打断对象实例

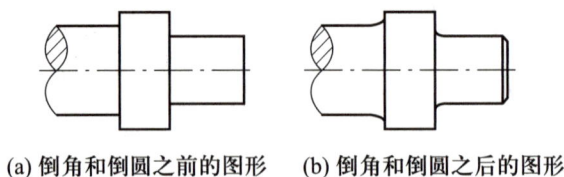

(a) 倒角和倒圆之前的图形　(b) 倒角和倒圆之后的图形

图 10-36　倒角、倒圆命令

3. 二维图形的尺寸标注

尺寸标注是绘图设计过程中非常重要的一个环节。正确的尺寸标注是加工制造的根本保证。AutoCAD 为用户提供了强大的尺寸标注功能。在进行尺寸标注时,通常先设定一个专门的

图层,以便于修改和定义。命令的启动,可以在菜单栏中的【标注】下拉菜单中选取,或在命令行中直接输入。当然,比较常用的方法是在面板直接选取相应命令。如图 10-37 所示。其中图 10-37a 为"默认"面板中的【注释】,图 10-37b 为"注释"面板,可以选择更多形式的尺寸标注。

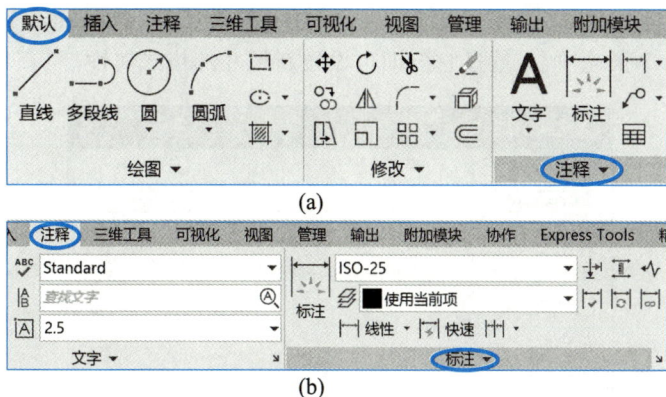

(a)

(b)

图 10-37   尺寸标注命令

(1)设置尺寸标注样式

在进行尺寸标注前,通常要按照实际需要在系统默认的尺寸样式 ISO-25 的基础上,重新设置符合机械制图标准的尺寸标注样式,以便控制各类尺寸标注的布局和外观。标注样式是决定尺寸标注形式的尺寸变量设置的集合。为了方便管理,AutoCAD 提供了"标注样式管理器"对话框,如图 10-38 所示。在该对话框中,可以修改、创建尺寸标注样式。打开"标注样式管理器"对话框的方法有:单击菜单栏中的【标注】下拉菜单,选择【标注样式】命令 ✍ 标注样式(S)... ;或者单击"注释"面板中"标注"栏右下方的箭头,如图 10-39 所示。

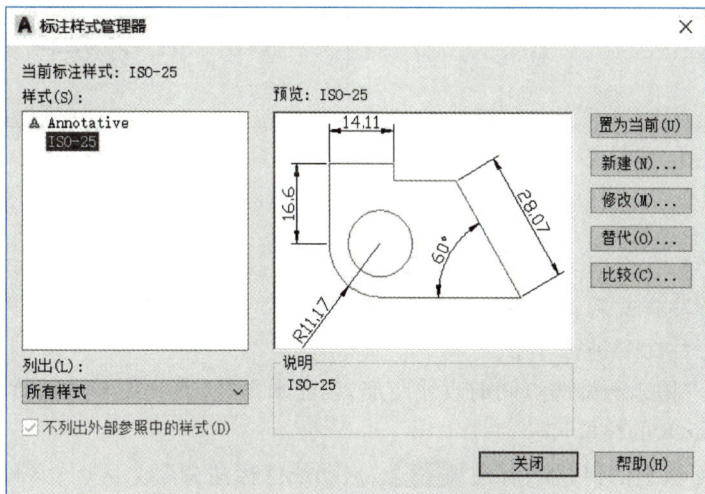

图 10-38   "标注样式管理器"对话框

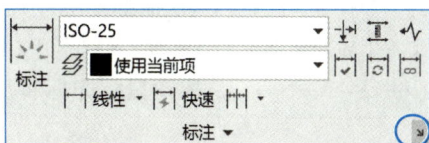

图 10-39   打开"标注样式"对话框

设置一个新的尺寸标注样式的操作步骤如下：

单击管理器的【新建】按钮，弹出图 10-40 所示的"创建新标注样式"对话框，对话框中已经给出默认的"新样式名""基础样式"和"用于"，用户可以自行定义，单击【继续】后，会弹出图 10-41 所示的"新建标注样式"对话框。该对话框中提供了线、符号和箭头、文字、调整、主单位、换算单位和公差 7 张选项卡，通过它们即可设置新尺寸的格式属性。

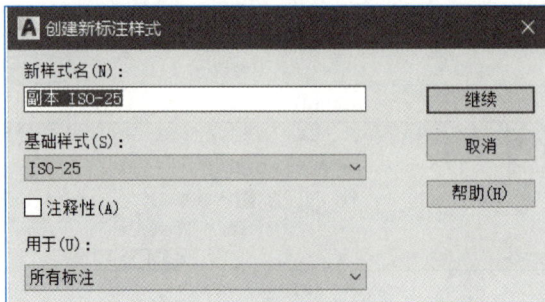

图 10-40 "创建新标注样式"对话框

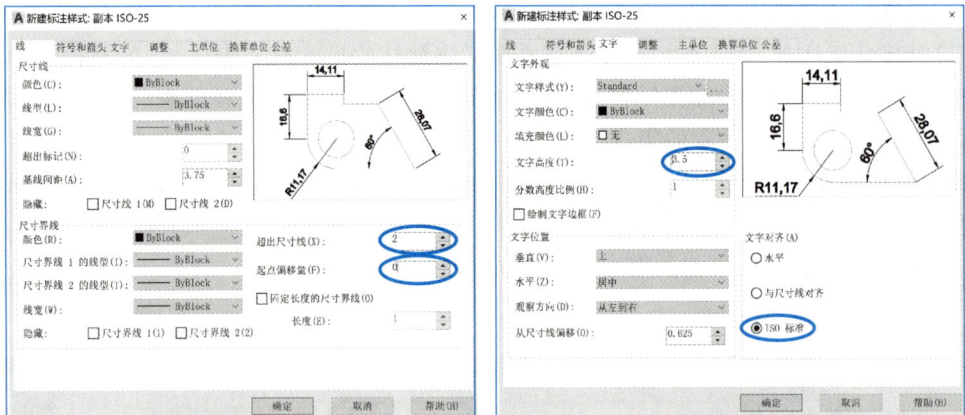

(a) 设置"线"样式　　　　　　　　(b) 设置"文字"样式

图 10-41 "新建标注样式"对话框及设置

(2) 常用尺寸标注命令

设置好尺寸标注样式后，即可利用图 10-37 所示的"注释"面板中的命令进行标注。下面就一些常用的尺寸标注命令进行介绍。

1) 线性标注　用来测量两点间的直线距离，创建水平、竖直和旋转的线性标注，如图 10-42 中长度为 30、50、15、8 的线段尺寸。

单击"注释"面板上的【线性】标注 ┠┤线性 ，启动线性标注命令。

指定第一条尺寸界线原点或<选择对象>：　　　//捕捉要标注尺寸的线段的一个端点

指定第二条尺寸界线原点：　　　　　　　　　//捕捉要标注尺寸的线段的另一个端点

指定尺寸线位置或［多行文字(M)/文字(T)/角度(A)/水平(H)/垂直(V)/旋转(R)］：

　　　　　　　　　　　　　　　　　　//拖动鼠标光标将尺寸线放置在适当位置

其他选项含义为：

多行文字(M)：使用该选项则打开"多行文字编辑器"，用户可利用此编辑器输入新的标注文字；

文字(T):此选项使用户可以在命令行上输入新的尺寸文本(数字、符号等);

角度(A):通过该选项可以设置文本的放置角度;

水平(H)/垂直(V):创建水平或竖直型尺寸;

旋转(R):此选项可以将尺寸线和尺寸数字旋转一个角度,来标注倾斜对象。

2)对齐标注　单击"注释"面板上的【对齐】标注 ，可标注倾斜线段的尺寸,使尺寸线与线段平行,如图 10-42 中长度为 5、20 和 10 的线段尺寸。

3)半径标注　标注圆或圆弧的半径,如图 10-43 中的 R30。

单击"注释"面板上的【半径】标注　　　　　　　//启动半径标注命令

选择圆弧或圆:　　　　　　　　　　　　　　　//拾取半径为 30 的圆弧

指定尺寸线位置或[多行文字(M)/文字(T)/角度(A)]:　//将尺寸线和尺寸数字调整到
　　　　　　　　　　　　　　　　　　　　　　　　　适当位置回车,完成标注

4)直径标注　标注圆或圆弧的直径,如图 10-43 中的 φ10。

5)角度标注　标注各种角度,如图 10-43 中小圆中心线与水平线的夹角 45°。

单击【角度】标注　　　　　　　　　　//启动角度标注命令

选择圆弧、圆、直线或<指定顶点>:　　　//拾取小圆中心线

选择第二条直线:　　　　　　　　　　//拾取水平线

指定标注弧线位置或[多行文字(M)/文字(T)/角度(A)]://将尺寸线和尺寸数字调整到
　　　　　　　　　　　　　　　　　　　　　　　　　适当位置回车,完成标注

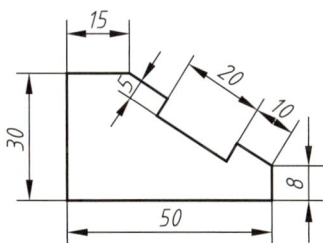

图 10-42　"线性标注"和"对齐标注"示例　　图 10-43　"半径标注""直径标注"和"角度标注"示例

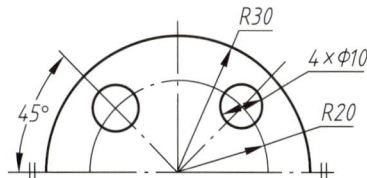

6)基线标注　标注从同一基准出发的若干尺寸。

单击"注释"面板中的【基线】标注,启动基线标注命令,如图 10-44 所示。

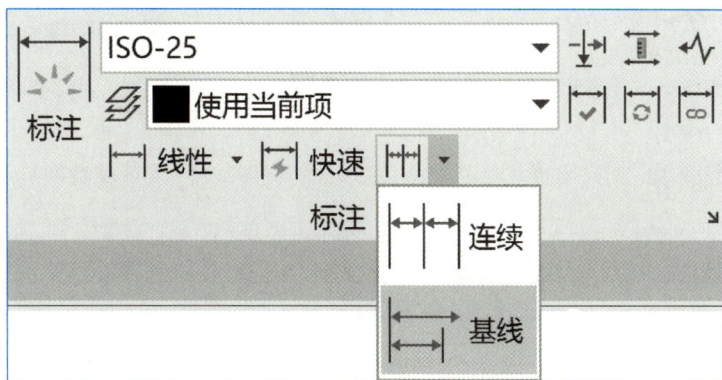

图 10-44　基线标注命令

若上一次操作没有标注尺寸,则提示:

选择基准标注:　　　　　　　　//选择一个尺寸标注作基准,以它的第一条尺寸界线作基线

若上一次操作是标注尺寸,则提示:

指定第二条尺寸界线原点或[放弃(U)/选择(S)]:　　　//选择第二条尺寸界线

基线标注结果如图 10-45 所示。

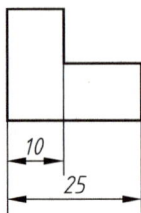

7) 连续标注　单击【连续】标注 ▐▊▊ 连续 ,可以标注链式排列的、首尾相接的若干尺寸,如图 10-46 所示。

图 10-45 "基线标注"示例　　　　　　　图 10-46 "连续标注"示例

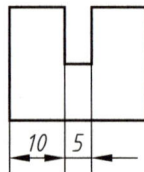

8) 公差标注　分为尺寸公差和形位公差。[①]

① 尺寸公差标注　创建尺寸公差的方法有两种:

a. 在"标注样式管理器"对话框(图 10-47)中选择【替代】按钮,打开"替代当前样式"的对话

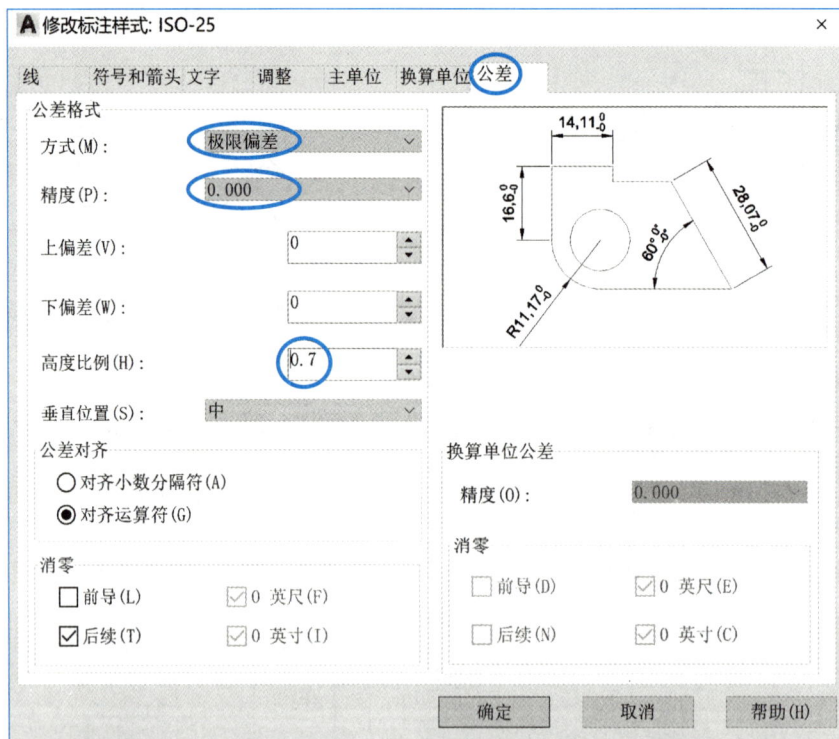

图 10-47 "替代当前样式"对话框

---

① 8.5 节中所述的几何公差,以前称为形位公差。由于在 AutoCAD 中现仍称为形位公差,所以这里也跟着称为形位公差。

234

框,在对话框的"公差"选项卡中设置尺寸上、下极限偏差;设置精度(保留 3 位小数);设置高度比例(比尺寸数字高度小 1 号),然后返回绘图窗口,进行相应的尺寸标注即可,如图 10-47 所示。

　　b. 另一种方法是在标注尺寸的过程中,单击【多行文字】选项,打开多行文字编辑器,然后采用堆叠文字方式标注公差。

　　② 形位公差标注　创建形位公差的方法是单击"注释"面板中的【标注】,选择 命令,打开"形位公差"对话框,如图 10-48 所示,在此框中输入公差值,单击【确定】按钮,在合适位置放置框格,再使用【快速引线】命令(qleader)把引线画出,结果如图 10-49 所示。或者直接使用【快速引线】命令(qleader),然后单击【设置】或回车,在出现的"引线设置"对话框中选择【公差】,如图 10-50所示,指定引线位置后,同样出现图 10-48 所示的"形位公差"对话框,这种方法更加简便。

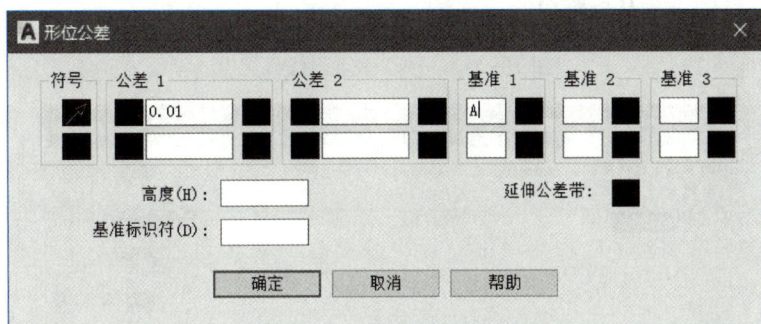

图 10-48　"形位公差"对话框

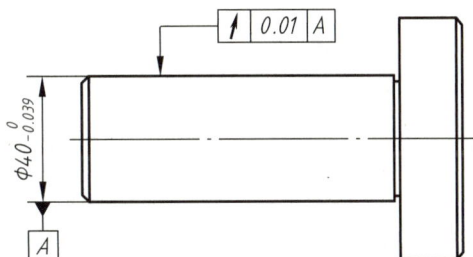

图 10-49　"尺寸公差"和"形位公差"标注示例

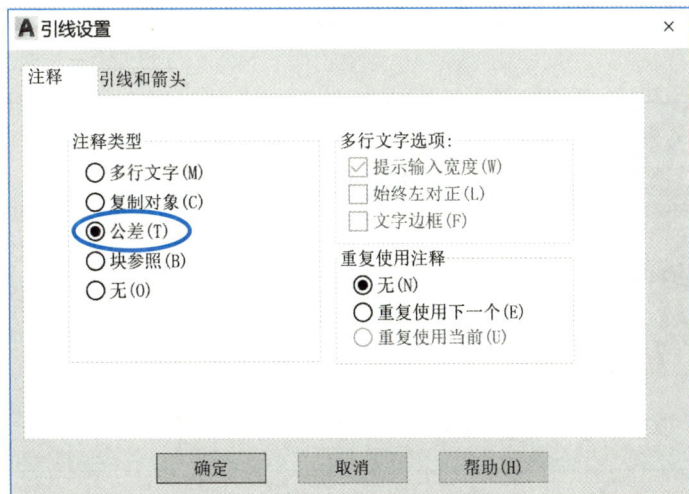

图 10-50　"引线设置"对话框

9）引线标注　单击"注释"面板中【引线】 ，或单击菜单栏中的【标注】下拉菜单，选择
【多重引线】命令可以创建引线。

下面以装配图中的零部件序号标注为例介绍引线的用法。

第一步，对多重引线进行设置，在"格式"菜单栏中选择【多重引线】，或者在"注释"面板中选
择【多重引线样式】，如图 10-51 所示，弹出"多重引线样式管理器"对话框，如图 10-52 所示。

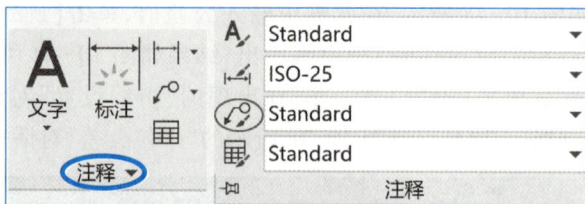

图 10-51　选择"多重引线样式"

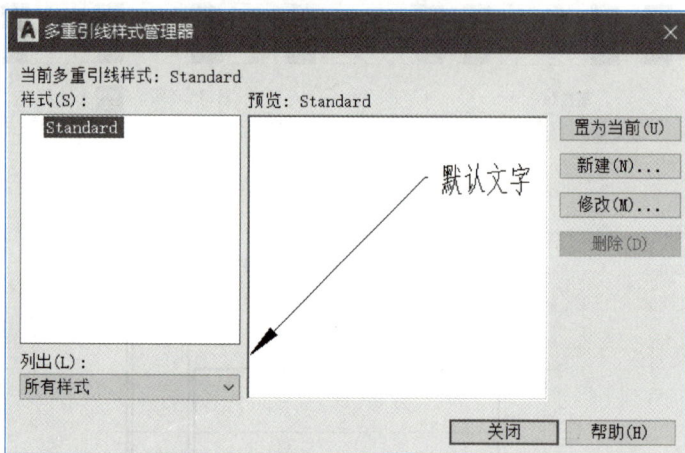

图 10-52　"多重引线样式管理器"对话框

第二步，修改多重引线样式，将箭头符号修改为"小点"，如图 10-53a 所示，将"块选项"设置
为圆，如图 10-53b 所示。

第三步，使用多重引线对零部件进行标注。多重引线也可以根据需要进行【对齐】 或
【合并】 操作。

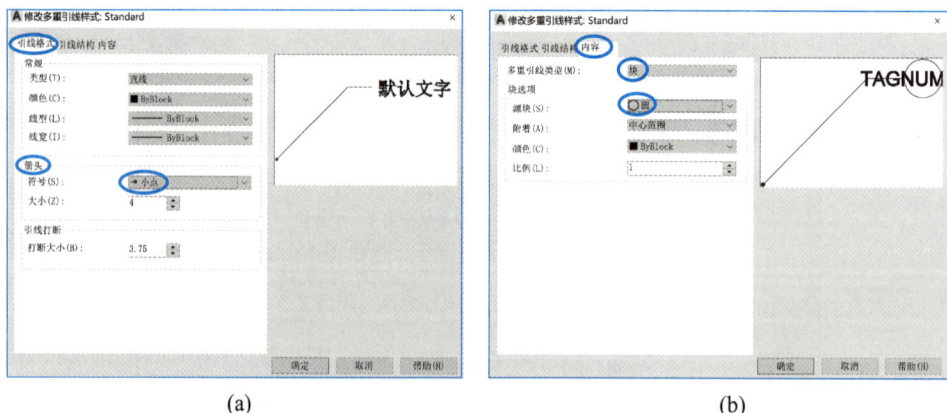

(a)

(b)

图 10-53　"修改多重引线样式"对话框

10）编辑尺寸标注　主要包括修改标注文字、调整标注位置、编辑尺寸标注属性和修改某一尺寸标注的外观等。

① 调整标注位置　调整标注位置的方式是单击某尺寸后，可以方便地移动尺寸线的位置，或调整尺寸文本相对尺寸线的位置，如图 10-54 所示。

② 修改标注文字　修改标注文字的最佳方式是在尺寸数字上双击，可以修改尺寸数值或者增加尺寸的前缀或后缀，或者改变尺寸数值的字号等，如图 10-55 所示。

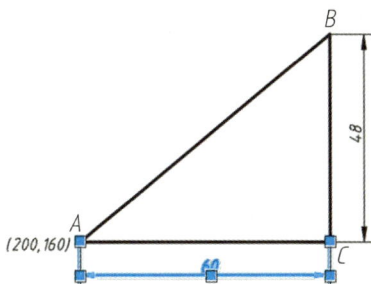

图 10-54　调整尺寸标注位置　　　　　图 10-55　修改标注文字

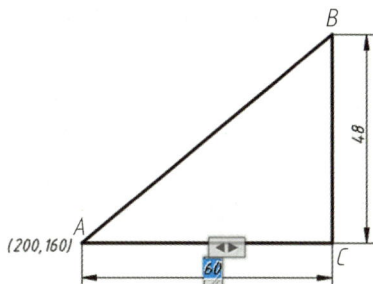

③ 编辑尺寸标注属性　编辑尺寸标注的属性可以通过选择尺寸，在快捷工具栏中选择"标注样式"，选择其他"标注样式"，可以实现文本、箭头样式等属性的修改。

10.3 二维绘图实例

前面介绍了 AutoCAD 2022 的设置、绘图、编辑、标注等操作和命令，下面通过几个实例介绍线型练习、几何作图以及零件图的绘制。旨在帮助读者巩固前面所学的知识，掌握工程图纸的基本绘制方法与步骤。

1. 模板图制作

开始绘制一张新图时，都需要设置图层、颜色、线型、线宽、文字样式、标注样式等，还需要绘制图框和标题栏，这些工作属于重复性的工作，简单但耗时。我们可以把常用的图幅按照相应的国家标准定义成样板文件，以备绘图时调用。这样既可以提高绘图效率，又可以保证图纸的各项设置规范统一。

下面以"A3 横放"图纸为例说明样板文件的制作过程与步骤。

（1）基本设置

新建文件，根据上一节介绍的内容完成图层设置，文字样式和标注样式等设置。

（2）设置绘图环境

打开【线宽】开关 ，启用【正交】，设置捕捉对象为"端点""中点""圆心""交点"等，启用【对象捕捉追踪】、【极轴追踪】和【动态输入】。

（3）绘制图纸边框

国家标准规定 A3 图纸的尺寸是 420×297，图纸的外框（420×297）是细实线，内框是粗实线。

当采用非装订格式时,内框各边到外框对应边的距离均为 10。

绘制图框的步骤如下:

1)切换图层到细实线层,用直线命令绘制图纸边框。

单击 ![按钮] 按钮,指定起点为(0,0),沿起点向右水平移动光标,并输入与第一点的距离 420 后回车,画出外框底线,如图 10-56a 所示;从当前点竖直向上移动光标,并输入线段长度 297 后回车,画出外框右端线,如图 10-56b 所示;再从当前点向左水平移动光标,和起点对齐,画出外框顶线,如图 10-56c 所示。最后输入"c"封闭图框,如图 10-56d 所示。

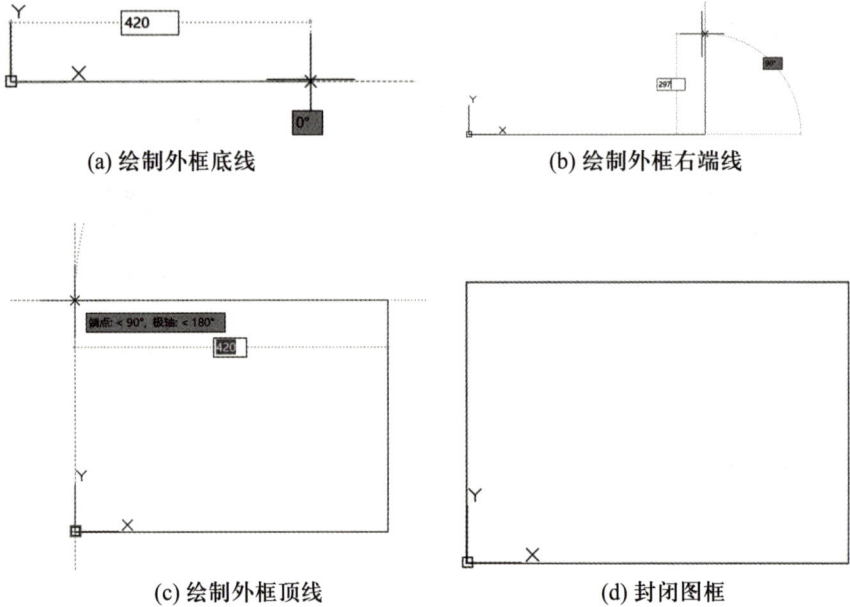

(a) 绘制外框底线　　　　　　　　(b) 绘制外框右端线

(c) 绘制外框顶线　　　　　　　　(d) 封闭图框

图 10-56　绘制 A3 图纸边框

2)绘制图框线

将图层切换到粗实线层,单击 ![按钮] 按钮,指定起点为(10,10),沿起点向右水平移动光标,并输入线段长度 400 后回车,画出图框底线;从当前点竖直向上移动光标,并输入线段长度 277 后回车,画出图框右端线;再从当前点向左水平移动光标,对齐图框的起点,画出图框顶线;最后输入"c"封闭图框。具体绘制过程与图 10-56 类似。也可以在细实线层,用【矩形(REC)】命令绘制 A3(420×297)图纸外框。切换到粗实线层,用【偏移(O)】命令,指定偏移距离为 10,将图纸边框向内偏移 10,生成图框。完成后的图纸边框如图 10-57 所示。

图 10-57　A3 图纸边框

（4）绘制标题栏

本节以教学用简化标题栏为例，介绍标题栏的绘制方法。

1）绘制标题栏外边框　在图框右下角绘制标题栏边框，如图 10-58 所示，标题栏边框为粗实线。

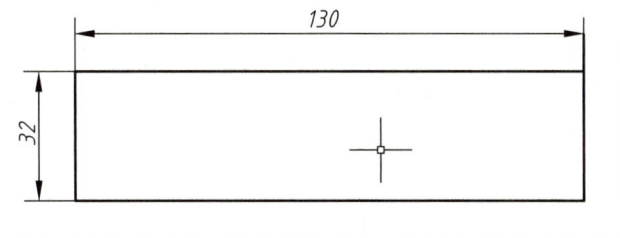

图 10-58　标题栏边框

2）绘制标题栏中的其他栏目　标题栏中相应栏目，根据尺寸，用细实线进行绘制，也可以采用偏移命令 █ 绘制，如图 10-59 所示。

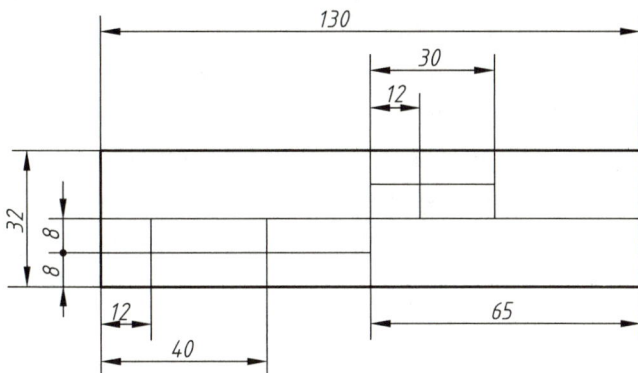

图 10-59　标题栏中的栏目

3）填写标题栏　使用文字样式中的"汉字"样式，采用汉仪长仿宋字体，填写标题栏，如图 10-60 所示。

图 10-60　填写标题栏

4）保存为样板图　用【另存为】命令将图纸保存为样板图格式，文件的后缀为".dwt"，完成"A3 横放"样板图的制作。

其他图幅的样板图可以在"A3 横放"样板图的基础上制作。具体方法是：在文件另存后，采用拉伸命令 █拉伸，将尺寸修改成新的标准图幅尺寸，如 A4 竖放（210×297），采用这种方法把国家标准中的其他常用图幅都定义成相应的样板图，样板图中包含了图层设置、文字样式、尺寸样式设置等，以后每次绘制新图的时候都可以从相应的样板图开始，然后另存为新文件名，格式为".dwg"，这样就可以大大节省设计时间，提高设计效率。

2. 线型练习

工程图中的一组视图是由多种线型组成,本节通过实例演示各种线型的绘制方法,改变图形对象特性的方法,及绘制简单的平面图形。

（1）准备工作

在状态栏中打开【线宽】开关,根据需要打开或关闭【正交】、【对象捕捉】、【极轴追踪】等开关,必要时可对捕捉对象、极轴追踪的角度进行合理设置。在绘图过程中为了作图方便,需要随时利用鼠标中键或【缩放】命令进行显示缩放,利用鼠标中键或【平移】命令平移图纸。

（2）绘制图形

分析图 10-61 所示的线型练习图,确定画图方法和步骤。

1）绘制上方的五条平行线　选择粗实线层为当前图层。打开【正交】开关,使用【直线（L）】命令,绘制上方第一条直线。直线的起点放在绘图框左上方,直线的长度为 120。如图 10-62 所示;选择已绘制好的直线,使用【偏移】命令,设置偏移距离为 7,依次偏移出下面四条平行线,如图 10-63 所示;将偏移的 5 条直线修改线型,可选中直线后,修改其图层,也可在该直线上点击鼠标右键,利用快捷属性进行修改,如图 10-64 所示。

2）绘制上方矩形　选择粗实线层为当前图层。打开【正交】开关,使用【矩形】命令,按尺寸绘制上方两矩形。切换到细实线图层,使用【图案填充】命令填充矩形,设置填充图案样式为"ANSI31"。

3）绘制上方几个圆形　选择细点画线层为当前图层。打开【正交】开关,使用【直线】命令,绘制中间两条点画线,使用【圆】命令,绘制周边几个小圆圆心所在的点画线圆;切换到粗实线图层,调用【圆】命令,绘制上部小圆,然后用【圆形阵列】命令,阵列出五个小圆;切换到细虚线图层,采用同样的方法绘制 5 个虚线圆。

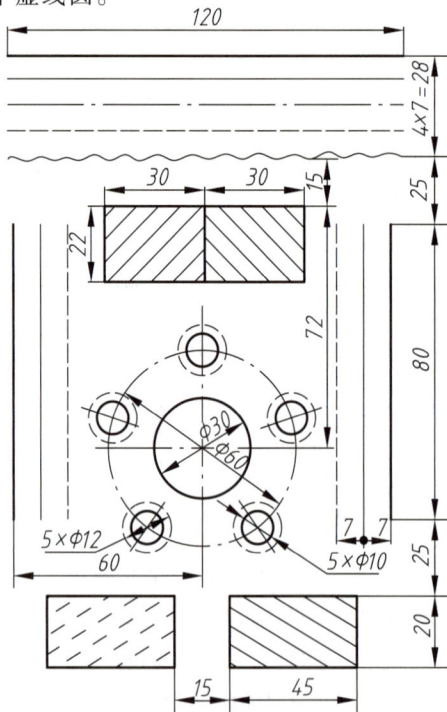

图 10-61　线型练习

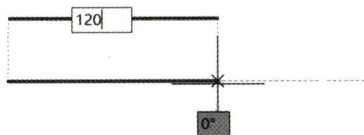

图 10-62　绘制第一条直线

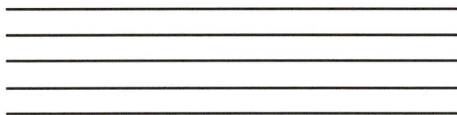

图 10-63　偏移结果

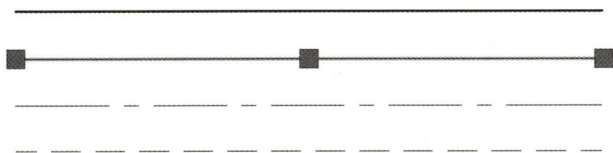

图 10-64　修改线型

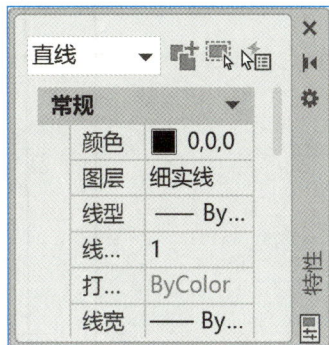

4）标注尺寸　将图层切换到尺寸标注层,使用标注样式"ISO-25"进行尺寸标注。输入【线性标注】命令或按下标注工具栏的 ⊢ 按钮,从上向下标注线性尺寸。其中:线性尺寸"4×7＝28"需要在指定两个尺寸线端点后输入"M"或"T",用"多行文字"或"文字"自行输入前缀"4×7＝";尺寸"4×φ10",输入【直径标注】命令,选择需要标注的圆,接着输入文本"M",加上前缀"4×"。尺寸标注后的结果如图 10-61 所示。

5）填写标题栏　在标题栏内双击,逐项填写标题栏中的内容,完成后的图形如图 10-60 所示。

6）保存图形文件并退出　按"Ctrl+S"快速保存文件,使用【关闭(CLOSE)】命令退出该图形文件。

3. 吊钩的绘制

本节以图 10-65 中的吊钩为例讲述圆弧连接的作图方法以及常用的图形编辑方法。

（1）新建图形文件

新建图形文件,选择样板图"A4 竖放.dwt"。用"另存为"命令将其保存为图形文件"吊钩.dwg"。

（2）绘制图形

1）绘制基准线　将点画线层设置为当前图层。使用【直线】命令在适当位置绘制定位基准线,如图 10-66a 所示。

2）绘制已知线段　切换图层到粗实线层,根据尺寸绘制已知轮廓线,如图 10-66b 所示。

3）绘制中间线段和连接线段　继续以粗实线层作为当前图层,根据尺寸绘制中间线段和连接线段,如图 10-66c 所示,多余线段可用【修剪】命令进行修剪。

（3）标注图形尺寸

将图层切换到尺寸标注层进行尺寸标注。用到的命令依次为:【线性标注】、【半径标注】、【快速引线标注】等。上方直径尺寸 φ23,可先用线性标注,然后再双击尺寸数字,自行输入直径符号%%c。标注后的吊钩图形如图 10-65 所示。

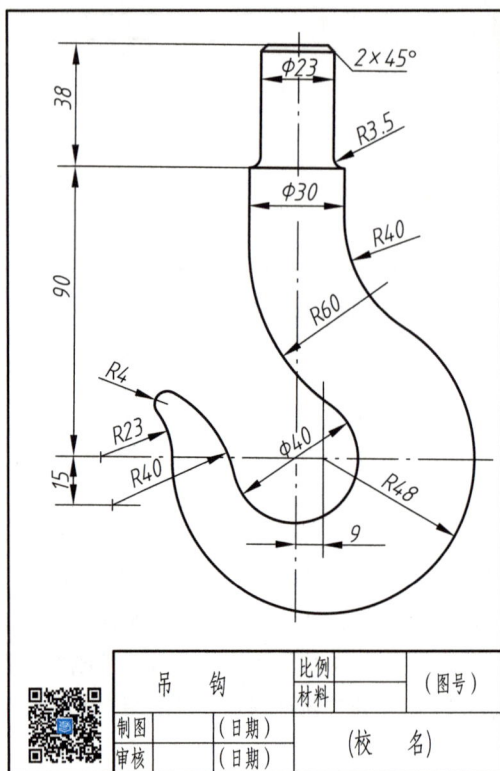

图 10-65 吊钩

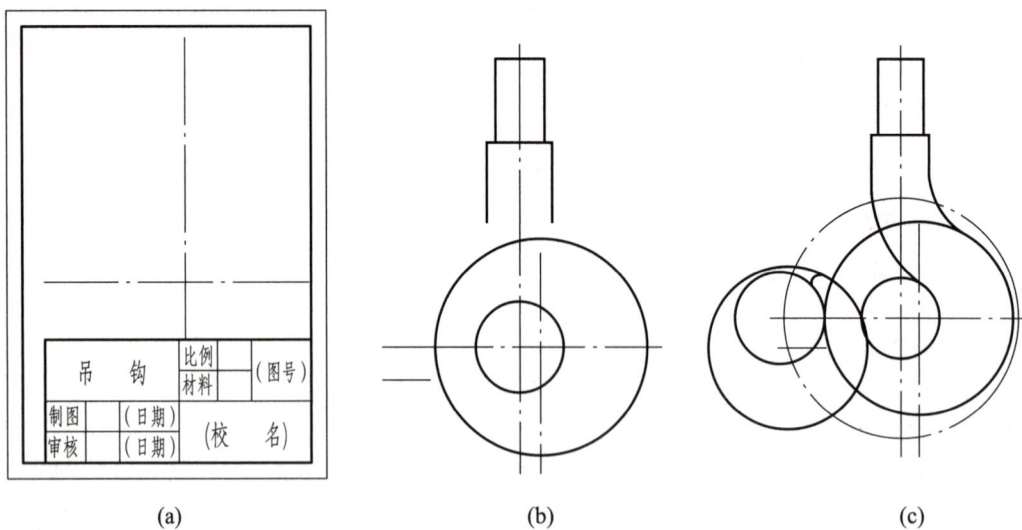

(a)   (b)   (c)

图 10-66 绘制吊钩

（4）填写标题栏

利用【单行文字】命令，在标题栏内逐栏填写对应内容。

（5）保存图形文件并退出

使用快捷键"Ctrl+S"快速保存文件，使用【关闭（CLOSE）】命令退出该图形文件。

4. 绘制工程图样

产品设计时绘制工程图样，可以通过先建立三维模型，再用命令生成三视图；或者直接用 AutoCAD 的绘图命令配合编辑命令绘制图样。下面就以图 10-67 所示的泵轴零件为例，进一步讲解平面图形的绘制和编辑。

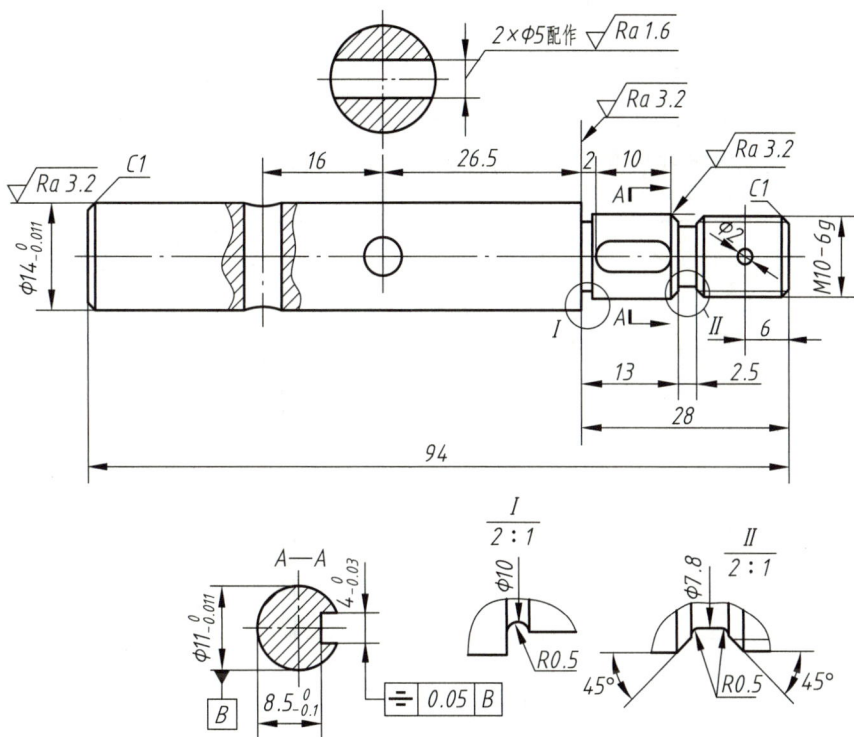

图 10-67　泵轴零件图

（1）设置绘图环境

即设置绘图界限、绘图单位、绘图精度及图层设置等，前面章节已做介绍，这里不再赘述，只是在设置图层时，应尽量把零件图中不同的线型及尺寸标注设置在不同的图层上，并将"图层"工具栏中图线的颜色、线型和线宽都设定为"ByLayer"，这样便于修改，同时，我们应将各零件图中的图层、尺寸标注样式等设置得尽可能一致，以便于将来用所绘制的零件图拼装成装配图时不至于出现过多的图层和尺寸标注样式。

（2）绘制泵轴

1）绘制主体

在绘图之前，先对图形进行形状和尺寸分析。由于泵轴是回转体零件，主体关于轴线对称，所以可以先画出一半，再用【镜像】命令复制出另一半即可。

① 绘制外轮廓线 将中心线图层设置为当前层,单击"绘图"工具栏上的【直线】命令,在适当位置绘制出一条长约 100 mm 的轴线,然后将外轮廓线图层设置为当前层,继续用【直线】命令及相对坐标绘制出轴线上部的外轮廓线,如图 10-68a 所示。单击"修改"工具栏上的【镜像】命令复制出下半部分,再用【直线】命令将退刀槽部分的图线补齐,如图 10-68b 所示。

② 绘制轴上的孔、键槽及局部剖视图 将中心线图层设置为当前层,根据尺寸绘制出孔的轴线,再将轮廓线图层设置为当前层,单击【圆】命令,捕捉到圆心后,画出圆孔;绘制键槽时,可以先将两端半圆画成两个圆,然后再画出两条和圆相切的直线,最后用【剪切】命令把两个多余的半圆剪去即可;绘制局部剖视图时,先画出两条直线,再用相贯线的近似画法画出两段相贯线,将细线图层设置为当前层,单击"绘图"工具栏上的【样条曲线】命令,绘制出波浪线,最后启动【填充】命令绘制剖面线,线型选为 ANSI31,图案比例设为 0.5 或 0.4 比较合适,如图 10-68c 所示。

2）绘制移出断面图和局部放大图

① 绘制移出断面图 根据尺寸,在轮廓线图层中绘制出移出断面,并在细线图层中进行填充,填充时要保证剖面线的线型和比例与局部剖视图的一致,如图 10-68d 所示。

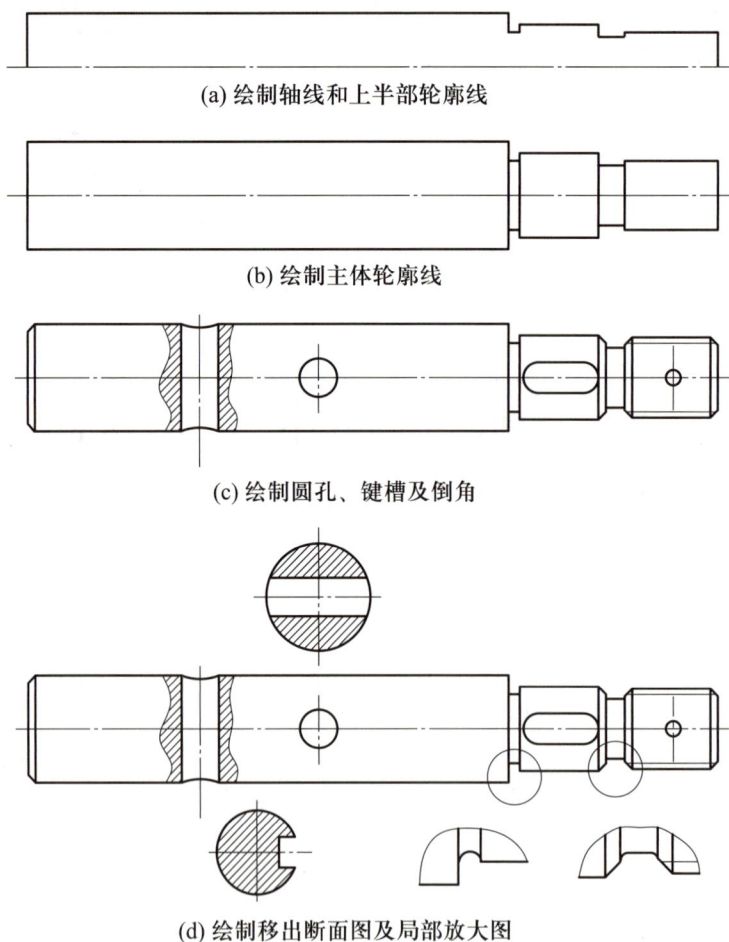

(a) 绘制轴线和上半部轮廓线

(b) 绘制主体轮廓线

(c) 绘制圆孔、键槽及倒角

(d) 绘制移出断面图及局部放大图

图 10-68 绘制泵轴零件图的步骤

② 绘制局部放大图　首先用【复制】命令把要放大的部分复制到合适的位置,然后用【缩放】命令放大 2 倍,再用【样条曲线】命令画出局部放大图的边界线,用【剪切】命令剪去边界线之外的多余线条,最后用【圆弧】命令添加圆角,如图 10-68d 所示。

（3）标注尺寸

1）设定尺寸标注样式

设定尺寸标注样式时,应根据图形的实际大小调整尺寸数字、箭头、基线间距等,其中,尺寸数字精度选为 0(即所注尺寸为整数)。

2）标注非整数尺寸

由于尺寸精度为 0,所以在标注非整数尺寸时不能采用 AutoCAD 的测量尺寸,需要重新编辑,只要在"指定尺寸线位置或［多行文字（M）/文字（T）/角度（A）/水平（H）/垂直（V）/旋转（R）］:"提示下,输入"T",然后在命令行输入需要的尺寸数字即可。

3）标注含有尺寸偏差值的尺寸

标注含有尺寸偏差值的尺寸时,可在标注样式窗口中的"公差"选项组中作如下设定:

方式:极限偏差;

精度:如果要精确到两位小数,则选 0.00,如果要精确到三位小数,则选 0.000;

上偏差:输入上极限偏差值;

下偏差:输入下极限偏差值;

高度比例:选 0.5 时,表示偏差文本字高为公称尺寸字高的 0.5 倍;

垂直位置:选"中"时,表示尺寸文本位于上、下极限偏差的中部。

设置完后,可以直接标注,如果缺少直径符号等,可以用【文本】命令在前面添加。

4）标注形位公差

比如断面图中键槽的对称度公差代号,可以进行如下标注:单击"标注"工具栏中的【公差】按钮,则弹出图 10-69 所示的"形位公差"对话框,再单击"符号"下的黑色方框,又弹出图 10-70 所示的"特征符号"对话框,在该对话框中选中对称度符号,返回"形位公差"对话框中,在公差及基准对话框中输入文本,单击【确定】后,对称度公差标注完成。

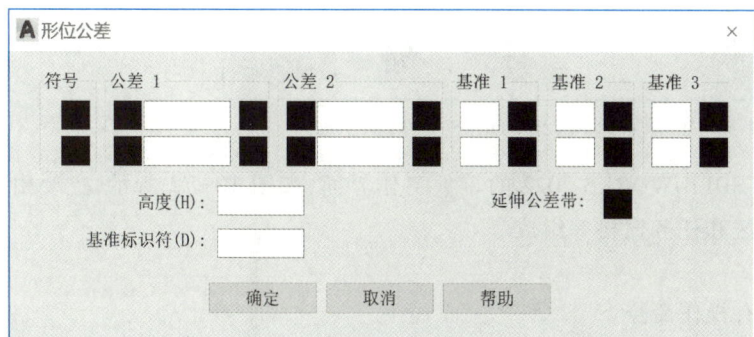

图 10-69　"形位公差"对话框

图 10-70　"特征符号"对话框

5）标注表面粗糙度

标注表面粗糙度时,可以先将画好的表面粗糙度符号定义成块,然后用【块插入】命令逐个插入。

10.4

SOLIDWORKS 2022 简介

SOLIDWORKS 软件是基于特征、参数化、实体建模的设计工具。软件图形界面易学易用。利用 SOLIDWORKS 可以创建全相关的三维实体模型。软件具有开放的系统,添加各种插件后,可实现产品的三维建模、装配校验、运动仿真、有限元分析、加工仿真、数控加工及加工工艺的制定等,以保证产品从设计、工程分析、工艺分析、加工模拟到产品制造过程所有数据数字化设计的一致性,真正实现产品的数字化设计和制造。本节以 SOLIDWORKS 2022 版本为基础,介绍基于特征的三维实体造型方法,以及零件设计、装配设计和工程图设计的相关技能。

1. SOLIDWORKS 2022 界面介绍

启动 SOLIDWORKS 2022 后,进入启动界面,启动界面消失后进入初始界面,单击【文件】/【新建】命令,系统弹出"新建 SOLIDWORKS 文件"对话框,如图 10-71 所示,该对话框可以选择常用的"零件"模块、"装配体"模块或"工程图"模块。

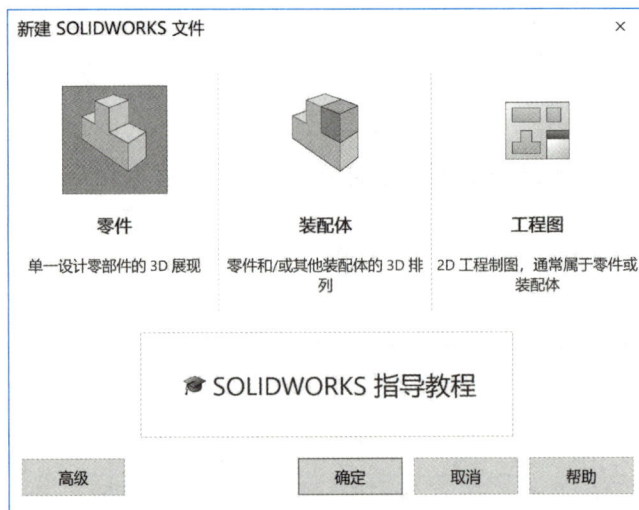

图 10-71 "新建 SOLIDWORKS 文件"对话框

选择"零件"模块后,进入 SOLIDWORKS 2022 的零件工作界面,如图 10-72 所示,主要由菜单栏、工具面板、设计树、绘图区和任务窗格等组成。

(1)菜单栏

包含 SOLIDWORKS 的所有操作命令。

(2)标准工具栏

用来对文件执行最基本的操作,如新建、打开、保存、打印等。

(3)命令选项卡

对应不同的选项卡,弹出不同的常用工具命令。

(4)设计树

位于用户界面左侧,是 SOLIDWORKS 中比较常用的部分。它提供了激活的零件、装配体或工程图的大纲视图,用户可以很方便地查看模型或装配体的构造情况,或查看工程图中的不同图纸和视图。

（5）绘图区

进行零件设计、制作工程图、装配体的主要操作窗口。

（6）状态栏

用于显示当前的操作状态。

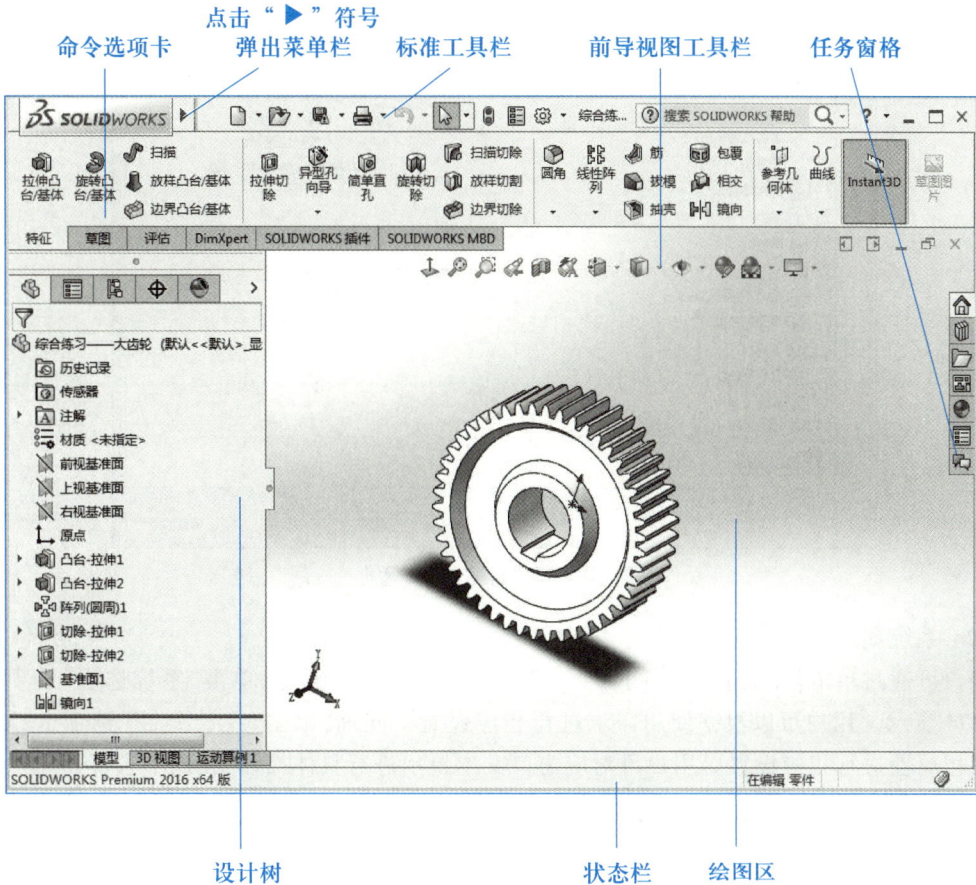

图 10-72　零件设计工作界面

2. 设置绘图环境

（1）自定义工具栏

用户可以根据文件类型（零件、装配体或工程图文件）来设定工具栏的放置位置和显示状态,自定义工具栏的操作步骤如下：

1）打开零件、工程图或装配体文件；

2）单击左上角图标右侧的【▶】符号,选择菜单栏中【工具】/【自定义】命令（可通过单击【工具】菜单栏最下方的下拉【▶】符号,找到【自定义】命令）,弹出"自定义"对话框,如图 10-73 所示。

在"工具栏"选项卡中勾选想要显示的工具栏,则对应的工具栏会在窗口中显示出来,若显示位置不理想,可将光标指向工具栏上按钮之间的空白区域,拖动工具栏到想要的位置即可,若拖动到窗口边缘,工具栏会自动定位在该边缘;反之,若要隐藏工具栏,可在对应的复选框中取消勾选。

图 10-73　"自定义"对话框

（2）系统属性和文档属性设置

用户可通过单击【工具】/【选项】命令，打开"系统选项"对话框，单击"系统选项"选项卡，如图 10-74 所示。用户可以根据使用需求进行相应设置。同理，单击"文档属性"选项卡，则可对当前文档属性进行相应设置。用户可对应窗口文本提示进行具体操作，在此不做赘述。

3. SOLIDWORKS 的设计思想

（1）基本概念

1）实体造型

传统的设计方法是设计人员将构思出的三维模型，先在图纸上利用几个不同的投影图来表示，图样上还有很多人为的规定、标准、符号和文字描述等，对于复杂零件，甚至还需要先生产出毛坯件，然后边设计边修改，最后提交给工艺、生产和管理部门组织开展后续工作，设计周期和设计质量都受到严重影响。

利用实体造型软件进行产品设计时，设计人员可以在计算机上直接进行三维设计，在屏幕上能够见到产品的真实三维模型，如图 10-72 所示，实现了工程设计方法的重大突破。同时，当零件在计算机中建立模型后，工程师还可以方便地进行后续环节的设计工作，如部件的模拟装配、总体布置、管路铺设、运动模拟、干涉检查以及数控加工与模拟等。

2）参数化

传统的 CAD 绘图技术都是用固定的尺寸值定义几何元素，输入的每一条线段都有确定的位置，要想修改图面内容，必须删除重画。而参数化设计可使产品的设计图随着某些结构尺寸的修

图 10-74 "系统选项"选项卡

改,以及使用环境的变化而自动修改图形。一般用在设计对象结构形状比较稳定,可以用一组参数来约束尺寸关系的前提下,如生产中最常用的系列化标准件等。

3)特征

特征是一个专业术语,兼有形状和功能两种属性,包括特定几何形状、拓扑关系、典型功能、绘图表示方法、制造技术和公差要求。基于特征的设计是把特征作为产品设计的基本单元,并将机械产品描述成特征的有机集合。

(2)设计过程

在 SOLIDWORKS 系统中,零件的设计、构造过程类似于真实制造环境下的生产过程。比如,传统生产过程要先获得毛坯,再打孔、倒角等;而在 SOLIDWORKS 中设计零件,是先生成原始特征,再生成孔、倒角等特征。

在 SOLIDWORKS 系统中生成装配体有两种方法。一种是用户先设计好所需的零件,然后根据配合关系及约束条件将零件组装在一起,生成装配体;另一种是用户先设计好主体零件,然后根据与主体零件的配合情况,生成其他零件。

在 SOLIDWORKS 系统中生成工程图的过程是,用户由设计好的零件和装配件,按照图纸的表达需要,通过在 SOLIDWORKS 系统中的命令,生成各种视图、剖视图、轴测图等,然后添加尺寸说明,得到最终的工程图。

在 SOLIDWORKS 系统中,零件、装配体和工程图都属于对象,其层次关系如图 10-75 所示。

从图 10-75 中所表示的层次关系可见,在 SOLIDWORKS 系统中,零件设计是核心,特征设计是关键,草图设计是基础。草图是指二维轮廓或横截面,对草图进行拉伸、旋转、放样、扫描等操作后即生成特征,如图 10-76 所示。特征是指可以通过组合生成零件的各种形状(如凸台、切除、孔等)及操作(如倒角、圆角、抽壳等),如图 10-77 所示。

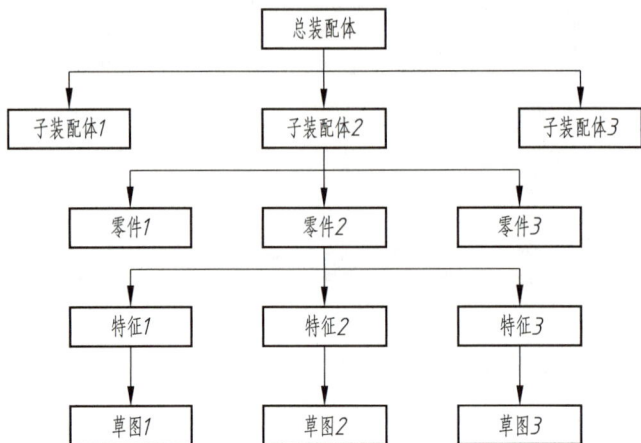

图 10-75　SOLIDWORKS 系统的层次关系

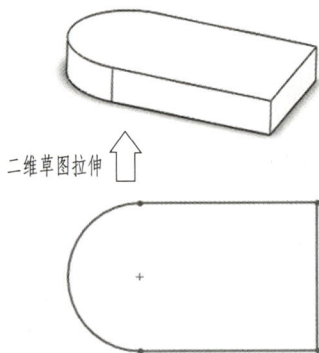

图 10-76　二维草图经拉伸生成特征

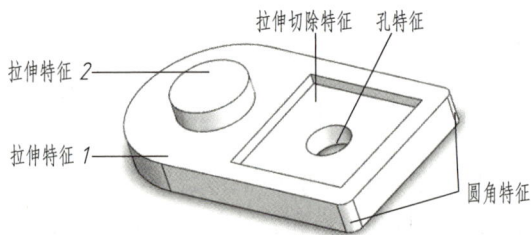

图 10-77　零件的特征组合

10.5

草图绘制

在 SOLIDWORKS 软件中,三维实体模型在某个平面上的二维轮廓称为草图。进行特征设计时,通常需要先绘制一个 2D 草图,再对这个草图进行拉伸、拉伸切除、旋转、旋转切除等特征操作生成 3D 模型。下面就草图的创建、基本图形的绘制、智能标注、添加几何关系及草图编辑几个方面来简要介绍一下 SOLIDWORKS 2022 的草图绘制功能。

SOLIDWORKS 常见的生成草图的方法有三种:一是在默认基准面上新建草图;二是从零件的面上绘制草图;三是在新建基准面上绘制草图。

（1）在默认基准面上新建草图

当要生成一个新的零件或装配体时，系统会制定 3 个默认的基准面，具体的绘图步骤如下。

1）在左侧的属性管理器中选择任意一个默认基准面作为绘图基准面；

2）如单击【前视基准面】，会弹出提示菜单，如图 10-78 所示，单击提示菜单最左侧的按钮【草图绘制】，进入草图绘制模式，此时，草图操控面板上的草图绘制按钮被激活，状态栏显示"在编辑草图"；

3）可以使用草图操控面板上的【草图绘制】工具绘制和编辑草图；

4）如要退出草图模式，单击绘图区右上角的【退出草图】按钮即可。

下面以图 10-79 所示的曲柄草图为例，简要介绍草图绘制的步骤和注意事项。

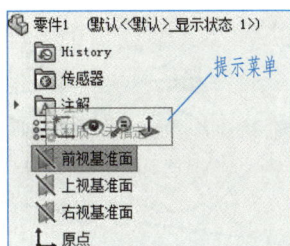

图 10-78　单击前视基准面的图标后显示的提示菜单

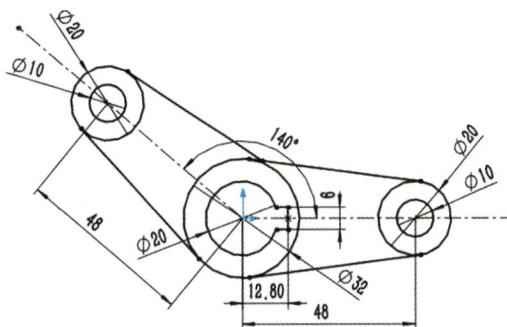

图 10-79　曲柄草图

1）绘制中心线　中心线命令的调用，可以通过单击草图操控面板上直线命令右侧的三角形下拉按钮，然后单击【中心线】命令获得，如图 10-80 所示。绘制的具体图样如图 10-81 所示。绘图的具体操作可以在左侧属性管理器的相关提示下进行。需要注意的是：绘制如中心线这样的参考线素时，不需要定义其形状尺寸，即长度，但需要定义其位置。如先绘制水平中心线，使其左侧从坐标原点开始，向右绘制的过程中，保持水平提示，即可出现图 10-81 中两个几何约束提示："重合"和"水平"，有了这两个几何约束，在结束该段中心线绘制时，线段以黑色显示，表示完全定义；再绘制左侧倾斜中心线，可先从原点开始，向左上方向随意绘制一条中心线，然后再通过智能尺寸，定义两条中心线的夹角，即可完成对左侧中心线的完全定义，如图 10-81 所示。

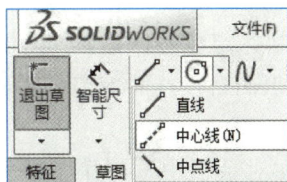

图 10-80　启用"中心线"命令

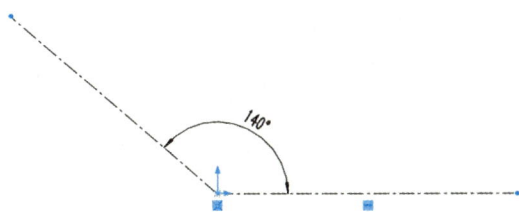

图 10-81　步骤一"绘制中心线"

2）绘制已知线段　从图 10-79 中所示，几个圆形的直径及圆心位置均已明确，可以通过先在中心线上绘制随意大小的圆形，再通过智能尺寸命令，为所有圆形进行定形和定位，如图 10-82所示。

3）绘制连接线段 如图 10-83 所示,在相近位置上随意绘制四条直线。由于前一步骤中的尺寸标注比较多,为了方便绘图,已通过关闭"前导视图工具栏"（图 10-72）中【隐藏/显示项目】下拉菜单中的【观阅草图尺寸】按钮,将尺寸隐藏。

4）定位连接线段 在图 10-83 中,四条连接线段由于形状和位置均未定义,所以线段以蓝色显示,此时单击其中任一直线,在按住 Ctrl 或 Shift 的同时,单击邻近的圆形,此时属性管理器中会提示"添加几何关系",单击【相切】即可。如上操作,依次为四条连接线段添加相切的几何约束,此时四条连接线段均变成黑色显示,表示完全定义,如图 10-84 所示。

5）修剪图形 调用草图选项卡上的【剪裁实体】命令,将图 10-84 中的多余线段剪掉,并按尺寸添加键槽结构。如图 10-85 所示。

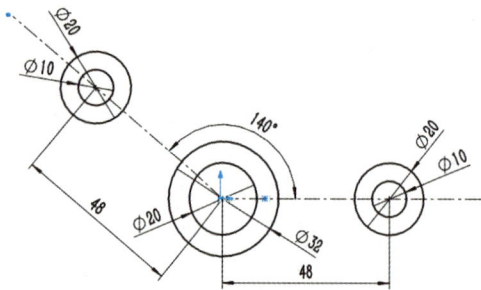

图 10-82 步骤二"绘制已知线段"

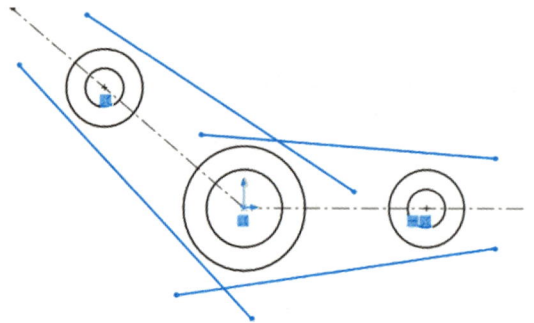

图 10-83 步骤三"绘制连接线段"

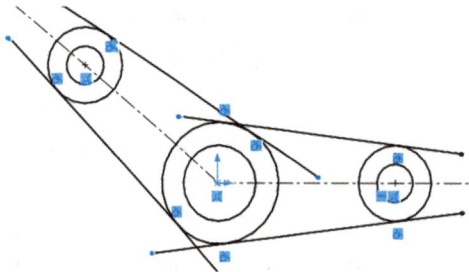

图 10-84 步骤四"定位连接线段"

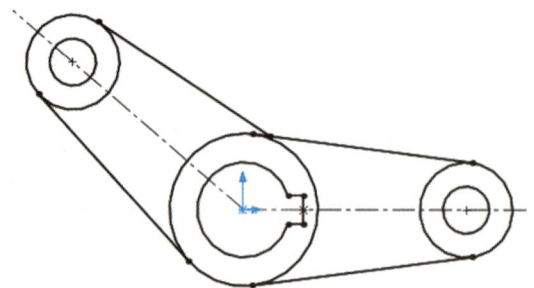

图 10-85 步骤五"修剪图形"

（2）从零件面上绘制草图

想生成图 10-86 所示的实体,可以先在默认水平基准面上绘制并定位好四边形,退出草图,拉伸生成长方体,再在长方体的上表面绘制一个圆形,拉伸生成圆形凸台。这时就需要用到在零件的面上绘制草图的方法。具体的步骤如下。

1）单击长方体上表面,出现图 10-87 所示的提示对话框。在对话框中选择第二排第二个【草图绘制】按钮,进入草图绘制模式。

2）单击设计树中正在编辑的草图标签（小红绿灯符号）,会在上方弹出两个提示按钮,单击第二个【正视于】按钮,即可使长方体上表面正视于绘图者,如图 10-88 所示。

3）在上表面上,先绘制一个圆形,然后通过智能尺寸,为圆形添加形状尺寸和位置尺寸,如图 10-89 所示,草图绘制完毕,可退出草图进行简单拉伸,即可形成图 10-86 所示的实体。

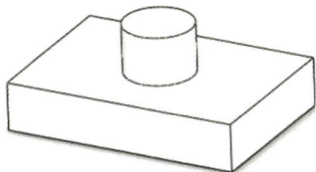

图 10-86   实体模型图

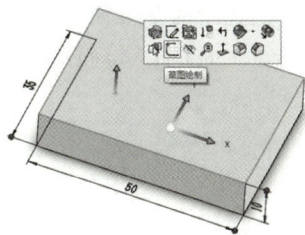

图 10-87   选中长方体上表面时的提示状态

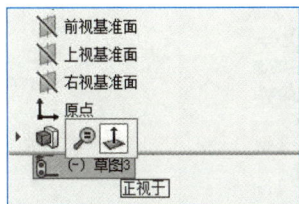

图 10-88   为编辑草图添加"正视于"

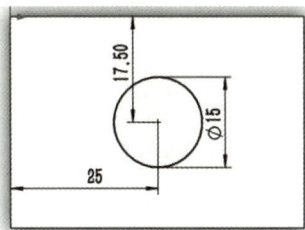

图 10-89   在实体表面上绘制草图

（3）从新建基准面上绘制草图

在这个标题中，主要为大家介绍一下新建基准面的方法，至于绘制草图的方法，与上述方法相同，不再赘述。

新建基准面的方法如下。

1）在特征操控面板中找到【参考几何体】命令，单击下拉按钮，找到【基准面】命令，如图 10-90 所示。

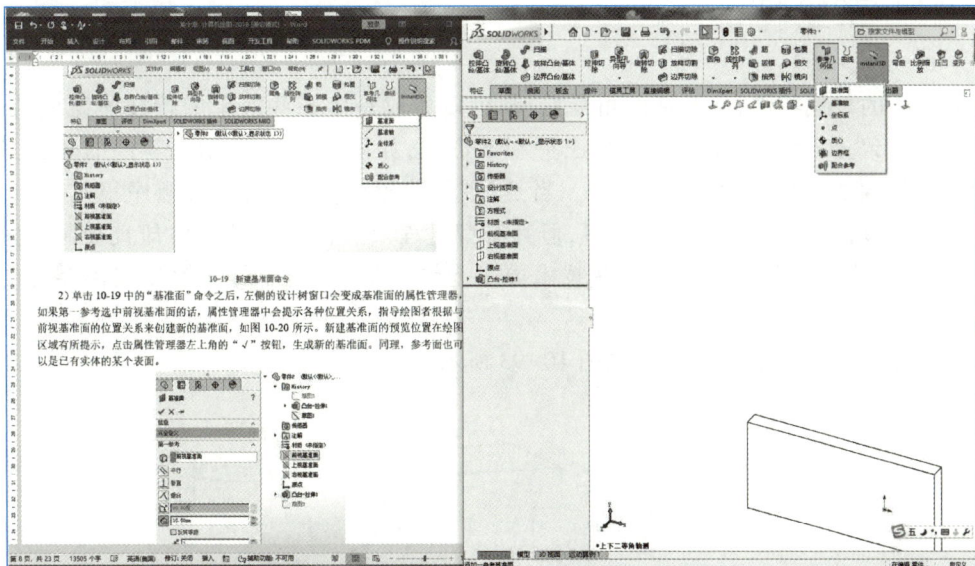

图 10-90   新建基准面命令

2）单击图 10-90 中的基准面命令之后，左侧的设计树会变成基准面的属性管理器，如果第一参考选中前视基准面的话，属性管理器中会提示各种位置关系，指导绘图者根据与前视基准面的位置关系来创建新的基准面,如图 10-91 所示。新建基准面的预览位置在绘图区有所提示,单击属性管理器左上角的【√】按钮,生成新的基准面。同理,参考面也可以是已有实体的某个表面。

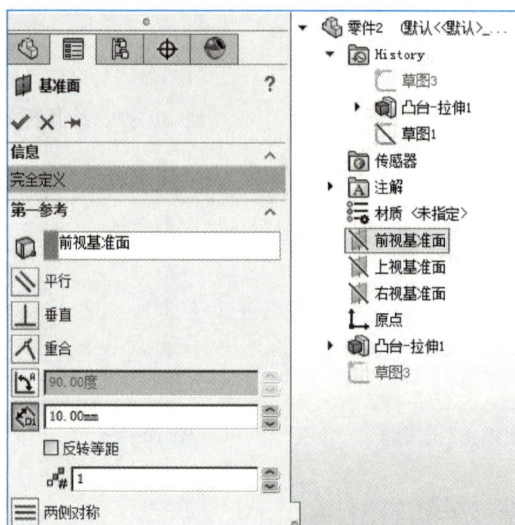

图 10-91 新建基准面的属性管理器

10.6
草绘特征

任何复杂的机械零件,从特征的角度看,都可以看成是由一些简单的特征所组成的,其组合形式可以大致分为叠加、切割和相交三种基本形式,如图 10-92 所示。零件的建模过程实际上就是特征叠加、切割和相交的过程。当然,零件建模时,特征的生成顺序很重要,不同建模过程虽然可以构造出同样的零件实体,但其造型过程及实体的造型结构却直接影响实体模型的稳定性、可修改性和可理解性。在技术要求允许的情况下,应尽量简化实体零件的特征结构。

SOLIDWORKS 2022 的特征分类如图 10-93 所示。

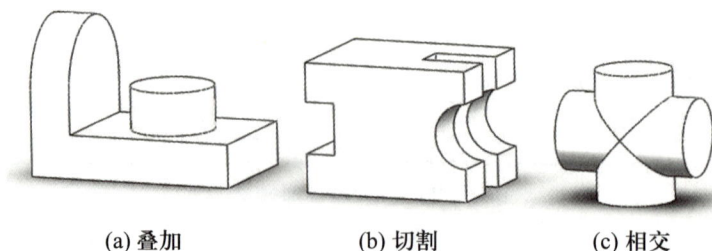

(a) 叠加   (b) 切割   (c) 相交

图 10-92 实体特征组合分类

特征分类 {
  按创建顺序分类 {
    基本特征：最先建立的特征称为基本特征，往往也是最重要的特征。
    构造特征：在建立好的特征基础之上创建的特征称为构造特征。
  按生成方法分类 {
    草绘特征：是指在特征的创建过程中，设计者必须通过草绘特征截面才能生成的特征。
    放置特征：是系统内部定义好的一些参数化的特征，如孔特征、倒角特征等。

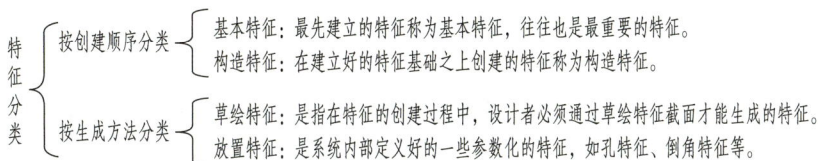

图 10-93　SOLIDWORKS 2022 的特征分类

因此，对一个零件来讲，其实体建模的基本过程可以分为以下几步：

1）进入零件设计模式；

2）分析零件特征，并确定特征创建顺序；

3）创建与修改基本特征，基本特征一般为草绘特征；

4）创建与修改其他构造特征，先构建草绘特征（先叠加与相交，再切割），最后添加放置特征；

5）特征构建完成后，存储零件模型。

下面就详细介绍一下常用草绘特征，拉伸、旋转、扫描、放样的具体构建方法。

1. 拉伸特征

拉伸特征由截面轮廓草图经过拉伸而成，适合于构建等截面的实体特征。

具体操作步骤如下。

1）退出草图，保持草图在激活状态下，单击"特征"工具栏中的【拉伸凸台/基体】按钮；

2）弹出"凸台-拉伸"属性管理器。如图 10-94 所示。

在"从（F）"一栏的下拉菜单中选中拉伸命令的起始位置，包括从草图基准面开始拉伸，从某一面或某一基准面开始拉伸，或从离开草图平面给定距离的位置开始拉伸等。

在"方向 1"栏中，可以设置拉伸方向及终止条件。包括拉伸终止到给定深度，拉伸成形到下一面等。

如有必要的话，再勾选"方向 2"复选框进行设置，如若拉伸成薄壁特征，则勾选上"薄壁特征"复选框进行相应设置即可。

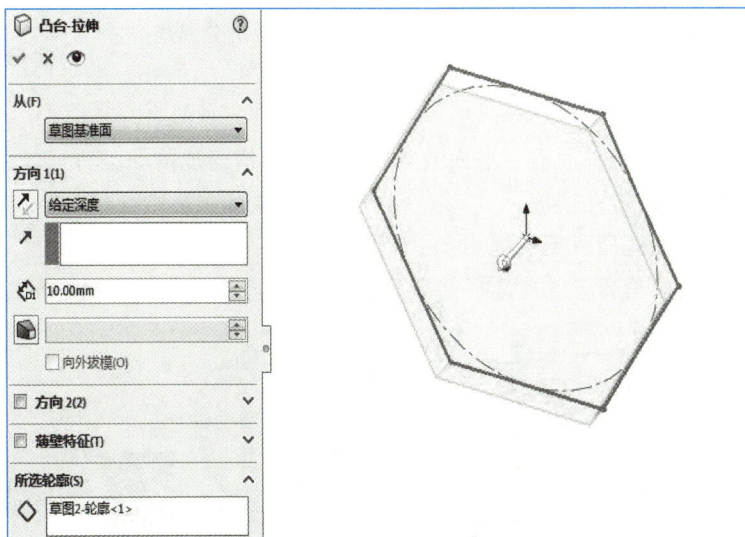

图 10-94　拉伸基体

2. 拉伸切除特征

拉伸切除特征的操作与拉伸特征类似,图 10-95 展示了利用拉伸切除特征生成的几种零件效果。

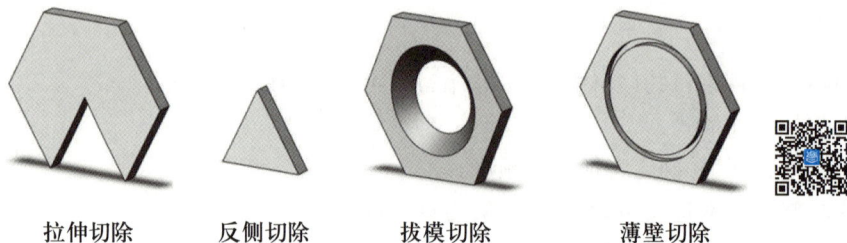

拉伸切除　　　反侧切除　　　拔模切除　　　薄壁切除

图 10-95　拉伸切除的几种效果

3. 旋转特征及旋转切除特征

旋转特征是由特征截面绕中心线旋转而成的一类特征,适合于构造回转体零件。图 10-96 所示为一个由旋转特征及旋转切除特征形成的零件实例。

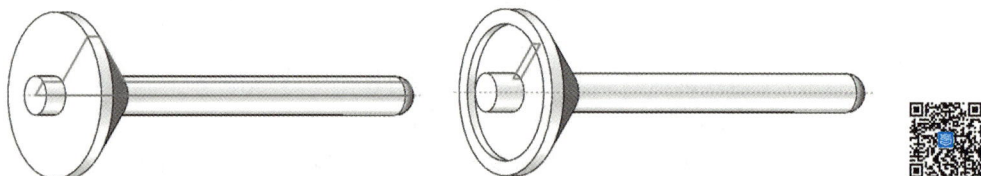

图 10-96　旋转特征及旋转切除特征实例

具体操作步骤如下:

1)进入草图模式,绘制一条中心线和旋转轮廓;

2)退出草图,单击"特征"工具栏中的【旋转凸台/基体】按钮;

3)在弹出的"旋转"属性管理器中进行相应设置;

4)单击"旋转"属性管理器左上角的【√】按钮,完成特征生成。

4. 扫描特征

扫描特征是由二维草绘平面沿一平面或空间轨迹线扫描而成的一类特征。图 10-97 所示为一个利用扫描特征生成的零件实例。

构建扫描特征时,要遵循以下规则。

1)扫描路径和扫描轮廓应各自选择基准面,分别绘制草图。

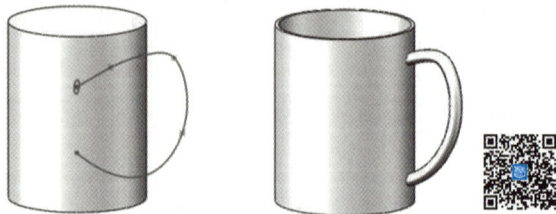

图 10-97　扫描特征实例

2）扫描路径可以为开环或闭环。

3）路径可以是一张草图中包含的一组草图曲线、一条曲线或一组模型边线。

4）路径的起点尽量位于轮廓的基准面上。

5）对于凸台/基体扫描特征,轮廓必须是闭环的;对于曲面扫描特征,轮廓可以是闭环或开环的。

6）不论是截面、路径或形成的实体,都不能出现自相交叉的情况。

图 10-97 的绘图步骤如下:

1）选择前视基准面进入草图绘制,单击【样条曲线】命令,绘制扫描路径,退出草图;

2）选择右视基准面进入草图绘制,单击【圆形】命令,绘制扫描截面,退出草图;

3）在特征工具栏中单击【扫描】命令,在弹出的"扫描"属性管理器中进行相应设置;

4）单击"扫描"属性管理器左上角的【√】按钮,完成特征生成。

5. 放样特征

所谓放样是指连接多个剖面或轮廓形成的基体、凸台或切除,通过在轮廓之间进行过渡来生成特征。图 10-98 所示为一个利用放样特征生成的零件实例。

放样特征需要连接多个面上的轮廓,这些面既可以平行,也可以相交。

放样特征的具体操作包括"凸台放样""引导线放样""中心线放样"等。下面就以图 10-98 所示的"凸台放样"为例,来介绍下放样特征的具体操作。

1）在前视基准面上,过原点绘制中心线,再过原点绘制直径为 15 mm 的圆形,裁剪成半圆,退出草图,单击特征工具栏中的【旋转】命令生成球;

2）以上视基准面为第一参考面,创建距离上视基准面距离为 20 mm 的平行基准面;

图 10-98　放样特征实例

3）在新创建的基准面上绘制六边形草图,内切圆直径为 10 mm,并通过添加六边形边线的平行或垂直的约束关系,将六边形完全约束,然后退出草图,单击特征工具栏中的【拉伸】命令生成底座,拉伸高度为 2 mm;

4）在底座的上表面上绘制直径为 5 mm 的圆形草图,然后退出草图;

5）在上视基准面上绘制内切圆为 8 mm 的六边形草图,位置约束后退出草图;

6）单击特征工具栏中的【放样】命令,弹出"放样"属性管理器,在"轮廓"一栏中,选中 4）、5）两步中绘制的草图,单击【确定】按钮,生成凸台放样特征。

10.7
放置特征

零件建模的放置特征通常是指由系统提供的或由用户定义的一类模板特征,其特征几何形状是确定的,改变其尺寸,可以得到大小不同的相似几何特征。例如打孔特征,通过改变孔的直径尺寸,可以得到一系列大小不同的孔。

SOLIDWORKS 2022 提供了许多类型的放置特征,如孔特征、倒角特征、抽壳特征等。在零件建模过程中使用放置特征,一般需要给定两方面信息。

1)放置特征的位置:如孔特征,用户需要指定在哪个平面上打孔,以及孔的中心点在该面上的定位尺寸。

2)放置特征的尺寸:如孔特征的直径尺寸、圆角特征的半径尺寸、抽壳特征的壁厚等。

1. 孔特征

孔特征是机械设计中的常见特征,包括简单直孔和异型孔。下面以简单直孔为例来介绍一下孔特征的建模步骤。

（1）创建孔

操作步骤如下:

1)选择要生成简单直孔特征的平面。

2)单击特征工具栏里【简单直孔】按钮。

3)出现"孔"属性管理器,如图 10-99 所示,根据提示进行相应设置。

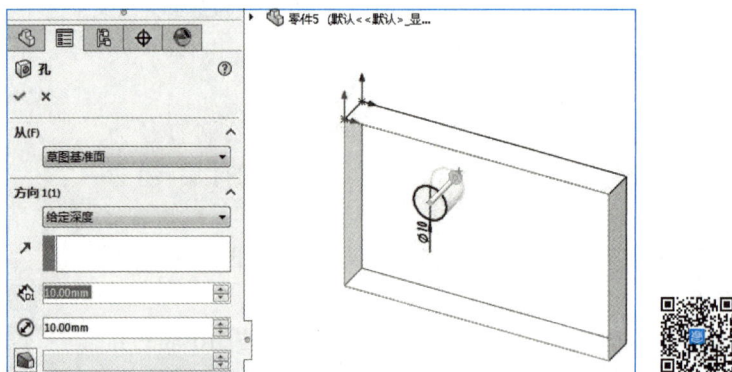

图 10-99 孔特征属性管理器

（2）定位孔

操作步骤如下:

1)在模型中单击孔特征,在出现的提示菜单中,单击【草图编辑】,进入草图编辑状态。

2)单击草图工具栏中的【智能尺寸】按钮,对孔的中心点进行定位。

3)单击【退出草图】按钮,退出草图编辑状态。

2. 圆角特征

圆角特征包括等半径圆角、多半径圆角、逆转圆角等多种类型。下面就以等半径圆角特征为例,来介绍一下具体的操作步骤。

1)单击特征工具栏中的【圆角】按钮。

2)在出现的"圆角"属性管理器中选择"圆角类型"为"等半径",并在"圆角参数"中输入圆角半径值。

3)在绘图区中选择要进行圆角处理的模型边线,单击【确定】,生成等半径圆角特征。

　　图 10-100a 所示为齿轮油泵的泵盖,铸造圆角可以用圆角命令完成。图 10-100b 所示的底座圆角也是用圆角命令完成的。

3. 抽壳特征

　　当在零件的一个面上应用抽壳工具时,系统会掏空零件的内部,使所选择的面敞开,在剩余的面上生成薄壁特征。如果没有选择模型上的任何面,直接进行抽壳操作,则会生成一个闭合、掏空的模型。抽壳特征分为等厚度抽壳和多厚度抽壳。下面介绍等厚度抽壳的操作。

　　1)单击特征工具栏中的【抽壳】按钮。

　　2)在"抽壳"属性管理器的"参数"栏中指定抽壳厚度。

　　3)在绘图区的模型上选择一个或多个开口面作为要移除的面,单击【确定】。

　　如图 10-101 所示,瓶子在建模完成后再使用抽壳命令。

(a)

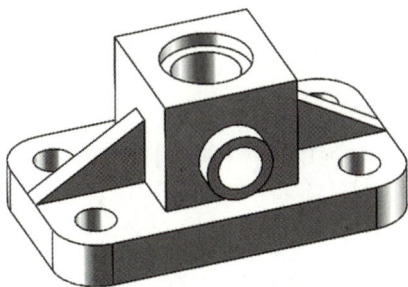

(b)

图 10-100　　圆角命令

图 10-101　　抽壳命令

10.8
特征编辑

　　在复杂的建模过程中,单一的特征命令有时不能完成相应的建模,需要利用一些特征编辑工具来完成模型的绘制,并提高绘制的效率和规范性。常用的特征编辑命令包括阵列特征、镜像特征、特征的复制与删除以及参数化设计工具等。

　　在进行特征操作时,必须注意特征之间的父子关系。新生成的特征为子特征,被参考的特征为父特征。对于父子关系的特征,在操作时,可以单独删除子特征,但删除父特征时,其所有的子特征也一起被删除。

1. 编辑特征

　　一个特征生成后,如果发现特征的某些地方不符合要求,通常不必删除该特征,而是对特征进行重新编辑,如更改拉伸深度,更改圆角半径等。具体操作如下。

1）在设计树或绘图区中单击一个特征；

2）选择【编辑特征】命令；

3）根据特征类型，系统会出现相应的特征属性管理器；

4）在属性管理器中更改选项或输入值，从而达到重新编辑特征的目的。

2. 复制与删除特征

（1）复制特征

具体操作步骤如下：

1）在设计树或绘图区中单击要复制或删除的特征。

2）按住 Ctrl 键，然后拖动特征到所需的位置上（同一个面上或其他的面上）。

3）如果特征具有限制其移动的定位尺寸或几何关系，则系统会弹出一个提示对话框。若单击【删除】按钮，则删除相关限制尺寸或几何关系；若单击【悬空】按钮，则不对尺寸和几何关系求解（之后会接着弹出警告对话框，用户应重新定义悬空尺寸）；若单击【取消】按钮，将取消复制操作。

（2）删除特征

具体操作步骤如下：

1）在设计树中选中要删除的特征；

2）点击鼠标右键，在弹出的提示栏中选择【删除】命令，即可删除特征。

3. 阵列特征

阵列特征用于将任意特征作为原始样本特征，通过指定阵列尺寸产生多个类似的子样本特征。具体包括线性阵列、圆周阵列等。

具体操作步骤如下：

1）在设计树或绘图区中选择原始样本特征；

2）单击特征工具栏中的【线性阵列】或【圆周阵列】按钮；

3）在对应的属性管理器中进行方向和尺寸等的设置；

4）单击确定按钮，生成阵列特征。

图 10-102a 所示板材中的槽口可用线性阵列特征生成，图 10-102b 所示端盖周边六个安装孔可用圆周阵列特征生成。

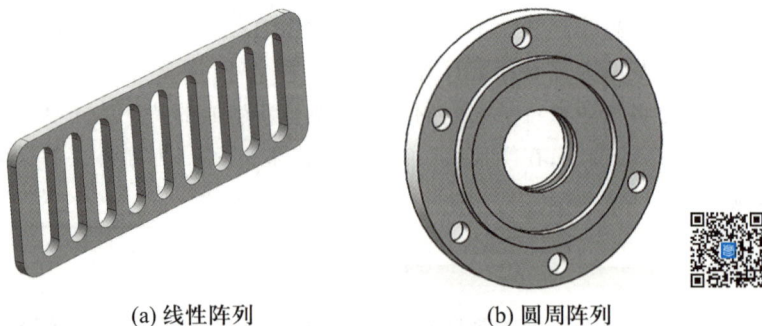

(a) 线性阵列　　　　　　　(b) 圆周阵列

图 10-102　阵列命令

4. 镜像特征

如果零件结构是对称的,可以只创建一半零件模型,然后使用特征镜像的办法生成整个零件。如果修改了原始特征,则镜像的特征也进行相应更新。

具体操作步骤如下:

1)在设计树或绘图区中选择原始样本特征;

2)单击特征工具栏中的【镜像】按钮;

3)选择一个镜像的面(可以是模型面或基准面);

4)单击【确定】按钮,生成镜像特征。

10.9
装配零件

零件设计完成后,可根据要求进行装配。零件之间的装配关系实际上就是零件之间的位置约束关系。用户可以使用配合关系,自上而下或自下而上地生成一个装配体。

所谓自下而上的设计方法,就是先生成零件,再将各零件插入到装配体中,然后根据设计要求配合零件。自上而下的设计方法是从装配体开始设计工作,用户可以使用一个零件的几何体来帮助定义另一个零件。本小节只介绍自下而上的装配方法。

1. 新建一个装配体文件

操作步骤如下:

1)单击"标准"工具栏中的【新建】按钮;

2)在弹出的"新建 SOLIDWORKS 文件"对话框中单击【装配体】按钮;

3)单击【确定】按钮,即可进入新建装配体文件的编辑状态。

在 SOLIDWORKS 中,装配体文件的后缀名为.sldasm。

2. 添加零件或子装配体

操作步骤如下:

1)保持装配体处于打开状态,选择【插入】/【零部件】/【现有零部件/装配体】命令;

2)在弹出的"插入零部件"属性管理器中单击【浏览】按钮,打开"打开"对话框;

3)在"打开"对话框中浏览包含所需插入装配体的零部件文件的文件夹,然后选中要装配的文件,单击【打开】按钮;

4)在装配体窗口的绘图区中,单击要放置零件的位置,完成零部件插入。

插入第一个零部件时,应注意以下几点:

1)该零件是整个装配体模型中最为关键的零件。

2)用户在以后的工作中不会删除该零件。

3)该零件的原点位置尽量与绘图区中的原点位置相重合。具体操作是,插入零件时,当用鼠标拖动零部件到原点时,看到鼠标指针出现重合提示,释放鼠标即可。此时该零部件在装配体中被固定,零部件的原点与装配体的原点重合,零部件和装配体的基准面对齐。

3. 删除零部件

操作步骤如下:

1)在设计树或绘图区中单击零部件,按 Delete 键或选择【编辑】/【删除】命令;

2)此时系统会弹出"确认删除"对话框,单击【是】按钮,将会从装配体中删除该零部件及其所有相关的项目。

4. 固定零部件

在设计树或绘图区中右击要固定的零部件,在弹出的快捷菜单中选择【固定】命令即可,此时在设计树中,该零件名字前将出现文字"固定";如果要解除固定关系,只要在快捷菜单中选择【浮动】命令即可。

5. 添加配合关系

使用配合关系,可相对于其他零部件来精确定位零部件。只有添加了完整的配合关系,才算完成了装配体模型。

操作步骤如下:

1)单击"装配体"工具栏中的【配合】按钮,弹出"配合"属性管理器,如图 10-103 所示。

2)在绘图区中单击不同零部件上的点或线或面,所选元素会在"配合"属性管理器的"配合选择"选项框中出现。

3)系统会根据所选实体,列出有效的配合类型。其中,

重合:指面与面、面与直线(轴)、直线与直线(轴)、点与面或直线之间的重合;

平行:指面与面、面与直线(轴)、直线与直线(轴)、曲线与曲线之间的平行;

垂直:指面与面、直线(轴)与面之间垂直;

同轴心:指圆柱与圆柱、圆柱与圆锥、圆形与圆弧边线之间具有相同的轴。

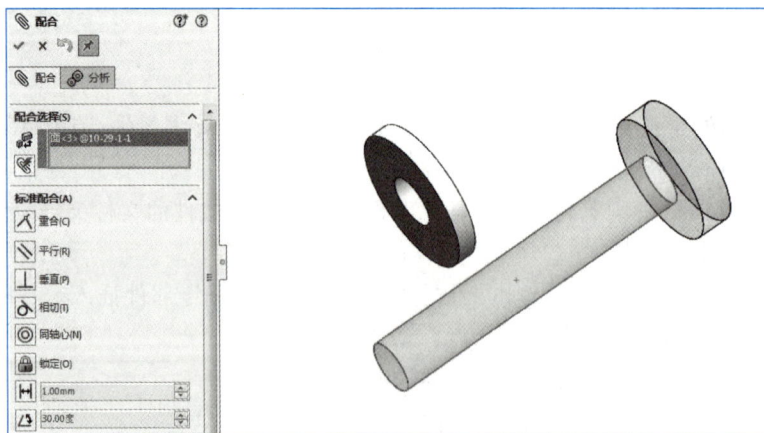

图 10-103 "配合"属性管理器

4）单击对应的配合类型按钮,选择配合类型。如果配合不正确,可单击【撤销】按钮,然后根据需要修改。

5）单击【确定】按钮,完成配合关系添加。

6. 删除配合关系

如果装配体中的某个配合关系有误,可以随时将其从装配体中删除。操作步骤如下:

1）在设计树中右击要删除的配合关系;

2）在弹出的快捷菜单中选择【删除】命令,或按 Delete 键;

3）在"确认删除"对话框中单击【是】按钮,以确认删除。

7. 干涉检查

在一个复杂的装配体中,仅凭视觉来检查零部件之间的干涉情况,显然是不现实的。可以调用干涉检查命令来进行检测。操作步骤如下:

1）选择【工具】/【评估】/【干涉检查】命令;

2）在装配体中选取两个或多个零部件,所选零部件就会显示在"干涉检查"属性管理器的"所选零部件"栏中;

3）单击【计算】按钮,如果存在干涉,在"结果"显示框中会列出发生的干涉,同时在绘图区中对应的干涉会被高亮显示。

8. 爆炸视图

在零部件装配完成后,为了在制造维修及销售中直观地分析各个零部件之间的相互关系,可将装配体按照零部件的配合关系来生成爆炸视图。具体操作步骤如下:

1）在装配体文件中,选择【插入】/【爆炸视图】命令,弹出"爆炸"属性管理器;

2）单击要爆炸的零件,此时装配体中选中的零件被高亮显示,并且出现一个设置移动方向的坐标,单击坐标的某一方向,确定要爆炸的方向,然后拖动零件,或在"设定"栏的"爆炸距离"中输入数值,单击【完成】按钮,完成该零件的爆炸步骤设置;

3）依次将其他零件进行爆炸操作后,完成爆炸操作。

图 10-104 所示为齿轮泵的爆炸图。

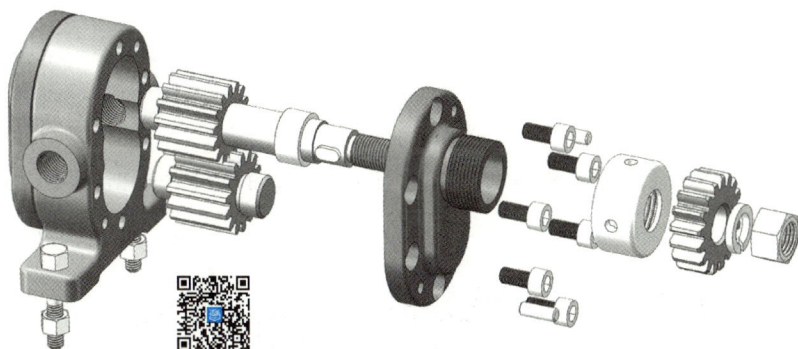

图 10-104　齿轮油泵爆炸图

10.10
生成工程图

工程图是表达设计思想、组织生产和检验产品的重要依据。SOLIDWORKS 系统提供了工程图和零部件三维模型之间的全相关功能，即无论何时，凡是修改零件或装配图的三维模型，其相关的工程视图将会自动更新，反之亦然。

1. 创建工程图

SOLIDWORKS 系统提供多种类型的图形文件输出格式，其中最常用的为 DWG 和 DXF 格式。

具体的操作步骤如下：

1）单击"标准"工具栏中的【新建】按钮，在弹出的对话框中选择"工程图"图标，单击【确定】按钮；

2）弹出"图纸格式/大小"对话框，如图 10-105 所示。可以从"标准图纸大小"的列表框中选择一个标准图纸大小的图纸格式，也可以单击【浏览】按钮，选择合适的图纸格式，或在"自定义图纸大小"中输入设定的宽度和高度。单击【确定】按钮进入工程图编辑模式。

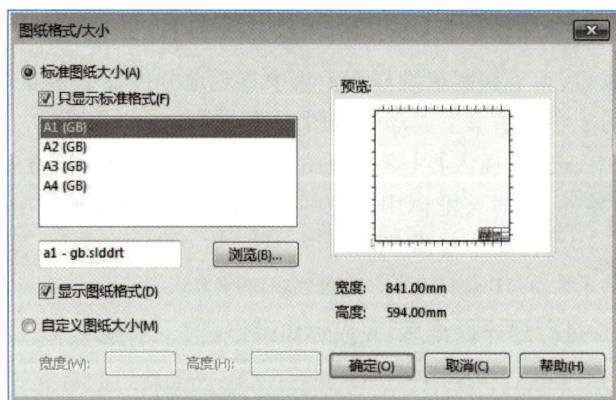

图 10-105　"图纸格式/大小"对话框

2. 定义图纸格式

如果 SOLIDWORKS 系统提供的图纸格式不符合标准，用户可以根据需要自定义工程图纸格式。

（1）自定义工程图纸格式

操作步骤如下：

1）在设计树中选中要编辑的图纸，点击鼠标右键，选择【编辑图纸格式】命令，如图 10-106 所示，进入编辑状态。

2）双击标题栏中的文字，即可修改。同时，可以在"注释"属性管理器中设定字体、字号、对齐方式等属性。

3）如果要添加线条,则单击"草图"工具栏中的【直线】按钮,绘制图线;如果要删除线条,则选中线条,直接按删除键即可,如图 10-107 所示。

4）在设计树中右击图纸,在弹出的快捷菜单中选择【属性】命令,弹出"图纸属性"对话框如图 10-108 所示。可以在对话框中设置图纸名称、图纸大小、比例、投影类型等选项。

5）单击右上角的【退出】按钮,退出图纸编辑状态。

（2）保存图纸格式

操作步骤如下:

1）点击"文件"中的【保存图纸格式】命令,系统会弹出"保存图纸格式"对话框;

2）与保存文件方法类似,重新命名,选择保存类型,单击【保存】即可。

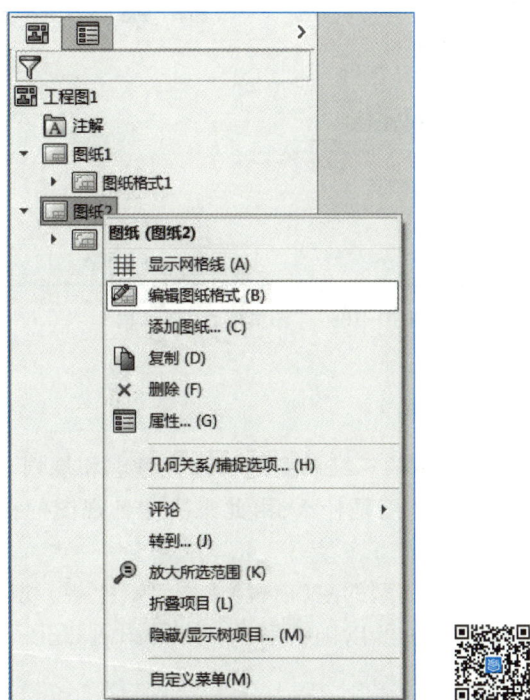

图 10-106　选中"编辑图纸格式"

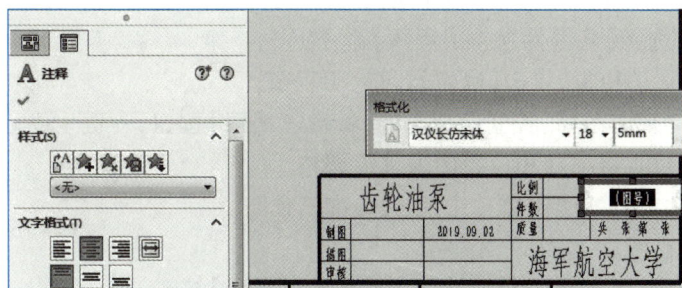

图 10-107　编辑标题栏

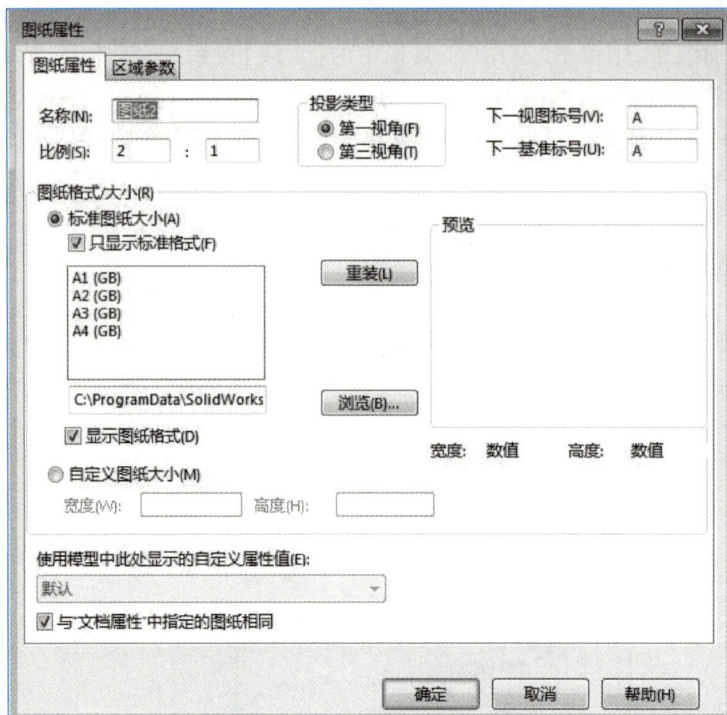

图 10-108 "图纸属性"对话框

3. 创建标准三视图

在创建工程图之前,应根据零件的三维模型进行综合考虑和规划。比如,工程图应由几个视图组成,每个视图的主要作用是什么,由此来决定各视图的投射方向,以及各视图表达方案的选择。

创建标准三视图是指自动生成模型的主(前视)视图、俯(上视)视图和左(右视)视图。视图具有固定的对齐关系,其中主视图可以随意移动,俯视图可以上下移动,左视图可以左右移动。

具体的操作步骤如下:

(1)打开零件或装配体模型文件,创建标准三视图。

1)打开需要创建工程图样的相关零件或装配体文件;

2)在"文件"里选择【从零件制作工程图】命令;

3)选择一个合适的模板,单击【确定】,进入工程图;

4)单击工程图"视图布局"控制面板上的【标准三视图】按钮,一键生成标准三视图,如若位置摆放不合适,可通过直接拖拽相应视图来进行调整。

(2)不打开零件或装配体模型文件,创建标准三视图。

1)新建一张工程图;

2)单击工程图"视图布局"控制面板上的【标准三视图】按钮;

3)通过单击标准三视图属性管理器中的【浏览】按钮,选择要插入的零件或装配体,直接生成三视图。

4. 创建模型三视图

标准三视图是最基本也是最常用的工程图,但是它提供的视角十分固定,有时不能灵活方便地描述模型的实际情况。SOLIDWORKS 系统提供的"模型视图"命令可以很好地解决上述问题。

具体操作步骤如下:

1)单击工程图"视图布局"控制面板中的【模型视图】按钮;

2)与生成标准三视图的方法一样,在零件或装配体文件中选择一个模型;

3)回到工程图文件中,鼠标指针提示主视图大小,在适当位置单击,生成主视图;

4)围绕主视图移动鼠标,根据鼠标相对于主视图的位置不同生成不同视图,包括轴测图等;

5)调整视图位置,如果要更改视图的显示比例,则选中属性管理器中的"使用自定义比例"复选框,输入显示比例。

5. 创建其他常见视图

SOLIDWORKS 系统提供的其他视图,都是从标准三视图、模型视图或其他视图中派生出来的视图,包括剖视图、辅助视图、局部视图、投影视图等。下面依次介绍各常见视图的生成方法和步骤。

（1）投影视图

投影视图是从正交方向对现有视图投影生成的视图,用于生成右视图、仰视图等基本视图。

操作步骤如下:

1)单击工程图"视图布局"控制面板中的【投影视图】按钮。

2)在工程图中选择一个要投影的工程视图。

3)系统将根据鼠标指针在所选视图的位置决定投射方向。可以从所选视图的上、下、左、右4 个方向生成投影视图。

4)系统会在投射的方向出现一个方框,表示投影视图的大小。拖动该方框到适当位置,释放鼠标,则投影视图被放置在工程图中。

5)单击【确定】按钮,生成投影视图。

（2）辅助视图

辅助视图类似于投影视图,其投射方向垂直于所选视图的参考边线,多用于生成斜视图。

操作步骤如下。

1)单击工程图"视图布局"控制面板中的【辅助视图】按钮。

2)选择要生成辅助视图的工程视图上的一条直线作为参考边线,参考边线可以是零件的边线、轴线或某条绘制的直线等。

3)系统会在与参考边线垂直的方向出现一个方框,表示辅助视图的大小。拖动该方框到适当位置,释放鼠标,则辅助视图被放置在工程图中。

4)在辅助视图属性管理器中设置选项,单击【确定】按钮,生成辅助视图。可以在父视图基础上投射,也可以将投影后的辅助视图旋转放正。如图 10-109 所示。

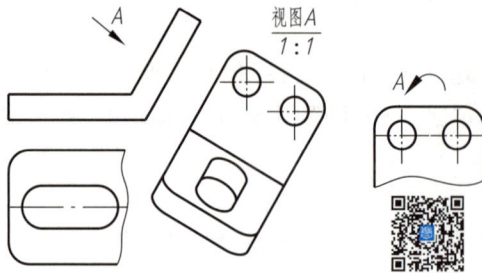

图 10-109　辅助视图

（3）剖面视图

操作步骤如下：

1）打开要生成剖视图的工程图；

2）单击工程图"视图布局"控制面板中的【剖面视图】按钮；

3）此时"剖面视图"属性管理器中的【切割线】按钮被激活，可根据需要在绘图区的相应视图上选择合适的剖切位置，包括斜剖和旋转剖切位置等；

4）根据提示，单击【确定】，并将剖面视图布置在适当位置；

5）布置好剖面视图后，依然可以根据剖面视图的属性管理器进行相应调整，如图 10-110 所示，通过勾选不同选项，可以重新设置切除方向、剖切区域、调整剖切视图比例等。

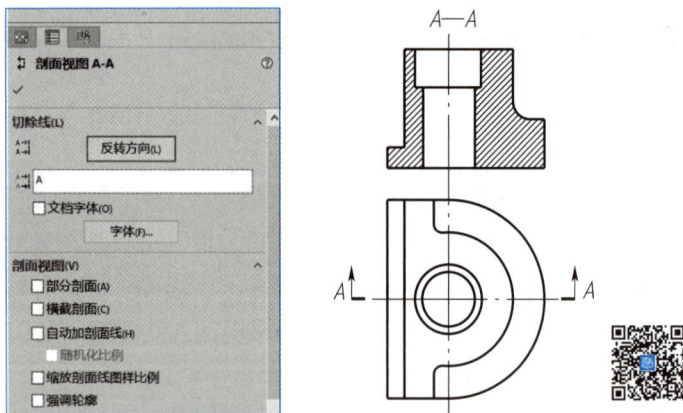

图 10-110　"剖面视图"属性管理器

（4）局部视图

操作步骤如下：

1）单击工程图"视图布局"控制面板中的【局部视图】按钮；

2）移动鼠标到绘图区，此时草绘工具中【圆】命令被激活，利用它在要放大的区域绘制一个圆形；

3）系统会出现一个方框，表示局部视图的大小。拖动该方框到适当位置，释放鼠标，则局部视图被放置在工程图中；

4）在局部视图属性管理器中设置选项，单击【确定】按钮，生成局部视图，也称为局部放大图。

（5）断裂视图

操作步骤如下：

1）选择要生成断裂视图的工程视图；

2）单击工程图"视图布局"控制面板中的【断裂视图】按钮；

3）在属性管理器中选择断裂方向和缝隙大小；

4）然后将折线拖动到希望生成断裂视图的位置；

5）单击【确定】按钮，生成断裂视图，如图 10-111 所示。

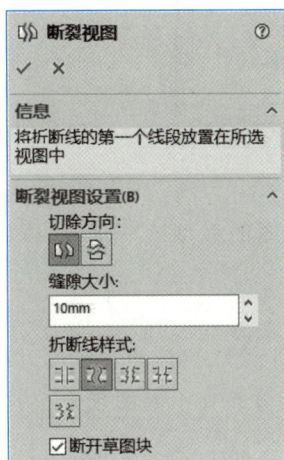

图 10-111 "断裂视图"属性管理器

6. 视图编辑

在创建的视图中，许多视图的生成位置和角度都受到其他条件的限制，我们还需要另行调整。此外，还需要对工程图样的线型或线条进行调整，并进行尺寸和技术要求的标注等。下面就依次介绍些常用的视图编辑命令。

（1）移动和旋转

1）移动

单击要移动的视图，当鼠标移动到该视图边界上时，鼠标指针变成移动提示符号，表示可以拖动该视图。若需要解除对齐关系，则单击【工具】/【对齐工程图视图】/【解除对齐关系】命令即可。

2）旋转

单击要旋转的视图，单击【工具】/【对齐工程图视图】/【顺时针水平对齐图纸】命令，则视图会顺时针旋转。

（2）更改零件线型和增加图层

1）更改零件线型

在工程图中右击任一视图，在弹出的快捷菜单中选择【零部件线型】命令，弹出如图 10-112 所示的"零部件线型"对话框。默认情况下，右上角的"使用文档默认值"选框处于勾选状态，各下拉菜单处于灰色不可编辑状态，当取消勾选该选框时，各下拉菜单变黑，可根据需要设定线条样式或线条粗细等。

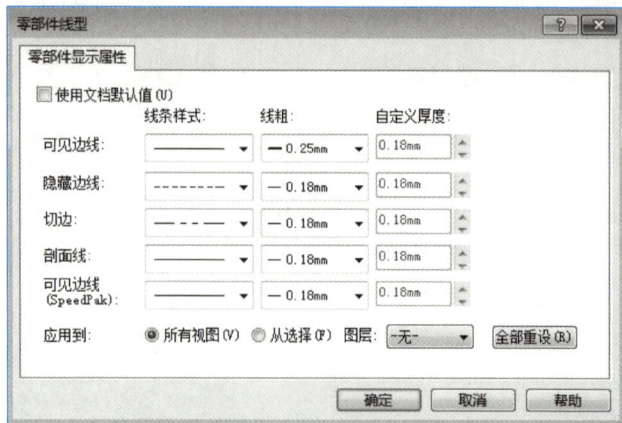

图 10-112 "零部件线型"对话框

对话框下面的"应用到"选项,当选择"所有视图"时,所有视图的线型统一更改,否则选择"从选择"选项,再从"图层"下拉菜单中选择待更改图层即可。

2)增加图层

图层可以看成是重叠在一起的透明塑料纸,每一图层上有不同元素,灵活使用图层可以有效地管理工程图样。比如将不同实体的图样、尺寸标注、技术要求等分布在不同图层上,从而方便管理。具体操作步骤如下。

在空白处单击鼠标右键,在快捷菜单中单击【更改图层】,弹出图 10-113 所示的工具栏,鼠标单击工具栏右下角的【图层属性】按钮,弹出"图层"对话框,如图 10-114 所示。单击【新建】按钮,创建图层,并依次设置图层名称、图线颜色、样式等。

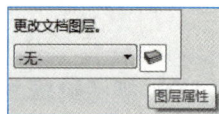

图 10-113 图层工具栏

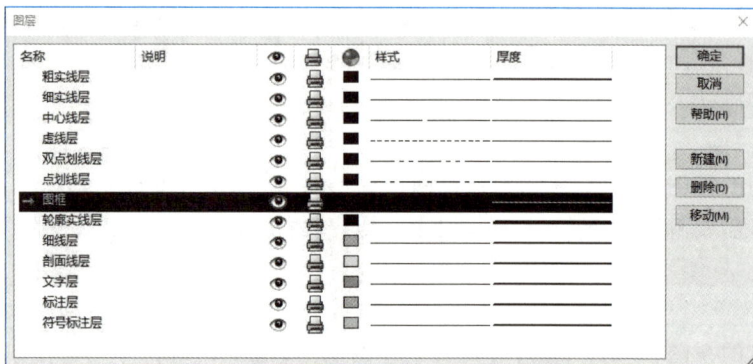

图 10-114 "图层"对话框

(3)尺寸和注释

1)尺寸

工程图中的尺寸标注是与模型相关联的,尺寸可以直接在视图中插入。模型中的更改会反映在工程图中,同理,在工程图中更改尺寸也会更改模型。

2)注释

为了更好地说明工程图,有时需要用到注释。步骤如下:

单击"注解"控制面板上的【注释】按钮,在窗口左侧的"注释"属性管理器中设置文字格式和引线类型等。

(4)表面粗糙度

表面粗糙度符号可以在属性管理器中设置好后一键标注。

单击"注解"控制面板上的【表面粗糙度】按钮,在"表面粗糙度"属性管理器中设置表面粗糙度的属性,在图形区域中单击,放置表面粗糙度符号。如果需要放置多个表面粗糙度符号,可以在属性管理器中连续设置。

(5)形位公差和基准特征符号

1)形位公差

单击"注解"控制面板上的【形位公差】按钮,系统弹出"属性"对话框,如图10-115所示。单击"形位公差"选项卡中【符号】按钮,添加形位公差符号、公差值和基准等,在图形区域中单击,以放置形位公差。

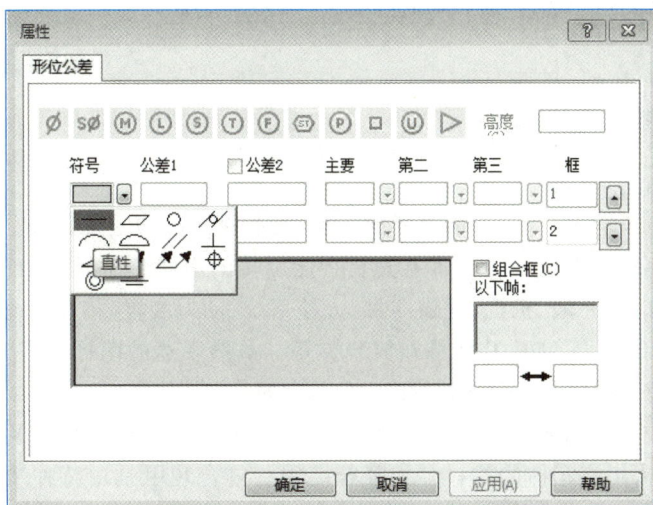

图 10-115 形位公差"属性"对话框

2)基准特征符号

基准特征符号是用来表示模型平面或参考基准面。

单击"注解"控制面板上的【基准特征】按钮,在属性管理器中设置属性,在绘图区中单击,以放置符号。

第11章
军事工程与军事装备图识读

与一般机械相比,军事工程与军事装备在用途、结构、制造、操作和维修等方面都有各自的特点,在图形的表达上也有许多不同之处。本章介绍有关军事工程与军事装备的主要特点及其特殊的图形表达方法,并举例说明军事工程与军事装备图的识读方法与步骤。

11.1
坦克与汽车图识读

1. 坦克与汽车的结构及表达特点

（1）坦克的结构与表达特点

坦克是装甲战斗车辆中最基本、最主要的车型,是装甲部队的主要装备。现代坦克外形结构是前后及上下带有倾斜装甲壳体的车体上安装有能旋转的炮塔。为战斗和行驶的需要,其内部结构紧凑,主要有大口径火炮、机枪、观瞄器材、火控系统、动力装置、传动系统及操纵系统,此外,还有电气设备、行动部分、"三防"及烟幕施放装置等。虽然表达的图样大多为机械图样,但由于坦克的特殊作战功用,在结构与视图表达上具有一定的特点。

1）车体与炮塔。车体主要为钢板焊接制造,因此,图中多为薄壁结构及焊缝。为了防御各种反坦克武器的攻击,坦克车体的材料多为复合装甲。复合装甲是由特种装甲钢和非金属材料组成。在阅读有关装甲图样时应注意剖面线的种类与区分。为了进出与"三防"的需要,车体上开有许多门窗孔口,这些门窗上用铰链固定通风盖。盖与门窗之间装有密封用橡胶环,并有一套开闭机构,可随时开闭门窗,车体内还有许多隔板与支架,它们一方面起隔离作用,另一方面加强了车体的刚度。视图表达上多用局部放大图表达焊缝。常见的焊接接头有对接焊头、T形接头和角接接头等。焊缝型式主要有对接焊缝、点焊缝和角焊缝等。在图样上,焊缝通常可用焊接代号和表示焊接方法的字母、符号来标注。焊缝代号主要由基本符号、补充符号、引出线和焊缝尺寸符号等组成。详细资料可查阅 GB/T 324—2008《焊缝符号表示法》和 GB/T 12212—2012《焊缝符号的尺寸、比例及简化表示法》。

坦克的半球形炮塔外形多呈流线型,半球形炮塔是由装甲钢整体铸造而成的。从炮塔的顶部到底缘的倾斜角度和装甲厚度是均匀变化的。在视图表达时应表现出这些变化。

2）行动部分。坦克的行动部分包括履带推进装置和悬挂装置。履带推进装置用来支承坦克重量,将坦克发动机经传动装置传来的动力变为坦克行驶的牵引力以使坦克运动,并保证坦克具有良好的通行性以克服各种天然和人工障碍。这部分结构除履带外,主要是盘盖类零件,一般包括履带、主动轮、负重轮、托带轮、诱导轮等。坦克上每条履带由若干块履带板与若干履带销相连而成。履带板的形状特别,多肋板,在绘图和阅读视图时应注意过渡线的位置。

（2）汽车的结构与表达

常用活塞式内燃机汽车是我军装备车辆的重要组成部分。它的总体结构由五个部分组成：发动机、底盘、车身、电气设备与转向设备，其核心是发动机和底盘。发动机提供动力，底盘则接受动力，使汽车运动并保证汽车正常行驶。视图表达与一般机械基本相同。

2. 坦克与汽车图识图举例

[例 11-1]　阅读坦克瞄准镜孔关闭机结构图（图 11-1）。图中各零件名称分别为：1—盖板，2—关闭机体，3—转轴，4—支承板，5—扭簧，6—转臂，7—钢球，8—螺钉。

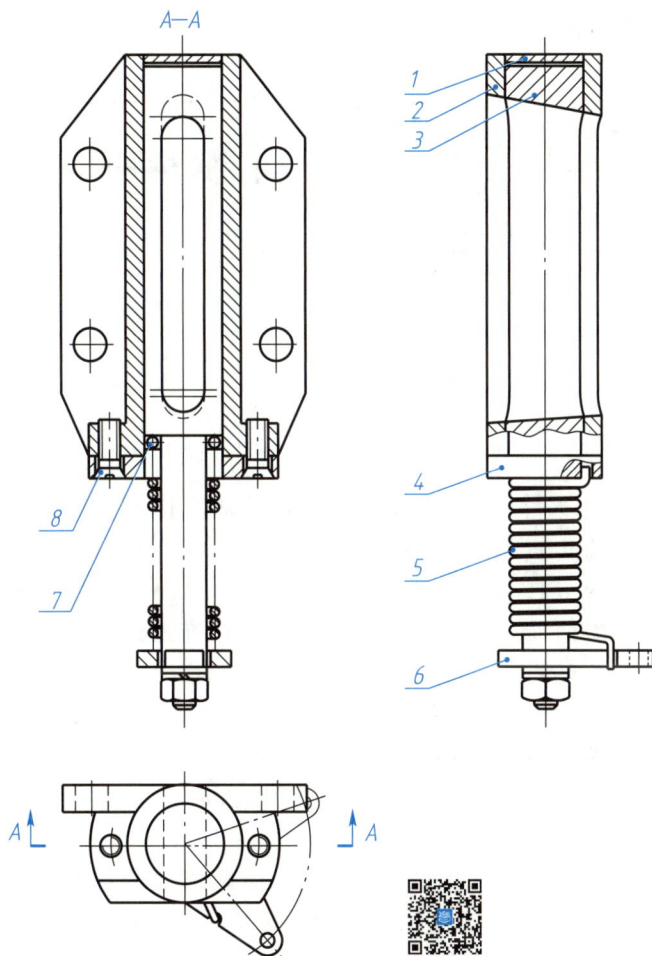

图 11-1　瞄准镜孔关闭机

结构图是一种表达装配件装配结构的图形，在军事装备的教科书、说明书及修理手册等技术资料中广泛应用。通过阅读结构图，可以了解武器装备的构造和工作原理等内容。

坦克瞄准镜孔关闭机，由关闭机和控制机构两部分组成，是坦克用以实现对核武器、化学和生物武器的防护装置。

关闭机用四个螺栓固定在炮塔前部瞄准镜孔旁边的支架上,关闭机由关闭机体2、转轴3、支承板4和扭簧5等零件组成。转轴3装在关闭机体2内,上端用盖板1盖住。转轴3通过钢球7支承在支承板4上,支承板4用两个螺钉8固定在关闭机体2上。转轴3可在关闭机体2内转动。关闭机体2与转轴3上都开有与瞄准镜孔相似的长圆形孔。转轴3的下端装有转臂6。扭簧5套在转轴3上,一端插入转臂6的缺口中,另一端插入支承板4的孔中。转臂6上钻有一孔,钢丝绳穿过此孔与控制机构的导杆连接。

图11-2为控制机构,图中各零件名称分别为:1—支架,2—弹簧套,3—拉环,4—机体,5—导杆,6—螺母,7—垫圈,8—弹簧,9—销杆,10—拉环。其支架1用螺栓固定在炮塔内壁附座上。机体4装在支架1上。机体4上装有导杆5和弹簧套2。弹簧套2用螺纹与机体4连接。弹簧套2内的销杆9靠弹簧8的张力卡在导杆5的环槽中。导杆5和销杆9上分别装有拉环3和10。机体4内还装有电爆管(图上未画)。

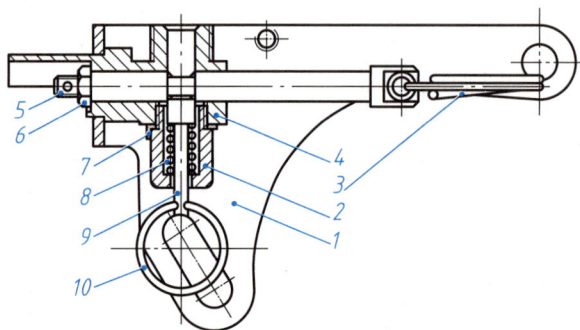

图11-2　瞄准镜孔关闭机控制机构

瞄准镜孔关闭机通常为保持打开状态,即关闭机的转轴3(图11-1)上的长圆形槽孔与瞄准孔相重合。当需要关闭时,点燃电爆管在机体4内爆炸,爆炸形成的压力,克服弹簧8(图11-2)的张力,推动销杆9,使销杆9从导杆5的环槽中脱出。关闭机在扭簧5(图11-1)的作用下,使转臂6带动转轴3一起转一个角度。转轴3上的长圆形槽孔与瞄准镜孔不再重合,而将瞄准镜孔自动关闭。同时,转臂6通过钢丝绳带动导杆5(图11-2)在机体4的孔中向左作轴向移动。在电路发生故障,电爆管无法引爆时,为了关闭瞄准镜孔,可用手拉动拉环10,使销杆9从导杆5的环槽中脱出,关闭机即可关闭瞄准镜孔。要打开瞄准镜孔时,需拉动拉环3,使导杆5向右作轴向移动,销杆9在弹簧8的作用下自动卡入导杆5的环槽中,此时,关闭机中的转轴3(图11-1)向相反的方向转动一个角度,打开瞄准镜孔。

[例11-2]　阅读汽车上"车速里程表驱动机构"装配图(图11-3)。

① 概括了解。从图11-3的标题栏中可知,这个装配体的名称叫作车速里程表驱动机构,由12种不同的零件装配而成,是用来为车速表和里程表提供动力的。

② 分析视图,弄清工作原理。此装配图共用了六个图形来表达。其中主视图采用全剖,左视图和俯视图采用局部剖,另有三个移出断面图。

该结构有两根齿轮轴,序号4指示的齿轮轴为输入轴,它通过一根较长的软管轴与汽车变速器输出轴连接,接受汽车变速器输出的扭矩。然后通过一对齿数不等的锥齿轮将动力传递给序号6指示的齿轮轴,从而将扭矩输出,传递到车速里程表中,再通过表内的其他机构,直观地显示出汽车行驶速度和行车距离。

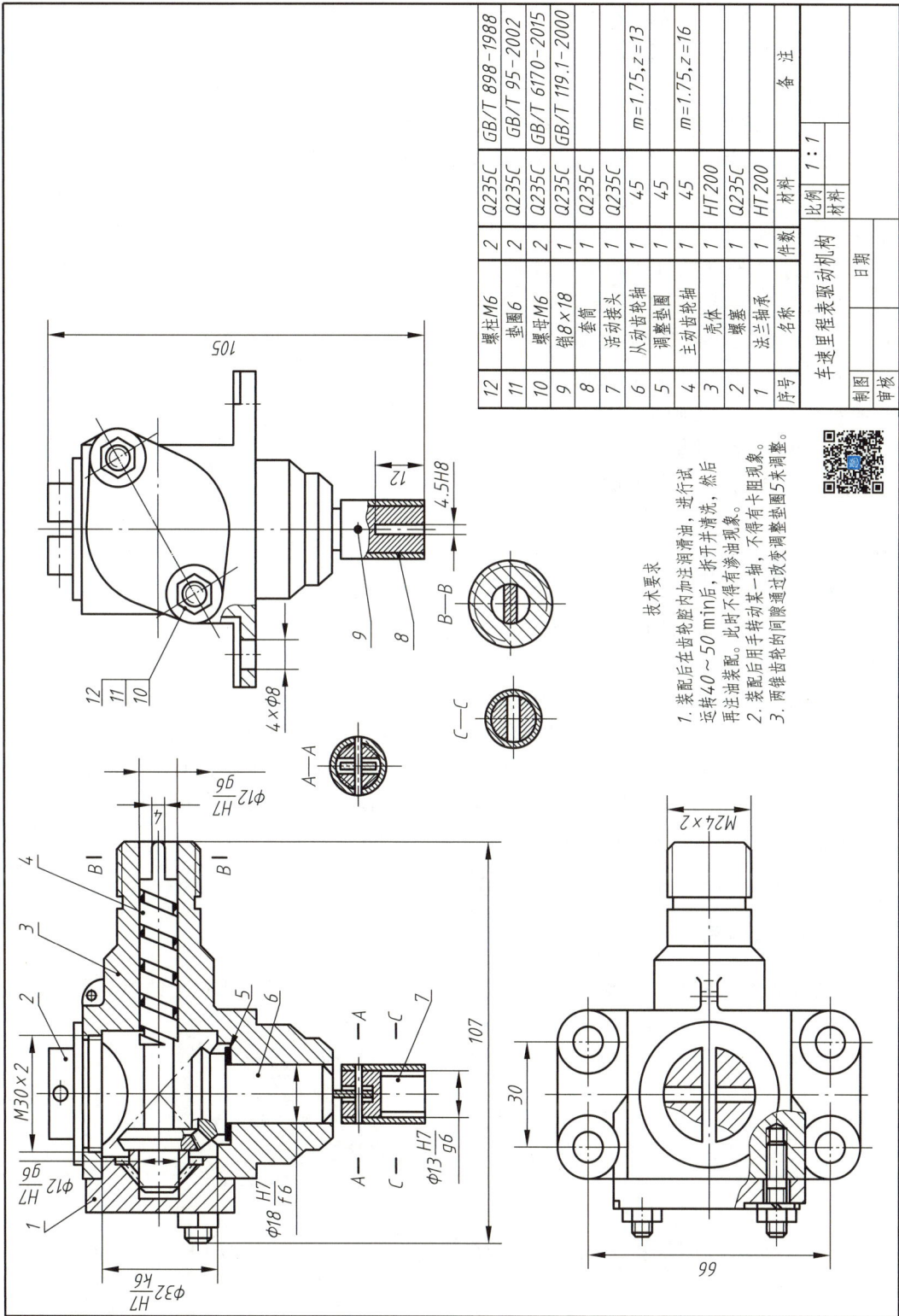

图 11-3　车速里程表驱动机构装配图

序号	名称	件数	材料	备注
12	螺柱M6	2	Q235C	GB/T 898-1988
11	垫圈6	2	Q235C	GB/T 95-2002
10	螺母M6	2	Q235C	GB/T 6170-2015
9	销8×18	1	Q235C	GB/T 119.1-2000
8	套筒	1	Q235C	
7	活动接头	1	Q235C	
6	从动齿轮轴	1	45	m=1.75, z=13
5	调整垫圈	1	45	
4	主动齿轮轴	1	45	m=1.75, z=16
3	壳体	1	HT200	
2	螺塞	1	Q235C	
1	法兰轴承	1	HT200	

材料	比例	1:1
车速里程表驱动机构		
制图	日期	
审核		

技术要求

1. 装配后在齿轮腔内加注润滑油,进行试运转40~50 min后,此时不得有渗油现象,拆开并清洗,然后再注油装配。此时不得有渗油现象,不得有卡阻现象。

2. 装配后用手转动某一轴,不得有卡阻现象。

3. 两锥齿轮的间隙通过修改调整垫圈5来调整。

③ 分析零件及零件间的装配关系。主动齿轮轴 4 右端的摩擦副尺寸较长,所以加工有左旋沟槽,起润滑作用。轴的左端轴径的润滑,靠法兰轴承 1 上的小斜孔注入润滑油。从动齿轮轴 6 的轴径末端有凸出的、截面为狭窄矩形(如图 11-3 中 A—A 所示)的榫子结构,用销 9 与活动接头 7 和套筒 8 连接。

法兰轴承 1 用两组螺柱(10、11、12)结构固定在壳体 3 上。

螺塞 2 上加工有 M30×2 的螺纹,用该螺纹将螺塞 2 与壳体 3 连接。

④ 综合分析。由图可见,两齿轮间的间隙靠改变调整垫圈 5 的厚度来调节。另外,螺塞 2 的上方与壳体 3 的右上方各有一小孔,是专门用来穿铁丝的,以防止螺塞 2 松动。

该"车速里程表驱动机构"的拆卸顺序是:

a. 拆下销 9,取下活动接头 7 和套筒 8,并将二者分解;

b. 拆下螺塞 2,倒出齿轮腔内的润滑油;

c. 旋下螺柱 12 上的螺母 10,垫圈 11,卸下法兰轴承 1;

d. 向左抽出主动齿轮轴 4;

e. 向上抽出从动齿轮轴 6。

该装配体的装配顺序与拆卸顺序相反。

11.2
飞机工程图识读

飞机是现代国防的重要武器装备和现代交通的重要运输工具。由于特殊的工作环境和使用条件,要求飞机具有优良的飞行品质和战术技术性能。因此,其结构具有外形流线、内部紧凑、重量轻、刚度和强度大等特点。为了满足上述要求,飞机机体大多采用以金属骨架为基础、外面有较薄金属蒙皮的薄壁结构,图 11-4 所示为飞机外形及骨架结构示意图。这种结构与一般机械相比,在结构、制造和装配工艺上有许多不同之处,在图形表达上也有其特点。下面着重介绍飞机钣金零件图和飞机结构装配图的表达特点及识读方法。

1. 飞机钣金零件图

飞机机体中的骨架和蒙皮主要是钣金零件,采用型材和板材制造。飞机上的钣金零件数量

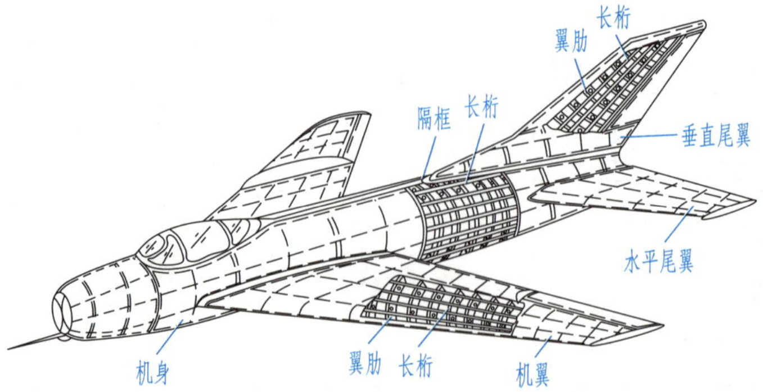

图 11-4 飞机结构示意图

很大、种类繁多、形状各异,一般可分为弯曲零件、框肋零件、型材零件、蒙皮零件等四大类。在这些零件上常常有钻孔、加强窝(槽)、减轻孔、缺口等结构。它们在表达上有其各自的特点,与一般机械零件相比,飞机钣金零件图在表达上有以下共同特点。

1) 视图选择有航向要求。由于飞机左右对称,安装在飞机左右对称部位的零件、组件和部件,其结构形状通常对称或基本对称。为了避免将左右件弄错,同时也便于组件、部件的装配和总装工作,飞机组件和部件图都有严格的航向规定。凡与航向有关的零件在图形表达上应保持规定的航向,或画出与航向有明确关系的飞机主要轴线。例如机身隔框规定顺航向投影(即从飞机后面向前投影);机翼和水平尾翼的翼肋按航向放置,即在图上前缘朝左;垂直尾翼的翼肋从上向下投影,在图上也是前缘朝左。符合上述规定时,在图纸上可不做航向说明,否则应在图纸上用文字说明或箭头标明航向,如图11-5所示隔框零件图中的"逆航向"。

2) 对称两件只画一个零件图。飞机上有很多两两对称或基本对称的零件,通常情况下,左右对称件只画右件,前后对称件只画前件,上下对称件只画上件。把右件、前件和上件统称为"右件",在图纸的附注中注明"右件如图,左件对称"的字样,如图11-5所示。当某些对称件有局部不对称结构,如钻孔、加强窝、缺口等时,可在图上画出这些结构,并注明"仅用于左件"或"仅用于右件",如图11-5所示中"仅用于左件"的ϕ35小孔。

3) 注明轴线。为了确定零件或组件在飞机上的位置,在图上用点画线画出相关的主要结构轴线,并用文字或代号加以注明。轴线通常作为零件图的尺寸基准,以保证装配时的协调性,如图11-6支架零件图中注明"2框轴线",并给出了零件底面与2框轴线的距离为24。

4) 不可见轮廓的细虚线表示。飞机钣金零件图上的不可见轮廓有时不采用剖视,而是根据需要保留细虚线,如图11-5和图11-6所示。对于钣金零件上的小孔,一般不必剖开表示为通孔,也不画出细虚线,而是只画出轴线,如图11-6中4×ϕ4小孔的主视图。

5) 典型结构按规定绘制。钣金零件上的加强窝、减轻孔、长桁缺口和下陷等常见结构,由于用量大、数量多,它们的结构形状和尺寸已标准化系列化了,并有规定画法,绘图时应遵守规定画法与标注方法。如图11-5中加强窝的画法,粗实线在外,细虚线在内,表示加强窝向前凸,其尺寸标注在附注中说明。

6) 重复结构"典型"示出。对于零件上某些形状、尺寸完全相同的重复结构,如钻孔、缺口、倒角、圆角等,为简化制图工作,可只画一处,在标注的尺寸或结构代号后面加注"典型"二字。如图11-5中的尺寸"R2典型"。

7) 不齐全的尺寸。飞机上很大一部分钣金零件是按模胎或样板制造的,即有关模具制作和尺寸检验都以模线、样板为依据。因此,某些尺寸在钣金零件图中并不给出,而在附注中用"按模胎制造"或"按样板制造"等文字说明,如图11-5和图11-6所示。对于减轻孔、下陷等标准结构,不注具体尺寸,只注其标准代号,如图11-5中的下陷HB0-21-B1.5×0.8。

8) 必要的附注。未注尺寸的加工要求、左右件关系以及其他结构如缺口、加强槽等的技术要求,用文字在附注中说明,如图11-5和图11-6的附注所示。

阅读板肋零件图的方法步骤与阅读一般机械零件图的方法步骤基本相同,在此不再赘述。

$\sigma_b \geqslant 400\ MPa$

粗糙度	
热处理	
表面处理	

$\dfrac{A-A}{1:2}$

R2
（典型）

18

1:1

R5
R3
3
25
R5
12
27
下大梁轴线

附注

1. 按样板制造。
2. 大梁切口取自模线，切口与大梁间保持1.5mm间隙。
3. 长桁缺口按HB0-26-B1。
4. 加强槽按HB0-11-A4。
5. 若件如图，左件对称。

比例	1:2	隔框	K3-0201-07
材料	2A12-0-to.8		
日期			
制图			
审核			

185.5

25
120

170
121
32
80

逆航向
274
202.5

14
R20
50

HB0-21-B1.5×0.8
60

132
120

57

A
A

Φ35
（仅用于左件）

18长桁缺料
90

19长桁缺料

下大梁轴线

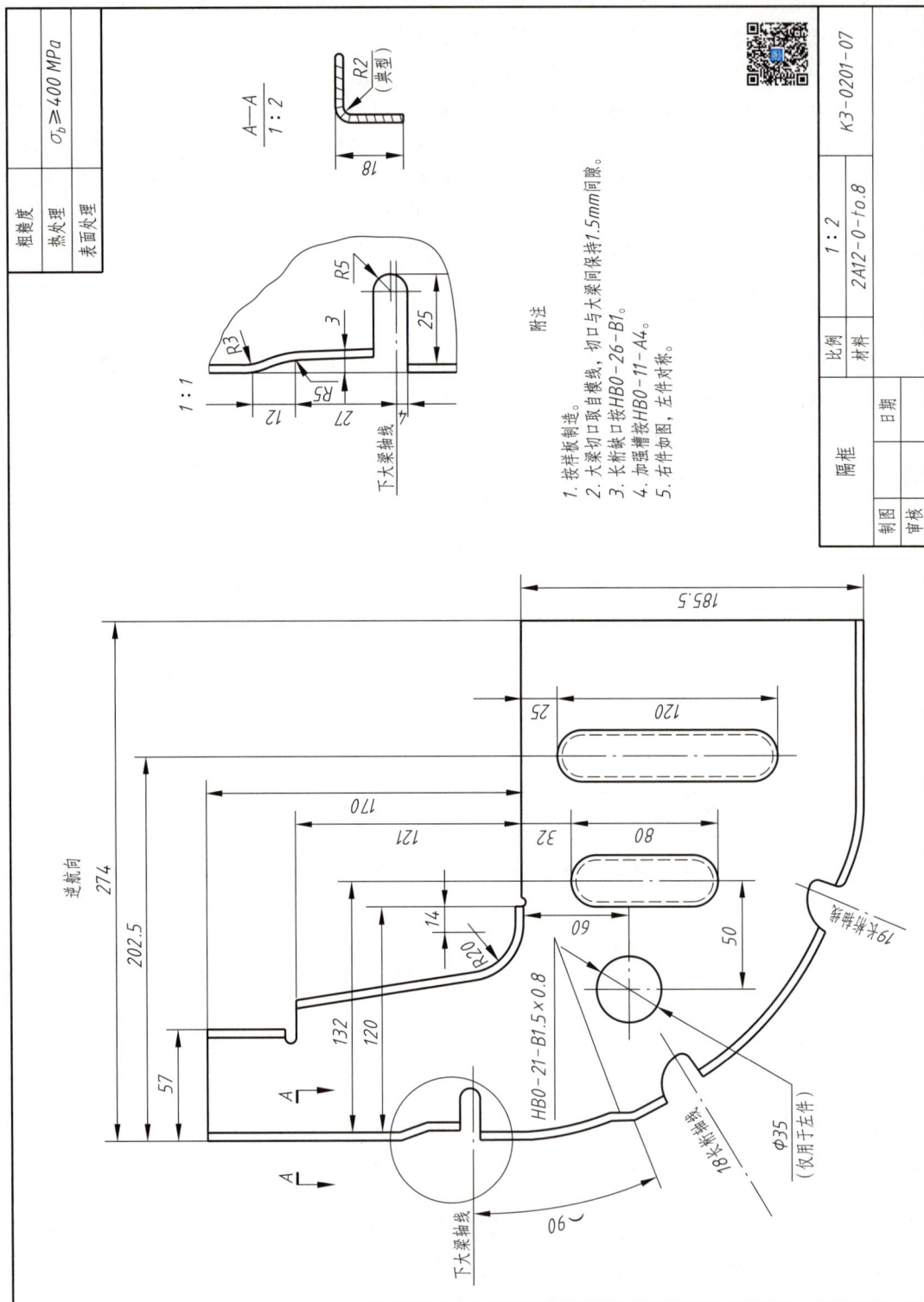

图 11-5 隔框零件图

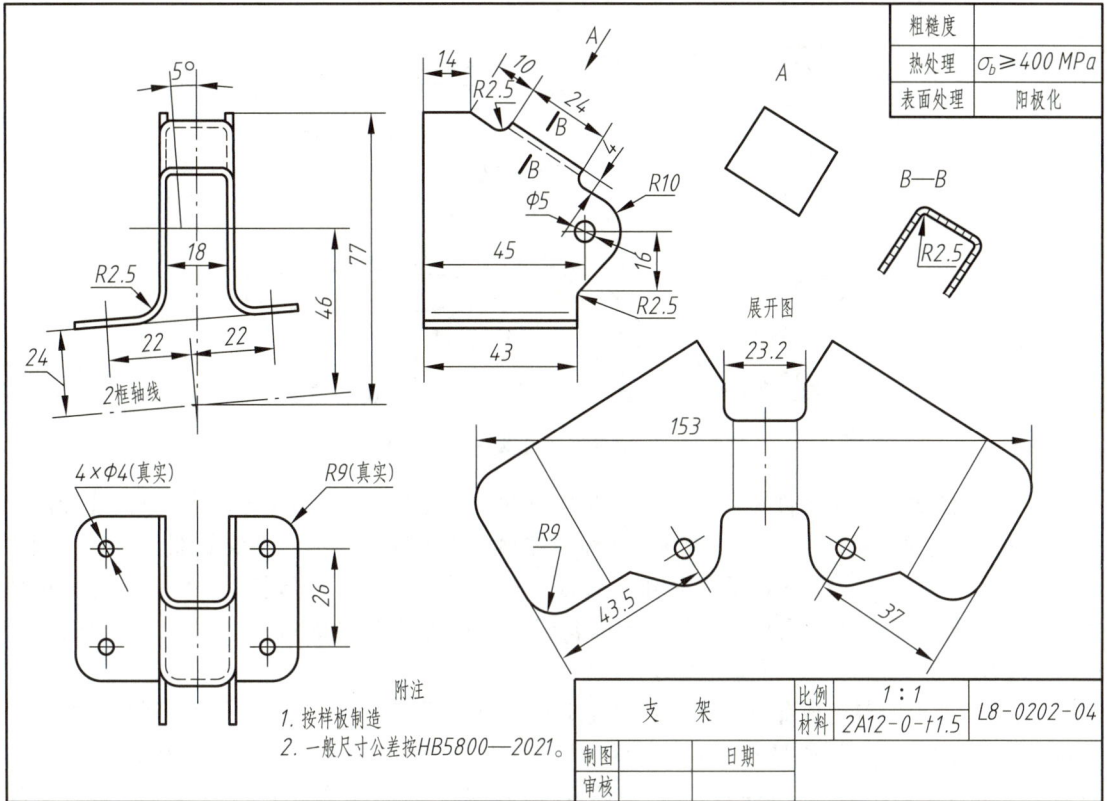

图 11-6　支架零件图

2. 飞机结构装配图

飞机结构装配图(简称飞机装配图),主要用来表达飞机部件和组件的装配结构和要求,是重要的飞机图样之一。飞机的部件是指参与总装配的装配件,如机身(前段、中段、尾段)、机翼、尾翼和起落装置等。部件又可分为分部件,如机翼中的翼肋和梁、机身中的隔框等。组件是分部件的组成部分,组件可由分组件和零件组装而成。

(1) 飞机装配图的表达特点

飞机装配图除了遵守国家标准《机械制图》图样画法的有关规定和采用飞机钣金零件图的特殊表达方法外,还有以下特点:

1) 主视图的摆放应符合航向规定。图 11-7 表示飞机部件和组件的主视图在图纸上的摆放位置,按此规定摆放时,可不画航向箭头。对于后掠机翼和尾翼等部件,允许把梁轴线沿图纸长度的方向摆放,但应标明航向。

2) 基本视图少,辅助视图多。飞机装配图常采用 1~2 个基本视图表示装配件的基本结构形状,其复杂的装配层次关系用大量的辅助视图如剖视图、断面图或局部放大图来详细表达。由于飞机装配件的尺寸一般较大,基本视图常采用缩小的比例。为了清晰地表达装配连接关系,对断面图和局部结构常采用较大的比例画出,在飞机图纸上称之为"详图"。

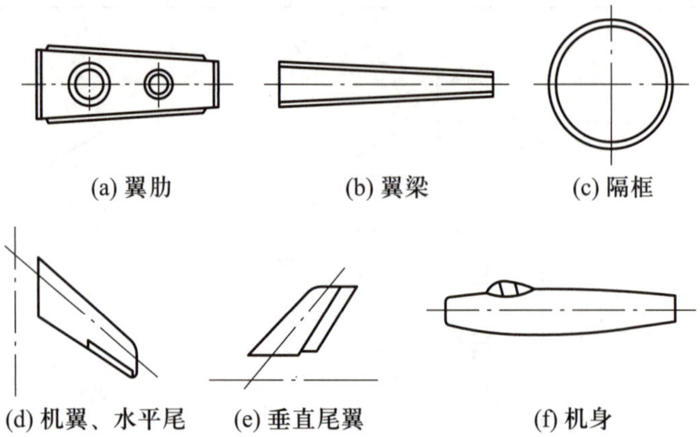

(a) 翼肋　　　　　　　(b) 翼梁　　　　　　　(c) 隔框

(d) 机翼、水平尾　　　(e) 垂直尾翼　　　　　(f) 机身

图 11-7　装配件的主视图摆放位置

3）装配图表达无图零件形状。对于形状比较简单的零件,常常不画零件图,而在装配图上完整地表示出它的形状尺寸和加工要求,这种零件称为无图零件。为了在装配图上表达无图零件的形状和零件间的装配关系,通常用细虚线表示被遮挡部分的结构形状,另外,弯曲零件的弯边方向常用细虚线表示。因此,形成了飞机装配图中细虚线较多的特点。图 11-8 中的壁板(-3)、尾段(-5)、角撑(-7)都是无图零件。

4）装配件上的各组成部分(零件、组件、部件)按规定代号标注。铆钉、螺钉、耳片等标准件直接标注其标准代号,且这些零件不列入明细栏。如图 11-8 主视图中的 HB1-601LE-5×12 和 4×8GB/T 868-2A10等。对于一般零件、组件或部件,在直径为 20 的圆圈内直接注出该件的编号,对于无图零件,在图中用直径为 10 的圆圈内注出其附属代号(参见下文),如图11-8中的-3、-5、-7 所示。

5）图纸编号有一定的规则。飞机上的零件、组件和部件之间存在着一定的隶属关系,飞机图纸按这种隶属关系编号。飞机的零部件很多,图纸的数量十分庞大。因此,熟悉飞机图纸的编号规则,对于阅读飞机图纸是大有帮助的。

飞机的零件、组件、部件按隶属关系统一编号,并在其隶属编号前加入机型代号作为飞机零部件的编号,其基本格式如下:

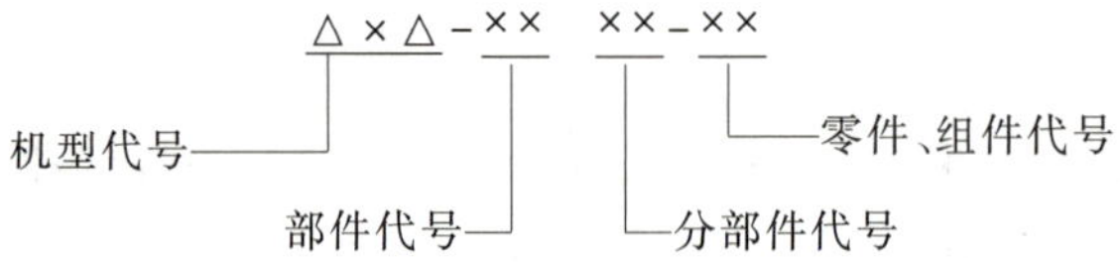

机型代号:即产品代号,国家统一规定。如 L8 表示教练八型飞机,Y7 表示运输七型飞机。

部件代号:用两位阿拉伯数字表示飞机机身、机翼、尾翼、起落装置和各大系统(液压系统、操纵系统等)。当部件代号为"00"时,表示该型飞机总体部分的图纸,如飞机三面图、飞机总体布置图等。

分部件代号:用两位阿拉伯数字表示。当分部件代号为"00"时,即为它所属部件的总图。

零件、组件代号:用 1~4 位阿拉伯数字表示。尾数为 1~9 时,表示零件图;尾数为"0"时,表示分组件图或组件图;当末尾两位为"00"时,一般表示分部件图或部件图。

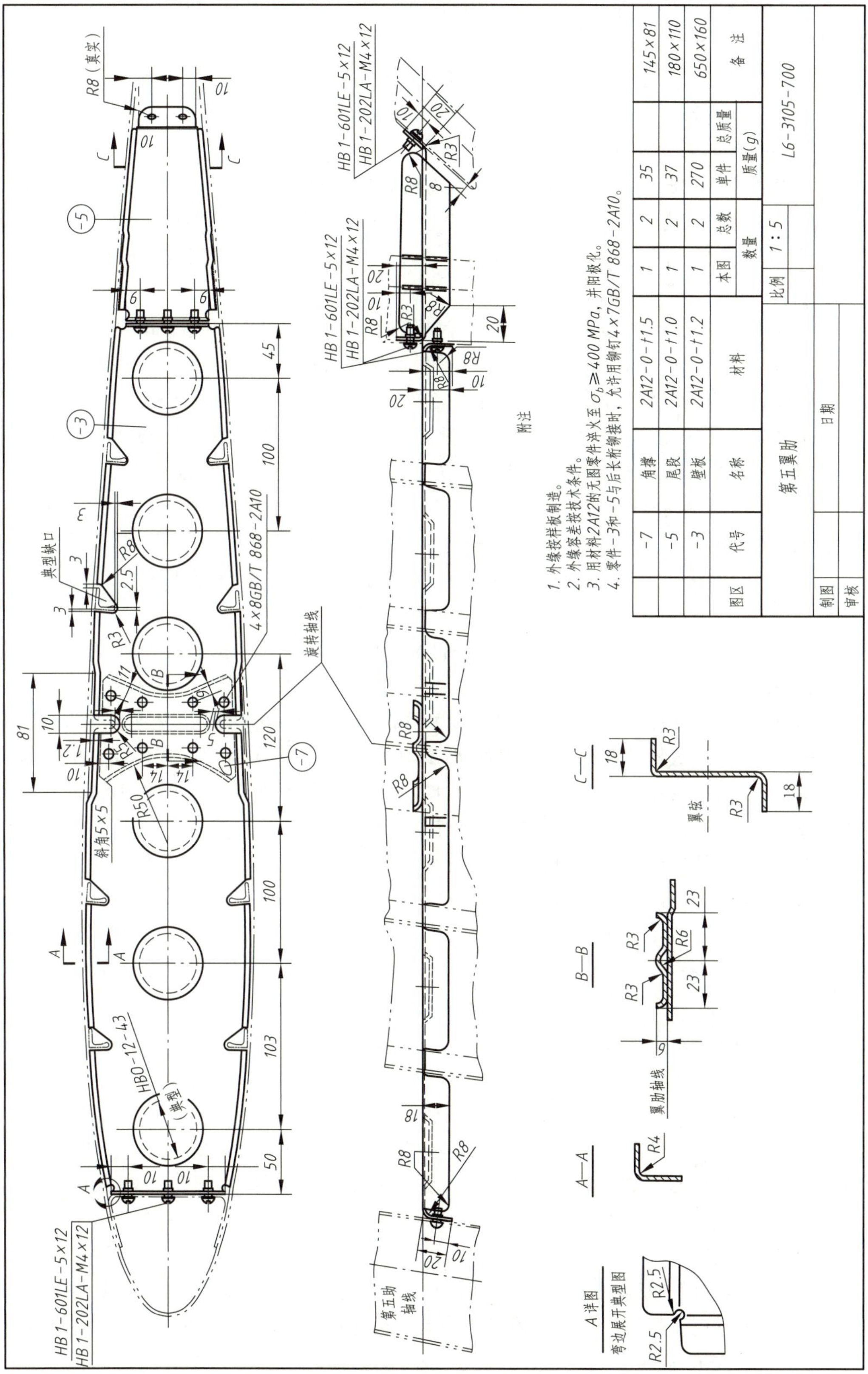

图 11-8 某型飞机第五翼肋装配图

附注
1. 外缘按样板制造。
2. 外缘容差按技术条件。
3. 用材料 2A12 的无图零件淬火至 $\sigma_b \geqslant 400\,MPa$，并阳极化。
4. 零件 -3 和 -5 号后长桁铆接时，允许用铆钉 4×7GB/T 868-2A10。

例如教练八型飞机一组部件、分部件、组件和零件的图号为 L8-2000-00（机翼），L8-2036-00（机翼前梁），L8-2036-10（前梁根部），L8-2036-12（前梁根部衬套）。

无图零件的图号在基本图号后加附属序号表示。附属序号从—3 开始，奇数表示右件和不分左右的单件，偶数表示左件（—1 为有图零件的右件，—2 为有图零件的左件）。

（2）飞机装配图的阅读方法

阅读飞机装配图，主要是了解该装配件各组成部分的连接关系以及该装配件在飞机结构中的作用。另外，由于无图零件只在装配图中表达，因此，读懂无图零件的结构形状，也是阅读装配图的内容。下面以图 11-8 某型飞机第五翼肋装配图为例，说明阅读飞机装配图的方法和步骤。

1）读标题栏、明细栏，了解概况。从标题栏和明细栏可知：该装配件是某型飞机的第五翼肋，其代号为 L6-3105-700，该件为右件，并有一左件与之对称。

2）分析视图，了解各零件的连接关系。首先应分析视图，看懂各零件的形状，然后了解各零件间的连接关系。该图采用了主、俯两个基本视图，三个断面图、一个详图。主、俯视图反映了三个无图零件的结构形状和装配连接关系。壁板—3 上有六个加强窝，四边弯曲成形，弯边的剖面形状如 A—A 所示，上下两边各有四个安装长桁的缺口，左右两边各有三个铆钉孔。尾段—5 也是弯曲成形，上边朝前弯，下边朝后弯（参见 C—C 断面图）。A 详图表示了相邻弯边交界处的展开形状。角撑—7 的形状如主视图的虚线所示，中间有一长圆形加强槽，截面形状如 B-B 断面图所示。

由主视图可知，角撑—7 与壁板—3 用八个铆钉铆接而成，尾段—5 通过后长桁与壁板—3 相连接，也采用铆接的形式。

3）通过分析与相邻部件、组件及零件的连接关系，了解装配件的作用。该件上下两边的缺口处安装长桁，与长桁形成框架结构，并在该框架结构的上下表面安装蒙皮。该装配件的左右两端分别与前后缘铆接，以安装前后缘蒙皮。由此分析可知：该装配件起到支承长桁和蒙皮的作用。该件在飞机中的位置由第五翼肋轴线位置决定。

应当注意：当装配件比较复杂时，其装配图分页分区绘制，在图中未表达清楚的部分只标注出在某页某区，即这一部分的装配结构在某页某区中表达，便于读图。

11.3
船体图识读

1. 概述

舰船是现代海战和海上交通运输工具，主要由船体、动力装置、配套设备和武器系统等组成。

（1）舰船图的特点

舰船制图在很多方面与机械制图的规定和画法是一致的，如图纸幅面尺寸与格式、图样比例的规定、标题栏的设置以及缩比不大时三面投影图的画法等等。然而，舰船在结构和表达上有其自身的特点（主要体现在船体图上）：① 缩比大。由于舰船的尺寸大，如万吨级舰船的船长达

200～400 m,所以,舰船图的缩比较大,常用的缩小比例为 1∶25、1∶50 和 1∶100。② 特定的简化画法。由于舰船构造复杂,一艘排水量为 3 000～4 000 t 的中型驱逐舰,其船体结构需要数千张钢板,上万根型材组合而成,其舰载武器和设备的数量也相当庞大。因此舰船图不像机械制图那样将视图或断面图的各种可见界面和不可见界面都用线条表现出来,而采用简化的方法表示。③ 图线专用。与简化画法配套,舰船图规定了一系列适用于造船专业的,具有特定含义的图线与简化符号。综上所述,舰船图较常见机械图而言,具有缩比大、图线专用、画法简化等特点。如图 11-9 为甲板开口围板与复板补强结构图,其中阴影线表示复板,粗实线表示板的断面,细实线为可见轮廓线。

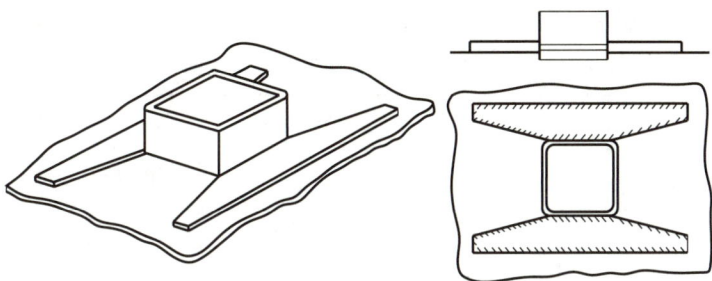

图 11-9　甲板开口处结构图

又如图 11-10 上甲板前首端部布置图中表示了各种系缆桩、旗杆、锚链、锚链孔、起锚机、栏杆、缆绳绞盘等装置的简化画法(沿前首端部四周用轴测图表示出了简化的结构)。

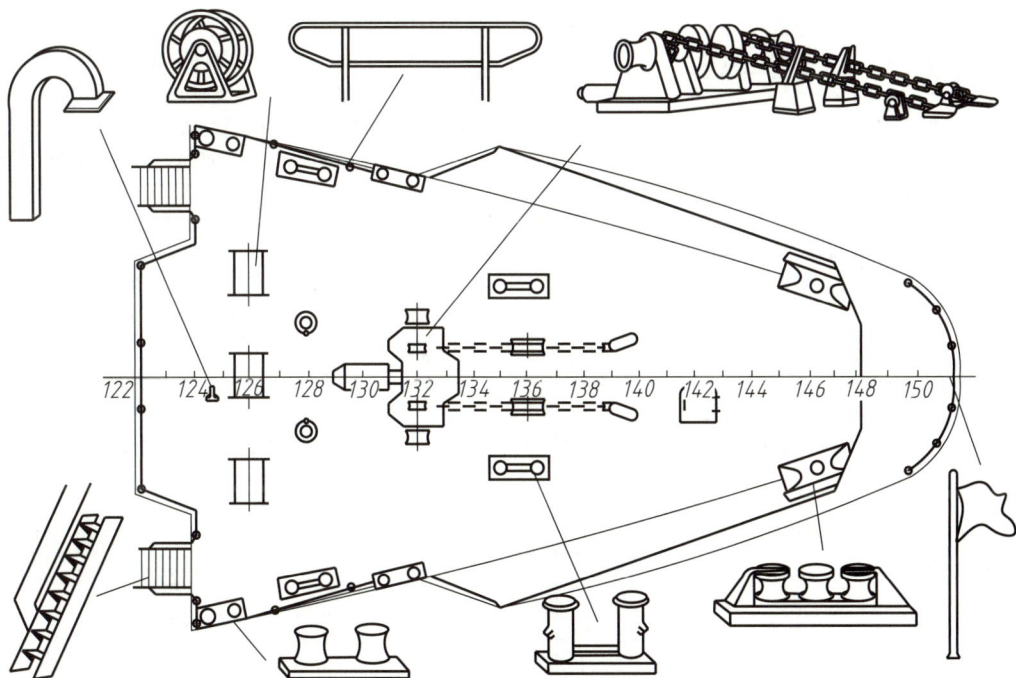

图 11-10　上甲板前首端部布置图

（2）舰船图种类

舰船设计和制造过程的各种要求，必须用图样予以体现。依据舰船图所表达对象的不同，可将其分为三大类：

1）总布置图，体现总体布置设计思想。

2）船体型线图，表示船体外形和型线设计。

3）船体结构图，用以描述船体结构中各构件形式、尺寸、布置位置、连接方式等内容。

（3）舰船图图线型式及其应用

由于舰船图的小比例和复杂性，要求舰船图采用自成体系的简化画法。该简化绘图理论的基础是规定含义的简化图线体系和符号体系，以及规定含义的装备、设施、器件等的简化图形符号体系。舰船图图线型式及其应用范围见表 11-1。

表 11-1 舰舱图线型及其应用范围

序号	名称	线型	线宽	应用范围举例
1	粗实线	——————	b 0.4~1.2 mm	钢板、型钢的可见截面线及设备部件的可见轮廓线、图框线，特种线条允许用 $2b$~$3b$
2	细实线	——————	$b/3$ 或更细	型线、格子线、基线、剖面线、零件号圆及引出线、局部放大线、尺寸线、尺寸界线、板缝线，构件可见轮廓线、总布置图及设备图样中的船体轮廓线、总布置图中设备的可见轮廓线
3	双细线	══════	$b/3$ 或更细	小比例时，钢板、型钢厚度的可见轮廓线，木板厚度的可见截面轮廓线
4	粗虚线	– – – – –	b	不可见非水密板材结构（舱壁、甲板、平台及甲板间围壁、肋板、龙骨、侧桁材以及肘板等）的简化线
5	细虚线	- - - - -	$b/3$ 或更细	不可见构件（肋骨、扶强材、横梁、纵骨等）的简化线，不可见构件的投影轮廓线
6	轨道线	▬▬▬▬	b	不可见的主船体水密构件（舱壁、甲板、平台、肋板等）的简化线及机、炉舱花铁板的可见截面线
7	细点画线	—·—·—	$b/3$ 或更细	轴线、中心线、开口对角线、转角线、折角线，可见的普通肋骨、扶强材等的简化线
8	粗点画线	—·—·—	b	可见的强构件（纵桁、强横梁、强肋骨、大扶强材、龙骨、水平桁等）及钢索、缆索、起货索、锚索等的简化线

284

续表

序号	名称	线型	线宽	应用范围举例
9	细双点画线	—·· —·· —	$b/3$ 或更细	假想构件的投影轮廓线； 非本图所属构件及零部件的投影轮廓线
10	粗双点画线	—·· —·· —	b	不可见的强构件(纵桁、强梁、强肋骨、大扶强材等)的简化线，以及非本图所属构件的截面线
11	波浪线	〜〜〜	$b/3$ 或更细	断裂的边界线
12	折断线	—─/\─—	$b/3$ 或更细	长距离断裂的边界线
13	斜栅线	─///──///─	$b/3$ 或更细	分段线 注：斜栅线的短线的斜度为 30°～60°，高度 2~4 mm，间隔为 1~3 mm
14	阴影线	/////////	$b/3$ 或更细	焊接复板四周的轮廓线 注：阴影线的短线的斜度为 30°～60°，高度 2~4 mm，间隔为 1~3 mm

图 11-11 给出了舰船图图线的应用示例。图中外围为弦侧结构，属非本图(上甲板)所属构件，用细双点画线表示；轨道线表示与上甲板相连的水密横舱壁(不可见水密构件)；粗双点画线表示不可见的甲板纵桁和强横梁(不可见构件)；甲板上普通横梁为不可见小构件，用细虚线表示；甲板中间 83 理论站至 88 理论站为粗虚线，表示不可见非水密舱壁；另外还有板缝线(细实线)、分段线(斜栅线)、焊接复板轮廓线(阴影线)和长距离断裂线(折断线)等。

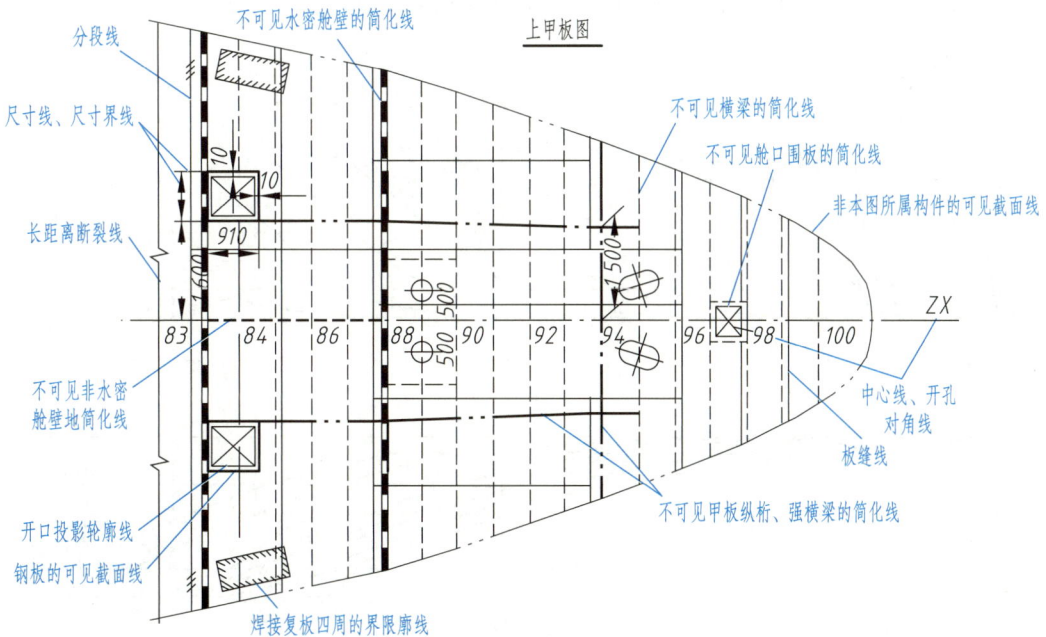

图 11-11　图线应用示例——上甲板结构图

2. 舰船布置图

舰船布置图是全面反映舰船外形、空间划分和各系统设备、装备、武器等布局的设计图样,是舰船总布置设计的具体体现。舰船总布置设计的主要内容有:舰体水密舱壁和各层甲板划分,上层建筑构划;各种战斗技术装备的布置;各种战斗部位、工作舱室和生活舱室的布置;调整舰艇的浮态;协调各部位的通道和梯口。由此可见,总布置设计对舰艇的战斗力、生存能力以及可靠性、居住性、可维修性等都有直接的影响。舰船总布置图包括纵断面布置图、各层甲板布置图、底舱布置图、上层建筑平面图以及各种系统布置图、典型舱室布置图等。图 11-12 为驱逐舰雷达天线布置示意图。

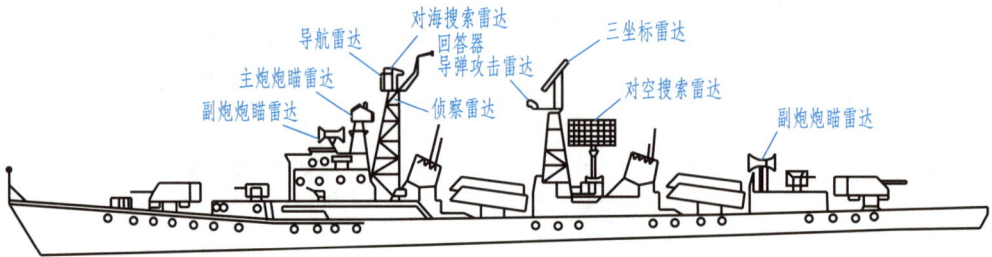

图 11-12　驱逐舰雷达天线布置示意图

3. 船体型线图

船体型线图是表示船体外形的图。各种舰船为了满足航海性能的要求,其船体外形要求做成流线型。因此,船体外形是一个具有双重曲度的复杂曲面。该曲面的准确确定,对于计算舰船的浮力、稳性、快速性和操纵性都是不可缺少的。另外,与船体外形相关的船体结构图、结构施工图、样板制作等也都离不开型线图。船体型线图由纵剖线,水线和横剖线三组曲线构成,它们分别是船体外形曲面与纵向断面、水平断面和横向断面的交线,如图 11-13 所示。

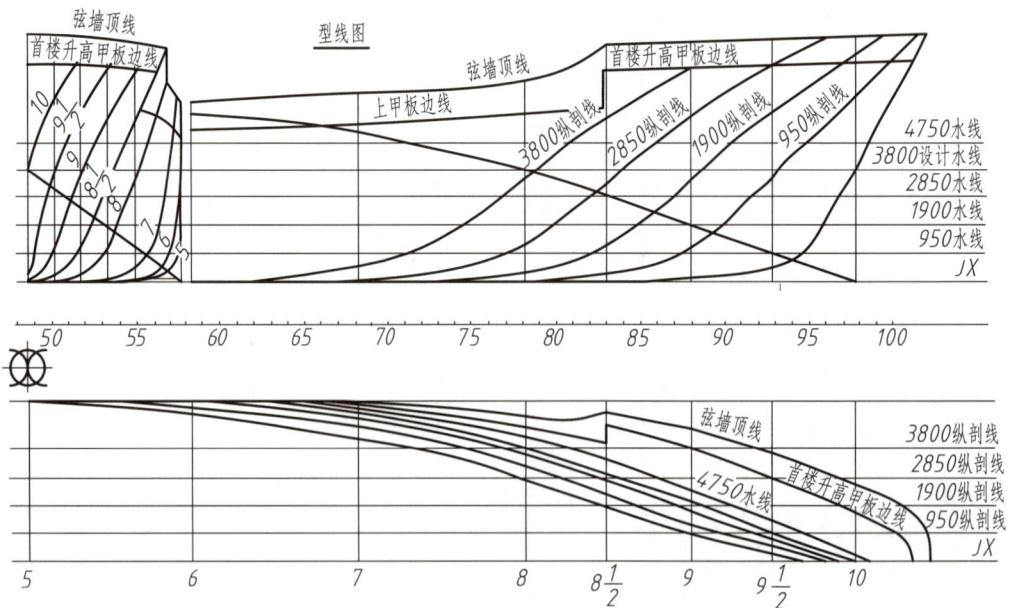

图 11-13　船体型线图

4. 船体结构图

船体结构图是进行船体总强度、局部强度计算的基本依据,是船体施工建造中下料、加工成形、构件布置、构件连接所必需的原始资料。船体结构图在舰船图中数量最多,各种结构图总数可达上千幅。船体结构图包括中断面结构图、典型横断面结构图、甲板与平台结构图、舱壁结构图、纵断面基本结构图、上层建筑结构图、各种武器装置下局部加强结构图、基座结构图、外板展开图等等。图 11-14 所示为潜艇中断面结构图及其尺寸标注。图 11-14 中 ⌐5 表示纵骨为五号球扁钢;外板、甲板、纵向大构件为粗实线(板的剖面线);横梁、肋骨、肋板的面板为双细实线(可见轮廓线);肘板,纵骨开口处等为细实线。

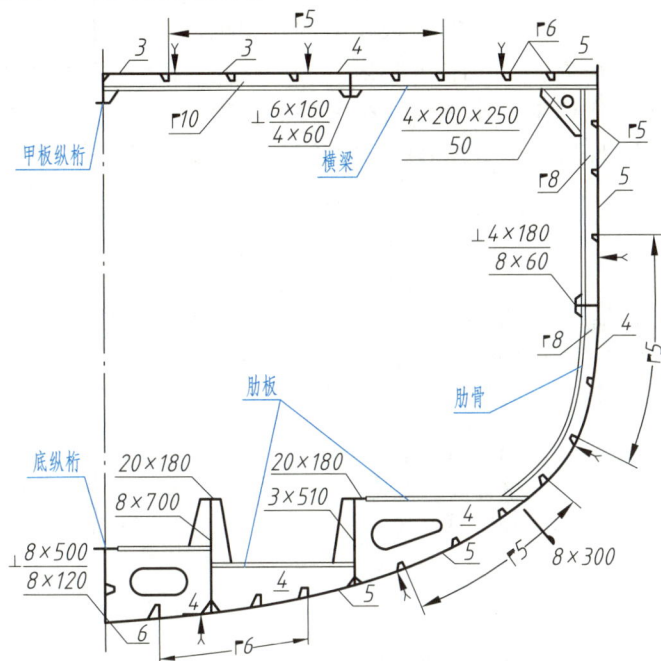

图 11-14 潜艇中断面结构图

11.4

工事及军桥图识读

1. 工事图的基本知识

工事是为了保障军队指挥、射击、掩蔽和机动安全而构筑的工程建筑物。工事按构筑材料的不同可分为:土木结构工事、钢筋混凝土工事和钢结构工事等。

用来表达工事的结构型式、材料、尺寸大小和施工要求等内容的图样,称为工事图。工事图属于建筑制图,以下介绍建筑制图的一些相关知识,为读工事图打下初步基础。

(1)图名

1)平面图。把建筑物向 H 面投射所得图形。平面图是建筑图中最主要的图形之一。一般沿建筑物的门窗洞口处水平剖切后画出。

2）立面图。对建筑物从前、后、左、右方向投射所得的图形,分别称为正立面图、背立面图和左、右侧立面图,用来表达建筑物各方向的外形轮廓。

3）剖面图。用剖切平面将建筑物剖切以后,按指定投射方向投射所得的图形。剖面图用来表示建筑物的内部结构,是建筑物中使用较多的一种图形。剖面的剖切符号由剖切位置线和与之垂直的投射方向线组成。如图 11−15 所示,2—2 的短画粗实线表示投射方向(向上)。2—2 应写在投射方向上。

4）断面图。剖切后所得的截面图形。断面图的剖面符号只用剖切位置线表示,编号数字注写在被投射的这一侧,如图 11−15 中的1—1,表示 1—1 断面向左投射。

5）详图。用较大的比例来绘制细部或构配件的图形,称为详图。详图应有索引标志,详图索引标志的符号、意义、用法见表 11−2。

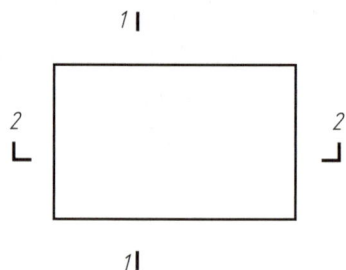

图 11−15　剖面图、断面图剖切符号

表 11−2　详图的索引标志

名称	详图与被索引的图样 在同一张图纸上		详图与被索引的图样 不在同一张图纸内		说明
索引符号	(2/—)	上部为详图编号,下部画一段水平细实线	(3/2)	上部为详图编号,下部为详图所在的图纸编号	索引符号的圆及直径均以细实线绘制。圆的直径应为 10 mm
索引剖视详图的索引符号	(4/—)—	表示沿剖切位置线剖切,从上向下(或从后向前)投射	(5/3)	表示沿剖切位置线剖切,从左向右投射	索引符号同上,以引出线引出,引出线所在的一侧为剖视方向
详图符号	(2)	详图编号	(3/1)	上部为详图编号,下部为被索引图样所在的图纸编号	详图符号以粗实线绘制,圆的直径应为 16 mm,水平直径用细实线绘制

在建筑图中,每个详图应在下方或一侧标注图名,并在图名下画一条粗横线(图11−17),详图符号为图名时,不画粗横线(图11−18)。

（2）比例

建筑图中,一般每个图都注明比例,比例注写在图名右侧(图11−17、图11−18)。

（3）图线

建筑图中，除有粗实线、细实线外，还有中实线（用于平、立、断面图上的设计线、水平线、示坡线等）和粗虚线（地下管道）、粗点画线。

（4）标高

标高是表示建筑物高度尺寸的一种常用方法，以底层室内地坪为相对标高的零点，注写为"±0.000"。零点标高以上为正，以下为负（图11-16），尺寸数值一律以 m 为单位，注写到小数点后第三位。

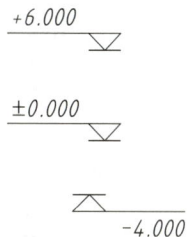

$$+6.000$$

$$±0.000$$

$$-4.000$$

图 11-16　标高的标注形式

（5）图例

国标中规定了一系列图形符号来代表各种建筑物构配件（如门窗）、卫生设备、建筑材料等，这些图形符号称为图例。

2. 读土木结构工事图

野战工事是指在作战准备和实施过程中临时构筑的工事，其特点是工程规模较小，一般只作为战时使用。下面以图 11-17、图 11-18 所示的野战土木结构工事图为例介绍读工事图的方法和步骤。

（1）读图标

从图标可知：本工事为加强形圆木密接框架人员掩蔽工事。用平面图、1—1 剖面图、2—2 剖面图及三个详图表示。图标反映了以下内容：

1）工事的抗力等级为加强型，说明抗力较高，防护性能较好。

2）结构型式为圆木密接框架式，属典型的土木结构。

3）本工事通常作为野战指挥所，用以保障战斗指挥人员的隐蔽和安全。

（2）读详图

平面图和剖面图比例均为 1：40，详图比例为 1：20。平面图是从门洞部位剖切后向下投射而得的，反映工事长和宽两个方向上的尺寸和结构，1—1 剖面图是通过前后对称面剖切后向后投射而得的，反映工事长和高两个方向上的结构和尺寸，对照这两个图，可以看出本工事的结构和大小，自右至左，把工事分为六部分：

1）交通壕　图中最右端是交通壕。壕深 2 000，底宽 700，口宽 1 300，用 $\phi60$ 的圆木被覆，并由 $\phi100$ 的圆木做被覆桩，被覆桩打入土层深度 700。整个交通壕只画出了与工事相连的一部分，未画出部分以折断线断开。

2）基本出入口　从门框到与交通壕垂直相连的一段为基本出入口。其宽度为 1 000，底长 1 100，用 $\phi100$ 的圆木植桩，木板被覆。上面用长度为 2 000、$\phi160$ 的圆木掩盖，在平面图上保留了掩盖材的两端部分未剖去，以表达其安放位置。出入口左端设有第一道防护门，它由 200×200 的方木门框和门扇构成。

3）倾斜通道　在第一道防护门到第二道防护门之间为倾斜通道。其长度为 3 900（200+400+2 400+900），宽度为 900，高度为 1 800，有倾斜而下的八个阶梯。每个阶梯由两个 $\phi150$ 的圆木架组成，并用挡板挡土。阶梯的级高和宽度均为 300。框架的外侧用 1/2 直径为 $\phi120$ 的系材连接固定。倾斜通道左端有 900 长的一段水平部分是为开关防护门而设置的。

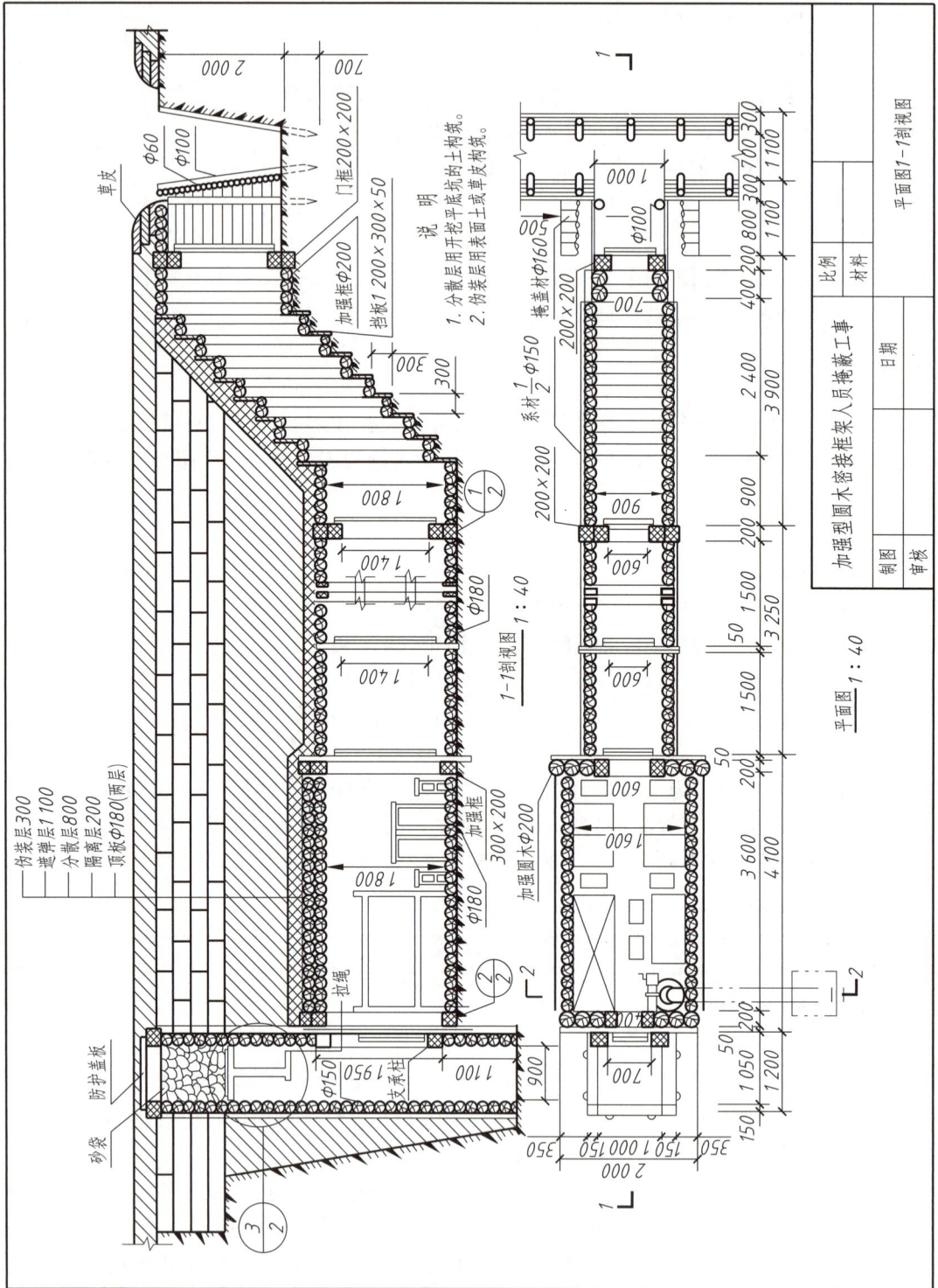

说 明
1. 分散层用开挖平坑平底坑的土构筑。
2. 伪装层用表面土或草皮构筑。

加强型圆木密接拱架人员掩蔽工事

平面图 1：1剖视图

比例

材料

制图

审核

日期

图 11-17 土木结构军事图（一）

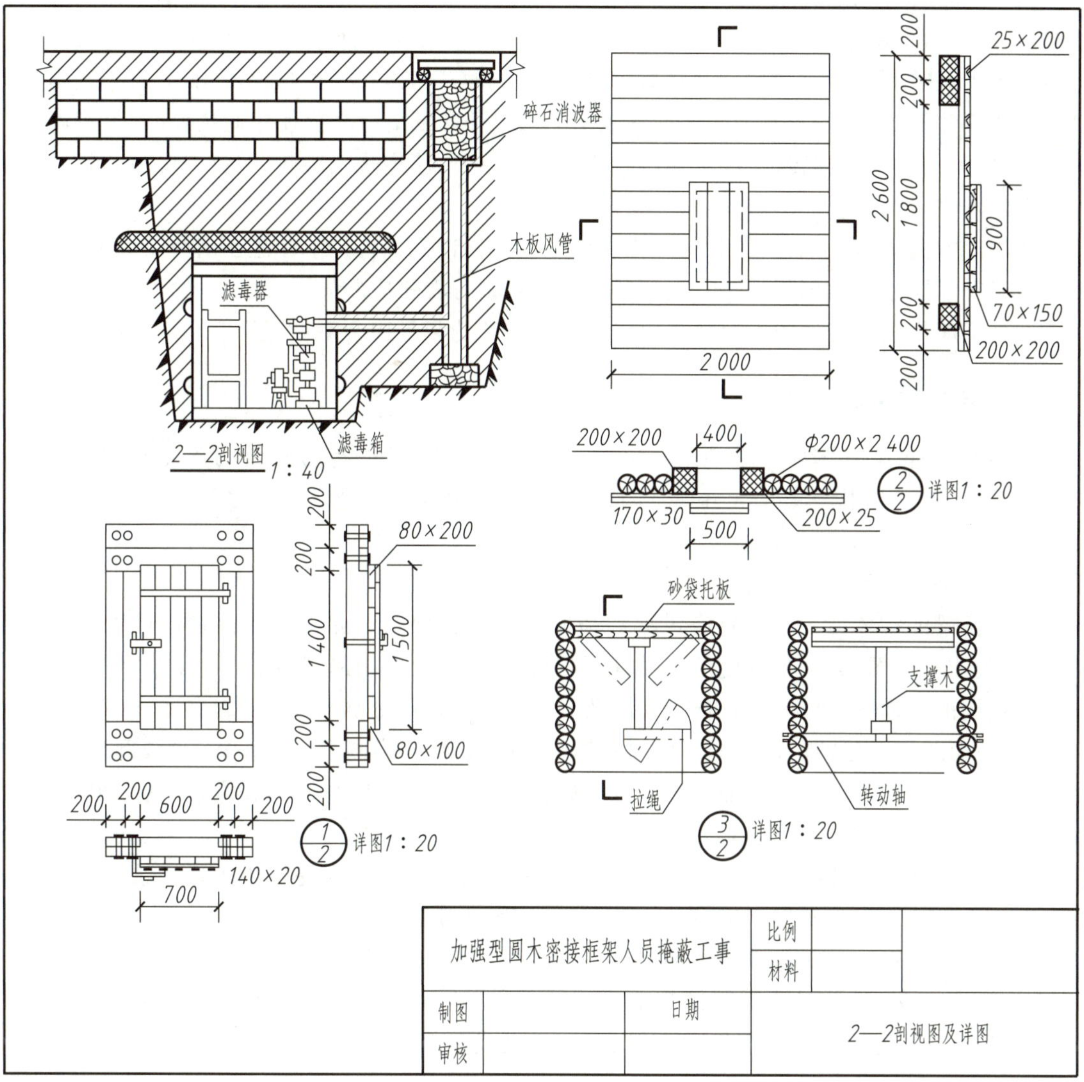

图 11-18　土木结构工事图(二)

4) 防毒通道　从第二道防护门到第四道防护门之间为防毒通道。其长度为 3 250,内宽度为 900,内高度为 1 800。它由 φ150 的圆木顶材、侧材和础材组成的矩形框架密接构成,并由系材(半圆木)把它们连成整体。图中未剖去两框,反映了框架的榫接(1/2 切榫)情况和系材连接位置。右边的 200×200 的方木加强框用于安装防护门。该门的结构和尺寸与第一道防护门相同,索引符号 ⊕ 表示防护门详图在第二张图纸上,防毒通道中间还有一道防毒和防放射物的密封门。

5) 掩蔽室　从第四个门框到预备出入口防护密闭门之间,是由 φ180 的圆木框架密接构成的掩蔽室。总长度为 4 100,内宽度为 1 600,内高度为 1 800。它是工事的主体,室内设有一张双层木床,一张长桌,四张小桌,六个方凳,位置布置如平面图。此外还有一套通风滤毒装置,其详细情况见 2—2 剖面图。掩蔽室的顶材为两根重叠设置的 φ180 的圆木,以提高框架的承载力。

6）垂坑式预备出入口　工事的最左端是垂坑式预备出入口。它由φ150的圆木框架和系材构成，通过方木支承框与掩蔽室的加强框相连，并在预备出入口处设有防护密闭门，门的结构以详图如图11-18所示。垂坑底部比掩蔽室低1 100。预备出入口一般情况不用，只有当基本出入口被破坏后才被启用，其支承结构以详图表示在第二张图纸上。当要使用此出口时，只需解脱拉绳，杠杆即失去平衡而翻转，支撑木和沙袋托板随之掉下，沙袋落入坑底，人员即可由此打开防护盖板而出入。

在深度方向上，自下而上的分层名称和尺寸，由引出线引出，集中标注在剖视图上方。

对于有详图索引的部位，需要进一步了解其结构，可看相应的详图。

图中不能用图形表达的内容如分散层的土表面的伪装等用文字做了说明。

3. 读军用桥梁图

军用桥梁是保障军队克服江河、深谷、沟渠等障碍，在短期内架设的固定桥脚桥梁，用来表达军用桥梁结构、尺寸大小及材料的图样称为军用桥梁图，简称军桥图（图11-19、图11-20）。

（1）军桥图的特点及画法

由于桥梁的整体结构大多具有纵向和横向两个对称面。因此，画军桥图时，可以对称面为界，一半画成平面图，另一半画成剖视图，还可在适当的部位作局部剖切来显示下层结构。

军桥图的平面图、纵剖视图、横剖视图及节点详图通常可分别采用如下画法：

1）平面图　可分别以桥轴线或横向对称中心线为界，一半画平面图，另一半画剖视图，并在需要显示下层结构的部位作局部剖切。也可以横向中心线为界，只画出一半，在这一半中，还可作适当的水平剖切和局部剖切。

2）纵剖视图　可以横向对称线为界，一半画平面图表达外形，另一半画成剖视图。也可以横向对称中心线为界只画出一半，在中心线上用对称符号表示。

3）横剖视图　一般全部画出，也可以对称线为界只画出一半。而对于结构较复杂，各段剖面不同的桥，可根据情况选择几个剖切位置，分别画出相应的剖视图。有时也可把两个不同位置剖切得到的半剖视图以中心线为界，拼画成一个图，这样既可以节省图幅又便于对照看图。

4）节点详图　把结构复杂或位置重要的一些接合部位单独放大画出。

为了便于读图及保持图面清楚，通常将桥梁跨径、桥脚编号、桥脚高度、土壤性质集中列表于纵剖面图下面。

（2）读军桥图的方法

低水桥是一种使用期限较短，通常不考虑洪水，流冰和船只从桥下通过的桥梁。这种桥梁桥脚较低，跨径较小，结构简单，架设迅速，是军队常用的桥梁类型。图11-19、图11-20是履带式载重40 t低水桥详图。下面以低水桥图为例介绍读军桥图的一般方法和步骤。

读图时，先从平面图着手，并对照纵剖面图，弄清桥整体及各部分的结构、配置和层次关系。然后再读各桥脚图及节点详图，同时对照有关图样，看清楚各桥脚及细部结构。

在图11-19的平面图中，以桥轴线为界，后面一半是桥的表面图，反映了桥板、车辙板和人行栏杆的桥面情况。前一半揭去了桥板，画出了左右桥础和中间桥脚、桥桁的配置情况。

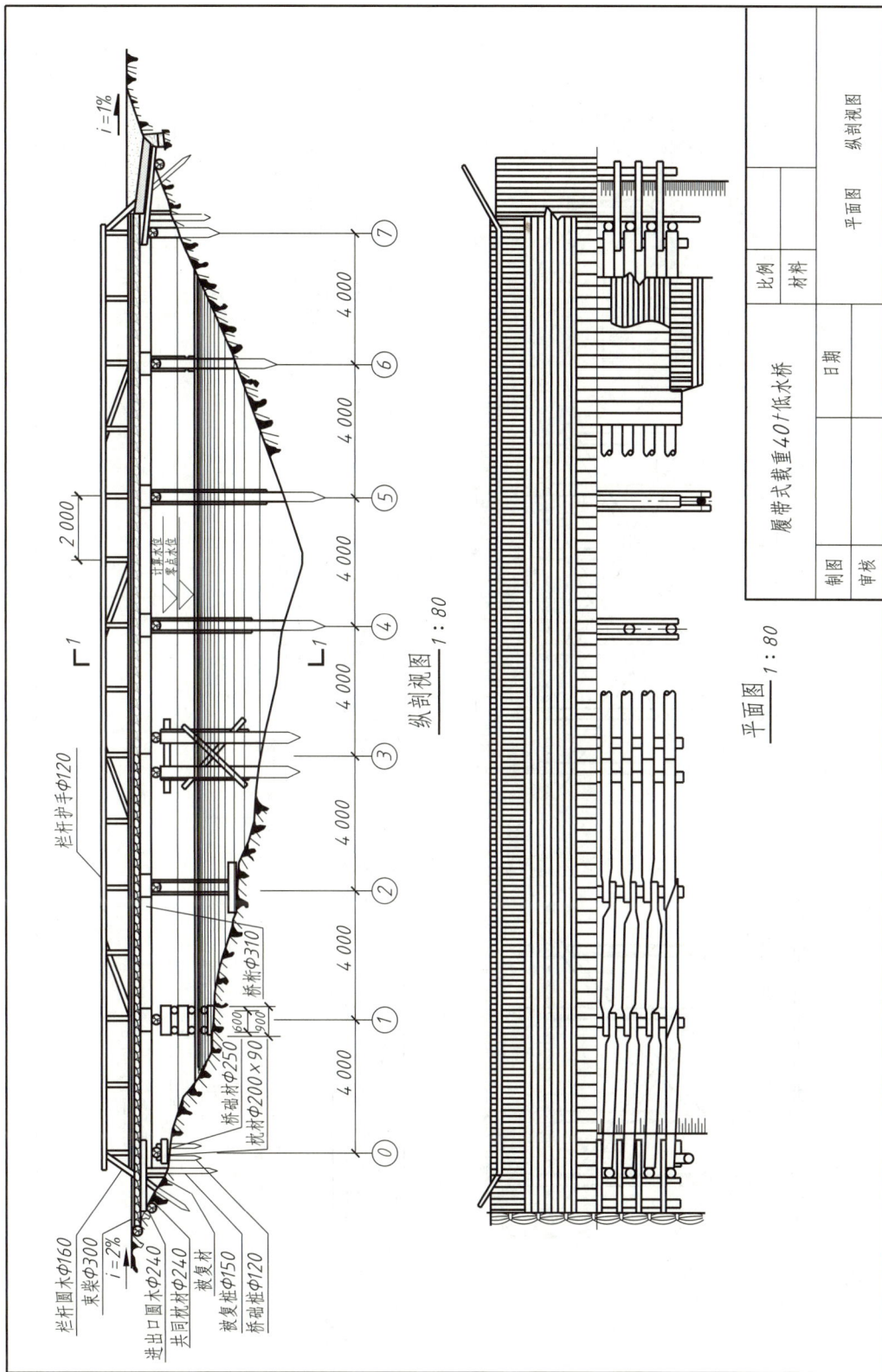

图 11-19　军桥图（一）

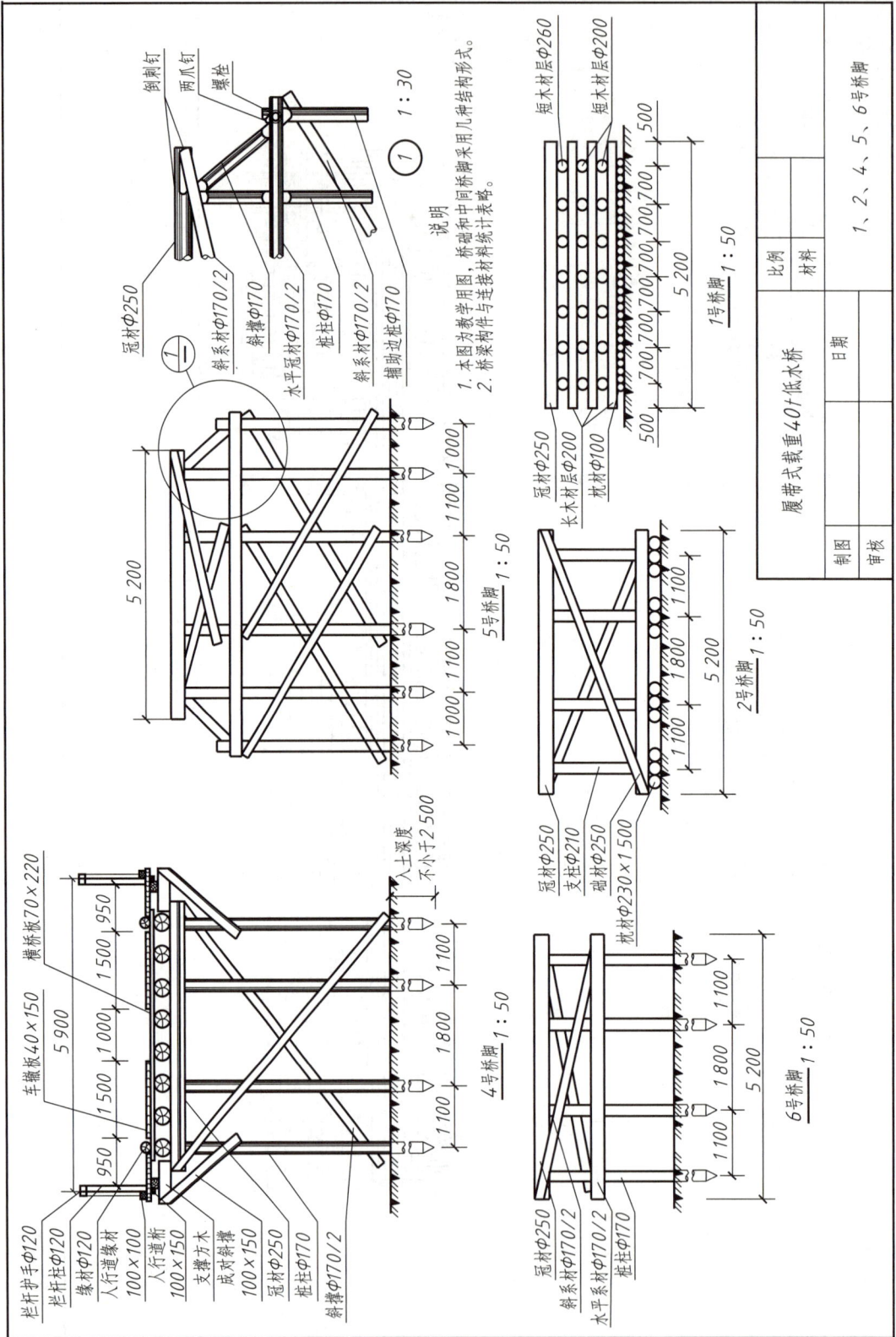

说明
1. 本图为教学用图，桥砧和中间桥脚采用几种结构形式。
2. 桥梁构件与连接材料统计表略。

1号桥脚 1:50

2号桥脚 1:50

6号桥脚 1:50

5号桥脚 1:50

4号桥脚 1:50

履带式载重40t低水桥

比例
材料

制图
审核
日期

1、2、4、5、6号桥脚

图11-20　军桥图（二）

　　纵剖面图是通过桥轴线剖切画出的,图中可以清楚看出河底的断面情况,两桥础结构及各中间桥脚的位置、形式和桥桁、桥板、栏杆等上部结构的情况。桥的左端是础材桥础,右端为列柱桥础,对照图 11-19 中各桥脚图可看出各中间桥脚自左至右为: 1 号为木杆层桥脚, 2 号为架柱桥脚, 3 号为双列复式列柱桥脚, 4、5、6 号均为列柱桥脚如图 11-20 所示。

　　1—1 剖面图(4 号桥脚)表示出了桥的横向结构,对照平面图、纵剖面图可以看出:在桥脚冠材上面放置了 8 根桥桁,再在上面敷设横桥板及车辙板,两侧用斜撑连接支撑方木、敷设人行道桁和桥板及缘材,并设置栏杆。

　　军桥各部分的结构尺寸及构件尺寸,在图中都已标出。从图中还可看到零点水位、计算水位及桩柱的入土深度等内容。

附录

一、螺纹

附表1　普通螺纹的直径与螺距标准组合系列(摘自 GB/T 193—2003)　　mm

公称直径 d、D			螺距 P		公称直径 d、D			螺距 P	
第一系列	第二系列	第三系列	粗牙	细牙	第一系列	第二系列	第三系列	粗牙	细牙
1			0.25				26		1.5
	1.1		0.25			27		3	2,1.5,1
1.2			0.25	0.2			28		2,1.5,1
	1.4		0.3		30			3.5	(3),2,1.5,1
1.6			0.35				32		2,1.5
	1.8		0.35			33		3.5	(3),2,1.5
2			0.4	0.25			35		1.5
	2.2		0.45		36			4	3,2,1.5
2.5			0.45				38		1.5
3			0.5	0.35		39		4	3,2,1.5
	3.5		0.6				40		
4			0.7		42			4.5	4,3,2,1.5
	4.5		0.75	0.5		45			
5			0.8		48			5	
		5.5					50		3,2,1.5
6			1	0.75		52		5	
	7		1				55		
8			1.25	1,0.75	56			5.5	4,3,2,1.5
		9	1.25	1,0.75			58		
10			1.5	1.25,1,0.75		60		5.5	
		11	1.5	1.5,1,0.75			62		
12			1.75	1.25,1	64			6	
	14		2	1.5,1.25,1			65		4,3,2,1.5
		15				68		6	
16			2	1.5,1			70		6,4,3,2,1.5
		17			72				
	18		2.5				75		4,3,2,1.5
20			2.5	2,1.5,1		76			6,4,3,2,1.5
	22		2.5				78		2
24			3		80				6,4,3,2,1.5
		25					82		2

公称直径 d、D			螺距 P		公称直径 d、D			螺距 P	
第一系列	第二系列	第三系列	粗牙	细牙	第一系列	第二系列	第三系列	粗牙	细牙
	85						195		6,4,3
90					200				8,6,4,3
	95						205		6,4,3
100							210		8,6,4,3
	105			6,4,3,2			215		6,4,3
110					220				8,6,4,3
	115						225		6,4,3
	120						230		8,6,4,3
125				8.6,4,3,2			235		6,4,3
	130						240		8,6,4,3
		135		6,4,3,2			245		6,4,3
140				8,6,4,3,2	250				8,6,4,3
		145		6,4,3,2			255		6,4
	150			8,6,4,3,2			260		8,6,4
		155		6,4,3			265		6,4
160				8,6,4,3			270		8,6,4
		165		6,4,3			275		6,4
	170			8,6,4,3	280				8,6,4
		175		6,4,3			285		6,4
180				8,6,4,3			290		8,6,4
		185		6,4,3			295		6,4
	190			8,6,4,3			300		8,6,4

注:1. 优先选用第一系列直径,其次选择第二系列直径,最后选择第三系列直径。
2. M14×1.25 仅用于发动机的火花塞;M35×1.5 仅用于轴承的锁紧螺母。
3. 括号内的螺距应尽可能不用。

附表 2 普通螺纹的基本尺寸(摘自 GB/T 196—2003)

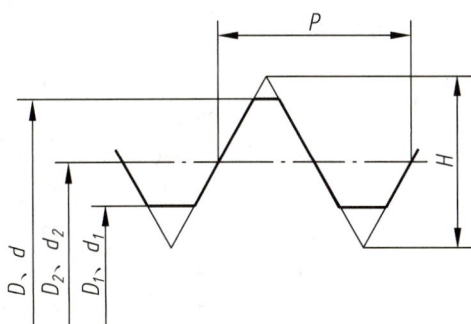

D—内螺纹大径;d—外螺纹大径;D_2—内螺纹中径;d_2—外螺纹中径;D_1—内螺纹小径;d_1—外螺纹小径;P—螺距;H—原始三角形高度

标记示例:

M10—6 g(粗牙普通外螺纹,公称直径 d = 10 mm,中径及大径公差带代号均为 6 g,中等旋合长度,右旋)

M10×1—6H—LH(细牙普通内螺纹,公称直径 D = 10 mm,螺距 P = 1 mm,中径及小径公差带代号均为6H,中等旋合长度,左旋)

mm

续表

公称直径 d、D	螺距 P	中径 D_2 或 d_2	小径 D_1 或 d_1	公称直径 d、D	螺距 P	中径 D_2 或 d_2	小径 D_1 或 d_1
1	0.25	0.838	0.729	10	1	9.350	8.917
	0.2	0.870	0.783		0.75	9.513	9.188
1.1	0.25	0.938	0.829	11	1.5	10.026	9.376
	0.2	0.970	0.883		1	10.350	9.917
1.2	0.25	1.038	0.929		0.75	10.513	10.188
	0.2	1.070	0.983	12	1.75	10.863	10.106
1.4	0.3	1.205	1.075		1.5	11.026	10.376
	0.2	1.270	1.183		1.25	11.188	10.647
1.6	0.35	1.373	1.221		1	11.350	10.917
	0.2	1.470	1.383	14	2	12.701	11.835
1.8	0.35	1.573	1.421		1.5	13.026	12.376
	0.2	1.670	1.583		1.25	13.188	12.647
2	0.4	1.740	1.567		1	13.350	12.917
	0.25	1.838	1.729	15	1.5	14.026	13.376
2.2	0.45	1.908	1.713		1	14.350	13.917
	0.25	2.038	1.929	16	2	14.701	13.835
2.5	0.45	2.208	2.013		1.5	15.026	14.376
	0.35	2.273	2.121		1	15.350	14.917
3	0.5	2.675	2.459	17	1.5	16.026	15.376
	0.35	2.773	2.621		1	16.350	15.917
3.5	0.6	3.110	2.850	18	2.5	16.376	15.294
	0.35	3.273	3.121		2	16.701	15.835
4	0.7	3.545	3.242		1.5	17.026	16.376
	0.5	3.675	3.459		1	17.350	16.917
4.5	0.75	4.013	3.688	20	2.5	18.376	17.294
	0.5	4.175	3.959		2	18.701	17.835
5	0.8	4.480	4.134		1.5	19.026	18.376
	0.5	4.675	4.459		1	19.350	18.917
5.5	0.5	5.175	4.959	22	2.5	20.376	19.294
6	1	5.350	4.917		2	20.701	19.835
	0.75	5.513	5.188		1.5	21.026	20.376
7	1	6.350	5.917		1	21.350	20.917
	0.75	6.513	6.188	24	3	22.051	20.752
8	1.25	7.188	6.647		2	22.701	21.835
	1	7.350	6.917		1.5	23.026	22.376
	0.75	7.513	7.188		1	23.350	22.917
9	1.25	8.188	7.647	25	2	23.701	22.835
	1	8.350	7.917		1.5	24.026	23.376
	0.75	8.513	8.188		1	24.350	23.917
10	1.5	9.026	8.376	26	1.5	25.026	24.376
	1.25	9.188	8.647	27	3	25.051	23.752

附表 3 梯形螺纹的基本尺寸(摘自 GB/T 5796. 3—2022)

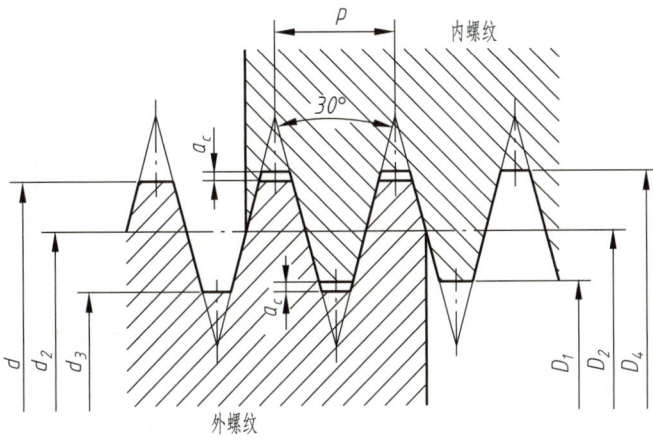

D_4—内螺纹大径;d—外螺纹大径;D_2—内螺纹中径;d_2—外螺纹中径;D_1—内螺纹小径;d_3—外螺纹小径;P—螺距;a_c—牙顶间隙

标记示例:

Tr40×7-7H

(单线梯形内螺纹,公称直径 $d=40$ mm,螺距 $P=7$ mm,右旋,中径公差带代号为 7H,中等旋合长度)

Tr60×18($P9$)LH-8e-L

(双线梯形外螺纹,公称直径 $d=60$ mm,导程为 18 mm,螺距 $P=9$ mm,左旋,中径公差带代号为 8e,长旋合长度)

mm

公称直径 d 第一系列	公称直径 d 第二系列	螺距 P	中径 $d_2=D_2$	大径 D_4	小径 d_3	小径 D_1
8		1.5	7.25	8.30	6.20	6.50
	9	1.5	8.25	9.30	7.20	7.50
	9	2	8.00	9.50	6.50	7.00
10		1.5	9.25	10.30	8.20	8.50
10		2	9.00	10.50	7.50	8.00
	11	2	10.00	11.50	8.50	9.00
	11	3	9.50	11.50	7.50	8.00
12		2	11.00	12.50	9.50	10.00
12		3	10.50	12.50	8.50	9.00
	14	2	13.00	14.50	11.50	12.00
	14	3	12.50	14.50	10.50	11.00
16		2	15.00	16.50	13.50	14.00
16		4	14.00	16.50	11.50	12.00
	18	2	17.00	18.50	15.50	16.00
	18	4	16.00	18.50	13.50	14.00
20		2	19.00	20.50	17.50	18.00
20		4	18.00	20.50	15.50	16.00
	22	3	20.50	22.50	18.50	19.00
	22	5	19.50	22.50	16.50	17.00
	22	8	18.00	23.00	13.00	14.00
24		3	22.50	24.50	20.50	21.00
24		5	21.50	24.50	18.50	19.00
24		8	20.00	25.00	15.00	16.00

公称直径 d 第一系列	公称直径 d 第二系列	螺距 P	中径 $d_2=D_2$	大径 D_4	小径 d_3	小径 D_1
	26	3	24.5	26.50	22.50	23.00
	26	5	23.5	26.50	20.50	21.00
	26	8	22.00	27.00	17.00	18.00
28		3	26.50	28.50	24.50	25.00
28		5	25.50	28.50	22.50	23.00
28		8	24.00	29.00	19.00	20.00
	30	3	28.50	30.50	26.50	27.00
	30	6	27.00	31.00	23.00	24.00
	30	10	25.00	31.00	19.00	20.00
32		3	30.50	32.50	28.50	29.00
32		6	29.00	33.00	25.00	26.00
32		10	27.00	33.00	21.00	22.00
	34	3	32.50	34.50	30.50	31.00
	34	6	31.00	35.00	27.00	28.00
	34	10	29.00	35.00	23.00	24.00
36		3	34.50	36.50	32.50	33.00
36		6	33.00	37.00	29.00	30.00
36		10	31.00	37.00	25.00	26.00
	38	3	36.50	38.50	34.50	35.00
	38	7	34.50	39.00	30.00	31.00
	38	10	33.00	39.00	27.00	28.00
40		3	38.50	40.50	36.50	37.00
40		7	36.50	41.00	32.00	33.00
40		10	35.00	41.00	29.00	30.00

注:D 为内螺纹,d 为外螺纹。

附表 4　55°密封管螺纹（摘自 GB/T 7306.1～7306.2—2000）

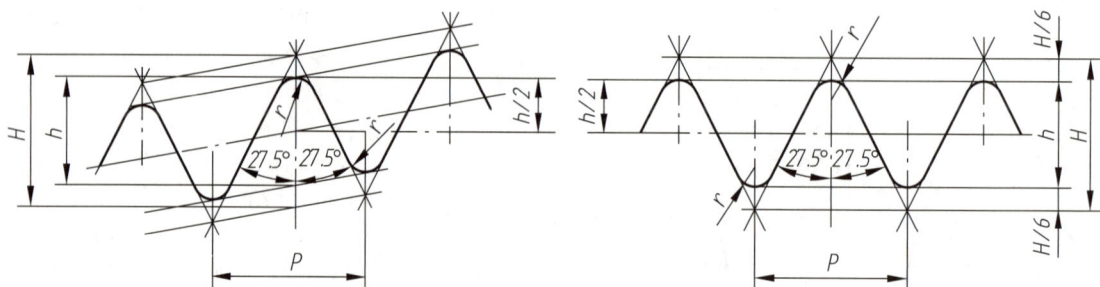

55°密封圆锥螺纹基本牙型参数：

$P = 25.4/n$

$H = 0.960\ 237P$

$h = 0.640\ 327P$

$r = 0.137\ 278P$

标记示例：$R_c 1\frac{1}{2}$（圆锥内螺纹）

　　　　　　$R_1 1\frac{1}{2}$—LH（圆锥外螺纹，左旋，与密封圆柱内螺纹配合使用）

　　　　　　$R_p 1\frac{1}{2}$—LH（圆柱内螺纹，左旋）

55°密封圆柱内螺纹的基本牙型参数：

$P = 25.4/n$　　　　$D_2 = d_2 = d - 0.640\ 327P$

$H = 0.960\ 491P$　　$D_1 = d_1 = d - 1.280\ 654P$

$h = 0.640\ 327P$　　$H/6 = 0.160\ 082P$

$r = 0.137\ 329P$

内外螺纹配合标注：

　　$R_c 1\frac{1}{2}/R_2 1\frac{1}{2}$—LH（左旋"锥/锥"配合）

　　$R_p 1\frac{1}{2}/R_1 1\frac{1}{2}$（右旋"柱/锥"配合）

尺寸代号	每 25.4 mm 内的牙数 n	螺距 P /mm	牙高 h /mm	基准平面内的基本直径**			基准距离* /mm	外螺纹的有效螺纹长度 /mm
				大径（基准直径）$d = D$ /mm	中径 $d_2 = D_2$ /mm	小径 $d_1 = D_1$ /mm		
1/16	28	0.907	0.581	7.723	7.142	6.561	4.0	6.5
1/8	28			9.728	9.147	8.566		
1/4	19	1.337	0.856	13.157	12.301	11.445	6.0	9.7
3/8	19			16.662	15.806	14.950	6.4	10.1
1/2	14	1.814	1.162	20.955	19.793	18.631	8.2	13.2
3/4	14			26.441	25.279	24.117	9.5	14.5
1	11	2.309	1.479	33.249	31.770	30.291	10.4	16.8
1¼	11			41.910	40.431	38.952	12.7	19.1
1½	11	2.309	1.479	47.803	46.324	44.845	12.7	19.1
2	11			59.614	58.135	56.656	15.9	23.4
2½	11	2.309	1.479	75.184	73.705	72.226	17.5	26.7
3	11			87.884	86.405	84.926	20.6	29.8
4	11	2.309	1.479	113.030	111.551	110.072	25.4	35.8
5	11	2.309	1.479	138.430	136.951	135.472	28.6	40.1
6	11			163.830	162.351	160.872		

注：*　基准距离即旋合基准长度。

　　**　基准平面即内螺纹的孔口端面；外螺纹的基准长度处垂直于轴线的断面。

附表 5 55°非密封管螺纹（摘自 GB/T 7307—2001）

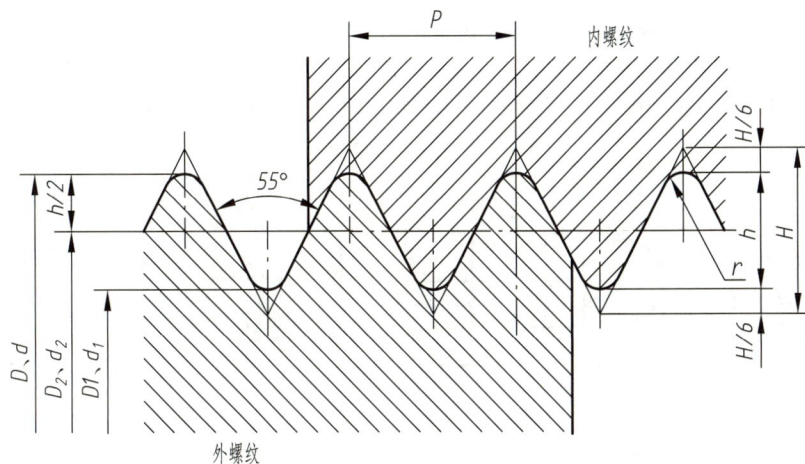

螺纹的中径公差等级代号：对外螺纹分 A、B 两级标记；对内螺纹则不做标记。

尺寸代号为 1½ 的螺纹的标记示例如下：

G 1½：右旋的圆柱内螺纹；

G 1½A：A 级右旋的圆柱外螺纹；

G 1½B-LH：B 级左旋的圆柱外螺纹。

当表示螺纹副时，仅标注外螺纹的标记代号，例如：尺寸代号为 2 的右旋、内螺纹与 A 级圆柱外螺纹组成的螺纹副：G2A。

尺寸代号	每 25.4 mm 中螺纹的牙数 n	螺距 P /mm	牙高 h /mm	基本直径		
				大径 $D=d$ /mm	中径 $D_2=d_2$ /mm	小径 $D_1=d_1$ /mm
1/16	28	0.907	0.581	7.723	7.142	6.561
1/8				9.728	9.147	8.566
1/4	19	1.337	0.856	13.157	12.301	11.445
3/8				16.662	15.806	14.950
1/2	14	1.814	1.162	20.955	19.793	18.631
5/8				22.911	21.749	20.587
3/4				26.441	25.279	24.117
7/8				30.201	29.039	27.877
1	11	2.309	1.479	33.249	31.770	30.291
1⅛				37.897	36.418	34.939
1¼				41.910	40.431	38.952
1½				47.803	46.324	44.845
1¾				53.746	52.267	50.788
2				59.514	58.135	56.656
2¼				65.710	64.231	62.752
2½				75.184	73.705	72.226
2¾				81.534	80.055	78.576
3				87.884	86.405	84.926
3½				100.330	98.851	97.372
4				113.030	111.551	110.072
4½				125.730	124.251	122.772
5				138.430	136.951	135.472
5½				151.130	149.651	148.172
6				163.830	162.351	160.872

二、常用的标准件

附表 6　六角头螺栓

六角头螺栓—C 级（摘自 GB/T 5780—2016）　　　六角头螺栓全螺栓—C 级（摘自 GB/T 5781—2016）

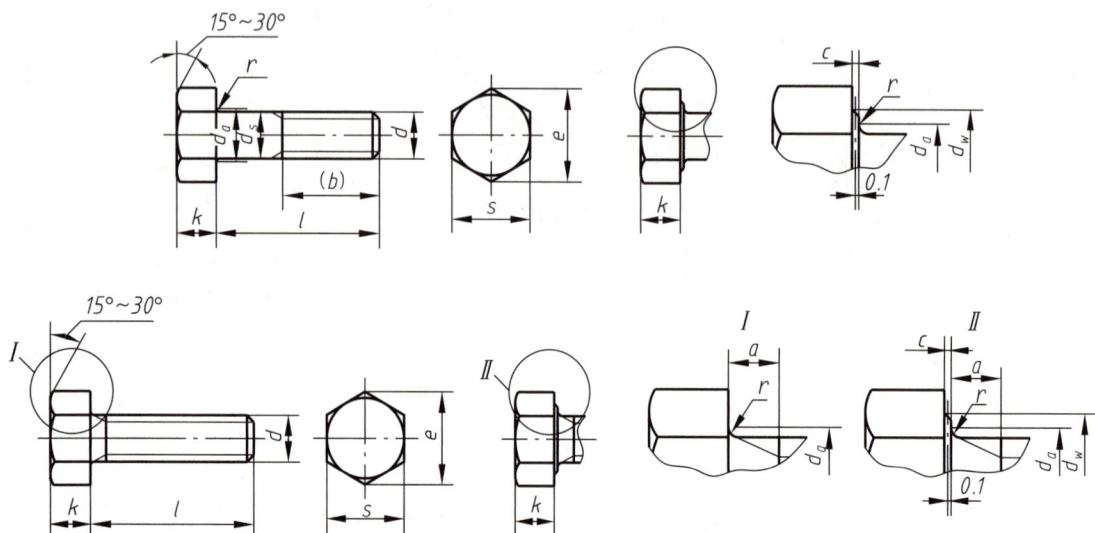

标记示例:

螺栓　GB/T 5780　M12×80

表示:螺纹规格为 M12、公称长度 l=80 mm、产品等级为 C 级的六角头螺栓。

mm

螺纹规格 d		M5	M6	M8	M10	M12	M16	M20	M24	M30	M36
b 参考	$l \leqslant 125$	16	18	22	26	30	38	46	54	66	78
	$125 < l \leqslant 200$	22	24	28	32	36	44	52	60	72	—
	$l > 200$	35	37	41	45	49	57	65	73	85	97
c　max		0.5	0.5	0.6	0.6	0.6	0.8	0.8	0.8	0.8	0.8
d_w　min		6.74	8.74	11.44	14.47	16.47	22	27.7	33.25	42.75	51.11
k　公称		3.5	4	5.3	6.4	7.5	10	12.5	15	18.7	22.5
r　min		0.2	0.25	0.4	0.4	0.6	0.6	0.8	0.8	1	1
e　min		8.63	10.89	14.20	17.59	19.85	26.17	32.95	39.55	50.85	60.79
s　公称		8	10	13	16	18	24	30	36	46	55
l	GB/T 5780— 2016	25~50	30~60	40~80	45~100	55~120	65~160	80~200	100~240	120~300	140~360
	GB/T 5781— 2016	10~50	12~60	16~80	20~100	25~120	30~160	40~200	50~240	60~300	70~360
l(系列)		10、12、16、20~50(5 进位)、(55)、60、(65)、70~160(10 进位)、180、200、220、240、260、 280、300、320、340、360									

注:括号内的规格尽可能不采用。

附表 7 双 头 螺 柱

$$b_m = 1d(\text{GB/T 897}-1988); b_m = 1.25d(\text{GB/T 898}-1988);$$
$$b_m = 1.5d(\text{GB/T 899}-1988); b_m = 2d(\text{GB/T 900}-1988)。$$

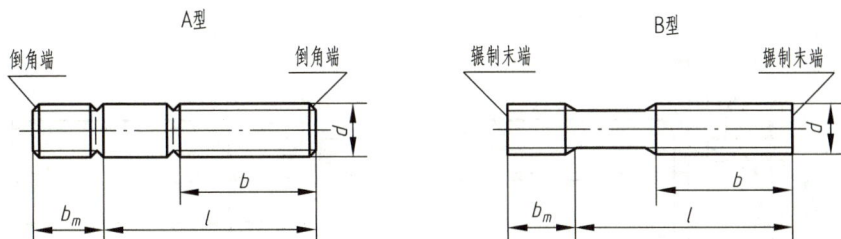

标记示例:

    螺柱 GB/T 897 M10×50

表示:两端均为粗牙普通螺纹、$d=10$ mm、$l=50$ mm、性能等级为 4.8 级、不经表面处理、B 型、$b_m=1d$ 的双头螺柱。

    螺柱 GB/T 897 AM10—M10×1×50

表示:旋入机体一端为粗牙普通螺纹、旋螺母一端为螺距 $P=1$ mm 的细牙普通螺纹、$d=10$ mm、$l=50$ mm、性能等级为 4.8 级、不经表面处理、A 型、$b_m=1d$ 的双头螺柱。

mm

螺纹规格	b_m				l/b				
d	GB/T 897	GB/T 898	GB/T 899	GB/T 900					
M4	—	—	6	8	$\dfrac{16\sim22}{8}$	$\dfrac{25\sim40}{14}$			
M5	5	6	8	10	$\dfrac{16\sim22}{10}$	$\dfrac{25\sim50}{16}$			
M6	6	8	10	12	$\dfrac{20\sim22}{10}$	$\dfrac{25\sim30}{14}$	$\dfrac{32\sim75}{18}$		
M8	8	10	12	16	$\dfrac{20\sim22}{12}$	$\dfrac{25\sim30}{16}$	$\dfrac{32\sim90}{22}$		
M10	10	12	15	20	$\dfrac{25\sim28}{14}$	$\dfrac{30\sim38}{16}$	$\dfrac{40\sim120}{26}$	$\dfrac{130}{32}$	
M12	12	15	18	24	$\dfrac{25\sim30}{16}$	$\dfrac{32\sim40}{20}$	$\dfrac{45\sim120}{30}$	$\dfrac{130\sim180}{36}$	
M16	16	20	24	32	$\dfrac{30\sim38}{20}$	$\dfrac{40\sim55}{30}$	$\dfrac{60\sim120}{38}$	$\dfrac{130\sim200}{44}$	
M20	20	25	30	40	$\dfrac{35\sim40}{25}$	$\dfrac{45\sim65}{35}$	$\dfrac{70\sim120}{46}$	$\dfrac{130\sim200}{52}$	
M24	24	30	36	48	$\dfrac{45\sim50}{30}$	$\dfrac{55\sim75}{45}$	$\dfrac{80\sim120}{54}$	$\dfrac{130\sim200}{60}$	
M30	30	38	45	60	$\dfrac{60\sim65}{40}$	$\dfrac{70\sim90}{50}$	$\dfrac{95\sim120}{66}$	$\dfrac{130\sim200}{72}$	$\dfrac{210\sim250}{85}$
M36	36	45	54	72	$\dfrac{65\sim75}{45}$	$\dfrac{80\sim110}{60}$	$\dfrac{120}{78}$	$\dfrac{130\sim200}{84}$	$\dfrac{210\sim300}{97}$
M42	42	52	63	84	$\dfrac{70\sim80}{50}$	$\dfrac{85\sim110}{70}$	$\dfrac{120}{90}$	$\dfrac{130\sim200}{96}$	$\dfrac{210\sim300}{109}$
M48	48	60	72	96	$\dfrac{80\sim90}{60}$	$\dfrac{95\sim110}{80}$	$\dfrac{120}{102}$	$\dfrac{130\sim200}{108}$	$\dfrac{210\sim300}{121}$
l(系列)	12、(14)、16、(18)、20、(22)、25、(28)、30、(32)、35、(38)、40、45、50、(55)、60、(65)、70、(75)、80、(85)、90、(95)、100~260(10 进位)、280、300								

注:1. 尽可能不采用括号内的规格。

    2. $b_m=1d$ 一般用于钢、$b_m=(1.25\sim1.5)d$ 一般用于钢对铸铁、$b_m=2d$ 一般用于钢对铝合金的连接。

    3. 无螺纹部分杆径约等于中径或等于大径。

附表 8 开槽圆柱头螺钉(摘自 GB/T 65—2016)

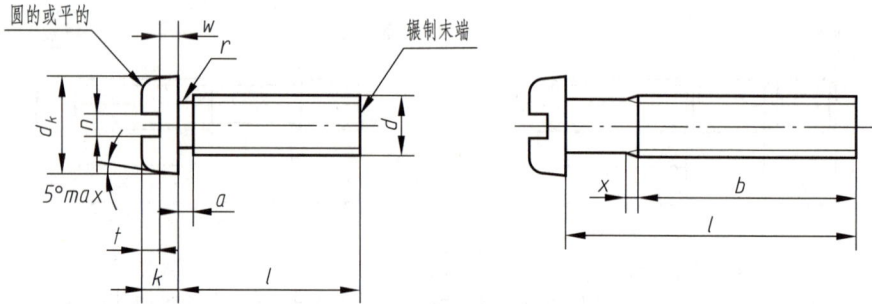

标记示例：

螺钉 GB/T 65 M5×20

表示：螺纹规格为 M5、公称长度 $l = 20$ mm、性能等级为 4.8 级,不经表面处理的 A 级开槽圆柱头螺钉。

mm

螺纹规格 d	M2.5	M3	M4	M5	M6	M8	M10
P(螺距)	0.45	0.5	0.7	0.8	1	1.25	1.5
a_{max}	0.9	1	1.4	1.6	2	2.5	3
b_{min}	25	25	38	38	38	38	38
d_{kmax}	4.5	5.5	7	8.5	10	13	16
k_{max}	1.8	2.0	2.6	3.3	3.9	5	6
$n_{公称}$	0.6	0.8	1.2	1.2	1.6	2	2.5
r_{min}	0.1	0.1	0.2	0.2	0.25	0.4	0.4
t_{min}	0.7	0.85	1.1	1.3	1.6	2	2.4
w_{min}	0.7	0.75	1.1	1.3	1.6	2	2.4
x_{max}	1.1	1.25	1.75	2	2.5	3.2	3.8
公称长度 l	3~25	4~30	5~40	6~50	8~60	10~80	12~80
l(系列)	3、4、5、6、8、10、12、(14)、16、20、25、30、35、40、45、50、(55)、60、(65)、70、(75)、80						

注:1. 括号内的规格尽可能不采用。

 2. 公称长度在 40 mm 以内的螺钉,制出全螺纹。

 3. 无螺纹部分杆径约等于中径或等于大径。

附表 9　开槽盘头螺钉(摘自 GB/T 67—2016)

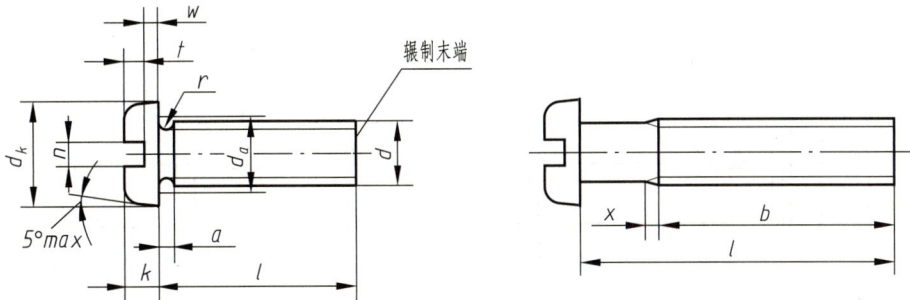

标记示例：

螺钉　GB/T 67　M5×20

表示：螺纹规格为 M5、公称长度 $l=20$ mm、性能等级为 4.8 级,不经表面处理的 A 级开槽盘头螺钉。

mm

螺纹规格 d	M1.6	M2	M2.5	M3	M4	M5	M6	M8	M10
P(螺距)	0.35	0.4	0.45	0.5	0.7	0.8	1	1.25	1.5
a_{max}	0.7	0.8	0.9	1	1.4	1.6	2	2.5	3
b_{min}	25	25	25	25	38	38	38	38	38
d_{kmax}	3.2	4	5	5.6	8	9.5	12	16	20
k_{max}	1	1.3	1.5	1.8	2.4	3	3.6	4.8	6
n 公称	0.4	0.5	0.6	0.8	1.2	1.2	1.6	2	2.5
r_{min}	0.1	0.1	0.1	0.1	0.2	0.2	0.25	0.4	0.4
t_{min}	0.35	0.5	0.6	0.7	1	1.2	1.4	1.9	2.4
w_{min}	0.3	0.4	0.5	0.7	1	1.2	1.4	1.9	2.4
X_{max}	0.9	1	1.1	1.25	1.75	2	2.5	3.2	3.8
公称长度 l	2~16	2.5~20	3~25	4~30	5~40	6~50	8~60	10~80	12~80
l(系列)	2、2.5、3、4、5、6、8、10、12、(14)、16、20、25、30、35、40、45、50、(55)、60、(65)、70、(75)、80								

注:1. 括号内的规格尽可能不采用。

　2. 无螺纹部分杆径约等于中径或等于大径。

　3. M1.6~M3 的螺钉,公称长度在 30 mm 以内的,制出全螺纹;

　　M4~M10 的螺钉,公称长度在 40 mm 以内的,制出全螺纹。

附表 10　开槽沉头螺钉(摘自 GB/T 68—2016)

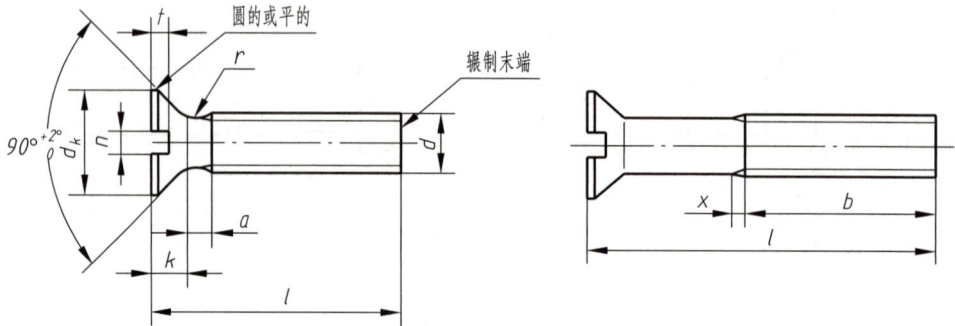

标记示例:

　　螺钉　GB/T 68　M5×20

表示:螺纹规格为 M5、公称长度 $l = 20$ mm、性能等级为 4.8 级,不经表面处理的 A 级开槽沉头螺钉。

mm

螺纹规格 d	M1.6	M2	M2.5	M3	M4	M5	M6	M8	M10
P(螺距)	0.35	0.4	0.45	0.5	0.7	0.8	1	1.25	1.5
a_{max}	0.7	0.8	0.9	1	1.4	1.6	2	2.5	3
b_{min}	25	25	25	25	38	38	38	38	38
d_{kmax}	3	3.8	4.7	5.5	8.4	9.3	11.3	15.8	18.3
k_{max}	1	1.2	1.5	1.65	2.7	2.7	3.3	4.65	5
n 公称	0.4	0.5	0.6	0.8	1.2	1.2	1.6	2	2.5
r_{max}	0.4	0.5	0.6	0.8	1	1.3	1.5	2	2.5
t_{max}	0.5	0.6	0.75	0.85	1.3	1.4	1.6	2.3	2.6
X_{max}	0.9	1	1.1	1.25	1.75	2	2.5	3.2	3.8
公称长度 l	2.5~16	3~20	4~25	5~30	6~40	8~50	8~60	10~80	12~80
l(系列)	2.5、3、4、5、6、8、10、12、(14)、16、20、25、30、35、40、45、50、(55)、60、(65)、70、(75)、80								

注:1. 括号内的规格尽可能不采用。

　　2. 无螺纹部分杆径约等于中径或等于大径。

　　3. M1.6~M3 的螺钉,公称长度在 30 mm 以内的,制出全螺纹;

　　　 M4~M10 的螺钉,公称长度在 40 mm 以内的,制出全螺纹。

附表 11　内六角圆柱头螺钉(摘自 GB/T 70.1—2008)

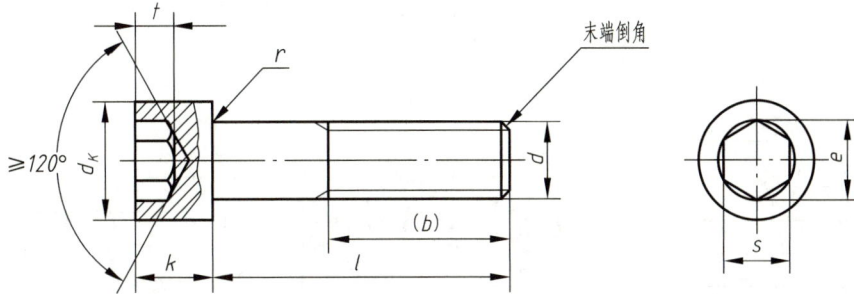

标记示例：

螺钉　GB/T 70　M5×20

表示：螺纹规格为 M5、公称长度 $l=20$ mm、性能等级为 8.8 级、表面氧化的 A 级内六角圆柱头螺钉。

mm

螺纹规格 d	M3	M4	M5	M6	M8	M10	M12	M16	M20
P(螺距)	0.5	0.7	0.8	1	1.25	1.5	1.75	2	2.5
b 参考	18	20	22	24	28	32	36	44	52
d_k	5.5	7	8.5	10	13	16	18	24	30
k	3	4	5	6	8	10	12	16	20
t	1.3	2	2.5	3	4	5	6	8	10
s	2.5	3	4	5	6	8	10	14	17
e	2.87	3.44	4.58	5.72	6.86	9.15	11.43	16.00	19.44
r	0.1	0.2	0.2	0.25	0.4	0.4	0.6	0.6	0.8
公称长度 l	5~30	6~40	8~50	10~60	12~80	16~100	20~120	25~160	30~200
$l≤$表中数值时，制出全螺纹	20	25	25	30	35	40	45	55	65
l(系列)	2.5,3,4,5,6,8,10,12,16,20,25,30,35,40,45,50,(55),60,65,70,80,90,100,110,120,130,140,150,160,180,200,220,240,260,280,300									

注：螺纹规格为 M1.6~M64。六角槽端部允许倒圆或制出沉孔。材料为钢的螺钉的性能等级有 8.8、10.9、12.9 级，8.8 级为常用。

附表 12　开槽紧定螺钉

开槽锥端紧定螺钉(摘自 GB/T 71—2018)
开槽平端紧定螺钉(摘自 GB/T 73—2017)
开槽长圆柱端紧定螺钉(摘自 GB/T 75—2018)

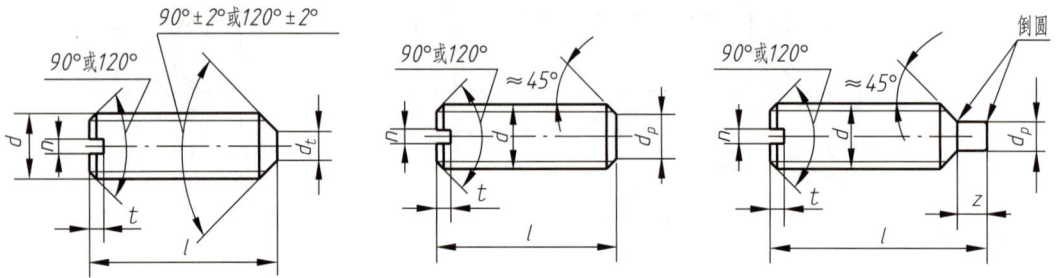

标记示例:

螺钉　GB/T 71　M5×12

表示:螺纹规格为 M5、公称长度 l = 12 mm、性能等级为 14H 级、表面氧化的开槽锥端紧定螺钉。

mm

螺纹规格 d		M1.6	M2	M2.5	M3	M4	M5	M6	M8	M10	M12
P(螺距)		0.35	0.4	0.45	0.5	0.7	0.8	1	1.25	1.5	1.75
$n_{公称}$		0.25	0.25	0.4	0.4	0.6	0.8	1	1.2	1.6	2
t_{max}		0.74	0.84	0.95	1.05	1.42	1.63	2	2.5	3	3.6
d_{tmax}		0.16	0.2	0.25	0.3	0.4	0.5	1.5	2	2.5	3
d_{pmax}		0.8	1	1.5	2	2.5	3.5	4	5.5	7	8.5
z_{max}		1.05	1.25	1.5	1.75	2.25	2.75	3.25	4.3	5.3	6.3
l	GB/T 71—2018	2~8	3~10	3~12	4~16	6~20	8~25	8~30	10~40	12~50	14~60
	GB/T 73—2017	2~8	2~10	2.5~12	3~16	4~20	5~25	6~30	8~40	10~50	12~60
	GB/T 75—2018	2.5~8	3~10	4~12	5~16	6~20	8~25	8~30	10~40	12~50	14~60
l(系列)		2、2.5、3、4、5、6、8、10、12、(14)、16、20、25、30、35、40、45、50、(55)、60									

注:1. 括号内的规格尽可能不采用。
　　2. 螺纹公差:6 g;机械性能等级:14H、22H,其中 14H 为常用。

附表 13　1 型六角螺母

1 型六角螺母　A 和 B 级(摘自 GB/T 6170—2015)

1 型六角螺母　细牙　A 和 B 级(摘自 GB/T 6171—2016)

1 型六角螺母　C 级(摘自 GB/T 41—2016)

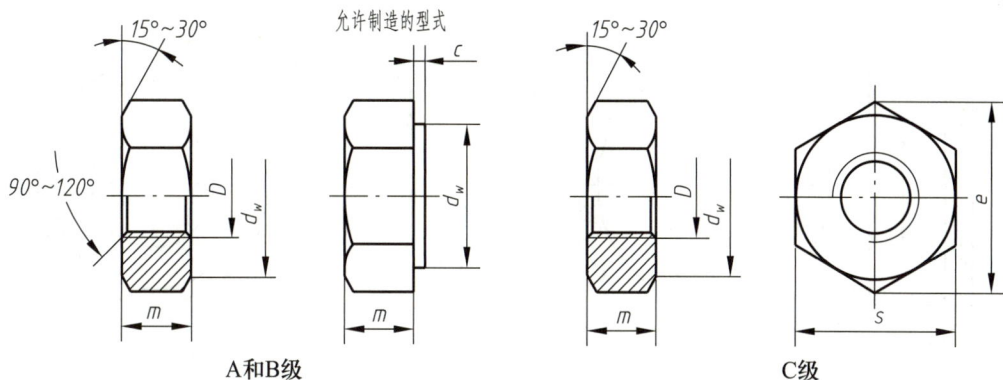

A 和 B 级　　　　　　　　　　C 级

标记示例:

螺母　GB/T 41　M12

表示:螺纹规格为 M12、性能等级为 5 级、不经表面处理、产品等级为 C 级的六角螺母。

螺母　GB/T 6170　M12

表示:螺纹规格为 M12、性能等级为 8 级、不经表面处理、产品等级为 A 级的 1 型六角螺母。

螺母　GB/T 6171　M16×1.5

表示:螺纹规格为 M16×1.5、细牙螺纹、性能等级为 8 级、表面镀锌钝化、产品等级为 A 级的 1 型六角螺母。

mm

螺纹规格 D	D	M4	M5	M6	M8	M10	M12	M16	M20	M24	M30	M36	M42	M48
	$D×P$	—	—	—	M8×1	M10×1	M12×1.5	M16×1.5	M20×1.5	M24×2	M30×2	M36×3	M42×3	M48×3
	c_{max}	0.4	0.5		0.6			0.8				1		
	s_{max}	7	8	10	13	16	18	24	30	36	46	55	65	75
s_{min}	A、B 级	6.78	7.78	9.78	12.73	15.73	17.73	23.67	29.6	35	45	53.8	63.1	73.1
	C 级	—	7.64	9.64	12.57	15.57	17.57	23.16	29.16	35	45	53.8	63.1	73.1
m_{max}	A、B 级	3.2	4.7	5.2	6.8	8.4	10.8	14.8	18	21.5	25.6	31	34	38
	C 级	—	5.6	6.4	7.9	9.5	12.2	15.9	19	22.3	26.4	31.9	34.9	38.9
d_{wmin}	A、B 级	5.9	6.9	8.9	11.6	14.6	16.6	22.5	27.7	33.3	42.8	51.1	60	69.5
	C 级	—	6.7	8.7	11.5	14.5	16.5	22	27.7	33.3	42.8	51.1	60	69.5

注:1. P—螺距。

2. A 级用于 $D≤16$ mm 的螺母;B 级用于 $D>16$ mm 的螺母;C 级用于 $D≥5$ mm 的螺母。

3. 螺纹公差:A、B 级为 6H,C 级为 7H。

4. 机械性能等级　GB/T 41:$D≤$M16 为 5 级;M16$<D≤$M39 为 4、5 级;$D>$M39 按协议。

　GB/T 6170:M3$≤D≤$M39 为 6、8、10 级;$D<$M3 或 $D>$M39 按协议。

　GB/T 6171:$D≤$M39 为 6、8 级;$D≤$M16 为 10 级;$D>$M39 按协议。

附表 14　垫　圈

小垫圈　A级(摘自 GB/T 848—2002)　　平垫圈　A级(摘自 GB/T 97.1—2002)
平垫圈　倒角型　A级(摘自 GB/T 97.2—2002)　　平垫圈　C级(摘自 GB/T 95—2002)
大垫圈　A级(摘自 GB/T 96.1—2002)　　特大垫圈　C级(摘自 GB/T 5287—2002)

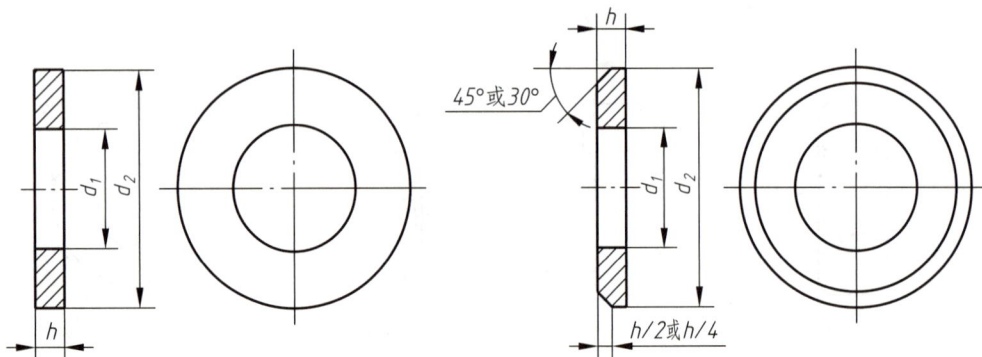

标记示例:

垫圈　GB/T 95　8(标准系列、公称规格 8、硬度等级为 100 HV 级、不经表面处理、产品等级为 C 级的平垫垫圈)

垫圈　GB/T 97.2　8(标准系列、公称规格 8、由钢制造的硬度等级为 200 HV 级、不经表面处理、产品等级为 A 级、倒角型平垫垫圈)

mm

公称规格(螺纹大径 d)	标准系列									特大系列			大系列			小系列		
	GB/T 95 (C级)			GB/T 97.1 (A级)			GB/T 97.2 (A级)			GB/T 5287 (C级)			GB/T 96.1 (A级)			GB/T 848 (A级)		
	d_1 min	d_2 max	h	d_1 min	d_2 max	h	d_1 min	d_2 max	h	d_1 min	d_2 max	h	d_1 min	d_2 max	h	d_1 min	d_2 max	h
4	4.5	9	0.8	4.3	9	0.8	—	—	—	—	—	—	4.3	12	1	4.3	8	0.5
5	5.5	10	1	5.3	10	1	5.3	10	1	5.5	18	2	5.3	15	1	5.3	9	1
6	6.6	12	1.6	6.4	12	1.6	6.4	12	1.6	6.6	22	2	6.4	18	1.6	6.4	11	1.6
8	9	16	1.6	8.4	16	1.6	8.4	16	1.6	9	28	3	8.4	24	2	8.4	15	1.6
10	11	20	2	10.5	20	2	10.5	20	2	11	34	3	10.5	30	2.5	10.5	18	1.6
12	13.5	24	2.5	13	24	2.5	13	24	2.5	13.5	44	4	13	37	3	13	20	2
16	17.5	30	3	17	30	3	17	30	3	17.5	56	5	17	50	3	17	28	2.5
20	22	37	3	21	37	3	21	37	3	22	72	6	21	60	4	21	34	3
24	26	44	4	25	44	4	25	44	4	26	85	6	25	72	5	25	39	4
30	33	56	4	31	56	4	31	56	4	33	105	6	33	92	6	31	50	4
36	39	66	5	37	66	5	37	66	5	39	125	8	39	110	8	37	60	5
42	45	78	8	45	78	8	45	78	8	—	—	—	—	—	—	—	—	—
48	52	92	8	52	92	8	52	92	8	—	—	—	—	—	—	—	—	—

注:1. A级适用于精装配系列,C级适用于中等装配系列。

2. GB/T 848 主要用于圆柱头螺钉,其他用于标准六角头螺栓、螺钉、螺母。

附表 15 标准型弹簧垫圈(摘自 GB/T 93—1987)

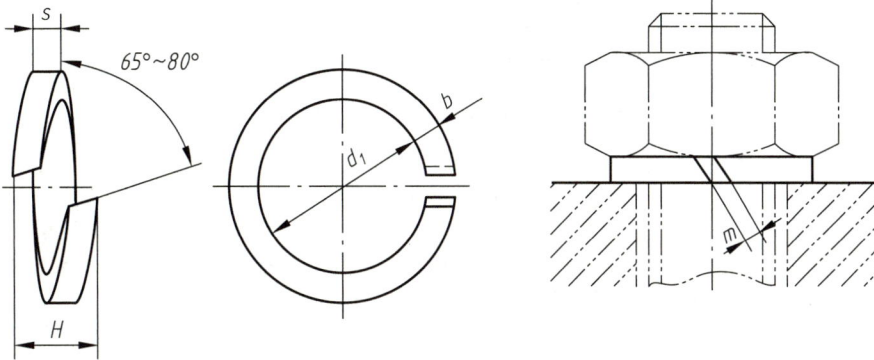

标记示例:

　　垫圈　GB/T 93　16(规格16、材料为65Mn、表面氧化的标准型弹簧垫圈)

mm

规格(螺纹大径)	4	5	6	8	10	12	16	20	24	30	36	42	48
$d_{1\min}$	4.1	5.1	6.1	8.1	10.2	12.2	16.2	20.2	24.5	30.5	36.5	42.5	48.5
$s=b$ 公称	1.1	1.3	1.6	2.1	2.6	3.1	4.1	5	6	7.5	9	10.5	12
$m\leqslant$	0.55	0.65	0.8	1.05	1.3	1.55	2.05	2.5	3	3.75	4.5	5.25	6
$H_{\max}$	2.75	3.25	4	5.25	6.5	7.75	10.25	12.5	15	18.75	22.5	26.25	30

注:m 应大于零。

附表 16 圆 柱 销

　　圆柱销　不淬硬钢和奥氏体不锈钢(摘自 GB/T 119.1—2000)

　　圆柱销　淬硬钢和马氏体不锈钢(摘自 GB/T 119.2—2000)

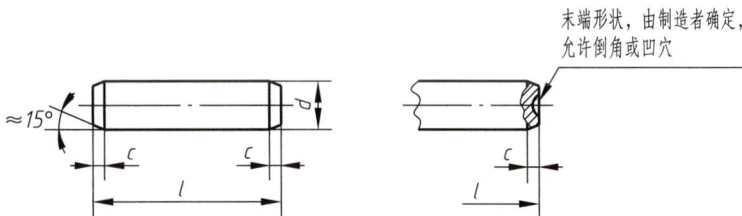

标记示例:

　　销　GB/T 119.1　6×30

表示:公称直径 $d=6$ mm、公差为 m6、公称长度 $l=30$ mm、材料为钢、不经淬火、不经表面处理的圆柱销。

mm

d(公称)	2	3	4	5	6	8	10	12	16	20	25
$c\approx$	0.35	0.5	0.63	0.8	1.2	1.6	2.0	2.5	3.0	3.5	4.0
l 范围	6~20	8~30	8~40	10~50	12~60	14~80	18~95	22~140	26~180	35~200	50~200
l 公称长度系列			2、3、4、5、6~32(2 进位)、35~100(5 进位)、120~200(20 进位)								

注:公称长度大于 200 mm,按 20 mm 递增。

附表 17 圆锥销(摘自 GB/T 117—2000)

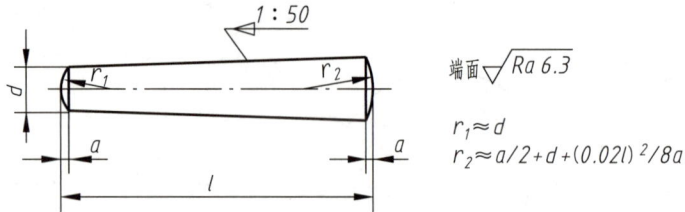

$$r_1 \approx d$$
$$r_2 \approx a/2 + d + (0.02l)^2/8a$$

端面 $\sqrt{Ra\,6.3}$

标记示例:

　销　GB/T 117　6×30(公称直径 $d=6$ mm、公称长度 $l=30$ mm、材料为 35 钢、热处理硬度 28~38HRC、表面氧化处理的 A 型圆锥销)

mm

d　h10	2	2.5	3	4	5	6	8	10	12	16	20	25
$a\approx$	0.25	0.3	0.4	0.5	0.63	0.8	1.0	1.2	1.6	2.0	2.5	3.0
l 范围	10~35	10~35	12~45	14~55	18~60	22~90	22~120	26~160	32~180	40~200	45~200	50~200
l 公称长度系列	10、12、14、16、18、20、22、24、26、28、30、32、35~100(5 进位)、120~200(20 进位)											

附表 18 开口销(摘自 GB/T 91—2000)

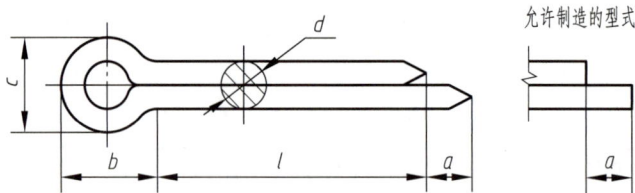

允许制造的型式

标记示例:

　销　GB/T 91　5×50(公称规格为 5 mm、公称长度 $l=50$ mm、材料为 Q215 或 Q235、不经表面处理的开口销)

mm

公称规格		0.8	1	1.2	1.6	2	2.5	3.2	4	5	6.3	8	10	13
d	max	0.7	0.9	1	1.4	1.8	2.3	2.9	3.7	4.6	5.9	7.5	9.5	12.4
	min	0.6	0.8	0.9	1.3	1.7	2.1	2.7	3.5	4.4	5.7	7.3	9.3	12.1
c_{max}		1.4	1.8	2	2.8	3.6	4.6	5.8	7.4	9.2	11.8	15	19	24.8
$b\approx$		2.4	3	3	3.2	4	5	6.4	8	10	12.6	16	20	26
a_{max}		1.6			2.5			3.2	4			6.3		
l 范围		5~16	6~20	8~25	8~32	10~40	12~50	14~63	18~80	22~100	32~125	40~160	45~200	71~250
l 公称长度系列		5、6、8、10、12、14、16、18、20、22、25、28、32、36、40、45、50、56、63、71、80、90、100、112、125、140、160、180、200、224、250												

注:1. 公称规格等于开口销孔的直径。

　2. 对销孔直径推荐的公差:公称规格≤1.2 mm 时为 H13;公称规格>1.2 mm 时为 H14。

附表 19　平键和键槽的剖面尺寸（摘自 GB/T 1095～1096—2003）

标记示例：

GB/T 1096　键 16×10×100（宽度 $b=16$ mm、高度 $h=10$ mm、长度 $L=100$ mm 的普通 A 型平键）

GB/T 1096　键 B16×10×100（宽度 $b=16$ mm、高度 $h=10$ mm、长度 $L=100$ mm 的普通 B 型平键）

GB/T 1096　键 C16×10×100（宽度 $b=16$ mm、高度 $h=10$ mm、长度 $L=100$ mm 的普通 C 型平键）

mm

轴	键		键槽										
公称尺寸 d	键尺寸 $b×h$	长度 L	宽度 b						深度				半径 r
			基本尺寸	极限偏差					轴 t_1		毂 t_2		
				正常联结		紧密联结	松联结		基本尺寸	极限偏差	基本尺寸	极限偏差	
				轴 N9	毂 JS9	轴和毂 P9	轴 H9	毂D10					min	max
>10～12	4×4	8～45	4	0 −0.030	±0.015	−0.012 −0.042	+0.030 0	+0.078 +0.030	2.5	+0.1 0	1.8	+0.1 0	0.08	0.16
>12～17	5×5	10～56	5						3.0		2.3			
>17～22	6×6	14～70	6						3.5		2.8		0.16	0.25
>22～30	8×7	18～90	8	0 −0.036	±0.018	−0.015 −0.051	+0.036 0	+0.098 +0.040	4.0		3.3			
>30～38	10×8	22～110	10						5.0		3.3			
>38～44	12×8	28～140	12	0 −0.043	±0.021 5	−0.018 −0.061	+0.043 0	+0.120 +0.050	5.0		3.3		0.25	0.40
>44～50	14×9	36～160	14						5.5		3.8			
>50～58	16×10	45～180	16						6.0	+0.2 0	4.3	+0.2 0		
>58～65	18×11	50～200	18						7.0		4.4			
>65～75	20×12	56～220	20	0 −0.052	±0.026	−0.022 −0.074	+0.052 0	+0.149 +0.065	7.5		4.9			
>75～85	22×14	63～250	22						9.0		5.4		0.40	0.60
>85～95	25×14	70～280	25						9.0		5.4			
>95～110	28×16	80～320	28						10.0		6.4			

注：1.（$d-t_1$）和（$d+t_2$）两组组合尺寸的偏差按相应的 t_1 和 t_2 的极限偏差选取，但（$d-t_1$）的下偏差值应取负号（−）。

　　2. L 系列：6、8、10、12、14、16、18、20、22、25、28、32、36、40、45、50、56、63、70、80、90、100、110、125、140、160、180、200、220、250、280、320、360、400、450、500。

附表 20　半圆键和键槽的剖面尺寸(摘自 GB/T 1098—2003,GB/T 1099.1—2003)

mm

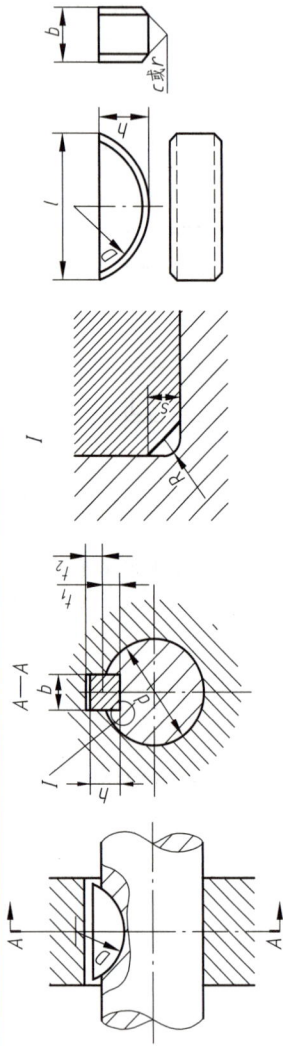

标记示例:
GB/T 1099.1 键 6×10×25(宽度 b=6 mm,高度 h=10 mm,直径 D=25 mm 普通型半圆键)

b×h×D	键尺寸 宽度 b 基本尺寸	宽度 b 极限偏差	高度 h (h12) 基本尺寸	高度 h 极限偏差	高度 D (h12) 基本尺寸	高度 D 极限偏差	键槽 槽宽 b 松联结 轴 H9	松联结 毂 D10	正常联结 轴 N9	正常联结 毂 JS9	紧密联结 轴和毂 P9	深度 轴 t1 基本尺寸	轴 t1 极限偏差	毂 t2 基本尺寸	毂 t2 极限偏差	半径 R min	半径 R max
3×5×13	3	0 / −0.025	5	0 / −0.12	13	0 / −0.18	+0.025 / 0	+0.060 / +0.020	−0.004 / −0.029	±0.0125	−0.006 / −0.031	3.8	+0.2 / 0	1.4	+0.1 / 0	0.08	0.16
3×6.5×16	3	0 / −0.025	6.5	0 / −0.15	16	0 / −0.18	+0.025 / 0	+0.060 / +0.020	−0.004 / −0.029	±0.0125	−0.006 / −0.031	5.3	+0.2 / 0	1.4	+0.1 / 0	0.08	0.16
4×6.5×16	4	0 / −0.025	6.5	0 / −0.15	16	0 / −0.18	+0.025 / 0	+0.060 / +0.020	−0.004 / −0.029	±0.0125	−0.006 / −0.031	5.0	+0.2 / 0	1.8	+0.1 / 0	0.08	0.16
4×7.5×19	4	0 / −0.025	7.5	0 / −0.15	19	0 / −0.21	+0.025 / 0	+0.060 / +0.020	−0.004 / −0.029	±0.0125	−0.006 / −0.031	6.0	+0.2 / 0	1.8	+0.1 / 0	0.08	0.16
5×6.5×16	5	0 / −0.025	6.5	0 / −0.15	16	0 / −0.18	+0.030 / 0	+0.078 / +0.030	0 / −0.030	±0.015	−0.012 / −0.042	4.5	+0.2 / 0	2.3	+0.1 / 0	0.16	0.25
5×7.5×19	5	0 / −0.025	7.5	0 / −0.15	19	0 / −0.21	+0.030 / 0	+0.078 / +0.030	0 / −0.030	±0.015	−0.012 / −0.042	5.5	+0.2 / 0	2.3	+0.1 / 0	0.16	0.25
5×9×22	5	0 / −0.025	9	0 / −0.15	22	0 / −0.21	+0.030 / 0	+0.078 / +0.030	0 / −0.030	±0.015	−0.012 / −0.042	7.0	+0.2 / 0	2.3	+0.1 / 0	0.16	0.25
6×9×22	6	0 / −0.025	9	0 / −0.15	22	0 / −0.21	+0.030 / 0	+0.078 / +0.030	0 / −0.030	±0.015	−0.012 / −0.042	6.5	+0.2 / 0	2.8	+0.1 / 0	0.16	0.25
6×10×25	6	0 / −0.025	10	0 / −0.15	25	0 / −0.21	+0.030 / 0	+0.078 / +0.030	0 / −0.030	±0.015	−0.012 / −0.042	7.5	+0.2 / 0	2.8	+0.1 / 0	0.16	0.25
8×11×28	8	0 / −0.025	11	0 / −0.18	28	0 / −0.21	+0.036 / 0	+0.098 / +0.040	0 / −0.036	±0.018	−0.015 / −0.051	8.0	+0.3 / 0	3.3	+0.2 / 0	0.16	0.25
10×13×32	10	0 / −0.025	13	0 / −0.18	32	0 / −0.25	+0.036 / 0	+0.098 / +0.040	0 / −0.036	±0.018	−0.015 / −0.051	10.0	+0.3 / 0	3.3	+0.2 / 0	0.25	0.4

注:(d−t1)和(d+t2)两组组合尺寸按相应的 t1 和 t2 的极限偏差选取,但(d−t1)的下偏差值应取负号(−)。

附表 21　滚动轴承表示法　　　　　　　　　　　　　　　　mm

深沟球轴承	圆锥滚子轴承	推力球轴承
（摘自 GB/T 4459.7—2017）	（摘自 GB/T 4459.7—2017）	（摘自 GB/T 4459.7—2017）

标记示例：
滚动轴承　6308 GB/T 276—2013

标记示例：
滚动轴承　30209 GB/T 297—2015

标记示例：
滚动轴承　51205 GB/T 301—2015

轴承型号	d	D	B	轴承型号	d	D	B	C	T	轴承型号	d	D	T	D_{1min}
尺寸系列（02）				尺寸系列（02）						尺寸系列（12）				
6202	15	35	11	30203	17	40	12	11	13.25	51202	15	32	12	17
6203	17	40	12	30204	20	47	14	12	15.25	51203	17	35	12	19
6204	20	47	14	30205	25	52	15	13	16.25	51204	20	40	14	22
6205	25	52	15	30206	30	62	16	14	17.25	51205	25	47	15	27
6206	30	62	16	30207	35	72	17	15	18.25	51206	30	52	16	32
6207	35	72	17	30208	40	80	18	16	19.75	51207	35	62	18	37
6208	40	80	18	30209	45	85	19	16	20.75	51208	40	68	19	42
6209	45	85	19	30210	50	90	20	17	21.75	51209	45	73	20	47
6210	50	90	20	30211	55	100	21	18	22.75	51210	50	78	22	52
6211	55	100	21	30212	60	110	22	19	23.75	51211	55	90	25	57
6212	60	110	22	30213	65	120	23	20	24.75	51212	60	95	26	62
尺寸系列（03）				尺寸系列（03）						尺寸系列（13）				
6302	15	42	13	30302	15	42	13	11	14.25	51304	20	47	18	22
6303	17	47	14	30303	17	47	14	12	15.25	51305	25	52	18	27
6304	20	52	15	30304	20	52	15	13	16.25	51306	30	60	21	32
6305	25	62	17	30305	25	62	17	15	18.25	51307	35	68	24	37
6306	30	72	19	30306	30	72	19	16	20.75	51308	40	78	26	42
6307	35	80	21	30307	35	80	21	18	22.75	51309	45	85	28	47
6308	40	90	23	30308	40	90	23	20	25.25	51310	50	95	31	52
6309	45	100	25	30309	45	100	25	22	27.25	51311	55	105	35	57
6310	50	110	27	30310	50	110	27	23	29.25	51312	60	110	35	62
6311	55	120	29	30311	55	120	29	25	31.5	51313	65	115	36	67
6312	60	130	31	30312	60	130	31	26	33.5	51314	70	125	40	72
6313	65	140	33	30313	65	140	33	28	36.0	51315	75	135	44	77

三、极限与配合

附表 22　标准公差数值（摘自 GB/T 1800.1—2020）

公称尺寸 /mm		标准公差等级									
大于	至	IT01	IT0	IT1	IT2	IT3	IT4	IT5	IT6	IT7	IT8
		μm									
—	3	0.3	0.5	0.8	1.2	2	3	4	6	10	14
3	6	0.4	0.6	1	1.5	2.5	4	5	8	12	18
6	10	0.4	0.6	1	1.5	2.5	4	6	9	15	22
10	18	0.5	0.8	1.2	2	3	5	8	11	18	27
18	30	0.6	1	1.5	2.5	4	6	9	13	21	33
30	50	0.6	1	1.5	2.5	4	7	11	16	25	39
50	80	0.8	1.2	2	3	5	8	13	19	30	46
80	120	1	1.5	2.5	4	6	10	15	22	35	54
120	180	1.2	2	3.5	5	8	12	18	25	40	63
180	250	2	3	4.5	7	10	14	20	29	46	72
250	315	2.5	4	6	8	12	16	23	32	52	81
315	400	3	5	7	9	13	18	25	36	57	89
400	500	4	6	8	10	15	20	27	40	63	97

公称尺寸 /mm		标准公差等级									
大于	至	IT9	IT10	IT11	IT12	IT13	IT14	IT15	IT16	IT17	IT18
		μm			mm						
—	3	25	40	60	0.1	0.14	0.25	0.4	0.6	1	1.4
3	6	30	48	75	0.12	0.18	0.3	0.48	0.75	1.2	1.8
6	10	36	58	90	0.15	0.22	0.36	0.58	0.9	1.5	2.2
10	18	43	70	110	0.18	0.27	0.43	0.7	1.1	1.8	2.7
18	30	52	84	130	0.21	0.33	0.52	0.84	1.3	2.1	3.3
30	50	62	100	160	0.25	0.39	0.62	1	1.6	2.5	3.9
50	80	74	120	190	0.3	0.46	0.74	1.2	1.9	3	4.6
80	120	87	140	220	0.35	0.54	0.87	1.4	2.2	3.5	5.4
120	180	100	160	250	0.4	0.63	1	1.6	2.5	4	6.3
180	250	115	185	290	0.46	0.72	1.15	1.85	2.9	4.6	7.2
250	315	130	210	320	0.52	0.81	1.3	2.1	3.2	5.2	8.1
315	400	140	230	360	0.57	0.89	1.4	2.3	3.6	5.7	8.9
400	500	155	250	400	0.63	0.97	1.55	2.5	4	6.3	9.7

附表 23　孔的极限偏差值表（摘自 GB/T 1800.2—2020）　　μm

公称尺寸/mm		D					E				F			
大于	至	IT7	IT8	IT9	IT10	IT11	IT7	IT8	IT9	IT10	IT6	IT7	IT8	IT9
—	3	+30 / +20	+34 / +20	+45 / +20	+60 / +20	+80 / +20	+24 / +14	+28 / +14	+39 / +14	+54 / +14	+12 / +6	+16 / +6	+20 / +6	+31 / +6
3	6	+42 / +30	+48 / +30	+60 / +30	+78 / +30	+105 / +30	+32 / +20	+38 / +20	+50 / +20	+68 / +20	+18 / +10	+22 / +10	+28 / +10	+40 / +10
6	10	+55 / +40	+62 / +40	+76 / +40	+98 / +40	+130 / +40	+40 / +25	+47 / +25	+61 / +25	+83 / +25	+22 / +13	+28 / +13	+35 / +13	+49 / +13
10	18	+68 / +50	+77 / +50	+93 / +50	+120 / +50	+160 / +50	+50 / +32	+59 / +32	+75 / +32	+102 / +32	+27 / +16	+34 / +16	+43 / +16	+59 / +16
18	30	+86 / +65	+98 / +65	+117 / +65	+149 / +65	+195 / +65	+61 / +40	+73 / +40	+92 / +40	+124 / +40	+33 / +20	+41 / +20	+53 / +20	+72 / +20
30	50	+105 / +80	+119 / +80	+142 / +80	+180 / +80	+240 / +80	+75 / +50	+89 / +50	+112 / +50	+150 / +50	+41 / +25	+50 / +25	+64 / +25	+87 / +25
50	80	+130 / +100	+146 / +100	+174 / +100	+220 / +100	+290 / +100	+90 / +60	+106 / +60	+134 / +60	+180 / +60	+49 / +30	+60 / +30	+76 / +30	+104 / +30
80	120	+155 / +120	+174 / +120	+207 / +120	+260 / +120	+340 / +120	+107 / +72	+125 / +72	+159 / +72	+212 / +72	+58 / +36	+71 / +36	+90 / +36	+123 / +36
120	180	+185 / +145	+208 / +145	+245 / +145	+305 / +145	+395 / +145	+125 / +85	+148 / +85	+185 / +85	+245 / +85	+68 / +43	+83 / +43	+106 / +43	+143 / +43
180	250	+216 / +170	+242 / +170	+285 / +170	+355 / +170	+460 / +170	+146 / +100	+172 / +100	+215 / +100	+285 / +100	+79 / +50	+96 / +50	+122 / +50	+165 / +50

公称尺寸/mm		G				H						J		
大于	至	IT5	IT6	IT7	IT8	IT6	IT7	IT8	IT9	IT10	IT11	IT6	IT7	IT8
—	3	+6 / +2	+8 / +2	+12 / +2	+16 / +2	+6 / 0	+10 / 0	+14 / 0	+25 / 0	+40 / 0	+60 / 0	+2 / -4	+4 / -6	+6 / -8
3	6	+9 / +4	+12 / +4	+16 / +4	+22 / +4	+8 / 0	+12 / 0	+18 / 0	+30 / 0	+48 / 0	+75 / 0	+5 / -3	±6	+10 / -8
6	10	+11 / +5	+14 / +5	+20 / +5	+27 / +5	+9 / 0	+15 / 0	+22 / 0	+36 / 0	+58 / 0	+90 / 0	+5 / -4	+8 / -7	+12 / -10
10	18	+14 / +6	+17 / +6	+24 / +6	+33 / +6	+11 / 0	+18 / 0	+27 / 0	+43 / 0	+70 / 0	+110 / 0	+6 / -5	+10 / -8	+15 / -12
18	30	+16 / +7	+20 / +7	+28 / +7	+40 / +7	+13 / 0	+21 / 0	+33 / 0	+52 / 0	+84 / 0	+130 / 0	+8 / -5	+12 / -9	+20 / -13
30	50	+20 / +9	+25 / +9	+34 / +9	+48 / +9	+16 / 0	+25 / 0	+39 / 0	+62 / 0	+100 / 0	+160 / 0	+10 / -6	+14 / -11	+24 / -15
50	80	+23 / +10	+29 / +10	+40 / +10	+56 / +10	+19 / 0	+30 / 0	+46 / 0	+74 / 0	+120 / 0	+190 / 0	+13 / -6	+18 / -12	+28 / -18
80	120	+27 / +12	+34 / +12	+47 / +12	+66 / +12	+22 / 0	+35 / 0	+54 / 0	+87 / 0	+140 / 0	+220 / 0	+16 / -6	+22 / -13	+34 / -20
120	180	+32 / +14	+39 / +14	+54 / +14	+77 / +14	+25 / 0	+40 / 0	+63 / 0	+100 / 0	+160 / 0	+250 / 0	+18 / -7	+26 / -14	+41 / -22
180	250	+35 / +15	+44 / +15	+61 / +15	+87 / +15	+29 / 0	+46 / 0	+72 / 0	+115 / 0	+185 / 0	+290 / 0	+22 / -7	+30 / -16	+47 / -25

续表

公称尺寸/mm		K			M			N			P			
大于	至	IT6	IT7	IT8	IT6	IT7	IT8	IT6	IT7	IT8	IT6	IT7	IT8	IT9
—	3	0 / -6	0 / -10	0 / -14	-2 / -8	-2 / -12	-2 / -16	-4 / -10	-4 / -14	-4 / -18	-6 / -12	-6 / -16	-6 / -20	-6 / -31
3	6	+2 / -6	+3 / -9	+5 / -13	-1 / -9	0 / -12	+2 / -164	-5 / -13	-4 / -16	-2 / -20	-9 / -17	-8 / -20	-12 / -30	-12 / -42
6	10	+2 / -7	+5 / -10	+6 / -16	-3 / -12	0 / -15	+1 / -21	-7 / -16	-4 / -19	-3 / -25	-12 / -21	-9 / -24	-15 / -37	-15 / -51
10	18	+2 / -9	+6 / -12	+8 / -19	-4 / -15	0 / -18	+2 / -25	-9 / -20	-5 / -23	-3 / -30	-15 / -26	-11 / -29	-18 / -45	-18 / -61
18	30	+2 / -11	+6 / -15	+10 / -23	-4 / -17	0 / -21	+4 / -29	-11 / -24	-7 / -28	-3 / -36	-18 / -31	-14 / -35	-22 / -55	-22 / -74
30	50	+3 / -13	+7 / -18	+12 / -27	-4 / -20	0 / -25	+5 / -34	-12 / -28	-8 / -33	-3 / -42	-21 / -37	-17 / -42	-26 / -65	-26 / -88
50	80	+4 / -15	+9 / -21	+14 / -32	-5 / -24	0 / -30	+5 / -41	-14 / -33	-9 / -39	-4 / -50	-26 / -45	-21 / -51	-32 / -78	-32 / -106
80	120	+4 / -18	+10 / -25	+16 / -38	-6 / -28	0 / -35	+6 / -48	-16 / -38	-10 / -45	-4 / -58	-30 / -52	-24 / -59	-37 / -91	-37 / -124
120	180	+4 / -21	+12 / -28	+20 / -43	-8 / -33	0 / -40	+8 / -55	-20 / -45	-12 / -52	-4 / -67	-36 / -61	-28 / -68	-43 / -106	-43 / -143
180	250	+5 / -24	+13 / -33	+22 / -50	-8 / -37	0 / -46	+9 / -63	-22 / -51	-14 / -60	-5 / -77	-41 / -70	-33 / -79	-50 / -122	-50 / -165

公称尺寸/mm		R			S				T			U		
大于	至	IT6	IT7	IT8	IT6	IT7	IT8	IT9	IT6	IT7	IT8	IT6	IT7	IT8
—	3	-10 / -16	-10 / -20	-10 / -24	-14 / -20	-14 / -24	-14 / -28	-14 / -39				-18 / -24	-18 / -28	-18 / -32
3	6	-12 / -20	-11 / -23	-15 / -33	-16 / -24	-15 / -27	-19 / -37	-19 / -49				-20 / -28	-19 / -31	-23 / -41
6	10	-16 / -25	-13 / -28	-19 / -41	-20 / -29	-17 / -32	-23 / -45	-23 / -59				-25 / -34	-22 / -37	-28 / -50
10	18	-20 / -31	-16 / -34	-23 / -50	-25 / -36	-21 / -39	-28 / -55	-28 / -71				-30 / -41	-26 / -44	-33 / -60
18	24	-24 / -37	-20 / -41	-28 / -61	-31 / -44	-27 / -48	-35 / -68	-35 / -87				-37 / -50	-33 / -54	-41 / -74
24	30	-24 / -37	-20 / -41	-28 / -61	-31 / -44	-27 / -48	-35 / -68	-35 / -87	-37 / -50	-33 / -54	-41 / -74	-44 / -57	-40 / -61	-48 / -81
30	40	-29 / -45	-25 / -50	-34 / -73	-38 / -54	-34 / -59	-43 / -82	-43 / -105	-43 / -59	-39 / -64	-48 / -87	-55 / -71	-51 / -76	-60 / -99
40	50	-29 / -45	-25 / -50	-34 / -73	-38 / -54	-34 / -59	-43 / -82	-43 / -105	-49 / -65	-45 / -70	-54 / -93	-65 / -81	-61 / -86	-70 / -109
50	65	-35 / -54	-30 / -60	-41 / -87	-47 / -66	-42 / -72	-53 / -99	-53 / -127	-60 / -79	-55 / -85	-66 / -112	-81 / -100	-76 / -106	-87 / -133
65	80	-37 / -56	-32 / -62	-43 / -89	-53 / -72	-48 / -78	-59 / -105	-59 / -133	-69 / -88	-64 / -94	-75 / -121	-96 / -115	-91 / -121	-102 / -148
80	100	-44 / -66	-38 / -73	-51 / -105	-64 / -86	-58 / -93	-71 / -125	-71 / -158	-84 / -106	-78 / -113	-91 / -145	-117 / -139	-111 / -146	-124 / -178
100	120	-47 / -69	-41 / -76	-54 / -108	-72 / -94	-66 / -101	-79 / -133	-79 / -166	-97 / -119	-91 / -126	-104 / -158	-137 / -159	-131 / -166	-144 / -198

附表 24　轴的极限偏差值表（摘自 GB/T 1800.2—2020）　　　　μm

公称尺寸/mm 大于	至	d IT8	d IT9	d IT10	d IT11	e IT7	e IT8	e IT9	e IT10	f IT5	f IT6	f IT7	f IT8	f IT9
—	3	-20 -34	-20 -45	-20 -60	-20 -80	-14 -24	-14 -28	-14 -39	-14 -54	-6 -10	-6 -12	-6 -16	-6 -20	-6 -31
3	6	-30 -48	-30 -60	-30 -78	-30 -105	-20 -32	-20 -38	-20 -50	-20 -68	-10 -15	-10 -18	-10 -22	-10 -28	-10 -40
6	10	-40 -62	-40 -76	-40 -98	-40 -130	-25 -40	-25 -47	-25 -61	-25 -83	-13 -19	-13 -22	-13 -28	-13 -35	-13 -49
10	18	-50 -77	-50 -93	-50 -120	-50 -160	-32 -50	-32 -59	-32 -75	-32 -102	-16 -24	-16 -27	-16 -34	-16 -43	-16 -59
18	30	-65 -98	-65 -117	-65 -149	-65 -195	-40 -61	-40 -73	-40 -92	-40 -124	-20 -29	-20 -33	-20 -41	-20 -53	-20 -72
30	50	-80 -119	-80 -142	-80 -180	-80 -240	-50 -75	-50 -89	-50 -112	-50 -150	-25 -36	-25 -41	-25 -50	-25 -64	-25 -87
50	80	-100 -146	-100 -174	-100 -220	-100 -290	-60 -90	-60 -106	-60 -134	-60 -180	-30 -43	-30 -49	-30 -60	-30 -76	-30 -104
80	120	-120 -174	-120 -207	-120 -260	-120 -340	-72 -107	-72 -126	-72 -159	-72 -212	-36 -51	-36 -58	-36 -71	-36 -90	-36 -123
120	180	-145 -208	-145 -245	-145 -305	-145 -395	-85 -125	-85 -148	-85 -185	-85 -245	-43 -61	-43 -68	-43 -83	-43 -106	-43 -143
180	250	-170 -242	-170 -285	-170 -355	-170 -460	-100 -146	-100 -172	-100 -215	-100 -285	-50 -70	-50 -79	-50 -96	-50 -122	-50 -165

公称尺寸/mm 大于	至	g IT5	g IT6	g IT7	g IT8	h IT5	h IT6	h IT7	h IT8	h IT9	h IT10	j IT5	j IT6	j IT7
—	3	-2 -6	-2 -8	-2 -12	-2 -16	0 -4	0 -6	0 -10	0 -14	0 -25	0 -40	±2	+4 -2	+6 -4
3	6	-4 -9	-4 -12	-4 -16	-4 -22	0 -5	0 -8	0 -12	0 -18	0 -30	0 -48	+3 -2	+6 -2	+8 -4
6	10	-5 -11	-5 -14	-5 -20	-5 -27	0 -6	0 -9	0 -15	0 -22	0 -36	0 -58	+4 -2	+7 -2	+10 -5
10	18	-6 -14	-6 -17	-6 -24	-6 -33	0 -8	0 -11	0 -18	0 -27	0 -43	0 -70	+5 -3	+8 -3	+12 -6
18	30	-7 -16	-7 -20	-7 +28	-7 -40	0 -9	0 -13	0 -21	0 -33	0 -52	0 -84	+5 -4	+9 -4	+13 -8
30	50	-9 -20	-9 -25	-9 -34	-9 -48	0 -11	0 -16	0 -25	0 -39	0 -62	0 -100	+6 -5	+11 -5	+15 -10
50	80	-10 -23	-10 -29	-10 -40	-10 -56	0 -13	0 -19	0 -30	0 -46	0 -74	0 -120	+6 -7	+12 -7	+18 -12
80	120	-12 -27	-12 -34	-12 -47	-12 -66	0 -15	0 -22	0 -35	0 -54	0 -87	0 -140	+6 -9	+13 -9	+20 -15
120	180	-14 -32	-14 -39	-14 -54	-14 -77	0 -18	0 -25	0 -40	0 -63	0 -100	0 -160	+7 -11	+14 -11	+22 -18
180	250	-15 -35	-15 -44	-15 -61	-15 -87	0 -20	0 -29	0 -46	0 -72	0 -115	0 -185	+7 -13	+16 -13	+25 -21

续表

公称尺寸/mm		k			m			n			p			
大于	至	IT5	IT6	IT7	IT5	IT6	IT7	IT5	IT6	IT7	IT5	IT6	IT7	IT8
—	3	+4 0	+6 0	+10 0	+6 +2	+8 +2	+12 +2	+8 +4	+10 +4	+14 +4	+10 +6	+12 +6	+16 +6	+20 +6
3	6	+6 +1	+9 +1	+13 +1	+9 +4	+12 +4	+16 +4	+13 +8	+16 +8	+20 +8	+17 +12	+20 +12	+24 +12	+30 +12
6	10	+7 +1	+10 +1	+16 +1	+12 +6	+15 +6	+21 +6	+16 +10	+19 +10	+25 +10	+21 +15	+24 +15	+30 +15	+37 +15
10	18	+9 +1	+12 +1	+19 +1	+15 +7	+18 +7	+25 +7	+20 +12	+23 +12	+30 +12	+26 +18	+29 +18	+36 +18	+45 +18
18	30	+11 +2	+15 +2	+23 +2	+17 +8	+21 +8	+29 +8	+24 +15	+28 +15	+36 +15	+31 +22	+35 +22	+43 +22	+55 +22
30	50	+13 +2	+18 +2	+27 +2	+20 +9	+25 +9	+34 +9	+28 +17	+33 +17	+42 +17	+37 +26	+42 +26	+51 +26	+65 +26
50	80	+15 +2	+21 +2	+32 +2	+24 +11	+30 +11	+41 +11	+33 +20	+39 +20	+50 +20	+45 +32	+51 +32	+62 +32	+78 +32
80	120	+18 +3	+25 +3	+38 +3	+28 +13	+35 +13	+48 +13	+38 +23	+45 +23	+58 +23	+52 +37	+59 +37	+72 +37	+91 +37
120	180	+21 +3	+28 +3	+43 +3	+33 +15	+40 +15	+55 +15	+45 +27	+52 +27	+67 +27	+61 +43	+68 +43	+83 +43	+106 +43
180	250	+24 +4	+33 +4	+50 +4	+37 +17	+46 +17	+63 +17	+51 +31	+60 +31	+77 +31	+70 +50	+79 +50	+96 +50	+122 +50

公称尺寸/mm		r			s				t			u		
大于	至	IT5	IT6	IT7	IT5	IT6	IT7	IT8	IT5	IT6	IT7	IT5	IT6	IT7
—	3	+14 +10	+16 +10	+20 +10	+18 +14	+20 +14	+24 +14	+28 +14				+22 +18	+24 +18	+28 +18
3	6	+20 +15	+23 +15	+27 +15	+24 +19	+27 +19	+31 +19	+37 +19				+28 +23	+31 +23	+35 +23
6	10	+25 +19	+28 +19	+34 +19	+29 +23	+32 +23	+38 +23	+45 +23				+34 +28	+37 +28	+43 +28
10	18	+31 +23	+34 +23	+41 +23	+36 +28	+39 +28	+46 +28	+55 +28				+41 +33	+44 +33	+51 +33
18	24	+37 +28	+41 +28	+49 +28	+44 +35	+48 +35	+56 +35	+68 +35				+50 +41	+54 +41	+62 +41
24	30	+37 +28	+41 +28	+49 +28	+44 +35	+48 +35	+56 +35	+68 +35	+50 +41	+54 +41	+62 +41	+57 +48	+61 +48	+69 +48
30	40	+45 +34	+50 +34	+59 +34	+54 +43	+59 +43	+68 +43	+82 +43	+59 +48	+64 +48	+73 +48	+71 +60	+76 +60	+85 +60
40	50	+45 +34	+50 +34	+59 +34	+54 +43	+59 +43	+68 +43	+82 +43	+65 +54	+70 +54	+79 +54	+81 +70	+86 +70	+95 +70
50	65	+54 +41	+60 +41	+71 +41	+66 +53	+72 +53	+83 +53	+99 +53	+79 +66	+85 +66	+96 +66	+100 +87	+106 +87	+117 +87
65	80	+56 +43	+62 +43	+73 +43	+72 +59	+78 +59	+89 +59	+105 +59	+88 +75	+94 +75	+105 +75	+115 +102	+121 +102	+132 +102
80	100	+66 +51	+73 +51	+86 +51	+86 +71	+93 +71	+106 +71	+125 +71	+106 +91	+113 +91	+126 +91	+139 +124	+146 +124	+159 +124
100	120	+69 +54	+76 +54	+89 +54	+94 +79	+101 +79	+114 +79	+133 +79	+119 +104	+126 +104	+139 +104	+159 +144	+166 +144	+179 +144

参考文献

［1］ 焦永和,张彤,张昊.机械制图手册［M］. 6 版.北京:机械工业出版社,2022.

［2］ 叶军,雷蕾,佟瑞庭.机械制图［M］. 6 版.北京:高等教育出版社,2023.

［3］ 李广军,吕金丽,富威.工程图学基础［M］. 3 版.北京:高等教育出版社,2021.

［4］ 东北大学工程图学教学与研究中心.画法几何及机械制图［M］. 6 版.北京:高等教育出版社,2023.

［5］ 胡建生.机械制图［M］. 北京:机械工业出版社,2020.

［6］ 李建新.工程制图及 CAD［M］. 北京:机械工业出版社,2023.

［7］ CAD/CAM/CAE 技术联盟.AutoCAD 2022 从入门到精通［M］. 北京:清华大学出版社,2022.

［8］ CAD/CAM/CAE 技术联盟.SOLIDWORKS 2022 从入门到精通［M］. 北京:清华大学出版社,2023.

郑重声明

高等教育出版社依法对本书享有专有出版权。任何未经许可的复制、销售行为均违反《中华人民共和国著作权法》，其行为人将承担相应的民事责任和行政责任；构成犯罪的，将被依法追究刑事责任。为了维护市场秩序，保护读者的合法权益，避免读者误用盗版书造成不良后果，我社将配合行政执法部门和司法机关对违法犯罪的单位和个人进行严厉打击。社会各界人士如发现上述侵权行为，希望及时举报，我社将奖励举报有功人员。

反盗版举报电话　　(010)58581999　58582371

反盗版举报邮箱　　dd@ hep.com.cn

通信地址　　北京市西城区德外大街 4 号

　　　　　　高等教育出版社知识产权与法律事务部

邮政编码　　100120

读者意见反馈

为收集对教材的意见建议，进一步完善教材编写并做好服务工作，读者可将对本教材的意见建议通过如下渠道反馈至我社。

咨询电话　　400-810-0598

反馈邮箱　　gjdzfwb@ pub.hep.cn

通信地址　　北京市朝阳区惠新东街 4 号富盛大厦 1 座

　　　　　　高等教育出版社总编辑办公室

邮政编码　　100029

防伪查询说明

用户购书后刮开封底防伪涂层，使用手机微信等软件扫描二维码，会跳转至防伪查询网页，获得所购图书详细信息。

防伪客服电话　　(010)58582300